GOTTFRIED VON STRASSBURG
TRISTAN

GOTTFRIED VON STRASSBURG

Tristan

NACH DEM TEXT VON FRIEDRICH RANKE
NEU HERAUSGEGEBEN,
INS NEUHOCHDEUTSCHE ÜBERSETZT,
MIT EINEM STELLENKOMMENTAR
UND EINEM NACHWORT
VON RÜDIGER KROHN

PHILIPP RECLAM JUN. STUTTGART

GOTTFRIED VON STRASSBURG

Tristan

BAND 2: TEXT

MITTELHOCHDEUTSCH / NEUHOCHDEUTSCH

VERSE 9983–19548

PHILIPP RECLAM JUN. STUTTGART

5. Auflage 1996

Universal-Bibliothek Nr. 4472
Alle Rechte vorbehalten
© 1980, 1994 Philipp Reclam jun. GmbH & Co., Stuttgart
Satz: C. H. Beck, Nördlingen
Druck und Bindung: Reclam, Ditzingen
Printed in Germany 1996
RECLAM und UNIVERSAL-BIBLIOTHEK sind eingetragene Marken
der Philipp Reclam jun. GmbH & Co., Stuttgart
ISBN 3-15-004472-3

Inhalt

Band 1

Vorwort 7

    I Prolog (V. 1–244) 10
   II Riwalin und Blanscheflur (V. 245–1790) 26
  III Rual li Foitenant (V. 1791–2148) 116
  IV Die Entführung (V. 2149–2758) 138
   V Die Jagd (V. 2759–3378) 174
  VI Der junge Künstler (V. 3379–3756) 212
 VII Wiedersehen (V. 3757–4546) 234
VIII Tristans Schwertleite (V. 4547–5068) 280
  IX Heimfahrt und Rache (V. 5069–5866) 312
   X Morold (V. 5867–7230) 360
  XI Tantris (V. 7231–8225) 438
 XII Die Brautfahrt (V. 8226–8896) 494
XIII Der Kampf mit dem Drachen (V. 8897–9982) . . 534

Band 2

  XIV Der Splitter (V. 9983–10802) 10
   XV Das Wahrzeichen (V. 10803–11366) 58
  XVI Der Minnetrank (V. 11367–11874) 92
 XVII Das Geständnis (V. 11875–12434) 122
XVIII Brangäne (V. 12435–13096) 156
  XIX Rotte und Harfe (V. 13097–13450) 194
   XX Marjodo (V. 13451–13672) 214
  XXI List und Gegenlist (V. 13673–14234) 228
 XXII Melot (V. 14235–14582) 260

XXIII Baumgartenszene (V. 14583–15046) 282

XXIV Das Gottesurteil (V. 15047–15764) 310

XXV Petitcrü (V. 15765–16402) 352

XXVI Die Verbannung (V. 16403–16678) 390

XXVII Die Minnegrotte (V. 16679–17274) 408

XXVIII Entdeckung und Versöhnung (V. 17275 bis 17658) 442

XXIX Rückkehr und Trennung (V. 17659–18404) 464

XXX Isolde Weißhand (V. 18405–19548) 508

Fortsetzungen zu Gottfrieds »Tristan«-Fragment

Ulrich von Türheim 575

Heinrich von Freiberg 581

Band 3

Stellenkommentar 9

Abkürzungen 188

Texte 190

Benutzte Textausgaben, Kommentare und Übersetzungen von Gottfrieds »Tristan« 191

Forschungsliteratur 193

Nachwort 204

Abbildungsnachweis 275

Stichwortregister zum Stellenkommentar 277

Namenregister 283

Tristan

Isolde

Die vrouwen giengen beide dan
und nâmen aber ir spilman
in ir vlîz und in ir pflege.   9985
ir beider vlîz was alle wege
mit süezer bedaehtekeit
niuwan an diu dinc geleit,
diu sîn helfe solten wesen.
ouch was er iezuo wol genesen,   9990
lieht an dem lîbe und schône var.
nu nam Îsôt sîn dicke war
und marcte in ûzer mâze
an lîbe und an gelâze.
sî blicte im dicke tougen   9995
an die hende und under d'ougen.
si besach sîn arme und sîniu bein,
an den ez offenlîche schein,
daz er sô tougenlîche hal.
si bespehete in obene hin zetal.   10000
swaz maget an manne spehen sol,
daz geviel ir allez an im wol
und lobete ez in ir muote.
nu daz diu schoene, guote
sîne geschepfede sô rîch   10005
und sîne site sô hêrlîch
sunder bespehete unde besach,
ir herze tougenlîche sprach:
»got hêrre wunderaere,
ist iht des wandelbaere,   10010
dest ie begienge oder begâst,
und dest an uns geschaffen hâst,
sô ist hie zewâre wandel an,
daz dirre hêrlîche man,
an den du solhe saelekeit   10015

XIV. Der Splitter

Die Damen gingen beide fort
und nahmen abermals den Spielmann
in sorgfältige Pflege.   9985
Der Eifer der beiden war stets
mit lieblicher Aufmerksamkeit
auf nichts anderes als das gerichtet,
was ihm helfen konnte.
Auch war er jetzt erholt   9990
und hatte wieder helle Haut und schöne Gesichtsfarbe.
Isolde blickte ihn oft an
und betrachtete mit außerordentlichem Interesse
seinen Körper und sein Gebaren.
Sie schaute ihm oft heimlich   9995
auf die Hände und in die Augen.
Sie sah seine Arme und Beine an,
an denen offenbar wurde,
was er verbarg.
Sie musterte ihn von oben bis unten.   10000
Was immer ein Mädchen an einem Mann betrachten soll,
das alles gefiel ihr gut an ihm,
und sie pries es in ihren Gedanken.
Als nun das schöne und feine Mädchen
seine prächtige Gestalt   10005
und sein herrliches Gebaren
im einzelnen anschaute,
sprach sie heimlich zu sich:
»Wundertätiger Herrgott,
wenn irgend etwas mangelhaft ist,   10010
das du ins Werk gesetzt hast oder setzt
und uns gegeben hast,
dann ist es gewiß ein Mangel,
daß dieser prächtige Mann,
dem du solche Vorzüge   10015

lîbes halben hâst geleit,
daz der als irreclîche
von rîche ze rîche
sîne nôtdürfte suochen sol.
im solte billîch unde wol   10020
ein rîche dienen oder ein lant,
des dinc alsô waere gewant.
diu werlt stât wunderlîche,
sô vil manic künicrîche
besetzet ist mit swacher art,   10025
daz ime der einez niht enwart.
ein lîp alsô gebaere,
der sô getugendet waere,
der solte guot und êre hân.
an ime ist sêre missetân.   10030
got hêrre, dû hâst ime gegeben
dem lîbe ein ungelîchez leben.«
sus redete s'ofte diu maget.
nu haete ir muoter ouch gesaget
ir vater umbe den koufman   10035
al von ende her dan,
als ir ez selbe habet vernomen,
diz dinc wie'z allez her ist komen
und wie er nihtes gerte,
wan daz man in gewerte   10040
vrides dâ nâch mêre,
swenne er dekeine kêre
naeme in daz künicrîche.
diz haete s'ime heinlîche
von ende unz ende gesaget.   10045

Hier under hiez ouch ime diu maget
ir knappen Paranîsen
sînen harnasch und sîn îsen
wîz unde schoene machen
und z'andern sînen sachen   10050

im Aussehen geschenkt hast,
so umherirrend
von Land zu Land
seinen Unterhalt verdienen muß.
Ihm sollte rechtens und wahrlich   10020
ein Reich zu Diensten sein oder ein Land,
das ihm angemessen ist.
Es ist merkwürdig in der Welt,
daß so viele Königreiche
von unwürdiger Hand regiert werden   10025
und ihm nicht ein einziges zugefallen ist.
Ein so stattlicher Mann
mit so vielen Vorzügen
sollte Besitz und Ansehen haben.
Ihm geschieht schweres Unrecht.   10030
Gott und Herr, du hast ihm beschieden
zu seinem Äußeren einen unpassenden Stand.«
So redete das Mädchen oft.
Die Mutter hatte berichtet
dem Vater über den Kaufmann   10035
in allen Einzelheiten,
wie Ihr es selbst gehört habt,
wie sich alles begeben habe
und daß er nichts wünsche,
als daß man ihm zugestehen möge   10040
Sicherheit für die Zukunft,
wenn er irgendwann wieder
nach Irland käme.
Das hatte sie ihm vertraulich
von Anfang bis Ende erzählt.   10045

Inzwischen hatte das Mädchen befohlen
ihrem Knappen Paranis,
er solle seinen Brustpanzer und seine Waffen
säubern und polieren
und sich auch um seine übrigen Sachen   10050

wol unde vlîzeclîchen sehen.
nu diz was allez geschehen.
ez was schône und wol bereit
und über ein ander hin geleit.
nu gie diu maget heinlîche dar   10055
und nam es alles sunder war.
Nu ergieng ez aber Îsolde,
alsô der billîch wolde:
daz si aber ir herzequâle
zem anderen mâle   10060
vor den andern allen vant.
ir herze daz was dar gewant,
ir ouge allez dar wac,
dâ der harnasch dâ lac.
und enweiz niht, wie si des gezam,   10065
daz sî daz swert ze handen nam,
als juncvrouwen unde kint
gelustic unde gelengic sint
und weizgot ouch genuoge man.
si zôch ez ûz und sach ez an   10070
und schouwete ez wâ unde wâ.
nu sach si den gebresten dâ.
si begunde an die scharten
lange unde sêre warten
und gedâhte in ir muote: 10075
»sam mir got der guote,
ich waene, ich den gebresten hân,
der hier inne solte stân,
und zwâre ich wil es nemen war.«
si brâhte in unde sazte in dar.   10080
nu vuogete diu lucke
und daz vertâne stucke
und wâren alse einbaere,
als ob ez ein dinc waere,
als ouch gewesen wâren   10085
innerhalp zwein jâren.

gut und eifrig kümmern.
Nun war dies alles geschehen.
Es war geputzt und schön hergerichtet
und übereinander gelegt worden.
Da ging das Mädchen hin   10055
und betrachtete alles eingehend.
Und abermals erging es Isolde so,
wie das Schicksal es wollte,
daß sie ihre Herzensqual
erneut   10060
eher als alle anderen verspürte.
Ihr Herz wandte
und ihr Auge richtete sich immerfort dorthin,
wo die Rüstung lag.
Ich weiß nicht, was sie veranlaßte,   10065
das Schwert zur Hand zu nehmen,
so wie Mädchen und Kinder
neugierig und begehrlich sind
und weiß Gott auch viele Männer.
Sie zog es aus der Scheide und sah es an   10070
und betrachtete es überall.
Da entdeckte sie die Beschädigung.
Sie schaute die Scharte
lange und gründlich an
und dachte bei sich: 10075
»Beim gütigen Gott,
ich fürchte, ich habe das fehlende Stück,
das hier hineingehört,
und ich will es wahrlich gleich ausprobieren.«
Sie holte es und setzte es ein.   10080
Nun fügten sich die Lücke
und das verwünschte Schwertstück genau zusammen
und paßten so vollkommen,
als ob sie aus einem Stück wären,
wie sie es ja auch gewesen waren   10085
zwei Jahre zuvor.

nu begunde ir herze kalten
umbe ir schaden den alten.
ir varwe diu wart beide
von zorne und von leide   10090
tôtbleich und iesâ viuwerrôt.
»â« sprach si »saeldelôse Îsôt,
owê mir unde wâfen!
wer hât diz veige wâfen
von Curnewâle her getragen?   10095
hie wart mîn oeheim mite erslagen,
und der in sluoc, der hiez Tristan.
wer gab ez disem spilman?
der ist doch Tantris genant.«
Die namen begunde sî zehant   10100
beide in ir sinnen ahten,
ir beider lût betrahten.
»â hêrre« sprach si wider sich
»dise namen die beswaerent mich.
ine kan niht wizzen, wie in sî.   10105
si lûtent nâhe ein ander bî.
Tantris« sprach si »und Tristan,
dâ ist binamen heinlîche an.«
nu sî die namen begunde
zetrîben in dem munde,   10110
nu geviel si an die buochstabe,
dâ man si beide schepfet abe,
und vant in disem al zehant
die selben, die s'in jenem vant.
nu begunde s'an in beiden   10115
die sillaben scheiden
und sazte nâch alse vor
und kam rehte ûf des namen spor.
si vant ir ursuoche dar an.
vür sich sô las si Tristan,   10120
her wider sô las si Tantris.
hie mite was sî des namen gewis.

Da gefror ihr das Herz
über den alten Kummer.
Ihre Gesichtsfarbe wurde
vor Zorn und Schmerz   10090
totenbleich und dann feuerrot.
Sie sagte: »Ach, unselige Isolde,
weh und ach!
Wer hat diese verfluchte Waffe
aus Cornwall hergebracht?   10095
Mein Onkel wurde mit ihr erschlagen.
Und der ihn getötet hat, hieß Tristan.
Wer gab sie diesem Spielmann?
Er heißt doch Tantris.«
Sie begann sogleich, über die beiden Namen   10100
nachzudenken
und ihrem Klang nachzuhören.
»Ach, Herr«, sagte sie zu sich selbst,
»diese Namen bereiten mir schweren Kummer.
Ich weiß nicht, was es mit ihnen auf sich hat. 10105
Sie klingen ähnlich.
Tantris«, sagte sie, »und Tristan,
das ist wirklich eng verwandt.«
Als sie begann, die Namen
vor sich herzusprechen,   10110
da fielen ihr die Buchstaben auf,
aus denen sie beide zusammengesetzt sind,
und schnell fand sie in dem einen Namen
dieselben wie in dem anderen.
Dann trennte sie bei beiden   10115
die Silben
und stellte sie um
und kam dem Namen genau auf die Spur.
Sie fand heraus, was sie suchte:
Vorwärts las sie Tristan,   10120
rückwärts las sie Tantris.
So verschaffte sie sich Gewißheit über den Namen.

»jâ jâ« sprach aber diu schoene dô
»ist disen maeren danne sô,
disen valsch und dise trügeheit   10125
hât mir mîn herze wol geseit.
wie wol ich wiste al dise vart,
sît ich in merkende wart,
sît ich an ime lîp unde gebar
und sîn dinc allez alsô gar   10130
besunder in mîn herze las,
daz er gebürte ein hêrre was!
wer haete ouch diz getân wan er,
daz er von Curnewâle her
ze sînen tôtvînden vert   10135
und wir in zwirnt haben ernert!
ernert? er ist nû vil ungenesen.
diz swert daz muoz sîn ende wesen!
Nu île, rich dîn leit, Îsôt!
gelît er von dem swerte tôt,   10140
dâ mite er dînen oeheim sluoc,
sô ist der râche genuoc!«
si nam daz swert ze handen,
si gienc über Tristanden,
dâ er in einem bade saz.   10145
»jâ« sprach si »Tristan, bistu daz?«
»nein vrouwe, ich bin'z Tantris.«
»sô bistu, des bin ich gewis,
Tantris unde Tristan.
die zwêne sint ein veiger man.   10150
daz mir Tristan hât getân,
daz muoz ûf Tantrîsen gân.
du giltest mînen oehein!«
»nein süeziu juncvrouwe, nein!
durch gotes willen, waz tuot ir?   10155
gedenket iuwers namen an mir.
ir sît ein vrouwe unde ein maget.
swâ man den mort von iu gesaget,

»Ja, ja«, sagte die Schöne da wieder,
»wenn das so ist,
dann hat diesen Betrug   10125
mein Herz mir richtig vorausgesagt.
Ganz genau wußte ich schon immer,
seit ich ihn kennenlernte
und seit ich sein Aussehen und Verhalten
und seine ganze Persönlichkeit   10130
eindringlich beobachtete,
daß er von vornehmer Herkunft war!
Wer außer ihm hätte wohl gewagt,
von Cornwall
zu seinen Todfeinden zu reisen,   10135
wo wir ihn zweimal gerettet haben.
Gerettet? Jetzt ist er in großer Gefahr.
Dieses Schwert wird sein Ende sein.
Schnell jetzt, räche dich für deinen Schmerz, Isolde!
Wenn er durch dasselbe Schwert umkommt,   10140
mit dem er deinen Onkel erschlug,
dann ist das die richtige Rache.«
Sie ergriff das Schwert
und ging zu Tristan hinüber,
wo er in einem Bad saß.   10145
»Ja«, sagte sie, »bist du Tristan?«
»Nein, Herrin, ich bin Tantris.«
»Dann bin ich sicher, du bist
Tantris und Tristan zugleich.
Beide sind todgeweiht.   10150
Was Tristan mir angetan hat,
trifft jetzt Tantris.
Du büßt mir für meinen Onkel.«
»Nein, liebliche junge Dame, nein!
Um Gottes willen, was tut Ihr?   10155
Bedenkt doch, wer Ihr seid!
Ihr seid ein vornehmes Mädchen.
Wo man von Eurer Mordtat erfährt,

dâ ist diu wunneclîche Îsôt
iemer an den êren tôt.   10160
diu sunne, diu von Îrlant gât,
diu manic herze ervröuwet hât,
â, diu hât danne ein ende!
owê der liehten hende,
wie zimet daz swert dar inne?«   10165

Nu gie diu küniginne,
ir muoter, zuo den türen în:
»wie nû?« sprach sî »waz sol diz sîn?
tohter, waz tiutest dû hie mite?
sint diz schoene vrouwen site?   10170
hâstu dînen sin verlorn?
weder ist diz schimpf oder zorn?
waz sol daz swert in dîner hant?«
»â vrouwe muoter, wis gemant
unser beider herzeswaere.   10175
diz ist der mordaere,
Tristan, der dînen bruoder sluoc.
nu habe wir guoter state genuoc,
daz wir uns an im rechen
und diz swert durch in stechen.   10180
ez enkumet uns beiden niemer baz.«
»ist diz Tristan? wie weistu daz?«
»ich weiz ez wol, ez ist Tristan.
diz swert ist sîn, nu sich ez an
und sich die scharten dar bî   10185
und merke danne, ob er'z sî.
ich sazte iezuo diz stuckelîn
ze dirre veigen scharten în.
owê, dô sach ich, daz ez schein
einbaerelîche und rehte als ein.«   10190
»â« sprach diu muoter zehant,
»Îsôt, wes hâstu mich gemant?
daz ich mîn leben ie gewan!

ist die reizende Isolde
auf ewig ehrlos.   10160
Die Sonne, die in Irland aufgeht
und viele Herzen beglückt hat,
ach, sie ist dann erloschen.
Welch ein Jammer um diese weißen Hände;
wie passen sie zu dem Schwert, das sie halten?«   10165

Nun kam die Königin,
ihre Mutter, durch die Tür hinein.
»Was soll das?« sagte sie. »Was soll das bedeuten?
Tochter, was tust du da?
Ist das das Benehmen einer feinen Dame?   10170
Bist du von Sinnen?
Scherzt du oder bist du zornig?
Was soll das Schwert in deiner Hand?«
»Ach, Frau Mutter, sei erinnert
an unser beider Kummer.   10175
Dies ist der Mörder,
der deinen Bruder erschlug: Tristan.
Dies ist eine gute Gelegenheit,
uns zu rächen
und ihn mit diesem Schwert zu durchbohren.   10180
So günstig wird es nie wieder für uns sein.«
»Das ist Tristan? Woher weißt du das?«
»Ich weiß es genau. Es ist Tristan.
Dies ist sein Schwert. Betrachte es
und vergleiche den Splitter daneben.   10185
Und dann beurteile, ob er es ist.
Ich habe eben das Stückchen
in diese verfluchte Scharte eingepaßt.
Ach, da merkte ich, daß es aussah
wie aus einem Stück.«   10190
Sogleich sagte die Mutter: »Ach,
Isolde, woran erinnerst du mich!
Daß ich je geboren wurde!

und ist diz danne Tristan,
wie bin ich dar an sô betrogen!«   10195
nu haete ouch Îsôt ûf gezogen
daz swert und trat hin über in.
ir muoter kêrte zuo z'ir hin:
»lâ stân, Îsôt« sprach sî »lâ stân!
weist iht, waz ich vertriuwet hân?«   10200
»ine ruoche, zwâre ez ist sîn tôt.«
Tristan sprach: »merzî, bêle Îsôt!«
»î übeler man«, sprach Îsôt »î,
unde vorderstû merzî?
merzî gehoeret niht ze dir.   10205
dîn leben daz lâzest dû mir!«
»Nein tohter« sprach diu muoter dô
»ez enstât nû leider niht alsô,
daz wir uns mügen gerechen,
wir enwellen danne brechen   10210
unser triuwe und unser êre.
engâhe niht ze sêre.
er ist in mîner huote
mit lîbe und mit guote.
ich hân in, swie'z dar zuo sî komen,   10215
genzlîche in mînen vride genomen.«
»genâde vrouwe« sprach Tristan,
»vrouwe, gedenket wol dar an,
daz ich iu guot unde leben
an iuwer êre hân ergeben   10220
unde enpfienget mich alsô.«
»du liugest!« sprach diu junge dô
»ich weiz wol, wie diu rede ergie.
sine gelobete Tristande nie
weder vride noch huote   10225
an lîbe noch an guote.«
hie mite sô lief s'in aber an.
hie mite rief aber Tristan:
»â bêle Îsôt, merzî, merzî!«

Und wenn dies Tristan ist,
wie bin ich betrogen worden!«   10195
Nun hatte Isolde das Schwert erhoben
und trat zu ihm.
Die Mutter wandte sich ihr zu
und rief: »Halt, Isolde, halt!
Weißt du nicht, was ich versprochen habe?«   10200
»Das kümmert mich nicht. Wahrlich, er soll sterben.«
Tristan flehte: »Gnade, schöne Isolde!«
Isolde erwiderte: »Pfui, du Schurke,
du forderst Gnade?
Gnade steht dir nicht zu.   10205
Dein Leben mußt du lassen!«
»Nein, Tochter«, sagte da die Mutter,
»zu meinem Schmerz geht das nicht.
Wir können uns nicht rächen,
wenn wir nicht brechen wollen   10210
unseren Schwur und unser Wort.
Überstürze nichts.
Er steht unter meinem Schutz
mit seinem Leben und seinem Besitz.
Ich habe ihm, wie immer es dazu kam,   10215
völlige Sicherheit garantiert.«
»Danke, Herrin«, sagte Tristan,
»und denkt daran, Herrin,
daß ich Leib und Gut
Eurer Zusicherung anvertraut habe   10220
und Ihr sie mir auch garantiert habt.«
Da rief die Jüngere: »Du lügst!
Ich kenne die Abmachung.
Niemals hat sie Tristan versprochen
Sicherheit und Schutz   10225
für Leben und Besitz.«
Mit diesen Worten ging sie erneut auf Tristan los.
Tristan aber flehte:
»Gnade, schöne Isolde, habt Erbarmen!«

ouch was diu muoter ie dâ bî,   10230
diu durnehte künigîn.
er mohte sunder sorge sîn.
Ouch waere er zuo den stunden
in daz bat gebunden,
und Îsôt eine dâ gewesen: 10235
er waere doch vor ir genesen.
diu süeze, diu guote,
diu siure an wîbes muote
noch herzegallen nie gewan,
wie solte diu geslahen man?   10240
wan daz s'et von ir leide
und ouch von zorne beide
solhe gebaerde haete,
als ob si'z gerne taete,
und haete ouch lîhte getân,   10245
möhte sî daz herze hân.
daz was ir aber tiure
ze sus getâner siure.
doch was ir herze nie sô guot,
sine haete zorn und unmuot,   10250
wan sî den hôrte unde sach,
von dem ir leide geschach.
si hôrte ir vînt unde sahen
und mohte sîn doch niht geslahen.
diu süeze wîpheit lag ir an   10255
unde zucte sî dâ van.
an ir striten harte
die zwô widerwarte,
die widerwarten conterfeit
zorn unde wîpheit,   10260
diu übele bî ein ander zement,
swâ si sich ze handen nement.
sô zorn an Îsolde
den vînt slahen wolde,
sô gie diu süeze wîpheit zuo.   10265

Es war auch die Mutter immer dabei, 10230
die untadelige Königin.
Er konnte unbesorgt sein.
Selbst wenn er damals
im Bad gefesselt
und Isolde alleine dort gewesen wäre, 10235
hätte er doch überlebt.
Das liebliche, herzensgute Mädchen,
das Bitterkeit in ihrer weiblichen Wesensart
und Galle niemals gekannt hat,
wie sollte es einen Mann umbringen? 10240
Aus Schmerz nur
und auch aus Zorn
gab sie sich den Anschein,
als ob sie es gerne getan hätte,
und möglicherweise hätte sie es getan, 10245
wenn sie das Herz dazu gehabt hätte.
Das aber war unfähig
zu solcher Härte.
Trotzdem war sie nicht so gutherzig,
daß sie nicht doch Zorn und Verdruß verspürt hätte, 10250
als sie den hörte und sah,
der ihr solchen Schmerz zugefügt hatte.
Sie hörte ihren Feind, sie sah ihn,
und doch konnte sie ihn nicht erschlagen.
Ihr zartes weibliches Empfinden bedrängte sie 10255
und hielt sie davon zurück.
Heftig kämpften in ihrem Inneren
die beiden Widersacher,
die feindlichen Gegensätze,
Zorn und Weiblichkeit, 10260
die so schlecht zueinander passen,
wo immer sie zusammentreffen.
Sobald der Zorn in Isolde
den Feind töten wollte,
trat die liebliche Weiblichkeit dazwischen 10265

»nein« sprach si suoze »niene tuo!«
sus was ir herze in zwei gemuot,
ein herze was übel unde guot.
diu schoene warf daz swert dernider
und nam ez aber iesâ wider.   10270
sine wiste in ir muote
under übel und under guote,
ze wederem si solte:
si wolte unde enwolte;
si wolte tuon unde lân.   10275
sus lie der zwîvel umbe gân,
biz doch diu süeze wîpheit
an dem zorne sige gestreit,
sô daz der tôtvînt genas
und Môrolt ungerochen was.   10280

Hie mite warf sî daz swert von ir,
weinende sprach si: »ouwê mir,
daz ich ie disen tac gesach!«
diu wîse, ir muoter, zuo z'ir sprach:
»herzetohter mîne,   10285
die herzeswaere dîne,
die selben die sint leider mîn
baz unde harter danne dîn.
nâch gotes genâden sî engânt dir
niht alse nâhen alse mir.   10290
mîn bruoder leider der ist tôt.
daz was biz her mîn meistiu nôt.
nu vürhte ich eine nôt von dir,
entriuwen tohter, diu gât mir
vil nâher danne jeniu tuo.   10295
mir wart nie niht sô liep sô duo.
ê daz mir iht an dir geschehe,
daz ich rehte ungerne sehe,
ich lâze ê gerne disen haz.
ich lîde sanfter unde baz   10300

und sagte sanft: »Nein, tu das nicht!«
So war ihr Herz zwieträchtig,
teils gut, teils schlecht.
Die Schöne warf das Schwert zu Boden
und nahm es aber sogleich wieder auf.   10270
Sie wußte nicht, ob sie sich bei ihren Gefühlen
für die gütigen oder die zornigen
entscheiden sollte.
Sie wollte und wollte nicht.
Sie wollte es tun und lassen.   10275
So schwankte sie zweifelnd hin und her,
bis ihre sanfte Weiblichkeit
schließlich doch den Zorn besiegte,
so daß der Todfeind verschont wurde
und Morold ungerächt blieb.   10280

Da warf sie das Schwert von sich
und sagte weinend: »Weh,
daß ich diesen Tag erlebt habe!«
Ihre weise Mutter sagte zu ihr:
»Liebste Tochter,   10285
deine Herzensqual
empfinde ich zu meinem Schmerz auch,
nur schlimmer und tiefer als du.
Gottes Barmherzigkeit verhindert, daß sie dir
so zu Herzen gehen wie mir.   10290
Zu meinem Kummer ist mein Bruder tot.
Bisher war das mein tiefster Gram.
Aber ich befürchte einen Schmerz durch dich,
liebste Tochter, der mir noch
viel mehr zu Herzen geht als jener,   10295
denn nichts liebe ich mehr als dich.
Ehe ich zulasse, daß dir etwas zustößt,
das zu sehen mir Kummer machen würde,
wollte ich lieber diese Rache aufgeben.
Ich erleide lieber und leichter   10300

eine swaere danne zwô.
mîn dinc daz stât mir iezuo sô
umbe den unsaeligen man,
der uns mit kampfe sprichet an.
wir ensehen genôte dar zuo,   10305
dîn vater, der künec, ich unde duo
wir haben iemer mêre
verloren unser êre
und enwerden niemer mêre vrô.«
Jener in dem bade der sprach dô: 10310
»saeligen vrouwen beide,
eist wâr, ich hân iu leide
und aber mit grôzer nôt getân.
welt ir iuch, alse ir sult, enstân,
sô wizzet ir wol, daz diu nôt   10315
niht anders was niwan der tôt.
den lîdet nôte ein ieclîch man,
die wîle er sich generen kan.
swie'z aber dar umbe ergangen ist,
swie'z iu nû ze dirre vrist   10320
ze dem truhsaezen ist gewant,
daz kêret allez z'einer hant.
dem sol ich ein guot ende geben,
ich meine, ob ir mich lâzet leben
und es enirre mich der tôt.   10325
vrouwe Îsôt und aber Îsôt,
ich weiz wol, daz ir alle zît
sinnic unde saelic sît,
getriuwe unde bescheiden.
möht ich mich hin z'iu beiden   10330
einer rede verlâzen
und woltet ir iuch mâzen
übeler gebaerde her ze mir
und ouch des hazzes, des ir
Tristande lange habet getragen,   10335
ich wolte iu guotiu maere sagen.«

einen Schmerz als zwei.
Meine Sorge gilt jetzt
dem gräßlichen Mann,
der seinen Anspruch durch Kampf bestätigen will.
Wenn wir uns darum nicht sorgfältig kümmern,   10305
würden dein Vater, der König, ich und du
auf ewig
unser Ansehen verlieren
und niemals wieder glücklich werden.«
Der Mann im Bade sagte darauf: 10310
»Ihr herrlichen Damen,
wahr ist, daß ich Euch Kummer
nur in äußerster Not bereitet habe.
Wenn Ihr Euch, wie Ihr solltet, erinnert,
dann wißt Ihr wohl, daß diese Not   10315
nicht weniger war als Lebensgefahr.
Der aber setzt sich keiner aus,
solange er sich dagegen noch wehren kann.
Doch wie das auch gekommen ist,
wie immer es Euch jetzt   10320
um den Truchsessen zumute ist,
darum sorgt Euch nicht.
Ich will es zu einem guten Ende bringen,
vorausgesetzt, Ihr laßt mich leben
und der Tod hindert mich nicht.   10325
Herrin Isolde, und abermals: Isolde,
ich weiß, daß Ihr stets
besonnen und gut seid,
aufrichtig und verständig.
Könnte ich Euch beiden   10330
etwas anvertrauen
und wolltet Ihr zügeln
Euer feindseliges Betragen mir gegenüber
und Euren Haß, den Ihr
lange gegen Tristan gehegt habt,   10335
dann würde ich Euch eine gute Neuigkeit sagen.«

Îsôte muoter Îsôt
si sach in lange an und wart rôt.
ir liehten ougen wurden vol.
»owê!« sprach sî »nu hoere ich wol   10340
und weiz vür wâr, daz ir ez sît.
ich zwîvelte unz an dise zît.
nu habet ir mir die wârheit
ungevrâget geseit.
owî owî, hêr Tristan,   10345
daz ich iuwer ie gewalt gewan
sô guoten, alse ich iezuo hân,
und der alsô niht ist getân,
daz ich in alsô g'üeben müge,
als ez mir wege und alse ez tüge!   10350
gewalt ist aber sô manicvalt.
ich waene, ich mac wol disen gewalt
an mînem vînde üeben,
daz reht sô vil getrüeben
an einem übelen manne.   10355
jâ hêrre, wil ich danne?
entriuwen jâ, ich waene.«

Ie mitten kam Brangaene
diu stolze, diu wîse
lachende unde lîse,   10360
schône unde wol gestrichen
aldort her în geslichen
und sach daz swert dâ ligen bar,
die vrouwen beide riuwevar.
»wie nû?« sprach diu gevüege dô   10365
»disen gebaerden wiest den sô?
waz maere trîbet ir driu?
disiu vrouwen ougen wie sint diu
alsus trüebe und alsô naz?
diz swert hie lît, waz tiutet daz?«   10370
»sich« sprach diu guote künigîn,

Isoldes Mutter Isolde
sah ihn lange an und errötete.
Ihre hellen Augen füllten sich.
»Ach«, sagte sie, »nun höre ich   10340
und weiß bestimmt, daß Ihr es seid.
Bis jetzt noch habe ich gezweifelt.
Nun habt Ihr mir die Wahrheit
gesagt, ohne gefragt zu sein.
O weh, Herr Tristan,   10345
daß ich Euch je in meine Gewalt bekam
so gut wie jetzt
und doch nicht so,
daß ich sie so ausüben kann,
daß es mir helfen und nützen könnte!   10350
Aber Gewalt ist so vielfältig.
Ich glaube, ich kann diese Gewalt gut
an meinem Widersacher ausüben
und das Recht so sehr schänden
an einem Schurken.   10355
Ja, Herr, will ich das denn?
Wahrlich, ich glaube, ich will es.«

Inzwischen kam Brangäne,
die Vornehme und Kluge,
lächelnd und still   10360
und schön gekleidet
hereingeschritten.
Sie sah das bloße Schwert
und die beiden Damen verstört.
»Was?« sagte das wohlerzogene Mädchen.   10365
»Weshalb dieses Verhalten?
Was tut Ihr drei?
Warum sind die Augen dieser Damen
so trübe und feucht?
Was bedeutet es, daß das Schwert hier liegt?«   10370
»Sieh«, sagte die gütige Königin,

»Brangaene, herzeniftel mîn,
sich, wie wir alle sîn betrogen.
wir haben ze blintlîche erzogen
den slangen vür die nahtegalen,   10375
dem rappen kerne vür gemalen,
der der tûben solte sîn.
wie haben wir, hêrre trehtîn,
den vînt vür den vriunt ernert,
dem übelen tôde zwirnt erwert   10380
mit unser selber handen
unsern vînt Tristanden!
sich, warte, er sitzet: deist Tristan.
nu hân ich zwîvel dar an,
weder ich mich reche oder entuo.   10385
niftel, waz raetest dû dar zuo?«
»nein vrouwe, tuot die rede hin!
iuwer saelde und iuwer sin
diu sint hie zuo ze guot,
daz ir iemer keinen muot   10390
ûf solhe untât gewinnet
und iemer sô g'unsinnet,
daz ir ze manslahte
iemer gewinnet ahte
unde ouch danne z'einem man,   10395
des ir iuch habet genomen an
ze vride und ze huote.
es enwart iu nie ze muote,
des ich gote wol getrûwen sol.
ouch sult ir des gedenken wol,   10400
waz rede iuch mit im ane gât,
diu niwan umbe iuwer êre stât.
soltet ir iuwer êre geben
umbe keines iuwers vîndes leben?«
»waz wiltu danne, daz ich tuo?«   10405
»vrouwe, dâ denket selbe zuo.
gât hinnen, lât in ûz gân.

»Brangäne, meine liebe Nichte,
sieh, wir sind alle betrogen worden.
Zu blindlings haben wir aufgezogen
die Schlange anstelle der Nachtigall   10375
und Korn gemahlen für den Raben,
das für die Tauben sein sollte.
Wir haben, o mein Gott,
unseren Feind anstelle unseres Freundes errettet,
dem grausigen Tod zweimal entrissen   10380
mit eigenen Händen
unseren Feind Tristan!
Denn sieh, dort sitzt er: Tristan.
Nun weiß ich nicht,
ob ich mich rächen soll oder nicht.   10385
Nichte, wozu rätst du?«
»Nein, Herrin, tut das nicht!
Eure Gesinnung und Euer Verstand
sind zu gütig,
als daß Ihr Pläne   10390
zu solcher Missetat fassen
und so unbeherrscht sein könntet,
daß Ihr Euch zu Mord
jemals entschließt,
noch dazu an einem Mann,   10395
dem Ihr zugesagt habt
Sicherheit und Schutz.
Das war niemals Eure Absicht,
so hoffe ich bei Gott.
Auch solltet Ihr überlegen,   10400
wie Ihr Euch mit ihm verhaltet,
wovon Euer ganzes Ansehen abhängt.
Wollt Ihr Euer Ansehen aufgeben
für das Leben Eures Feindes?«
»Was soll ich denn dann tun?«   10405
»Herrin, das entscheidet selbst.
Geht und laßt ihn aussteigen (aus dem Bad).

die wîle muget ir rât hân,
waz iu daz waegeste sî.«
hie mite giengen si dan si drî   10410
durch rât in ir heinlîche.
Îsôt diu sinnerîche
»seht« sprach si »ir beide, sprechet an:
waz mag er meinen, dirre man?
er sprach wider uns beide daz,   10415
wolten wir lâzen disen haz,
den wir im lange haben getragen,
er wolte uns guotiu maere sagen.
waz diz sî, des wundert mich.«
Brangaene sprach: »dâ râte ich,   10420
daz in nieman innen bringe
dekeiner slahte undinge,
biz wir bevinden sînen muot.
sîn muot ist lîhte vil guot
hin z'iuwer beider êren.   10425
man sol den mantel kêren,
als ie die winde sint gewant.
wer weiz, ob er in Îrlant
durch iuwer êre komen ist.
hüetet sîn ze dirre vrist   10430
und lobet ouch eines iemer got:
daz dirre ungevüege spot
umbe des truhsaezen valscheit
mit ime sol werden hin geleit.
got der haete unser ruoche   10435
an unserre suoche.
wan waere er an den stunden
niht kurzlîche vunden,
weiz got, sô waere er iesâ tôt.
wizze Crist, juncvrouwe Îsôt,   10440
sô vüere ez wirs, danne ez var.
habet niht ungebaerde dar,
wan wirt er ihtes innen

Inzwischen könnt Ihr überlegen,
was für Euch das Vorteilhafteste wäre.«
Darauf gingen sie alle drei   10410
zur Beratung in ihre private Kammer.
Die besonnene Isolde
sagte: »Ihr beiden, sagt,
was meinte dieser Mann?
Er sagte zu uns beiden, daß er,   10415
wenn wir unsere feindselige Haltung aufgeben,
die wir lange gegen ihn eingenommen haben,
uns eine gute Nachricht mitteilen wolle.
Ich frage mich, was das sein könnte.«
Brangäne antwortete: »Dann empfehle ich,   10420
daß niemand ihn merken läßt
irgendwelchen Groll,
bis wir herausgefunden haben, was er will.
Seine Absichten sind vielleicht günstig
für Euer beider Ansehen.   10425
Man soll den Mantel
nach dem Winde hängen.
Wer weiß, vielleicht ist er nach Irland
um Eurer Ehre willen gekommen.
Verschont ihn jetzt,   10430
und lobt Gott dafür,
daß diese gräßliche Schmach
über den Betrug des Truchsessen
von ihm beigelegt werden soll.
Gott hatte sich um uns gekümmert   10435
bei unserer Suche.
Denn hätten wir Tristan damals
nicht so schnell gefunden,
weiß Gott, dann wäre er jetzt tot.
Bei Christus, Isolde, meine junge Herrin,   10440
dann wäre alles viel schlimmer verlaufen.
Seid nicht feindselig gegen ihn,
denn wenn er es merkt,

und mag er danne entrinnen,
des hât er reht, daz er daz tuo.   10445
von diu dâ denket beide zuo:
bietet ime ez alse wol,
alse man von rehte sol.
daz râte ich iu, des volget mir.
Tristan der ist als edel als ir   10450
unde ist höfsch unde wîs,
vollekomen alle wîs.
swie iu daz herze hin z'im sî,
sît ime doch höfschlîche bî.
binamen, swes er habe gedâht,   10455
in hât ernest ûz brâht.
sîn gewerp und sîn gerinc
der ist umbe ernestlîchiu dinc.«

Sus stuonden s'ûf und giengen dan
und kâmen hin, dâ Tristan   10460
heinlîche an sînem bette saz.
Tristan sîn selbes niht vergaz.
er vuor ûf balde gegen in
und viel sâ gegen in allen hin
und lac den höfschen süezen   10465
vlêhlîche zuo den vüezen
und sprach ouch mit dem valle:
»genâde, ir süezen alle,
habet genâde wider mich!
lât mich geniezen, daz ich   10470
durch iuwer êre und iuwern vromen
her bin in iuwer rîche komen.«
diu liehte cumpanîe,
die liehten alle drîe,
ieglîchiu warf ir ougen dan   10475
und sâhen alle ein ander an.
si stuonden unde er lac alsô.
»vrouwe« sprach Brangaene dô

könnte er entkommen
und hätte dabei ganz recht.   10445
Deshalb bedenkt beide:
Behandelt ihn so gut,
wie man es billigerweise soll.
Das empfehle ich Euch. Hört auf mich.
Tristan ist so vornehm wie Ihr,   10450
er ist gebildet und klug,
in jeder Hinsicht vollkommen.
Wie auch immer Ihr gegen ihn eingestellt seid,
begegnet ihm mit feinem Anstand.
Wahrlich, was immer er sich gedacht haben mag,   10455
ein ernsthafter Grund hat ihn herkommen lassen.
Sein Verhalten und Streben
richten sich auf ernsthafte Ziele.«

Damit standen sie auf, gingen weg
und kamen dorthin, wo Tristan   10460
still auf seinem Bett saß.
Tristan war aufmerksam.
Er sprang sogleich vor ihnen auf,
fiel vor ihnen allen zu Boden
und lag den vornehmen Schönen   10465
bittend zu Füßen
und flehte noch im Fallen:
»Erbarmen, Ihr lieblichen Damen,
habt Erbarmen mit mir!
Haltet mir zugute, daß ich   10470
um Eurer Ehre und Eures Vorteils willen
in Euer Reich gekommen bin.«
Die strahlende Gesellschaft,
die drei schönen Damen
blickten weg   10475
und sahen einander an.
Da standen sie, und er lag.
»Herrin«, meinte Brangäne dann,

»der ritter lît ze lange dâ.«
diu küniginne sprach iesâ: 10480
»waz wiltu nû, daz ich im tuo?
mîn herze stât mir niht dar zuo,
daz ich sîn vriunt gewesen müge.
ine weiz niht, waz getuo, daz tüge.«
Brangaene diu sprach aber z'ir: 10485
»nu liebiu vrouwe, volget mir,
ir und mîn juncvrouwe Îsôt.
ich weiz ez wârez alse den tôt,
daz ir'n in iuwern sinnen
unsanfte muget geminnen   10490
vor iuwerm alten leide.
sô gelobet im doch daz beide,
daz er des lîbes sicher sî.
er geredet vil lîhte dâ bî
sînes vrumen aber eteswaz.«   10495
die vrouwen sprâchen: »nû sî daz.«
hie mite sô hiez si in ûf stân.
nû diz gelübede was getân,
si sâzen alle viere nider.

Tristan greif an sîn maere wider.   10500
»Seht« sprach er »vrouwe künigîn,
welt ir nu mîn guot vriunt sîn,
ich wil iu daz in ein tragen
noch innen disen zwein tagen
(deiswâr ân allen argen list),   10505
iuwer tohter, diu iu lieb ist,
daz s'einen edelen künic nimet,
der ir ze hêrren wol gezimet,
schoene unde milte,
zem spere und zem schilte   10510
ein ritter edel und ûz erkorn,
von künigen unz her geborn
und ist ouch danne dâ bî

»der Ritter liegt schon zu lange dort.«
Sogleich sagte die Königin: 10480
»Was soll ich denn mit ihm tun?
Meine Gefühle sind nicht so,
daß ich sein Freund sein könnte.
Ich weiß nicht, was ich Sinnvolles tun soll.«
Brangäne erwiderte ihr: 10485
»Liebe Herrin, folgt meinem Rat,
Ihr und meine junge Herrin Isolde.
Ich bin mir völlig darüber im klaren,
daß Ihr ihn mit Euren Gefühlen
nicht lieben könnt   10490
wegen des alten Kummers.
Dann versprecht ihm aber zumindest beide,
daß er seines Lebens sicher ist.
Vielleicht sagt er dann
noch etwas zu seinem Vorteil.«   10495
Die Damen sagten: »So sei es.«
Damit baten sie ihn, sich zu erheben.
Als sie ihm dieses Versprechen gegeben hatten,
setzten sie sich alle vier.

Tristan fuhr fort   10500
und sagte: »Seht, königliche Herrin,
Wenn Ihr nun wie ein guter Freund an mir handeln wollt,
so will ich es einrichten
noch in den nächsten zwei Tagen
und wahrlich ohne arglistigen Betrug,   10505
daß Eure Tochter, die Ihr liebt,
einen vornehmen König nimmt,
der sehr geeignet ist, ihr Herr zu sein,
der stattlich ist und freigebig,
mit Speer und Schild   10510
ein vornehmer und auserlesener Ritter,
von königlicher Abkunft
und darüber hinaus

vil rîcher, danne ir vater sî.«
»entriuwen« sprach diu künigîn   10515
»möhte ich der rede gewis sîn,
ich volgete unde taete,
swes mich ieman baete.«
»vrouwe« sprach aber Tristan
»ich gewisse iuch schiere dar an.   10520
bewaere ich'z iu zehant niht,
sô diu suone geschiht,
sô lât mich ûz dem vride wesen
und lât mich niemer genesen.«
diu wîse sprach: »Brangaene, sprich,   10525
waz raetestû, wie dunket dich?«
»dâ dunket mich sîn rede guot
und râte ouch daz, daz ir ez tuot.
leget allen zwîvel hin
und stât ûf beide und küsset in!   10530
al sî ich niht ein künigîn,
ich wil ouch an der suone sîn.
er was mîn mâc, swie arm ich sî.«
sus kusten s'in dô alle drî.
doch tet ez Îsôt diu junge   10535
mit langer widerunge.

Nu disiu suone alsus geschach,
Tristan aber zen vrouwen sprach:
»nu weiz ez got der guote,
ine wart in mînem muote   10540
sô vrô nie, alse ich iezuo bin.
ich hân al den sorgen hin
gewartet unde nâch gesehen,
die mir möhten geschehen,
daz ich mich des versehen sol   10545
(ine versihe mich's niht, ich weiz ez wol),
daz ich in iuwern hulden bin.
nu leget alle sorge hin.

viel reicher als ihr Vater.«
»Wahrlich«, sagte die Königin,   10515
»wenn ich das glauben dürfte,
würde ich erfüllen und tun,
worum man mich bäte.«
Tristan antwortete: »Herrin,
das versichere ich Euch schnell.   10520
Wenn es nicht gleich beweise,
nachdem wir uns versöhnt haben,
dann entlaßt mich aus Eurem Schutz
und schont mich nicht mehr.«
Die Kluge sagte: »Brangäne, sag,   10525
was glaubst du, wozu rätst du?«
»Ich finde seinen Vorschlag gut
und empfehle, daß Ihr ihm folgt.
Legt alle Zweifel ab,
steht beide auf und küßt ihn.   10530
Obwohl ich keine Königin bin,
will ich mich auch mit ihm versöhnen.
Morold war mein Verwandter, wie gering mein Stand auch
Da küßten sie ihn alle drei.   [sein mag.«
Aber die junge Isolde tat es   10535
mit viel Widerstreben.

Als so die Versöhnung erfolgt war,
sagte Tristan wieder zu den Damen:
»Der gütige Gott weiß,
daß mir noch nie zumute war   10540
so froh wie jetzt.
Ich habe alle Gefahren
berücksichtigt und bedacht,
auf die ich stoßen könnte,
bis ich hoffen durfte   10545
(und nun hoff' ich nicht, nun weiß ich),
Euer Wohlwollen zu erreichen.
Seid nun ganz unbesorgt.

ich bin iu z'êren und ze vromen
von Curnewâle z'Îrlant komen.   10550
sît mîner êreren vart,
daz ich hie generet wart,
sît sprach ich iemer mêre
iuwer lop und iuwer êre
ze minem hêrren Marke,   10555
unz ich ime den muot sô starke
mit râte an iuch gewante,
daz er dar an genante –
kûme, unde sage iu umbe waz.
beidiu er vorhte den haz   10560
und wolte ouch durch den willen mîn
êlîches wîbes âne sîn,
daz ich sîn erbaere
nâch sînem tôde waere.
hie wîsete aber ich in van,   10565
unz er mir volgen began.
sus wurden wir zwêne under uns zwein
dirre selben reise in ein.
durch daz kam ich in Îrlant,
durch daz sluoc ich den serpant.   10570
und habet ir iuwer arbeit
vil saeleclîche an mich geleit,
des sol mîn juncvrouwe sîn
vrouwe unde künigîn
ze Curnewâle und z'Engelant.   10575
nu ist iu mîn geverte erkant.
saeligiu massenîe,
saeligen alle drîe,
nu lât ez ouch verholn sîn.«
»Nu saget mir« sprach diu künigîn   10580
»ob ich ez mînem hêrren sage
und eine suone in ein trage:
missetuon ich iht dar an?«
»nein ir, vrouwe« sprach Tristan

Zu Eurer Ehre und Eurem Vorteil
bin ich von Cornwall nach Irland gekommen. 10550
Seit meiner ersten Reise,
bei der ich hier geheilt wurde,
habe ich unentwegt berichtet
von Eurem Ruhm und Ansehen
meinem Herrn, Marke, 10555
bis ich seine Absichten so nachdrücklich
durch Zuspruch auf Euch richtete,
daß er sich dazu entschloß –
mit Mühe, und ich sage Euch warum.
Er fürchtete Euren Haß 10560
und wollte um meinetwillen
unverheiratet bleiben,
damit ich sein Erbe
nach seinem Tode sei.
Davon aber riet ich ihm ab, 10565
bis er auf mich hörte.
So kamen wir beide
über diese Reise überein.
Deshalb fuhr ich nach Irland,
und deshalb erschlug ich den Drachen. 10570
Und weil Ihr Eure Mühe
so freundlich mir zugewandt habt,
soll meine junge Herrin
Herrin und Königin sein
über Cornwall und England. 10575
Nun kennt Ihr den Grund meines Kommens.
Liebliche Schar,
Ihr lieblichen Drei,
haltet es geheim.«
Die Königin sagte: »Sagt mir, 10580
wenn ich es meinem Herrn berichte
und eine Versöhnung erreiche,
wäre das falsch von mir?«
»Nein, Herrin«, antwortete Tristan,

»er sol'z von rehte wizzen.   10585
sît et dar an gevlizzen,
daz mir kein schade iht ûf erstê.«
»nein hêrre, vürhtet iu nimê,
dane ist niemêre sorgen an.«

Hie mite giengen die vrouwen dan   10590
in ir heinlîche sunder
und ahteten hier under
sîn gelücke und sîne linge
an iegelîchem dinge.
ir iegelîchiu seite   10595
von sîner wîsheite,
diu muoter sus, Brangaene sô.
»sich, muoter« sprach diu tohter dô
»wie wunderlîchen ich bevant,
daz er Tristan was genant: 10600
dô ich des swertes z'ende kam,
die namen ich ze handen nam
Tantris unde Tristan.
nu ich si trîben began,
nu bedûhte mich an in zwein,   10605
si haeten eteswaz in ein.
dâ nâch begunde ich trahten
und anclîchen ahten
und vant dô mit den buochstaben,
die man ze beiden namen sol haben,   10610
daz ez allez ein was.
wan swederthalp ich hin las,
sone was ie niemê dar an
wan Tantris oder Tristan
und ie an einem beide.   10615
nu muoter, nu scheide
disen namen Tantris
in ein tan und in ein tris
und sprich daz tris vür daz tan,

»mit gutem Grund soll er es erfahren.   10585
Achtet aber darauf,
daß mir daraus kein Schaden erwächst.«
»Nein, Herr, fürchtet Euch nicht,
da besteht keine Gefahr.«

Damit gingen die Damen fort   10590
in ihre Kammer
und besprachen
sein Glück und seinen Erfolg
in jeder Hinsicht.
Jede von ihnen sprach   10595
über seine Klugheit,
die Mutter auf die eine, Brangäne auf die andere Weise.
Da sagte die Tochter: »Hör nur, Mutter,
auf welch merkwürdigem Weg ich herausfand,
daß er Tristan hieß: 10600
Als ich das Schwert untersucht hatte,
wandte ich mich den Namen zu,
Tantris und Tristan.
Als ich mich mit ihnen beschäftigte,
fiel mir an den beiden auf,   10605
daß sie etwas gemeinsam hatten.
Darüber dachte ich nach,
ich überlegte angestrengt
und merkte an den Buchstaben,
aus denen die beiden Namen bestanden,   10610
daß sie dieselben waren.
Denn wie ich sie auch las,
sie enthielten nichts
als Tantris oder Tristan
und beides in einem.   10615
Nun, Mutter, trenne
diesen Namen Tantris
in ein ›tan‹ und ein ›tris‹
und sage das ›tris‹ vor dem ›tan‹,

sô sprichestû Tristan.   10620
sprich daz tan vür daz tris,
sô sprichest aber Tantris.«
diu muoter segenete sich.
»got« sprach si »der gesegene mich!
von wannen kam dir ie der sin?«   10625
nu sî drî von im under in
geredeten maneger hande,
diu künigîn diu sande
nâch dem künege; der kam dar.
»seht, hêrre« sprach si »nemet war: 10630
ir sult uns einer bete gewern,
der wir drî ernestlîche gern.
tuot ir'z, ez kumet uns allen wol.«
»ich volge, swes ich volgen sol.
swaz ir wellet, deist getân.«   10635
»habet ir'z danne an mich verlân?«
sprach aber diu guote künigîn.
»jâ, swaz ir wellet, daz sol sîn.«
»genâde hêrre, deist genuoc.
hêrre, der mînen bruoder sluoc,   10640
Tristan, den hân ich hinne.
den sult ir iuwer minne
und iuwer hulde lâzen hân.
sîn gewerp der ist alsô getân,
daz diu suone vuoge hât.«   10645
der künec sprach: »triuwen, disen rât
den lâze ich baltlîche an dich.
er gât dich mêre an danne mich.
Môrolt dîn bruoder der was dir
nâher gesippe danne mir.   10650
hâstu'z umbe in varen lân,
wiltû, sô hân ouch ich'z getân.«
Sus seite sî dem künege dô
Tristandes maere rehte alsô,
als er ir selbe sagete.   10655

dann sagst du Tristan.   10620
Sagst du aber ›tan‹ vor ›tris‹,
dann sagst du Tantris.«
Die Mutter bekreuzigte sich
und sagte: »Gott segne mich!
Wie hast du das nur herausgefunden?«   K 10625
Nachdem die drei untereinander
sehr viel von ihm gesprochen hatten,
schickte die Königin
nach dem König, der alsbald kam.
»Seht, Herr«, sagte sie,   10630
»Ihr sollt uns einen Wunsch erfüllen,
um den wir drei Euch dringend bitten.
Wenn Ihr es tut, ist es unser aller Vorteil.«
»Ich gewähre, was Ihr wollt.
Was immer Ihr wünscht, soll geschehen.«   10635
»Überlaßt Ihr es also völlig mir?«
fragte erneut die gütige Königin.
»Ja, was Ihr wollt, soll geschehen.«
»Danke, Herr, das genügt.
Herr, den Mörder meines Bruders,   10640
Tristan, habe ich hier.
Ihm sollt Ihr Eure Liebe
und Euer Wohlwollen schenken.
Sein Anliegen ist so,
daß Versöhnung angemessen erscheint.«   10645
Der König antwortete: »Wahrhaftig, das
überlasse ich allzugern dir.
Dich betrifft es mehr als mich.
Dein Bruder Morold war mit dir
enger verwandt als mit mir.   10650
Wenn du es ungestraft lassen willst,
will ich es, falls du es wünschst, auch.«
Dann erzählte sie dem König
Tristans Absicht genau so,
wie er selbst es ihr gesagt hatte.   10655

diz maere daz behagete
dem künege wol und sprach ir zuo:
»nu sich, daz er'z mit triuwen tuo.«

Diu künigîn dô sande
Brangaenen nâch Tristande.   10660
und alse Tristan în gie,
dem künege er sich ze vüezen lie.
»genâde, hêrre künec!« sprach er.
»stât ûf, hêr Tristan, gât her«
sprach Gurmûn »unde küsset mich.   10665
ungerne sô verkiuse ich,
iedoch verkiuse ich disen zorn,
sît in die vrouwen hânt verkorn.«
»hêrre« sprach aber Tristan
»an dirre suone dâ ist an   10670
mîn hêrre und beidiu sîniu lant?«
»jâ hêrre« sprach Gurmûn zehant.
nu disiu suone z'ende kam,
diu künigîn Tristanden nam
und sazte in zuo z'ir tohter nider   10675
und bat in ouch daz maere wider
ir hêrren al von êrste sagen,
wie ez sich haete dar getragen
an allen disen sachen
beidiu umbe den trachen   10680
und umbe des küneges Markes ger.
daz seite er aber von ende her.
der künec sprach aber: »hêr Tristan,
nu wie bewar ich mich hier an,
daz ich der rede gewis sî?«   10685
»vil wol, hêrre, ich hân hie bî
mînes hêrren vürsten alle.
swaz gewisheit iu gevalle,
die saget ir mir. diu ist getân,
die wîle und ich ir einen hân.«   10690

Diese Nachricht gefiel
dem König gut, und er sagte zu ihr:
»Achte darauf, daß er Wort hält.«

Die Königin schickte dann
Brangäne, um Tristan zu holen.   10660
Und als Tristan eintrat,
fiel er dem König zu Füßen
und flehte: »Erbarmen, königlicher Gebieter!«
»Steht auf, Herr Tristan, kommt her
und küßt mich«, sagte Gurmun.   10665
»Ich verzichte nur widerwillig,
aber ich will meinem Zorn entsagen,
weil die Damen es auch getan haben.«
»Herr«, sagte Tristan wieder,
»schließt diese Versöhnung ein   10670
meinen Herrn und seine beiden Reiche?«
»Ja, Herr«, erwiderte Gurmun sogleich.
Als die Versöhnung vollständig war,
nahm die Königin Tristan,
setzte ihn zu ihrer Tochter   10675
und bat ihn, noch einmal zu berichten
ihrem Herrn in allen Einzelheiten,
wie sich alles zugetragen habe
bei diesen Angelegenheiten,
sowohl was den Drachen anging   10680
als auch Markes Absicht.
Das erzählte er erneut von Anfang an.
Der König sagte wieder: »Herr Tristan,
wie schaffe ich mir Gewißheit,
daß Ihr die Wahrheit sagt?«   10685
»Ganz einfach, Herr. Ich habe bei mir hier
alle Fürsten meines Herrn.
Welche Sicherheit auch immer Ihr haben wollt,
nennt sie mir. Sie wird geleistet,
solange nur einer von ihnen hier ist.«   10690

Hie mite sô schiet der künic dan.
die vrouwen unde Tristan
die beliben aber eine dâ.
Tristan nam Paranîsen sâ.
»geselle« sprach er »gâ hin abe.   10695
dâ stât ein kiel in der habe,
dâ ganc geswâslîche hin
und vrâge, welher under in
Curvenal dâ sî genant.
dem selben rûne zehant,   10700
daz er ze sînem hêrren gê.
und sage ouch nieman niemê
und bringe in lîse, als höfsch du sîs.«
nu hêrre, daz tet Paranîs.
er brâhte in alsô lîse dar,   10705
daz sîn nieman wart gewar.
nu s'în zer kemenâten
vür die vrouwen trâten,
im neic diu küniginne
und nieman mê dar inne.   10710
sine nâmen sîn durch daz niht war,
er enkam niht alse ein ritter dar.
nu Curvenal Tristanden
den vrouwen under handen
vrôlîchen unde gesunden sach,   10715
in franzoiser wîse er sprach:
»hâ bêâ dûz sire,
durch gotes willen, waz tuot ir,
daz ir sus wunneclîche
in disem himelrîche   10720
sus lûzet verborgen
und lât uns in den sorgen?
wir wânden alle sîn verlorn.
biz iezuo haete ich wol gesworn,
daz ir niht lebende waeret.   10725
wie habet ir uns beswaeret!

Damit ging der König davon.
Die Damen und Tristan
blieben wieder allein zurück.
Tristan nahm Paranis
und sagte: »Geh, mein Freund.   10695
Im Hafen liegt ein Schiff.
Da geh heimlich hin
und frage, wer von ihnen
Kurvenal heißt.
Dem sage schnell und heimlich,   10700
er solle zu seinem Herrn kommen.
Sage es sonst niemandem
und bring ihn unbemerkt her, klug, wie du bist.«
Nun, Ihr Herren, Paranis tat das.
Er brachte ihn so leise hin,   10705
daß niemand ihn bemerkte.
Als sie in die Kammer
vor die Frauen hintraten,
verneigte sich die Königin vor ihm
und außer ihr niemand.   10710
Sie bemerkten ihn deshalb nicht,
weil er nicht als Ritter kam.
Als Kurvenal Tristan
in der Pflege der Damen
gesund und munter sah,   10715
sagte er auf französisch:
»Ach, guter lieber Herr,
um Gottes willen, was tut Ihr,
daß Ihr so herrlich
in diesem Himmelreich   10720
verborgen liegt
und uns in Sorgen stürzt?
Wir glaubten uns alle verloren.
Bis jetzt hätte ich geschworen,
daß Ihr tot wäret.   10725
Welchen Kummer habt Ihr uns bereitet!

iuwer kiel und iuwer liute
die geswuoren wol noch hiute
und habent ez dâ vür, ir sît tôt,
und sint mit micheler nôt   10730
her unze an dise naht beliben
und haeten daz in ein getriben,
si wolten hînaht hinnen sîn.«
»nein« sprach diu guote künigîn
»er lebet gesunder unde vrô.«   10735
und Tristan der begunde dô
britûnsch sprechen wider in.
»Curvenal« sprach er »gâ balde hin
und sage hin nider, mîn dinc stê wol
und ich ez allez enden sol,   10740
dâ nâch wir ûz sîn gesant.«
hie mite sô seite er ime zehant
sîne linge al von grunde,
so er ebeneste kunde.
nû er im haete geseit   10745
sîn gelücke und sîn arbeit,
»nu« sprach er »balde, gâ hin nider.
sage mînen lanthêrren wider
und ouch den rittern dar zuo,
daz ir iegelîcher vruo   10750
mit sînen dingen sî bereit
wol gestrichen unde gecleit
mit der aller besten wât,
die ir iegelîcher hât,
und nemen mînes boten war.   10755
swenne ich in den sende dar,
sô rîten her ze hove ze mir.
ouch sende ich morgen vruo ze dir,
sô sende mir den cleinen schrîn,
dâ mîniu cleinoede inne sîn   10760
und mîniu cleider dâ mite,
diu von dem allerbesten snite.

Eure Gefährten auf dem Schiff
waren noch heute überzeugt
und meinten, Ihr wäret nicht mehr am Leben.
Mit knapper Not sind sie   10730
bis zu dieser Nacht geblieben
und hatten schon beschlossen,
heute nacht wegzusegeln.«
»Nein«, meinte die gütige Königin,
»er ist gesund und guter Dinge.«   10735
Tristan
sagte auf bretonisch zu ihm:
»Kurvenal, geh schnell zu ihnen
und berichte dort unten, daß es mir gut geht
und ich alles vollbringen werde,   10740
wonach wir ausgeschickt wurden.«
Dann erzählte er ihm gleich
alles von seinem Erfolg,
so gut er konnte.
Als er ihm berichtet hatte   10745
von seinem Glück und seiner Mühe,
sagte er: »Nun geh schnell wieder hinunter.
Sage meinen Landbaronen
und auch den Rittern,
daß jeder von ihnen in der Frühe   10750
voll ausgerüstet sein soll,
gut geputzt und gekleidet
in die allerfeinsten Gewänder,
die jeder hat.
Sie sollen auf meinen Boten warten.   10755
Wenn ich ihnen den schicke,
sollen sie zum Hof zu mir geritten kommen.
Auch schicke ich morgen früh zu dir.
Sende mir dann die kleine Truhe,
in der meine Kleinodien sind   10760
und meine Kleider,
vom allerbesten Schnitt.

dich selben cleide ouch alsô wol,
alse ein hövesch ritter sol.«
Curvenal neic und kêrte dan.   10765
Brangaene sprach: »wer ist der man?
in dunket waerlîche
hier inne ein himelrîche.
weder ist er ritter oder kneht?«
»vrouwe, swâ vür ir in geseht,   10770
er ist ein ritter unde ein man.
dane habet dekeinen zwîvel an,
daz disiu sunne nie beschein
tugenthafter herze kein.«
»â, saelic müeze er iemer sîn!«   10775
sprach ietwederiu künigîn
und mîn vrou Brangaene ouch dermite,
diu höfsche und diu wol gesite.

Nu Curvenal zem schiffe kam,
sîne rede ze handen genam   10780
dâ nâch, als ime was vür geleit,
er seite in, alse im was geseit
und ouch wie er Tristanden vant.
nû gebârten sî zehant,
rehte alse der tôt ist gewesen   10785
und von dem tôde ist wider genesen.
als vröuten sî sich alle dô.
dâ wâren aber genuoge vrô
durch die lantsuone mêre
dan durch Tristandes êre.   10790
die nîdegen barûne
si griffen an ir rûne
und an ir sprâchen wider als ê.
si zigen Tristanden aber dô mê
durch dise rîchen linge   10795
zouberlîcher dinge.
iegelîcher sprach besunder:

Du selbst sollst dich auch so fein anziehen,
wie es einem höfischen Ritter ansteht.«
Kurvenal verneigte sich und ging fort.   10765
Brangäne sagte: »Wer ist das?
Wahrlich, es schien ihm
hier wie im Paradies.
Ist er ein Ritter oder ein Diener?«
»Herrin, was immer Ihr in ihm seht,   10770
er ist ein Ritter und ein Gefolgsmann.
Zweifelt nicht,
daß die Sonne niemals schien
auf ein vollkommeneres Herz.«
»Ach, möge er die ewige Seligkeit erlangen!«   10775
sprach jede der beiden Königinnen
und mit ihnen auch Brangäne,
die höfisch gebildete und fein erzogene Dame.

Kurvenal kam zum Schiff
und berichtete alles so,   10780
wie es ihm aufgetragen war.
Er sagte ihnen, was ihm gesagt worden war
und wie er Tristan vorfand.
Sogleich benahmen sie sich genau so,
als ob einer, der tot war,   10785
von Tode wiederauferstanden ist.
So sehr freuten sie sich da alle.
Viele freuten sich da jedoch
mehr über die Aussöhnung der Reiche
als über die Ehre, die Tristan zuteil wurde.   10790
Die mißgünstigen Barone
begannen erneut ihr Geflüster
und redeten wie zuvor.
Sie beschuldigten Tristan nun noch mehr
wegen dieses großen Erfolgs   10795
der Zauberei.
Jeder von ihnen meinte:

»hie merket alle wunder,
waz dirre man wunders kan.
jâ hêrre, waz kan dirre man,   10800
daz er ez allez endet,
dar an er sich gewendet!«

»Es wundert alle,
was dieser Mann an Wundern vollbringt.
Bei Gott, was kann dieser Mann,   10800
daß ihm alles gelingt,
was er anfängt!«

Hie mite sô was ouch der tac komen,
der dâ zem kampfe was genomen,
und was vil michel hêrschaft,   10805
des lantvolkes michel craft
vor dem künege in dem sal.
ouch was dâ maneger hande zal
under den guoten knehten.
si vrâgeten, wer dâ vehten   10810
vür die maget Îsolde
mit dem truhsaezen wolde.
diu vrâge gie her unde hin.
nune was et nieman under in,
der iht hier umbe erkande.   10815
under diu was ouch Tristande
sîn schrîn und sîniu cleider komen.
dâ haete er sunder ûz genomen
drî gürtele den vrouwen drîn,
daz keiserîn noch künigîn   10820
nie keinen bezzeren gewan.
schapel unde vürspan,
seckel unde vingerlîn,
der was ebene vol der schrîn
und was daz allez alsô guot,   10825
daz niemer keines herzen muot
des gedenken möhte,
waz ez bezzer töhte.
des enkam ouch nie niht dervan,
wan alse vil daz Tristan   10830
im selben dar van genam:
einen gürtel, der im rehte kam,
ein schapel unde ein spengelîn,
diu ime gebaere mohten sîn.
»ir schoenen« sprach er »alle drî,   10835

XV. Das Wahrzeichen

Inzwischen war der Tag herangekommen,
für den der Kampf angesetzt war.
Sehr viele Herren   10805
und eine große Menge Volkes
erschienen bei dem König im Saal.
Da gab es viel Gerede
unter dem Gefolge.
Man fragte, wer kämpfen werde   10810
für das Mädchen Isolde
gegen den Truchseß.
Die Frage ging hin und her.
Es gab unter ihnen keinen,
der etwas darüber wußte.   10815
Unterdessen waren auch Tristans
Truhe und seine Kleider gekommen.
Daraus entnahm er
drei Gürtel für die drei Damen.
Kaiserin und Königin   10820
hatten niemals einen schöneren bekommen.
Kopfschmuck und Spangen,
Täschchen und Ringe,
davon war die Truhe ganz voll,
und alles war so kostbar,   10825
daß niemand sich
etwas ausdenken könnte,
was besser gewesen wäre.
Nichts davon wurde herausgenommen
außer den Dingen, die Tristan   10830
für sich selbst herausnahm:
ein Gürtel, der ihm zusagte,
ein Kopfputz und eine kleine Spange,
die ihm gut standen.
Er sagte: »Ihr Schönen alle drei,   10835

disen schrîn und swaz dar inne sî,
dâ mite sô schaffet alle
und tuot, swaz iu gevalle.«

Mit disen maeren gieng er dan.
sîniu cleider leite er an   10840
und kêrte dâ zuo sînen pîn
und vleiz sich, wie er sich dar în
gefeitierte alsô wol,
als ein volmüete ritter sol.
ze wunsche stuonden ime ouch die.   10845
nu er wider în zen vrouwen gie
und sî'n begunden schouwen,
nu begunden in die vrouwen
durch ir gedanke lâzen gân.
er dûhte s'alle drî getân   10850
schône unde saeliclîche.
die drî saeldenrîche
si gedâhten alle in einer vrist:
»zewâre, dirre man der ist
ein menlîch crêatiure;   10855
sîn wât und sîn figiure
si schepfent wol an ime den man.
si zement sô wol ein ander an.
sîn dinc ist allez wol gewant.«
Nu haete ouch Tristan besant   10860
sîne cumpanîe. diu was komen
und haeten einen stuol genomen
nâch ein ander in dem sal.
dâ gie diu michel werlde al
und beschouweten besunder   10865
der cleidere wunder,
diu s'an in allen sâhen.
genuoge dâ jâhen,
ezn getrüege nie sô manic man
als ebenguotiu cleider an.   10870

mit dieser Truhe und seinem Inhalt
fangt an
und tut, was Ihr wollt.«

Mit diesen Worten ging er fort.
Er zog seine Gewänder an   10840
und war dabei sehr sorgfältig
und bemüht, sich mit ihnen
so fein auszuschmücken,
wie es ein vornehmer Ritter tun soll.
Alles kleidete ihn vorzüglich.   10845
Als er wieder zu den Damen kam
und sie ihn ansahen,
da machten die Damen
sich Gedanken über ihn.
Er schien ihnen allen dreien   10850
prächtig und herrlich.
Die drei vornehmen Damen
dachten alle zugleich:
»Tatsächlich, dieser Mann ist
überaus männlich!   10855
Sein Gewand und seine Gestalt
machen aufs schönste eine männliche Erscheinung.
Sie passen vortrefflich zueinander.
Alles an ihm ist prachtvoll.«
Tristan hatte nun geschickt   10860
nach seinen Gefährten. Sie waren gekommen
und hatten Platz genommen
nacheinander im Saal.
Alle Anwesenden
betrachteten genau   10865
die wundervollen Kleider,
die sie an ihnen bemerkten.
Viele meinten da,
noch nie habe jemand getragen
so kostbare Kleider.   10870

daz s'aber alle stille swigen,
dem lantgesinde rede verzigen,
daz geschach durch die geschiht:
sine kunden der lantsprâche niht.

Hie mite sante ouch der künic în   10875
einen boten nâch der künigîn,
daz sî ze hove kaeme
und ir tohter zuo z'ir naeme.
»Îsôt« sprach sî »wol ûf, gâ wir!
hêr Tristan, sô belîbet ir.   10880
ich tuon zehant nâch iu gesant,
sô neme iuch Brangaene an ir hant
und gât ir zwei nâch uns dar în!«
»gerne, vrouwe künigîn.«
sus kam diu küniginne Îsôt,   10885
daz vrôlîche morgenrôt,
und vuorte ir sunnen an ir hant,
daz wunder von Îrlant,
die liehten maget Îsôte.
diu sleich ir morgenrôte   10890
lîse unde staetelîche mite
in einem spor, in einem trite,
suoze gebildet über al,
lanc, ûf gewollen unde smal,
gestellet in der waete,   10895
als sî diu Minne draete
ir selber z'einem vederspil,
dem wunsche z'einem endezil,
dâ vür er niemer komen kan.
si truoc von brûnem samît an   10900
roc unde mantel, in dem snite
von Franze, und was der roc dâ mite
dâ engegene, dâ die sîten
sinkent ûf ir lîten,
gefranzet unde g'enget,   10905

Daß sie aber alle schwiegen
und mit den Einheimischen nicht sprachen,
lag nur daran,
daß sie die Landessprache nicht beherrschten.

Dann sandte der König   10875
einen Boten zur Königin,
sie möge zum Hof kommen
und ihre Tochter mitbringen.
Sie sagte: »Isolde, auf, wir wollen gehen!
Ihr, Herr Tristan, bleibt noch!   10880
Ich werde gleich nach Euch schicken lassen.
Brangäne soll Euch dann bei der Hand nehmen,
und Ihr zwei folgt uns hinein.«
»Gewiß, königliche Herrin.«
Dann kam die Königin Isolde,   10885
das heitere Morgenrot,
und führte ihre Sonne mit sich,
das Wunder von Irland,
das strahlende Mädchen Isolde.
Die schritt neben ihrem Morgenrot   10890
still und gleichmäßig einher,
im gleichen Schritt, auf ihrer Spur,
ganz und gar lieblich anzusehen,
aufrecht, herrlich geformt und schlank,
gestaltet in einer Weise,   10895
als ob die Liebe selbst sie geformt hätte
zu ihrem Lieblingsspielzeug,
so vollkommen,
wie es nicht besser geht.
Sie trug aus braunem Samt   10900
einen Mantel und ein Kleid, geschnitten
nach französischer Art. Das Kleid war
dort, wo es an der Seite
den Hüften auflag,
›gefranst‹ und eng gehalten,   10905

nâhe an ir lîp getwenget
mit einem borten, der lac wol,
dâ der borte ligen sol.
der roc der was ir heinlîch,
er tete sich nâhen zuo der lîch.   10910
ern truoc an keiner stat hin dan,
er suohte allenthalben an
al von obene hin ze tal.
er nam den valt unde den val
under den vüezen alse vil,   10915
als iuwer iegelîcher wil.
der mantel was ze vlîze
mit hermîner wîze
innen al ûz gezieret,
bî zîlen geflottieret.   10920
ern was ze kurz noch ze lanc.
er swebete, dâ er nider sanc,
weder zer erden noch enbor.
dâ stuont ein höfscher zobel vor
der mâze, als in diu Mâze sneit,   10925
weder ze smal noch ze breit,
gesprenget, swarz unde grâ.
swarz unde grâ diu waren dâ
alsô gemischet under ein,
daz ir dewederez dâ schein.   10930
der nam ouch sîne crumbe
rehte an der wîze al umbe,
dâ der zobel die vuoge nimet,
dâ diz bî dem sô wol gezimet.
diu tassel dâ diu solten sîn,   10935
dâ was ein cleinez snuorlîn
von wîzen berlîn în getragen.
dâ haete diu schoene în geslagen
ir dûmen von ir linken hant.
die rehten haete sî gewant   10940
hin nider baz, ir wizzet wol,

dicht an den Körper geführt
mit einem Gürtel, der genau dort saß,
wo ein Gürtel zu sitzen hat.
Das Kleid paßte ihr wie eine zweite Haut,
es schmiegte sich dem Körper an.   10910
Nirgendwo trug es auf,
sondern legte sich überall eng an,
von oben bis unten.
Es schlug Falten und drapierte sich
zu den Füßen so üppig,   10915
wie jeder von Euch wünscht.
Der Mantel war sorgfältig
mit weißem Hermelin
innen ganz ausgeschmückt
in wellenartigen Streifen.   10920
Er hatte genau die richtige Länge.
Er fiel mit dem Saum
weder zu Boden, noch war er zu weit darüber.
Ein feiner Zobelpelz war dort angesetzt,   10924
so angemessen, als ob Frau Maße selbst ihn zugeschnitten
weder zu schmal noch zu breit,   ⌊hätte,
schwarz und grau gesprenkelt.
Schwarz und Grau waren da
so miteinander vermischt,
daß keines hervorstach.   10930
Er hatte einen Umschlag
aus weißem Hermelin ringsherum,
wo er mit dem Zobel zusammenstieß,
weil das so gut zu ihm paßte.
Wo die Spangen hingehörten,   10935
war eine kleine Schnur
aus weißen Perlen eingenäht.
Dort hatte die Schöne eingehängt
den Daumen ihrer linken Hand.
Die Rechte hielt sie   10940
etwas tiefer, Ihr wißt schon,

dâ man den mantel sliezen sol,
und slôz in höfschlîche in ein
mit ir vingere zwein.
vürbaz dâ viel er selbe wider   10945
und nam den valt al z'ende nider,
daz man diz unde daz dâ sach,
ich meine vederen unde dach.
man sach ez inne und ûzen
und innerthalben lûzen   10950
daz bilde, daz diu Minne
an lîbe und an dem sinne
sô schône haete gedraet.
diu zwei, gedraet unde genaet,
diun vollebrâhten nie baz   10955
ein lebende bilde danne daz.
gevedere schâchblicke
die vlugen dâ snêdicke
schâchende dar unde dan.
ich waene, Îsôt vil manegen man   10960
sîn selbes dâ beroubete.
Si truoc ûf ir houbete
einen cirkel von golde
smal, alse er wesen solde,
geworht mit spaehem sinne.   10965
dâ lâgen gimmen inne,
erwünschete steine,
vil lieht und iedoch cleine,
die besten von dem lande.
smaragde und jachande,   10970
saphîre und calcedône,
und wâren die sô schône
wâ unde wâ dar în geleit,
daz wercmannes wîsheit
nâch rehter spâcheite   10975
nie steine baz geleite.
dâ lûhte golt unde golt,

wo man den Mantel schließen soll.
Sie hielt ihn vornehm geschlossen
mit zwei Fingern.
Weiter unterhalb schlug er auf 10945
und fiel nach unten so ab,
daß man dies und jenes sehen konnte,
ich meine Pelz und Außenstoff.
Man sah es innen und außen.
Im Inneren war verborgen 10950
das Gebilde, das die Liebe selbst
an Körper und Geist
so herrlich geformt hatte.
Beide zusammen, Gebilde und Gewand,
haben niemals besser geschaffen 10955
ein lebendes Bild als dieses.
Geflügelte Räuberblicke
flogen da dicht wie Schneeflocken
raubgierig heran und um sie herum.
Ich glaube, Isolde hat da viele Männer 10960
ihrer Sinne beraubt.
Auf dem Kopf trug sie
einen goldenen Reif,
schmal, wie er sein soll,
überaus kunstvoll gearbeitet. 10965
Edelsteine waren da eingelassen,
makellose Juwelen,
strahlend hell und dabei doch zierlich,
die besten des ganzen Reiches.
Smaragde und Hyazinthe, 10970
Saphire und Chalcedone
waren da so prächtig
überall eingelegt,
daß kein Goldschmied jemals
mit solcher Kunstfertigkeit 10975
Steine vollendeter eingelegt hätte.
Gold leuchtete da wider Gold,

der cirkel unde Îsolt
in widerstrît ein ander an.
da enwas kein alse wîse man,   10980
haete er der steine niht gesehen,
daz er iemer haete verjehen,
daz dâ kein cirkel waere.
sô gelîch und alse einbaere
was ir har dem golde.   10985
sus gienc Îsôt Îsolde,
diu tohter ir muoter bî,
vrô und aller sorgen vrî.
ir trite die wâren unde ir swanc
gemezzen weder kurz noch lanc   10990
und iedoch beider mâze.
si was an ir gelâze
ûfreht und offenbaere,
gelîch dem sperwaere,
gestreichet alse ein papegân.   10995
si liez ir ougen umbe gân
als der valke ûf dem aste.
ze linde noch ze vaste
haeten si beide ir weide.
si weideten beide   11000
als ebene und alse lîse
und in sô süezer wîse,
daz dâ vil lützel ougen was,
in enwaeren diu zwei spiegelglas
ein wunder unde ein wunne.   11005
diu wunnebernde sunne
si breite ir schîn über al,
si ervröute liute unde sal
slîchende neben ir muoter hin.
si zwô si wâren under in   11010
in süezer unmuoze
mit zweier hande gruoze
grüezende unde nîgende,

der Reif und Isolde
strahlten um die Wette.
Da war kein noch so erfahrener Mann, 10980
der, hätte er die Steine nicht gesehen,
nicht behauptet hätte,
daß da kein Reif sei.
So genau
glich ihr Haar dem Golde. 10985
So ging Isolde mit Isolde,
die Tochter mit der Mutter,
heiter und unbesorgt.
Ihre Schritte und Bewegungen waren
weder zu kurz noch zu lang, 10990
sondern genau angemessen.
Ihre Haltung
war aufrecht und ungezwungen
wie ein Sperber.
Sie war schön hergerichtet wie ein Papagei. 10995
Sie ließ die Augen schweifen
wie der Falke auf dem Ast.
Nicht zu sanft und nicht zu heftig
suchten sie sich ihre Weide.
Sie weideten sich beide 11000
so harmonisch und still
und so lieblich,
daß es keine Augen dort gab,
die diese beiden Spiegel nicht
mit Verwunderung und Entzücken betrachteten. 11005
Die freudebringende Sonne
verbreitete ihr Licht über alles,
sie erquickte den Saal und die Menschen,
während sie neben ihrer Mutter einherschritt.
Die beiden waren 11010
angenehm beschäftigt
mit zweierlei Begrüßung:
Gruß und Verneigung,

sprechende unde swîgende.
ir reht was an in beiden   11015
besetzet unde bescheiden.
ir eine gruozte, diu ander neic,
diu muoter sprach, diu tohter sweic.
diz triben die wol gezogen zwô.
diz was ir unmuoze dô.   11020

Nu daz sich Îsôt unde Îsôt,
diu sunne unde ir morgenrôt,
haeten nider gelâzen,
dem künege bî gesâzen,
nu nam der truhsaeze allez war   11025
und vrâgete her unde dar,
wâ der gewaltesaere,
der vrouwen kempfe waere.
des was er unberihtet dâ.
sîne mâge nam er sâ.   11030
der was ein michel her umb in.
vür den künec sô gieng er hin.
dem gerihte antwurte er sich.
»nu hêrre« sprach er »hie bin ich
und vordere mîn kampfreht.   11035
wâ ist nû der guote kneht,
der mich an mînen êren
hie waenet umbe kêren?
ich hân noch vriunde unde man.
ouch ist mîn reht sô guot hier an: 11040
tuot mir daz lantreht, alse ez sol.
ich geteidinge wol.
gewalt entsitze ich cleine,
ir entuot ez danne al eine.«

»Truhsaeze«, sprach diu künigîn   11045
»sol dirre kampf unwendic sîn,
sone weiz ich rehte, waz getuo.

sprechend und schweigend.
Ihre Pflichten waren ihnen beiden   11015
festgesetzt und bestimmt.
Die eine begrüßte, die andere verneigte sich,
die Mutter sprach, die Tochter schwieg.
Das taten die beiden wohlerzogenen Damen.
Das war ihre Beschäftigung.   11020

Als sich die beiden Isolden,
die Sonne und das Morgenrot,
gesetzt hatten
zum König,
schaute sich der Truchseß überall um   11025
und fragte hier und da,
wo der Sachwalter,
der Kämpfer der Damen sei.
Das erfuhr er nicht.
Da versammelte er seine Verwandten,   11030
die in großer Menge um ihn herumstanden,
und trat vor den König.
Er stellte sich dem Gericht.
»Hier bin ich, Herr«, sagte er,
»und fordere mein Kampfrecht.   11035
Wo ist nun der ehrenwerte Ritter,
der mich um mein Ansehen
meint bringen zu können?
Ich habe trotzdem Freunde und Vasallen.
Zudem ist mein Rechtsanspruch legitim.   11040
Erfüllt an mir das geltende Recht, wie es mir zusteht.
Meine Einlassung wird überzeugend sein.
Gewalt fürchte ich nicht,
solange Ihr alleine sie ausübt.«

Die Königin sagte: »Truchseß,   11045
wenn denn dieser Kampf unabwendbar ist,
dann weiß ich nicht recht, was ich tun muß.

ich bin dar ungewarnet zuo.
und zwâre woltestû'n noch lân
ûf solhe rede understân,   11050
daz Îsôt dirre maere
ledic und âne waere,
truhsaeze, zwâre ez kaeme dir
ze alse guoten staten als ir.«
»ledic?« sprach der ander dô   11055
»jâ vrouwe, ir taetet ouch alsô,
ir liezet ouch gewunnen spil.
swaz ir geredet, ich waene, ich wil
mit vrumen und mit êren
von disem spile kêren.   11060
ich haete michel arbeit
unsinneclîchen an geleit,
solte ich nû dar vone gân.
vrouwe, ich wil iuwer tohter hân.
daz ist daz ende dar an.   11065
ir wizzet in sô wol, den man,
der den trachen dâ sluoc.
den bringet, sô ist der rede genuoc.«
»Truhsaeze« sprach diu künigîn
»ich hoere wol, ez muoz et sîn.   11070
ich muoz mîn selbe nemen war.«
si wincte Paranîse dar.
»gâ hin« sprach sî» und brinc den man.«
nu sâhen s'alle ein ander an,
ritter und barûne.   11075
under in wart michel rûne,
vil vrâge und manic maere,
wer der kempfe waere.
nune wiste ez ir dekeiner dâ.
Hie mite kam ouch geslichen sâ   11080
diu stolze Brangaene,
daz schoene volmaene,
und vuorte ze handen

Ich bin darauf nicht vorbereitet.
Und wahrlich, wenn du auf ihn verzichtetest
mit der Voraussetzung,   11050
daß Isolde von alldem
frei und unberührt bliebe,
dann, Truchseß, käme dir das gewißlich
so sehr zustatten wie ihr.«
»Frei?« erwiderte der andere.   11055
»Ja, Herrin, das tätet Ihr wohl gerne:
ein gewonnenes Spiel aufgeben.
Was immer Ihr sagt, ich denke, ich werde
mit Erfolg und Anstand
aus diesem Spiel kommen.   11060
Ich hätte viele Mühen
sinnlos auf mich genommen,
wenn ich jetzt alles aufgeben wollte.
Herrin, ich will Eure Tochter,
und damit Schluß.   11065
Ihr kennt ihn doch so genau, den Mann,
der den Drachen erschlug.
Den bringt herbei. Wir haben genug geredet.«
Die Königin sagte: »Truchseß,
ich sehe schon, es muß wohl sein.   11070
Ich muß meine Dinge selbst in die Hand nehmen.«
Sie winkte Paranis herbei
und sagte: »Geh und bring den Mann her.«
Nun sahen sie alle einander an,
die Ritter und Barone.   11075
Unter ihnen erhob sich großes Raunen,
viel Fragen und Reden,
wer der Kämpfer wohl sei.
Keiner wußte es.
Da kam hereingeschritten   11080
die vornehme Brangäne,
der liebliche Mondschein,
und führte an der Hand

ir geverten Tristanden.
diu stolze und diu wol gesite   11085
si gieng im sitelîche mite,
an lîbe und an gelâze
liutsaelic ûzer mâze,
ir muotes stolz unde vrî.
ouch gieng ir ir geverte bî   11090
in stolzlîcher wîse.
des dinc was ouch ze prîse
und ze wunder ûf geleit
an iegelîcher saelekeit,
diu den ritter schepfen sol.   11095
ez stuont allez an im wol,
daz ze ritters lobe stât.
sîn geschepfede und sîn wât
die gehullen wunneclîche in ein.
si bildeten under in zwein   11100
einen ritterlîchen man.
er truoc cyclâdes cleider an,
diu wâren ûzer mâze rîch,
vremede unde lobelîch.
sine wâren niht von hove geben.   11105
daz golt daz was dar în geweben
niht in der hovemâze.
die sîdenen strâze
die kôs man kûmelîche dâ:
si wâren wâ unde wâ   11110
sô mit dem golde ertrenket
und in daz golt versenket,
daz man daz werc dâ kûme sach.
ein netze daz was ûf daz dach
von cleinen berlîn getragen.   11115
die maschen alse wît geslagen,
als ein hant an der breite hât.
dar durch sô bran der cyclât
rehte alse ein glüejender kol.

ihren Gefährten Tristan.
Die Edle und Wohlgeartete,   11085
sie ging aufs artigste neben ihm,
an Gestalt und Haltung
überaus anmutig,
stolz und frei im Gemüt.
Auch ihr Gefährte ging mit ihr   11090
auf stolze Weise.
Alles an ihm war rühmenswert
und wunderbar eingerichtet
zu jeder Vollkommenheit,
die einen Ritter ausmacht.   11095
Alles an ihm war herrlich,
was einem Ritter zum Lobe gereicht.
Sein Körper und seine Kleider
entsprachen einander wunderbar –
beide zusammen bildeten sie   11100
einen einzigen vollendeten Ritter.
Er trug golddurchwirkte Seidengewänder,
die außerordentlich prächtig waren,
fremdartig und herrlich.
Sie waren kein Hofgeschenk.   11105
Das Gold war hineingewebt
nicht (spärlich) nach Art der Hofkammer.
Die seidenen Streifen
konnte man kaum erkennen:
Überall waren sie   11110
in Gold ertränkt
und versenkt,
so daß man das Gewebe kaum sehen konnte.
Der Rock war von einem Netz
aus kleinen Perlen überzogen,   11115
dessen Maschen so weit waren
wie eine Hand breit.
Dadurch leuchtete der Goldstoff
wie glühende Kohlen.

er was von timît innen vol,   11120
vil brûner danne ein vîolate,
rehte ebenbrûn der gloien blate.
der selbe pfelle der tet sich
an den valt und an den strich
alse nâhe und alse wol,   11125
als ein pfelle beste sol.
er stuont dem lobelîchen man
wol unde lobelîchen an
und alle wîs nâch sîner ger.
Ûf sînem houbete truoc er   11130
von spaehem werke spaehen schîn,
ein wunneclîch schapelekîn,
daz rehte alsam ein kerze bran.
dâ lûhten alse sterne van
topâzen und sardîne,   11135
crisolîten und rubîne.
ez was lieht unde clâr,
ez haete im houbet unde hâr
clârlîchen umbevangen.
sus kam er în gegangen   11140
rîch unde hôhe gemuot.
sîn gebâr was hêrlîch unde guot.
al sîn geverte daz was rîch.
er was selbe rîlîch
an allen sînen sachen.   11145
si begunden ime rûm machen,
dâ er zem palas în gie.
hie mite sô wurden sîn ouch die
von Curnewâle gewar.
si sprungen vrôlîche dar,   11150
si gruozten unde enpfiengen,
dâ sî bihanden giengen,
Brangaenen und Tristanden.
si nâmen sî ze handen
die geverten beide, sî und in,   11155

Innen war er mit Seide ausgefüttert,   11120
die war violetter als Veilchenstoff
und ebenso lila wie Schwertlilien.
Diese Seide legte sich
den Falten und dem Gewebe
so eng und glatt an,   11125
wie bester Goldstoff es tut.
Es stand dem vortrefflichen Mann
gut und prachtvoll
und war ganz nach seinem Wunsch.
Auf dem Kopf trug er   11130
den hellen Schein kunstvoller Arbeit,
ein wunderschönes Kränzchen,
das wahrlich wie eine Kerze leuchtete.
Da erstrahlten wie die Sterne
Topase und Karneole,   11135
Chrysolithe und Rubine.
Der helle, leuchtende Schein
hatte sein Haupt und sein Haar
strahlend umhüllt.
So kam er herein,   11140
prächtig und vornehm.
Sein Benehmen war herrlich und fein.
Seine ganze Erscheinung war prachtvoll.
Er war kostbar ausgestattet
in allem.   11145
Sie machten ihm Platz,
als er den Palas betrat.
Dadurch bemerkten ihn auch
die aus Cornwall.
Sie eilten ihm freudig entgegen,   11150
sie begrüßten und hießen willkommen,
die da Hand in Hand gingen:
Brangäne und Tristan.
Sie ergriffen sie bei den Händen,
die beiden Gefährten, sie und ihn,   11155

und condewierten s'under in
schône unde hêrlîche
hin vür daz künicrîche.
Künec, ietweder künigîn
si tâten ime ir tugende schîn: 11160
si stuonden ûf und gruozten in.
Tristan der neic in allen drîn.
dâ nâch gruozten si drîe
Tristandes cumpanîe
hêrlîche und alsô wol,   11165
als man von rehte hêrren sol.

Hie mite kam al diu ritterschaft
zuo gedrungen herhaft
und gruozten die geste,
der geverte ir keiner weste.   11170
jene bekanden aber iesâ
ir vetere unde ir mâge dâ,
die von Curnewâle z'Îrlant
ze zinse wâren gesant.
dâ lief vor vröuden manic man   11175
veter unde mâge weinende an.
vröude unde clage der was dâ vil,
der ich niht sunder rechen wil.
der künec dô Tristanden nam
selb andern, alse er dar kam,   11180
in und Brangaenen die mein ich,
unde sazte sî ze sich
und vuogete aber under in daz,
daz Tristan innerthalben saz.
sô sâzen anderthalben sîn   11185
die saeligen zwô künigîn.
ritter und barûne,
Tristandes cumpanjûne,
die sâzen ûf den esterîch.
und aber alsô, daz iegelîch   11190

und geleiteten sie gemeinsam
angemessen und prächtig
zur königlichen Familie.
Der König und die beiden Königinnen
bewiesen an ihm ihre feine Erziehung: 11160
Sie standen auf und begrüßten ihn.
Tristan verneigte sich vor ihnen allen dreien.
Danach begrüßten die drei
Tristans Begleiter
freundlich und so gut,   11165
wie es Herren zukommt.

Da kamen alle Ritter
in Scharen herangedrängt
und begrüßten die Fremden,
deren Umstände keiner kannte.   11170
Jene erkannten aber sogleich
ihre Vettern und Verwandten darunter,
die von Cornwall nach Irland
als Tribut geschickt worden waren.
Viele liefen da vor Freude   11175
weinend auf die Verwandten zu.
Freude und Trauer gab es in Menge,
wovon ich im einzelnen nicht erzählen will.
Der König nahm Tristan
zu sich, als er hinkam,   11180
ich meine, ihn und Brangäne,
setzte sie neben sich
und richtete es dabei so ein,
daß Tristan in der Mitte saß.
Auf der anderen Seite von ihm   11185
saßen die beiden herrlichen Königinnen.
Ritter und Barone
sowie Tristans Begleiter
setzten sich zu ebener Erde,
aber so, daß jeder von ihnen   11190

dem gerihte under ougen sach,
und sâhen, swaz sô dâ geschach.
Hie mite huop von Tristande
daz gesinde von dem lande
manec gerûne und manic zale.   11195
ich weiz ez wol, daz in dem sale
ûz maneges mannes munde
lobebrunnen vil begunde
ûf wallen unde enspringen
von allen sînen dingen.   11200
si sageten ime lob unde prîs
maneger hande und manege wîs.
ir genuoge sprâchen daz:
»wâ geschuof ie got figiure baz
ze ritterlîchem rehte?   11205
hî, wie ist er ze vehte
und ze kampfwîse
gestellet sô ze prîse!
wie sint diu cleider, diu er treit,
sô rîlîchen ûf geleit!   11210
ezn gesach nie man in Îrlant
sus rehte keiserlîch gewant.
sîn massenîe diust gecleit
mit küniclîcher rîcheit.
und waerlîche, swer er sî   11215
erst muotes unde guotes vrî.«
alsolher rede was dâ genuoc.
der truhsaeze der truoc
den ezzich in den ougen.
diu rede ist âne lougen.   11220

Nu hiez man ruofen in den sal
eine stille über al.
diz was getân. nu daz geschach,
daz nieman wort noch halbez sprach,
der künic sprach: »truhsaeze, sprich,   11225

das Gericht beobachten konnte
und sah, was dort vor sich ging.
Inzwischen hatte sich über Tristan
unter den Einheimischen
viel Geflüster und Getuschel erhoben. 11195
Ich weiß wohl, daß in dem Saal
aus den Mündern vieler Männer
Brunnen des Lobes
zu sprudeln und zu quellen begannen
über ihn. 11200
Sie rühmten ihn
auf vielfältige Weise.
Viele von ihnen sagten:
»Wo hat Gott je eine Gestalt geschaffen,
die besser zum Ritterstande taugte? 11205
Wie ist er zum Gefecht
und zum Kämpfen
glänzend geeignet!
Wie sind die Kleider, die er trägt,
so kostbar gefertigt! 11210
Niemand in Irland hat je gesehen
so wahrhaft kaiserliche Gewänder.
Sein Gefolge ist gekleidet
in königlicher Pracht.
Tatsächlich, wer immer er sein möge: 11215
Gesinnung und Besitz machen ihn unabhängig.«
Viele redeten so.
Der Truchseß blickte
essigsauer drein.
Das ist wirklich wahr. 11220

Nun ließ man im Saal
überall um Ruhe bitten.
Das geschah. Und als
niemand mehr auch nur ein halbes Wort redete,
fragte der König: »Sag, Truchseß, 11225

wes vermizzest dû dich?«
»hêrre, ich sluoc den serpant.«
der gast stuont ûf und sprach zehant:
»hêrre, ir entâtet.« »hêrre, ich tete,
ich bewaere ez wol an dirre stete.«   11230
»mit waz bewaerde?« sprach Tristan.
»diz houbet, seht, daz brâhte ich dan.«
»hêrre künec« sprach Tristan dô
»sît er des houbetes sô
ze bewaerde wil jehen,   11235
sô heizet in daz houbet sehen.
vindet man die zungen dâ,
ich entwîche mînes rehtes sâ
und wil von mîme criege gân.«
sus wart daz houbet ûf getân   11240
und niht dar inne vunden.
Tristan hiez an den stunden
die zungen bringen: diu kam dar.
»ir hêrren« sprach er »nemet war
und seht, ob sî des trachen sî.«   11245
nu stuonden sî's im alle bî
und jâhen's al gemeine
wan der truhsaeze al eine,
der wolte ez widerreden ie.
nune wiste er aber rehte wie.   11250
der veige der begunde
mit zungen und mit munde,
mit rede und mit gedanken
schranken unde wanken.
ern kunde sprechen noch gelân,   11255
ern wiste, waz gebaerde hân.
»ir hêrren alle« sprach Tristan
»hie merket alle wunder an,
wie sich diz hie zuo habe getragen.
dô ich den trachen haete erslagen   11260
und ime mit lîhter arbeit

wessen rühmst du dich!«
»Herr, ich tötete den Drachen.«
Der Fremde erhob sich und sagte sogleich:
»Das habt Ihr nicht getan, Herr.« »Doch, Herr!
Ich kann es hier und jetzt wohl beweisen.«   11230
»Beweisen womit?« fragte Tristan.
»Seht, ich brachte das Haupt her.«
»Königlicher Herr«, sagte da Tristan,
»wenn er das Haupt
als Beweis nennt,   11235
so laßt einen Blick ins Innere werfen.
Wenn sich die Zunge da noch findet,
ziehe ich meinen Anspruch zurück
und gebe den Prozeß auf.«
Da wurde der Rachen geöffnet   11240
und nichts darin gefunden.
Tristan ließ sogleich
die Zunge holen, die bald eintraf.
»Beachtet, Ihr Herren«, sagte er,
»und seht, ob sie dem Drachen gehört.«   11245
Alle stimmten ihm da zu
und bestätigten es gemeinsam,
außer dem Truchseß allein,
der vorher schon widersprechen wollte.
Er wußte aber nicht recht wie.   11250
Der Schurke begann,
mit Mund und Lippen,
mit Worten und Gedanken
zu wanken und torkeln.
Er konnte weder sprechen noch schweigen   11255
und wußte nicht, wie er sich verhalten sollte.
Tristan rief: »Ihr Herren alle,
vernehmt alle das Wunder,
wie dies hier sich zugetragen hat.
Als ich den Drachen erschlagen   11260
und ihm ohne Mühe

ûz sînem tôten rachen sneit
dise zungen und si dannen truoc,
daz er in sider ze tôde sluoc.«
die hêrren sprâchen alle: 11265
»an disem lantschalle
ist lützel êren bejaget.
swaz ieman sprichet oder gesaget,
unser iegelîch der weiz daz wol,
ob man ze rehte reden sol,   11270
der aller êrest dar kam
und die zungen dâ nam,
der sluoc ouch den serpant.«
des wart gevolget zehant.

Nu daz dem valschen gebrast   11275
unde der valschelôse gast
des hoves volge gewan,
»hêr künec« sprach aber Tristan
»nu sît der triuwen gemant:
iuwer tohter stât in mîner hant.«   11280
der künec sprach: »hêrre, des gihe ich,
als ir gelobetet wider mich.«
»nein hêrre« sprach der valsche dô
»durch got ensprechet niht alsô.
swie'z hier umbe ergangen sî,   11285
dâ ist zewâre untriuwe bî
und ist mit valsche hie zuo komen.
ê aber mir werde benomen
mîn êre mit unrehte,
si muoz mir ê mit vehte   11290
und mit kampfe hin gân.
hêrre, ich wil den kampf bestân.«
»truhsaeze« sprach diu wîse Îsôt
»du teidingest âne nôt.
mit wem wiltû kampfrehten?   11295
dirre hêrre wil niht vehten.

aus seinem toten Schlund geschnitten hatte
diese Zunge, die ich mitnahm,
da hat er ihn anschließend ganz erschlagen.«
Die Herren meinten: 11265
»Diese Aufschneiderei
hat keine Ehre eingetragen.
Was immer man sagen mag:
Jeder von uns weiß genau,
wenn man eine rechtliche Entscheidung treffen muß, 11270
daß der, der zuerst hinkam
und die Zunge wegnahm,
den Drachen getötet hat.«
Dem stimmten alle sogleich zu.

Als nun der Betrüger gescheitert war   11275
und der ehrliche Fremde
die Zustimmung des Hofes gefunden hatte,
sagte Tristan wieder: »Königlicher Herr,
seid an Euer Versprechen erinnert!
Eure Tochter steht mir zu.«   11280
Der König antwortete: »Dazu stehe ich, Herr,
so wie Ihr mir Euer Versprechen gehalten habt.«
»Nein, Herr«, rief da der Betrüger,
»um Gottes willen, redet nicht so.
Wie immer es geschehen ist,   11285
gewiß ist es mit Täuschung
und mit Betrug so weit gekommen.
Mir wird aber nicht weggenommen
meine Ehre mit Hilfe von Unrecht,
es sei denn, daß ich sie mit Kampf   11290
und nach einem Waffengang verliere.
Herr, ich will den Zweikampf wagen.«
Die kluge Isolde sagte: »Truchseß,
deine Einlassung ist unnötig.
Mit wem willst du den Zweikampf denn ausfechten? 11295
Dieser Herr will nicht kämpfen.

er hât doch an Îsolde
behabet, daz er wolde.
er waere tumber danne ein kint
und vaehte er mit dir umbe den wint.«   11300
»war umbe, vrouwe?« sprach Tristan
»ê danne er jehe, daz wir'n hier an
gewalten unde unrehten,
ich wil ê mit im vehten.
hêrre unde vrouwe, sprechet dar,   11305
gebietet ime daz, daz er var
wol balde wâfenen sich.
bereite sich, als tuon ich mich.«

Alse der truhsaeze sach,
daz sich diu rede ze kampfe brach,   11310
sîne mâge und sîne man
die nam er alle und gie dan
an eine sprâche sunder
und suohte rât hier under.
nu dûhte sî daz maere   11315
sô rehte lasterbaere,
daz er dâ lützel râtes vant.
ir iegelîcher sprach zehant:
»truhsaeze, dîniu tagedinc
diu haeten boesen ursprinc,   11320
ze boesem ende sint s'ouch komen.
waz hâstû dich an genomen?
wiltû dich mit unrehte
bieten ze vehte,
daz gât dir waetlîch an daz leben.   11325
waz râtes müge wir dir gegeben?
hiene gehoeret rât noch êre zuo.
verliusest dû daz leben nuo
ze gâr verlorner êre,
so ist aber des schaden noch mêre.   11330
uns dunket alle und sehen daz wol,

Er hat mit Isolde
alles erhalten, was er wollte.
Er wäre törichter als ein Kind,
wenn er mit dir um gar nichts kämpfte.«   11300
Tristan sagte: »Wieso, Herrin?
Bevor er behauptet, daß wir ihm hierbei
Unrecht und Gewalt antun,
will ich lieber mit ihm kämpfen.
Herr und Herrin, sagt   11305
und befehlt ihm, daß er gehe
und sich schnell rüste.
Er soll sich vorbereiten wie ich mich.«

Als der Truchseß bemerkte,
daß alles auf einen Kampf hinauslief,   11310
nahm er seine Verwandten und Vasallen
alle und ging hinaus
zu einer gesonderten Besprechung
und beriet sich mit ihnen.
Aber sie hielten die Angelegenheit   11315
für so durch und durch schmachvoll,
daß er von ihnen keine Hilfe bekam.
Jeder von ihnen sagte sofort:
»Truchseß, deine Händel
hatten einen bösen Ursprung   11320
und sind nun auch zu einem bösen Ende gekommen.
Was hast du dir nur vorgenommen?
Willst du dich mit einem ungerechten Anspruch
in den Kampf wagen?
Das kann dich leicht das Leben kosten.   11325
Welchen Rat können wir dir geben?
Hier kann es weder Rat noch Ansehen geben.
Wenn du dein Leben nun verlierst,
wie du dein Ansehen völlig verloren hast,
dann wird der Schaden nur noch größer.   11330
Wir glauben und merken alle,

der wider dich dâ vehten sol,
derst ein geherzet man zer nôt.
bestâstu'n, zwâre ez ist dîn tôt.
sît dich des vâlandes rât   11335
verrâten an den êren hât,
sô behabe dînen lîp doch.
versuoche unde besich noch,
ob diz laster und die lüge
ieman hin gelegen müge   11340
mit keiner slahte maere.«
dô sprach der lügenaere:
»wie welt ir, daz ich daz getuo?«
»dâ râte wir dir kurze zuo.
gâ wider în unde gich,   11345
dîne vriunt die heizen dich
dise vorderunge varen lân.
nu wellestû dâ von gân.«
der truhsaeze tete alsô.
er gie wider în und seite dô,   11350
sîne mâge und sîne man
die haeten in genomen dâ van,
nu wolte er ouch dâ von sîn.
»truhsaeze« sprach diu künigîn
»dazn wânde ich niemer geleben,   11355
daz du iemer soltest ûf gegeben
alse gar gewunnen spil.«
alsolhes spottes wart dâ vil
getriben über den palas.
der arme truhsaeze was   11360
ir gîge unde ir rotte.
si triben in mit spotte
umbe und umbe als einen bal.
dâ wart von spotte michel schal.
sus nam der valsch ein ende   11365
mit offenlîcher schende.

daß der, mit dem du fechten sollst,
ein kampfesmutiger Mann ist.
Wenn du gegen ihn antrittst, ist es gewiß dein Tod.
Wenn die Einflüsterungen des Teufels   11335
dich dein Ansehen gekostet haben,
behalte zumindest dein Leben.
Versuche und sieh,
ob diese Schmach und dieser Betrug
nicht jemand beilegen kann   11340
auf irgendeine Weise.«
Der Betrüger erwiderte:
»Wie soll ich das tun?«
»Unser Vorschlag ist in Kürze:
Geh zurück und sage,   11345
deine Freunde verlangen,
daß du deine Forderungen aufgibst,
und nun möchtest du von ihnen Abstand nehmen.«
Das tat der Truchseß.
Er ging wieder hinein und sagte,   11350
seine Verwandten und Vasallen
hätten ihn davon abgebracht,
und auch er wolle es nun aufgeben.
Die Königin sagte: »Truchseß,
das hoffte ich niemals mehr zu erleben,   11355
daß du jemals so gewonnenes Spiel
so ganz aufgeben würdest.«
Solcher Hohn wurde viel
im Palas getrieben.
Der armselige Truchseß war   11360
ihre Fidel und ihre Rotte.
Sie trieben ihn mit ihrem Spott
herum wie einen Spielball.
Da lärmten sie mit ihrem Spott.
So nahm der Betrug ein Ende   11365
mit öffentlicher Schmach.

Der Minnetrank

Der Minnetrank

Dô disiu rede g'endet was,
der künec seite in den palas
sînes landes cumpanjûnen,
rittern und barûnen,   11370
daz diz Tristan waere,
und kündete in diz maere,
als er ez haete vernomen,
war umbe er z'Îrlant waere komen
und wie er gelobet haete,   11375
er solte ez ime dâ staete
mit Markes vürsten machen
mit allen den sachen,
als er im vor benande.
daz gesinde von Îrlande   11380
was dirre maere sêre vrô.
die lanthêrren sprâchen dô,
daz diu suone waere
gevellic unde gebaere,
wan langez hazzen under in   11385
tribe ie die zît mit schaden hin.
der künec gebôt unde bat,
daz in Tristan an der stat
der rede gewis taete,
als er'm gelobet haete.   11390
er tete ouch alsô: Tristan
und alle sînes hêrren man
die swuoren zuo dem mâle
daz lant ze Curnewâle
ze morgengâbe Îsolde,   11395
und daz si wesen solde
vrouwe über allez Engelant.
Hie mite bevalch Gurmûn zehant
Îsolde hant von hande

XVI. Der Minnetrank

Als dies zu Ende war,
sagte der König im Palas
seinen Landesherren,
den Rittern und Baronen,   11370
daß dies Tristan sei.
Er berichtete ihnen,
wie er selbst es gehört hatte,
warum er nach Irland gekommen sei
und wie er versprochen hatte,   11375
er wolle ihm verbindlich zusichern
zusammen mit Markes Fürsten
all jene Punkte,
die er ihm aufgezählt hatte.
Die Irländer   11380
waren darüber sehr froh.
Die Landesherren sagten,
diese Versöhnung sei
angenehm und angemessen,
denn lange Feindschaft untereinander   11385
bringe immer nur Nachteile.
Der König befahl und bat,
daß Tristan ihm dort
bestätige,
was er ihm versprochen hatte.   11390
Das tat er. Tristan
und alle Vasallen seines Herrn
schworen,
daß Cornwall
Isoldes Morgengabe sein   11395
und daß sie werden solle
Herrin über ganz England.
Dann übergab Gurmun sogleich
Isolde der Hand

ir vînde Tristande.   11400
ir vînde spriche ich umbe daz:
si was im dannoch gehaz.
Tristan der nam s'an sîne hant.
»künec« sprach er »hêrre von Îrlant,
wir biten iuch, mîn vrouwe und ich,   11405
daz ir durch sî und ouch durch mich,
ez sîn ritter oder kint,
die her ze zinse geben sint
von Curnwal und von Engelant,
die suln in mîner vrouwen hant   11410
billîchen und von rehte sîn,
wan sî ist der lande künigîn,
daz ir ir die lâzet vrî.«
»vil gerne« sprach der künec »daz sî.
eist wol mit mînen minnen,   11415
varnt s'alle mit iu hinnen.«
der maere wart manc herze vrô.
Tristan der hiez gewinnen dô
einen kiel ze sînem kiele
und daz ouch der geviele   11420
im selben unde Îsolde
und dâ zuo, swem er wolde.
und alse ouch der bereit wart,
Tristan bereite sich zer vart.
in allen den enden,   11425
dâ man die ellenden
ze hove und in dem lande vant,
die besande man zehant.

Die wîle und sich ouch Tristan
mit sînen lantgesellen dan   11430
bereite unde berihtete,
die wîle sô betihtete
Îsôt diu wîse künigîn
in ein glasevezzelîn

ihres Feindes Tristan. 11400
Von ihrem ›Feind‹ spreche ich,
weil sie ihn damals noch immer haßte.
Tristan ergriff ihre Hand.
»König«, sagte er, »Herr von Irland,
wir bitten Euch, meine Herrin und ich, 11405
daß Ihr um ihret- und um meinetwillen
alle Ritter und jungen Leute,
die Euch als Tribut übergeben worden sind
von Cornwall und von England
und die in der Hand meiner Herrin 11410
rechtens und billigerweise sein sollten,
denn sie ist Königin jener Reiche,
daß Ihr diese für sie freigeben möget.«
»Sehr gerne«, sagte der König, »so sei es.
Es geschieht mit meiner freudigen Zustimmung, 11415
wenn sie alle mit Euch wegfahren.«
Darüber waren viele von Herzen froh.
Tristan ließ dann herrichten
ein weiteres Schiff außer seinem eigenen,
welches zusagen sollte 11420
ihm selbst und Isolde
und außerdem jenen, die er aussuchte.
Und als es vorbereitet war,
rüstete sich Tristan zur Abreise.
Aus allen Teilen des Reiches, 11425
wo man die Fremden
bei Hofe oder auf dem Lande fand,
holte man diese sogleich herbei.

Während sich Tristan
und seine Landsleute 11430
vorbereiteten und zurechtmachten,
stellte sehr kunstreich
die weise Königin Isolde
in einem kleinen Glasgefäß

einen tranc von minnen,   11435
mit alsô cleinen sinnen
ûf geleit und vor bedâht,
mit solher crefte vollebrâht:
mit sweme sîn ieman getranc,
den muose er âne sînen danc   11440
vor allen dingen meinen
und er dâ wider in einen.
in was ein tôt unde ein leben,
ein triure, ein vröude samet gegeben.
den tranc den nam diu wîse,   11445
si sprach Brangaenen lîse.
»Brangaene« sprach si »niftel mîn,
lâ dir die rede niht swaere sîn,
du solt mit mîner tohter hin.
dâ nâch sô stelle dînen sin.   11450
swaz ich dir sage, daz vernim.
diz glas mit disem tranke nim,
daz habe in dîner huote
hüete es vor allem guote.
sich, daz es ûf der erde   11455
ieman innen werde.
bewar mit allem vlîze
daz es ieman enbîze.
vlîze dich wol starke:
swenne Îsôt unde Marke   11460
in ein der minne komen sîn,
sô schenke in disen tranc vür wîn
und lâ si'n trinken ûz in ein.
bewar daz, daz sîn mit in zwein
ieman enbîze. daz ist sin.   11465
noch selbe entrink es niht mit in.
der tranc der ist von minnen.
daz habe in dînen sinnen.
ich bevilhe dir Îsôte
vil tiure und vil genôte.   11470

einen Liebestrank her,   11435
der mit so feinem Verstand
gewählt und ausgedacht
und mit solcher Kraft ausgestattet war,
daß jeder, der davon mit jemand anders trank,
diesen, ob er selbst nun wollte oder nicht,   11440
mehr als alles andere lieben mußte
und der andere wiederum ihn allein.
Nur *ein* Tod und *ein* Leben,   ⌈gegeben.
eine Traurigkeit und *ein* Glück war ihnen gemeinsam
Den Trank nahm die Kluge   11445
und flüsterte Brangäne zu:
»Brangäne, meine Nichte,
laß es dich nicht bekümmern,
du sollst mit meiner Tochter fahren.
Stelle dich darauf ein.   11450
Höre, was ich dir sage:
Nimm dieses Glas mit diesem Trank,
verwahre es
und hüte es sorgsamer als alles andere.
Achte darauf, daß auf der Welt   11455
niemand davon erfährt.
Verhindere unbedingt,
daß jemand davon trinkt.
Beachte sorgfältig:
Wenn Isolde und Marke   11460
sich in Liebe vereint haben,
dann schenke ihnen diesen Trank als Wein ein
und laß sie ihn gemeinsam austrinken.
Achte darauf, daß außer den beiden davon
niemand trinkt. Das ist vernünftig.   11465
Trinke auch selbst nicht mit ihnen davon.
Dies ist ein Liebestrank.
Denke immer daran.
Ich befehle dir Isolde
sehr angelegentlich und dringend an.   11470

an ir sô lît mîn beste leben.
ich unde sî sîn dir ergeben
ûf alle dîne saelekeit.
hie mite sî dir genuoc geseit.«
»trût vrouwe« sprach Brangaene dô   11475
»ist iuwer beider wille alsô,
sô sol ich gerne mit ir varn,
ir êre und al ir dinc bewarn,
sô ich iemer beste kan.«

Urloup nam dô Tristan   11480
und al sîn liut hie unde dort.
si schieden ze Weisefort
mit michelen vröuden abe.
nu volgete ime unz in die habe
durch Îsôte minne   11485
künec unde küniginne
und al ir massenîe.
sîn unverwânde amîe,
sîn unverwantiu herzenôt,
diu liehte wunneclîche Îsôt   11490
diu was im z'allen zîten
weinende an der sîten.
ir vater, ir muoter beide
vertriben mit manegem leide
die selben kurzen stunde.   11495
manec ouge dâ begunde
riezen unde werden rôt.
Îsôt was maneges herzen nôt.
si bar vil manegem herzen
tougenlîchen smerzen.   11500
diu weineten genôte
ir ougen wunne, Îsôte.
dâ was gemeine weine.
dâ weineten gemeine
vil herzen und vil ougen   11505

Der beste Teil meines Lebens hängt an ihr.
Ich und sie sind dir anvertraut,
bei deinem Seelenheil.
Damit sei dir genug gesagt.«
Brangäne erwiderte: »Liebe Herrin,   11 475
wenn es Euer beider Wunsch ist,
will ich mit Freuden mit ihr fahren
und auf ihre Ehre und ihre Angelegenheiten achten,
so gut ich kann.«

Dann verabschiedeten sich Tristan   11 480
und all seine Männer überall.
Sie fuhren von Wexford
mit großer Freude weg.
Bis zum Hafen folgten ihm
aus Liebe zu Isolde   11 485
das königliche Paar
und ihr ganzes Gefolge.
Seine unvermutete Geliebte,
seine beständige Herzensqual,
die schöne, reizende Isolde,   11 490
war die ganze Zeit
weinend an seiner Seite.
Ihr Vater und ihre Mutter
verbrachten beide mit großer Trauer
diesen kurzen Augenblick.   11 495
Viele Augen begannen da,
zu tränen und sich zu röten.
Isolde bekümmerte viele im Herzen.
Sie bereitete sehr vielen Herzen
heimliche Qual.   11 500
Sie weinten unablässig
um Isolde, das Glück ihrer Augen.
Es erhob sich allgemeines Weinen.
Gemeinsam weinten da
viele Herzen und Augen   11 505

offenlîchen unde tougen.
und aber Îsôt und aber Îsôt,
diu sunne unde ir morgenrôt,
und ouch daz volmaene,
diu schoene Brangaene,   11510
dô sî sich muosen scheiden,
diu eine von den beiden,
dô sach man jâmer unde leit.
diu getriuwelîche sicherheit
schiet sich mit manegem leide.   11515
Îsôt kuste si beide
dicke und ze manegem mâle.
Nu die von Curnewâle
unde ouch Îrlandaere,
der vrouwen volgaere,   11520
alle ze schiffe wâren komen
und haeten urloup genomen,
Tristan der gie ze jungest în.
diu liehte junge künigîn,
diu bluome von Îrlant,   11525
Îsôt diu gieng im an der hant
trûric unde sêre unvrô.
si zwei si nigen dem lande dô
und bâten den gotes segen
der liute unde des landes pflegen.   11530
si stiezen an und vuoren dan.
mit hôher stimme huoben s'an
und sungen eines unde zwir:
»in gotes namen varen wir«
und strichen allez hinewart.   11535

Nu was den vrouwen zuo z'ir vart
mit Tristandes râte
ein kielkemenâte
nâch heinlîcher sache
gegeben zuo z'ir gemache.   11540

öffentlich und in der Stille.
Und als Isolde und Isolde,
die Sonne und ihr Morgenrot,
und auch das Mondlicht,
die schöne Brangäne, 11510
sich trennen mußten,
die eine von den beiden,
da sah man Kummer und Schmerz.
Die treuen Freundinnen
trennten sich unter großem Leid. 11515
Isolde küßte sie beide
oft und viele Male.
Als die aus Cornwall
und auch die Iren
aus dem Gefolge der Damen 11520
alle an Bord der Schiffe gestiegen
und Abschied genommen hatten,
ging Tristan als letzter hinauf.
Die strahlende junge Königin,
die Blüte von Irland, 11525
Isolde ging an seiner Hand
traurig und sehr unglücklich.
Die beiden verbeugten sich zum Ufer hin
und erbaten Gottes Segen
für das Volk und das Reich. 11530
Sie stießen ab und fuhren fort.
Mit lauter Stimme
sangen sie einmal und noch einmal
»In Gottes Namen fahren wir«
und segelten rasch davon. 11535

Den Damen war für die Reise
auf Tristans Anweisung
eine Kajüte
als Privatraum
zur Bequemlichkeit gegeben worden. 11540

dâ was diu küniginne
mit ir juncvrouwen inne
und mit in lützel kein man
wan underwîlen Tristan.
der gie wîlent dar în   11545
und trôste die künigîn,
dâ sie weinende saz.
diu weinde unde clagete daz,
daz s'alsô von ir lande,
dâ sî die liute erkande,   11550
und von ir vriunden allen schiet
und vuor mit der unkunden diet,
sine wiste war oder wie.
sô trôste si Tristan ie,
sô er suozeste kunde.   11555
ze iegelîcher stunde,
alse er zuo z'ir triure kam,
zwischen sîn arme er si nam
vil suoze unde lîse
und niuwan in der wîse,   11560
als ein man sîne vrouwen sol.
der getriuwe der versach sich wol,
daz er der schoenen waere
ein senfte zuo z'ir swaere.
und alse dicke als ez ergie,   11565
daz er sîn arme an sî verlie,
so gedâhte ie diu schoene Îsôt
an ir oeheimes tôt
und sprach ie danne wider in:
»lât stân, meister, habet iuch hin,   11570
tuot iuwer arme hin dan!
ir sît ein harte müelîch man.
war umbe rüeret ir mich?«
»ei schoene, missetuon ich?«
»jâ ir, wan ich bin iu gehaz.«   11575
»saeligiu« sprach er »umbe waz?«

Darin war die Königin
mit ihren Mädchen
und außer ihnen kein Mann.
Nur Tristan ging gelegentlich
hinein 11545
und tröstete die Königin,
die dasaß und weinte.
Sie weinte und jammerte,
daß sie auf diese Weise von ihrer Heimat,
wo sie die Menschen kannte, 11550
und von ihren Freunden Abschied nehmen
und mit Unbekannten fahren mußte,
sie wußte nicht, wohin und wie.
Tristan tröstete sie immer,
so zärtlich er nur konnte. 11555
Immer,
wenn er zu ihr kam und sie in Trauer vorfand,
nahm er sie in seine Arme
ganz zart und still
und lediglich so, 11560
wie ein Gefolgsmann es mit seiner Herrin tun soll.
Der Getreue trug Sorge,
daß er der Schönen
ihren Kummer lindere.
Aber wann immer 11565
er seine Arme um sie legte,
dachte die schöne Isolde
an den Tod ihres Onkels
und sagte dann zu ihm:
»Laßt das, Kapitän, bleibt weg! 11570
Nehmt Eure Arme von mir!
Ihr seid lästig.
Warum berührt Ihr mich?«
»Ach, Schöne, tue ich Unrecht?«
»Ja, denn ich verabscheue Euch.« 11575
Er fragte: »Warum, beste Herrin?«

»ir sluoget mînen oehein.«
»deist doch versüenet.« »des al ein:
ir sît mir doch unmaere,
wan ich waere âne swaere   11580
und âne sorge, enwaeret ir.
ir alterseine habet mir
disen kumber allen ûf geleit
mit pârât und mit kündekeit.
waz hât iuch mir ze schaden gesant   11585
von Curnewâle in Îrlant?
die mich von kinde hânt erzogen,
den habet ir mich nu an ertrogen
und vüeret mich, in weiz wâ hin.
ine weiz, wie ich verkoufet bin,   11590
und enweiz ouch, waz mîn werden sol.«
»Nein schoene Îsôt, gehabet iuch wol.
jâ muget ir michel gerner sîn
in vremede ein rîchiu küniginn
dan in der künde arm unde swach.   11595
in vremedem lande êre unde gemach
und schame in vater rîche,
diu smeckent ungelîche.«
»jâ meister Tristan« sprach diu maget
»ich naeme ê, swaz ir mir gesaget,   11600
eine maezlîche sache
mit liebe und mit gemache
dan ungemach und arbeit
bî micheler rîcheit.«
»ir redet wâr« sprach Tristan;   11605
»swâ man aber gehaben kan
die rîcheit bî gemache,
die saeligen zwô sache
die loufent baz gemeine
dan ietwedere al eine.   11610
nu sprechet, waere ez dâ zuo komen,
daz ir müeset hân genomen

»Ihr habt meinen Onkel erschlagen.«
»Aber das ist doch beigelegt.« »Gleichgültig:
Ihr seid mir trotzdem zuwider,
denn ich wäre ohne Kummer   11580
und ohne Leid, wenn Ihr nicht wäret.
Ihr ganz allein habt mir
diesen Schmerz aufgebürdet
mit Betrug und Verschlagenheit.
Was hat Euch zu meinem Schaden geschickt   11585
von Cornwall nach Irland?
Die mich von Kind auf erzogen haben,
denen habt Ihr mich nun betrügerisch abgelistet,
und Ihr führt mich nun, ich weiß nicht, wohin.
Ich weiß nicht, wofür ich verkauft wurde   11590
und was nun aus mir werden soll.«
»Nein, schöne Isolde, seid getrost.
Ihr werdet sicher viel lieber
eine mächtige Königin in der Fremde sein
als unbedeutend und gering daheim.   11595
Ansehen und Bequemlichkeit in der Fremde
und Schmach im Reich des Vaters –
das schmeckt sehr unähnlich.«
»Ja, Kapitän Tristan«, sagte das Mädchen,
»lieber hätte ich, was immer Ihr sagt,   11600
bescheidene Verhältnisse
mit Liebe und seelischer Gelassenheit
als Unrast und Mühen
mit mächtigem Reichtum.«
»Ihr habt recht«, sagte Tristan,   11605
»aber wo man zugleich haben kann
Reichtum und Bequemlichkeit,
da gehen diese beiden beglückenden Dinge
viel besser zusammen
als jedes für sich.   11610
Sagt, wenn es dahin gekommen wäre,
daß Ihr hättet nehmen müssen

den truhsaezen ze manne,
wie vüere ez aber danne?
ich weiz wol, sô waeret ir vrô.   11615
und danket ir mir danne alsô,
daz ich iu kam ze trôste
und iuch von ime erlôste?«
»des wirt iu spâte« sprach diu maget
»von mir iemer danc gesaget.   11620
wan lôstet ir mich von im dô,
ir habet mich aber sider sô
verclüteret mit swaere,
daz mir noch lieber waere
der truhsaeze ze man genomen,   11625
dan ich mit iu waere ûz komen.
wan swie tugendelôs er sî,
waere er mir keine wîle bî,
er lieze sîne untugent durch mich.
got weiz, dar an erkante ouch ich,   11630
daz ich im liep waere.«
Tristan sprach: »disiu maere
sint mir ein âventiure.
daz wider der natiure
kein herze tugentlîche tuo,   11635
dâ gehoeret michel arbeit zuo.
ez hât diu werlt vür eine lüge,
daz iemer unart g'arten müge.
schoeniu, gehabet ir iuch wol!
in kurzen zîten ich iu sol   11640
einen künec ze hêrren geben,
an dem ir vröude und schoene leben,
guot unde tugent und êre
vindet iemer mêre.«

Hie mite strichen die kiele hin.   11645
si beide haeten under in
guoten wint und guote var.

den Truchseß zum Ehemann,
wie wäre es dann wohl weitergegangen?
Ich weiß schon, daß Ihr Euch dann gefreut hättet!   11615
Und jetzt dankt Ihr mir so,
daß ich Euch zu Hilfe kam
und Euch von ihm befreite?«
»Da könnt Ihr lange warten«, sagte das Mädchen,
»ehe ich mich dafür bedanke.   11620
Denn Ihr habt mich zwar von ihm befreit,
andererseits aber habt Ihr mich seitdem so sehr
mit Kummer verwirrt,
daß ich lieber
den Truchseß geheiratet hätte   11625
als mit Euch weggefahren wäre.
Denn so schlecht er auch sein mag,
wenn er ein Weilchen bei mir gewesen wäre,
hätte er seine Schlechtigkeit um meinetwillen abgelegt.
Gott weiß, so hätte ich erkennen können,   11630
daß er mich liebt.«
Tristan antwortete: »Das
klingt mir seltsam.
Daß entgegen seiner natürlichen Anlage
jemand rechtschaffen handelt,   11635
das erfordert große Mühe.
Niemand glaubt daran,
daß Schlechtigkeit sich in Gutartigkeit verkehren könnte.
Seid getrost, schöne Herrin!
Bald werde ich Euch   11640
einen König zum Herrn geben,
an dem Ihr Freude und herrliches Leben,
Reichtum, Vortrefflichkeit und Ansehen
für immer finden werdet.«

So segelten die Schiffe dahin.   11645
Sie hatten
guten Wind und machten rasche Fahrt.

nu was diu vrouwîne schar,
Îsôt und ir gesinde,
in wazzer unde in winde   11650
des ungevertes ungewon.
unlanges kâmen sî dâ von
in ungewonlîche nôt.
Tristan ir meister dô gebôt,
daz man ze lande schielte   11655
und eine ruowe hielte.
nu man gelante in eine habe,
nu gie daz volc almeistic abe
durch banekîe ûz an daz lant.
nu gienc ouch Tristan zehant   11660
begrüezen unde beschouwen
die liehten sîne vrouwen.
und alse er zuo z'ir nider gesaz
und redeten diz unde daz
von ir beider dingen,   11665
er bat im trinken bringen.
Nune was dâ nieman inne
âne die küniginne
wan cleiniu juncvrouwelîn.
der einez sprach: »seht, hie stât wîn   11670
in disem vezzelîne.«
nein, ezn was niht mit wîne,
doch ez ime gelîch waere.
ez was diu wernde swaere,
diu endelôse herzenôt,   11675
von der si beide lâgen tôt.
nu was aber ir daz unrekant.
si stuont ûf und gie hin zehant,
dâ daz tranc und daz glas
verborgen unde behalten was.   11680
Tristande ir meister bôt si daz.
er bôt Îsôte vürbaz.
si tranc ungerne und über lanc

Es waren aber die Damen,
Isolde und ihr Gefolge,
in Wasser und Wind   11650
die Reisebeschwerlichkeiten nicht gewohnt.
Bald kamen sie deshalb
in ungewöhnliche Bedrängnis.
Tristan, ihr Kapitän, befahl,
daß man auf Land zuhielte   11655
und eine Ruhepause einlegte.
Man kam in einen Hafen,
und die meisten gingen von Bord,
um an Land spazierenzugehen.
Sogleich ging Tristan,   11660
um zu begrüßen und anzuschauen
seine strahlend schöne Herrin.
Und als er sich zu ihr setzte
und sie dies und jenes redeten
über ihrer beider Angelegenheiten,   11665
bat er, man möge ihm etwas zu trinken bringen.
Es war aber niemand da
– neben der Königin –
außer einigen jungen Hofdamen,
von denen eine sagte: »Seht, hier ist Wein   11670
in diesem kleinen Gefäß.«
Nein, es war kein Wein,
wenn es ihm auch glich.
Es war das dauernde Leid,
die endlose Herzensqual,   11675
an der sie beide sterben sollten.
Das aber wußte sie nicht.
Sie stand auf und ging gleich hin,
wo der Trank und das Glas
aufbewahrt und verborgen waren.   11680
Sie gab es ihrem Kapitän, Tristan,
und der bot es zuerst Isolde an.
Sie trank widerwillig und erst nach einiger Zeit

und gap dô Tristande unde er tranc
und wânden beide, ez waere wîn.   11685
iemitten gienc ouch Brangaene în
unde erkande daz glas
und sach wol, waz der rede was.
si erschrac sô sêre unde erkam,
daz ez ir alle ir craft benam   11690
und wart reht alse ein tôte var.
mit tôtem herzen gie si dar.
si nam daz leide veige vaz,
si truoc ez dannen und warf daz
in den tobenden wilden sê.   11695
»owê mir armen!« sprach s' »owê,
daz ich zer werlde ie wart geborn!
ich arme, wie hân ich verlorn
mîn êre und mîne triuwe!
daz ez got iemer riuwe,   11700
daz ich an dise reise ie kam,
daz mich der tôt dô niht ennam,
dô ich an dise veige vart
mit Îsôt ie bescheiden wart!
ouwê Tristan unde Îsôt,   11705
diz tranc ist iuwer beider tôt!«

Nu daz diu maget unde der man,
Îsôt unde Tristan,
den tranc getrunken beide, sâ
was ouch der werlde unmuoze dâ,   11710
Minne, aller herzen lâgaerîn,
und sleich z'ir beider herzen în.
ê sî's ie wurden gewar,
dô stiez s'ir sigevanen dar
und zôch si beide in ir gewalt.   11715
si wurden ein und einvalt,
die zwei und zwîvalt wâren ê.
si zwei enwâren dô niemê

und gab es dann Tristan, der davon trank.
Sie beide glaubten, es sei Wein.   11685
Inzwischen war auch Brangäne hereingekommen,
die das Glasgefäß erkannte
und begriff, was geschehen war.
Sie erschrak und fuhr so sehr zusammen,
daß alle Kraft sie verließ   11690
und sie totenbleich wurde.
Mit erstorbenem Herzen ging sie hin,
nahm das unselige, verfluchte Gefäß,
trug es fort und warf es
in die tobende, aufgewühlte See.   11695
»Weh mir, ich Arme«, rief sie, »weh,
daß ich je geboren wurde!
Ich Arme, wie habe ich verwirkt
meine Ehre und Treue!
Daß es Gott erbarmen möge,   11700
daß ich je diese Reise antrat,
daß mich der Tod nicht daran hinderte,
auf diese todbringende Fahrt
mit Isolde geschickt zu werden!
O weh, Tristan und Isolde,   11705
dieser Trank ist Euer beider Tod!«

Als nun das Mädchen und der Mann,
Isolde und Tristan,
beide den Trank zu sich genommen hatten, da
kam auch die Macht, die der Welt alle Ruhe raubt,   11710
die Liebe, Nachstellerin aller Herzen,
und schlich sich in ihre Herzen.
Ehe sie es merkten,
pflanzte sie ihre Siegesfahne dort auf
und unterwarf sie beide ihrer Macht.   11715
Sie wurden eins und vereint,
die zuvor zwei und zweierlei gewesen waren.
Die beiden waren nicht länger

widerwertic under in.
Îsôte haz der was dô hin.   11720
diu süenaerinne Minne
diu haete ir beider sinne
von hazze gereinet,
mit liebe alsô vereinet,
daz ietweder dem anderm was   11725
durchlûter alse ein spiegelglas.
si haeten beide ein herze.
ir swaere was sîn smerze,
sîn smerze was ir swaere.
si wâren beide einbaere   11730
an liebe unde an leide
und hâlen sich doch beide,
und tete daz zwîvel unde scham.
si schamte sich, er tete alsam;
si zwîvelte an im, er an ir.   11735
swie blint ir beider herzen gir
an einem willen waere,
in was doch beiden swaere
der urhap unde der begin.
daz hal ir willen under in.   11740

Tristan dô er der minne enpfant,
er gedâhte sâ zehant
der triuwen unde der êren
und wolte dannen kêren.
»nein« dâhte er allez wider sich   11745
»lâ stân, Tristan, versinne dich,
niemer genim es keine war.«
sô wolte et ie daz herze dar.
wider sînem willen criegete er,
er gerte wider sîner ger.   11750
er wolte dar und wolte dan.
der gevangene man
versuohte ez in dem stricke

feindselig zueinander.
Isoldes Haß war verflogen.   11720
Die Versöhnerin Liebe
hatte ihre beiden Herzen
von Haß gereinigt
und so sehr in Liebe vereint,
daß jeder dem anderen   11725
durchsichtig war wie Spiegelglas.
Sie hatten beide nur noch ein Herz.
Ihr Kummer war sein Schmerz,
sein Schmerz ihr Kummer.
Sie waren beide eine Einheit   11730
an Liebe und Leid
und verbargen sich trotzdem voreinander;
und das taten Zweifel und Scham.
Sie schämte sich, und er auch.
Sie zweifelte an ihm, er an ihr.   11735
Wie blind auch die Sehnsucht ihrer Herzen
einer gemeinsamen Absicht galt,
so bereitete ihnen beiden doch Kummer
der Anfang und Beginn.
Das verbarg ihre Absichten voreinander.   11740

Als Tristan die Liebe verspürte,
erinnerte er sich sofort
seiner Treuepflicht und seiner Ehrenhaftigkeit
und wollte sich abwenden.
Er dachte bei sich: »Nein,   11745
laß das, Tristan! Besinne dich!
Achte nicht darauf!«
Sein Herz aber strebte immer Isolde zu.
Er rang gegen seinen Willen,
wünschte gegen seinen Wunsch.   11750
Er wollte zu ihr und wollte fort.
Der Gefangene
kämpfte gegen seine Fesseln

ofte unde dicke
und was des lange staete.   11755
der getriuwe der haete
zwei nâhe gêndiu ungemach:
swenne er ir under ougen sach,
und ime diu süeze Minne
sîn herze und sîne sinne   11760
mit ir begunde sêren,
so gedâhte er ie der Êren,
diu nam in danne dar van.
hie mite sô kêrte in aber an
Minne, sîn erbevogetîn.   11765
der muose er aber gevolgec sîn.
in muoten harte sêre
sîn triuwe und sîn êre.
sô muote in aber diu Minne mê,
diu tete im wirs danne wê.   11770
si tete im mê ze leide
dan Triuwe und Êre beide.
sîn herze sach si lachende an,
und nam sîn ouge der van.
als er ir aber niht ensach,   11775
daz was sîn meistez ungemach.
dicke besatzte er sînen muot,
als der gevangene tuot,
wie er ir möhte entwenken,
und begunde ofte denken: 11780
»kêre dar oder her,
verwandele dise ger,
minne und meine anderswâ!«
sô was ie dirre stric dâ.
er nam sîn herze und sînen sin   11785
und suohte anderunge in in,
sone was ie niht dar inne
wan Îsôt unde Minne.

immer wieder
und beharrlich eine lange Zeit.   11755
Der Getreue hatte
zwei bedrückende Nöte:
Wenn er Isolde anschaute
und ihm die süße Liebe
Herz und Sinne   11760
mit ihr verletzte,
dann mußte er an die Ehre denken,
die ihn davon abbrachte.
Aber dann packte ihn wieder
die Liebe, seine Erbherrin.   11765
Der mußte er abermals gehorchen.
Ihn quälten sehr
seine Loyalität und sein Ehrgefühl.
Aber die Liebe quälte ihn noch mehr.
Sie tat ihm weher als weh   11770
und fügte ihm mehr Leid zu
als Treue und Ehre gemeinsam.
Sein Herz lachte Isolde zu,
aber er wandte doch seine Augen ab.
Wenn er sie jedoch nicht sehen konnte,   11775
war das sein schlimmster Kummer.
Oft überlegte er sich,
wie es ein Gefangener tut,
wie er ihr entkommen könnte.
Er dachte oft: 11780
»Wende dich dahin oder dorthin!
Ändere diese Sehnsucht!
Liebe und begehre anderswo!«
Aber immer war da diese Fessel.
Er nahm Herz und Verstand   11785
und suchte nach einer Änderung in ihnen,
aber es war nie etwas darin
außer Isolde und die Liebe.

Alsam geschach Îsôte.
diu versuohte ez ouch genôte;   11790
ir was diz leben ouch ande.
dô sî den lîm erkande
der gespenstegen minne
und sach wol, daz ir sinne
dar în versenket wâren,   11795
si begunde stades vâren,
si wolte ûz unde dan.
sô clebete ir ie der lîm an.
der zôch si wider unde nider.
diu schoene strebete allez wider   11800
und stuont an iegelîchem trite.
si volgete ungerne mite.
si versuohte ez manegen enden.
mit vüezen und mit henden
nam sî vil manege kêre   11805
und versancte ie mêre
ir hende unde ir vüeze
in die blinden süeze
des mannes unde der minne.
ir gelîmeten sinne   11810
die enkunden niender hin gewegen
noch gebrucken noch gestegen
halben vuoz noch halben trite,
Minne diu enwaere ie dâ mite.
Îsôt, swar sî gedâhte,   11815
swaz gedanke sî vür brâhte,
sone was ie diz noch daz dar an
wan minne unde Tristan.
und was daz allez tougen.
ir herze unde ir ougen   11820
diu missehullen under in.
diu scham diu jagete ir ougen hin,
diu minne zôch ir herze dar.
diu widerwertige schar

Ebenso erging es Isolde.
Sie versuchte es auch verzweifelt.   11790
Auch ihr war dieses Leben unerträglich.
Als sie den Leim bemerkte
der verlockenden Liebe
und fühlte, daß ihre Gefühle
in ihm versanken,   11795
strebte sie dem rettenden Ufer zu,
um zu entkommen.
Aber der Leim klebte an ihr fest.
Er zog sie zurück und herunter.
Die Schöne kämpfte mit aller Kraft dagegen an   11800
und blieb doch bei jedem Schritt stecken.
Widerwillig gab sie nach.
Sie versuchte es auf vielerlei Art.
Mit Händen und Füßen
strebte sie fort   11805
und versenkte doch immer mehr
ihre Hände und Füße
in die blinde Süßigkeit
des Mannes und der Liebe.
Ihre festgeleimten Sinne   11810
konnten sich nirgendwohin bewegen
und fanden weder Brücke noch Steg
für auch nur einen halben Fuß oder Schritt,
ohne daß doch immer die Liebe dabei war.
Wohin Isoldes Gedanken auch strebten,   11815
was immer sie sich überlegte,
es war nichts da
außer Liebe und Tristan.
Das alles verbarg sie.
Ihr Herz und ihre Augen   11820
standen im Widerstreit.
Die Scham zwang sie, die Augen abzuwenden,
die Liebe zog ihr Herz zu ihm hin.
Die widerstrebende Verbindung

maget unde man, minne unde scham,   11825
diu was an ir sêre irresam.
diu maget diu wolte den man
und warf ir ougen der van.
diu scham diu wolte minnen
und brâhte es nieman innen.   11830
waz truoc daz vür? scham unde maget,
als al diu werlt gemeine saget,
diu sint ein alsô haele dinc,
sô kurze wernde ein ursprinc:
sine habent sich niht lange wider.   11835
Îsôt diu leite ir criec der nider
und tete, als ez ir was gewant.
diu sigelôse ergap zehant
ir lîp unde ir sinne
dem manne unde der minne.   11840
si blicte underwîlen dar
und nam sîn tougenlîche war.
ir clâren ougen unde ir sin
diu gehullen dô wol under in.
ir herze unde ir ougen   11845
diu schâcheten vil tougen
und lieplîchen an den man.
der man der sach si wider an
suoze und inneclîchen.
er begunde ouch entwîchen   11850
do's in diu minne niht erlie.
man unde maget si gâben ie
ze iegelîchen stunden,
sô sî mit vuogen kunden,
ein ander ougenweide.   11855
die gelieben dûhten beide
ein ander schoener vil dan ê.
deist liebe reht, deist minnen ê.
ez ist hiure und was ouch vert
und ist, die wîle minne wert,   11860

von Mädchen und Mann, von Liebe und Scham   11825
verwirrte sie sehr.
Das Mädchen wollte den Mann
und wandte doch die Augen ab.
Die Scham verlangte nach Liebe
und ließ es niemand merken.   11830
Aber was half es? Scham und Mädchen sind,
wie die ganze Welt behauptet,
so flüchtige Dinge
und so kurzlebige Blüten,
daß sie nicht lange widerstehen können.   11835
Isolde gab den Kampf auf
und handelte, wie sie mußte.
Die Besiegte ergab alsbald
sich und ihre Gefühle
dem Mann und der Liebe.   11840
Bisweilen blickte sie zu ihm hin
und beobachtete ihn verstohlen.
Ihre hellen Augen und ihr Gefühl
paßten nun gut zusammen.
Ihr Herz und ihre Augen   11845
richteten sich räuberisch, heimlich
und liebevoll auf den Mann.
Auch der Mann sah sie an
zärtlich und andächtig.
Auch er gab nach,   11850
als die Liebe ihn nicht freigab.
Mann und Mädchen schauten sich
jedesmal,
wenn sie es mit Anstand tun konnten,
beglückt an.   11855
Die Liebenden fanden beide
einander viel schöner als zuvor.
Das ist das Recht der Liebe, das Gesetz der Minne.
Heutzutage und früher
und solange es die Liebe gibt,   11860

under gelieben allen,
daz s'ein ander baz gevallen,
sô liebe an in wahsende wirt,
die bluomen unde den wuocher birt
lieplîcher dinge,   11865
dan an dem urspringe.
diu wuocherhafte minne
diu schoenet nâch beginne:
daz ist der sâme, den si hât,
von dem si niemer zegât.   11870

Si dunket schoener sît dan ê.
dâ von sô tûret minnen ê.
diuhte minne sît als ê,
sô zegienge schiere minnen ê.

ist es bei allen Verliebten so,
daß sie einander besser gefallen
(wenn die Liebe in ihnen zunimmt
und die Blüten und Früchte trägt
beglückender Dinge),   11865
als es ursprünglich der Fall war.
Die fruchtbringende Liebe
verschönt, wenn sie begonnen hat.
Das ist der Same, den sie hat
und kraft dessen sie nie vergehen wird.   11870

Sie scheint später schöner als am Anfang.
Deshalb ist Liebe so wertvoll.
Wenn Liebe später so wirkte wie an ihrem Beginn,
würde das Gesetz der Liebe bald verfallen.

Die kiele stiezen aber an 11875
und vuoren vrôlîche dan,
wan alse vil daz Minne
zwei herze dar inne
von ir strâze haete brâht.
diu zwei diu wâren verdâht, 11880
bekumberet beide
mit dem lieben leide,
daz solhiu wunder stellet:
daz honegende gellet,
daz süezende siuret, 11885
daz touwende viuret,
daz senftende smerzet,
daz elliu herze entherzet
und al die werlt verkêret.
daz haete sî versêret, 11890
Tristanden unde Îsôte.
si twanc ein nôt genôte
und in seltsaener ahte:
ir dewederez enmahte
gehaben ruowe noch gemach, 11895
wan sô ez daz andere sach.
sô s'aber ein ander sâhen,
daz gieng in aber nâhen,
wan sî enmohten under in zwein
ir willen niht gehaben in ein. 11900
daz geschuof diu vremede únd diu scham,
diu in ir wunne benam.
sô s'eteswenne tougen
mit gelîmeten ougen
ein ander solten nemen war, 11905
sô wart ir lîch gelîche var
dem herzen unde dem sinne.

XVII. Das Geständnis

Die Schiffe stießen wieder ab   11875
und fuhren munter davon,
nur hatte jetzt die Liebe
zwei Herzen an Bord
aus der Bahn geworfen.
Die beiden waren tief in Gedanken versunken.   11880
Beide waren sie belastet
durch das liebe Leid,
das solche Wunder wirkt:
den Honigseim vergällt,
das Süße säuert,   11885
das Nasse entzündet,
das Wohlbehagen in Schmerzen verkehrt,
jedes Herz seiner Natur entfremdet
und die ganze Welt auf den Kopf stellt.
Das hatte nun verwundet   11890
Tristan und Isolde.
Beide bezwang eine Drangsal unablässig
auf ungewöhnliche Weise.
Keiner von ihnen konnte
Ruhe oder Entspannung finden,   11895
außer wenn sie einander sahen.
Wenn sie sich aber sahen,
bedrängte sie wiederum das,
denn sie konnten miteinander
in ihren Absichten nicht übereinkommen.   11900
Das lag an der Fremdheit und Scham,
die ihnen alle Freude raubten.
Wenn sie gelegentlich in aller Heimlichkeit
mit ihren auf die Leimrute der Liebe gebannten Augen
einander ansahen,   11905
glich ihre Hautfarbe sich
dem Herz und den Gefühlen an.

Minne die verwaerinne
die endûhte es niht dâ mite genuoc,
daz man s'in edelen herzen truoc   11910
verholne unde tougen,
sine wolte under ougen
ouch offenbaeren ir gewalt.
der was an in zwein manicvalt.
unlange in ein ir varwe schein.   11915
ir varwe schein unlange in ein.
si wehselten genôte
bleich wider rôte;
si wurden rôt unde bleich,
als ez diu Minne in understreich.   11920
hie mite erkande ietwederez wol,
als man an solhen dingen sol,
daz eteswaz von minnen
in ietwederes sinnen
zem anderen was gewant,   11925
unde begunden ouch zehant
lieplîche in ein gebâren,
zît unde state vâren
ir rûne unde ir maere.
der minnen wildenaere   11930
leiten ein ander dicke
ir netze unde ir stricke,
ir warte unde ir lâge
mit antwürte und mit vrâge.
si triben vil maere under in.   11935
Îsôte rede und ir begin
daz was vil rehte in megede wîs.
si kam ir trût und ir amîs
alumbe her von verren an.
von ende mante s'in her dan,   11940
wie er ze Develîne
in einem schiffelîne
gevlozzen wunt und eine kam,

Die Liebe, die Malerin,
begnügte sich nicht damit,
daß man sie in vornehmen Herzen hegte   11910
heimlich und verborgen.
Sie wollte auch in ihren Gesichtern
ihre Macht offenbar werden lassen.
An den beiden zeigte sich das auf vielfältige Weise.
Ihre Farbe hielt sich stets nur kurze Zeit.   11915
Niemals hatten sie lange dieselbe Farbe.
Unablässig wechselten sie
zwischen rot und blaß.
Sie wurden blaß und rot,
wie die Liebe sie färbte.   11920
Daran erkannte jeder von ihnen,
wie man an solchen Dingen erkennen soll,
daß so etwas wie Liebe
in ihren Gefühlen
dem anderen zugewandt war.   11925
Und sie begannen sogleich,
sich verliebt zueinander zu benehmen
und Zeit und Gelegenheit zu suchen
zum Flüstern und Tuscheln.
Die Wilderer der Liebe   11930
legten einander oft
ihre Netze und Fesseln aus,
ihre Hinterhalte und Fallen
mit Fragen und Antworten.
Sie redeten viel miteinander.   11935
Isolde begann ihre Erzählungen
ganz in der Art eines Mädchens.
Sie näherte sich ihrem Liebsten und Freund
auf Umwegen und von weitem.
Sie erinnerte ihn an alles von Anfang an.   11940
Wie er nach Dublin
in einem Kahn
verletzt und alleine getrieben kam,

wie in ir muoter an sich nam
und wie s'in ouch generte.   11945
von allem dem geverte,
wie si selbe in sîner pflege
schrîben lernete alle wege,
latîne unde seitspil.
der umberede der was vil,   11950
die s'ime vür ougen leite
von sîner manheite
und ouch von dem serpande.
und wie s'in zwirnt erkande
in dem mose und in dem bade.   11955
diu rede was under in gerade,
si seite ime und er seite ir.
»â« sprach Îsôt »dô ez sich mir
ze alsô guoten staten getruoc,
daz ich iuch in dem bade niht sluoc,   11960
got hêrre, wie gewarb ich sô!
daz ich nu weiz, wiste ich ez dô,
binamen sô waere ez iuwer tôt.«
»war umbe« sprach er »schoene Îsôt?
waz wirret iu? waz wizzet ir?«   11965
»swaz ich weiz, daz wirret mir.
swaz ich sihe, daz tuot mir wê.
mich müejet himel unde sê.
lîp unde leben daz swaeret mich.«
si stiurte unde leinde sich   11970
mit ir ellebogen an in.
daz was der belde ein begin.
ir spiegelliehten ougen
diu volleten tougen.
ir begunde ir herze quellen,   11975
ir süezer munt ûf swellen,
ir houbet daz wac allez nider.
ir vriunt begunde ouch sî dar wider
mit armen umbevâhen,

wie ihre Mutter ihn bei sich aufnahm
und wie sie ihn dann auch heilte.   11945
Von all den Umständen,
wie sie selbst in seiner Obhut
die ganze Kunst des Schreibens erlernte,
Latein und Saitenspiel.
Unter vielen Umschweifen   11950
hielt sie ihm
seine Tapferkeit vor
und auch die Geschichte mit dem Drachen.
Und wie sie ihn zweimal wiedererkannte,
in dem Moor und im Bade.   11955
Ihr Gespräch war ausgewogen,
sie sprach zu ihm und er zu ihr.
»Ach«, sagte Isolde, »als ich
eine so gute Gelegenheit dazu hatte,
daß ich Euch damals im Bade nicht getötet habe,   11960
Herrgott, wie kam das?
Wenn ich damals gewußt hätte, was ich jetzt weiß,
wäret Ihr gewiß gestorben.«
Er fragte: »Warum, schöne Isolde?
Was bewegt Euch so? Was wißt Ihr?«   11965
»Mich bewegt, was ich weiß.
Was ich sehe, schmerzt mich.
Der Himmel plagt mich und die See.
Leib und Leben bekümmern mich.«
Sie stützte und lehnte sich   11970
mit ihren Ellbogen an ihn.
Das war der Beginn ihrer Kühnheit.
Ihre spiegelklaren Augen
füllten sich heimlich.
Ihr Herz ging ihr über,   11975
ihre süßen Lippen wurden voll,
ihr Kopf sank ganz nach vorne.
Ihr Geliebter
umarmte sie ebenfalls

ze verre noch ze nâhen,   11980
niwan in gastes wîse.
er sprach suoze unde lîse:
»ei schoene süeze, saget mir:
waz wirret iu, waz claget ir?«

Der Minnen vederspil Îsôt,   11985
»lameir« sprach sî »daz ist mîn nôt,
lameir daz swaeret mir den muot,
lameir ist, daz mir leide tuot.«
dô sî lameir sô dicke sprach,
er bedâhte unde besach   11990
anclîchen unde cleine
des selben wortes meine.
sus begunde er sich versinnen,
l'ameir daz waere minnen,
l'ameir bitter, la meir mer.   11995
der meine der dûhte in ein her.
er übersach der drîer ein
unde vrâgete von den zwein.
er versweic die minne,
ir beider vogetinne,   12000
ir beider trôst, ir beider ger.
mer unde sûr beredete er.
»ich waene« sprach er »schoene Îsôt,
mer unde sûr sint iuwer nôt.
iu smecket mer unde wint.   12005
ich waene, iu diu zwei bitter sint?«
»nein hêrre, nein! waz saget ir?
der dewederez wirret mir,
mirn smecket weder luft noch sê.
lameir al eine tuot mir wê.«   12010
dô er des wortes z'ende kam,
minne dar inne vernam,
er sprach vil tougenlîche z'ir:
»entriuwen, schoene, als ist ouch mir,

weder zu eng noch zu weit, 11980
wie es einem Fremden zukommt.
Sanft und leise sagte er zu ihr:
»Ach, liebliche Schöne, sagt!
Was bestürzt Euch, was klagt Ihr?«

Isolde, der Falke der Liebe, 11985
antwortete: »*Lameir* ist mein Kummer,
lameir betrübt mein Herz,
lameir schmerzt mich.«
Als sie so häufig *lameir* sagte,
überlegte er und betrachtete 11990
sorgfältig und genau
die Bedeutung dieses Wortes.
Da entsann er sich,
daß *l'ameir* ›Liebe‹ heißt,
l'ameir ›bitter‹ und *la meir* ›Meer‹. 11995
Es schien eine ganze Menge Bedeutungen zu haben.
Er überging eine von den dreien
und fragte nach den beiden anderen.
Er verschwieg die Liebe,
ihrer beider Herrin, 12000
ihrer beider Trost und Streben.
Er sprach von Meer und bitter.
»Ich glaube«, sagte er, »schöne Isolde,
Euch bedrücken Meer und Bitternis.
Euch mißfällt das Meer und der Wind. 12005
Ich denke, beides ist bitter für Euch.«
»Nein, Herr. Was sagt Ihr?
Keines von beiden bewegt mich.
Weder Luft noch See mißfallen mir.
Lameir allein tut mir weh.« 12010
Als er das Wort begriff,
bemerkte er ›Liebe‹ darin,
und er flüsterte ihr zu:
»Wahrhaftig, meine Schöne, so geht es mir auch:

lameir und ir, ir sît mîn nôt.   12015
herzevrouwe, liebe Îsôt,
ir eine und iuwer minne
ir habet mir mîne sinne
gâr verkêret unde benomen,
ich bin ûzer wege komen   12020
sô starke und alsô sêre:
in erhol mich niemer mêre.
mich müejet und mich swaeret,
mir swachet unde unmaeret
allez, daz mîn ouge siht.   12025
in al der werlde enist mir niht
in mînem herzen liep wan ir.«
Îsôt sprach: »hêrre, als sît ir mir.«

Dô die gelieben under in
beide erkanden einen sin,   12030
ein herze und einen willen,
ez begunde in beidiu stillen
und offenen ir ungemach.
ietwederez sach unde sprach
daz ander beltlîcher an: 12035
der man die maget, diu maget den man.
vremede under in diu was dô hin.
er kuste sî und sî kust in
lieplîchen unde suoze.
daz was der minnen buoze   12040
ein saeleclîcher anevanc.
ietwederez schancte unde tranc
die süeze, diu von herzen gie.
sô sî die state gewunnen ie,
sô gie der wehsel under in   12045
slîchende her unde hin
vil tougenlîchen unde alsô,
daz nieman in der werlde dô
ir willen unde ir muot bevant

Ihr und *lameir* bedrängen mich.   12015
Liebste Herrin, liebliche Isolde,
Ihr allein und Eure Liebe
habt mir die Sinne
ganz und gar verwirrt und geraubt.
Ich bin vom Wege abgekommen   12020
so sehr und weit,
daß ich nicht mehr zurückfinde.
Mich schmerzt und bedrückt,
mir erscheint unwert und zuwider
alles, was ich sehe.   12025
Nichts auf der Welt
liebe ich so innig wie Euch.«
Isolde sagte: »Herr, genauso geht es mir mit Euch.«

Als die Liebenden aneinander
merkten, daß sie dasselbe fühlten,   12030
daß sie *ein* Herz und *einen* Wunsch hatten,
da besänftigte sich bei beiden
die Qual und wurde zugleich offenbar.
Jeder von ihnen sah und sprach
den anderen kühner an,   12035
der Mann das Mädchen, das Mädchen den Mann.
Die Fremdheit zwischen ihnen war vergangen.
Er küßte sie und sie ihn
liebevoll und zärtlich.
Das war zur Linderung ihrer Liebesqualen   12040
ein beglückender Anfang.
Jeder schenkte aus und trank
die Süße, die aus dem Herzen kam.
Wann immer sie Gelegenheit fanden,
ging es so zwischen ihnen   12045
heimlich hin und her,
ganz in der Stille und so,
daß niemand auf der Welt
ihre Absichten und Zuneigung herausfand –

wan sî, der er doch was bekant: 12050
Brangaene diu wîse.
diu blickete dicke lîse
und vil tougenlîche dar
und nam ir tougenheite war
und dâhte dicke wider sich: 12055
»ouwê, nû verstân ich mich,
diu minne hebet mit disen an.«
vil schiere wart, daz sî began
den ernest an in beiden sehen
und ûzen an ir lîbe spehen   12060
den inneren smerzen
ir muotes unde ir herzen.
si muote ir beider ungemach,
wan sî si z'allen zîten sach
ameiren unde amûren,   12065
siuften unde trûren,
trahten und pansieren,
ir varwe wandelieren.
sin genâmen nie vor trahte war
dekeiner slahte lîpnar,   12070
biz sî der mangel und daz leit
an dem lîbe als überstreit,
daz es Brangaenen angest nam
und in die vorhte dâ von kam,
ez waere ir beider ende,   12075
und dâhte: »nû genende,
ervar, waz dirre maere sî!«

Si gesaz in eines tages bî
heinlîchen unde lîse.
diu stolze, diu wîse   12080
»hie ist nieman« sprach si »wan wir driu.
saget mir ir zwei, waz wirret iu?
ich sihe iuch z'allen stunden
mit trahte gebunden,
siuften, trûren unde clagen.«   12085

außer der, die ohnehin davon wußte: 12050
der klugen Brangäne.
Die blickte oft still
und verstohlen zu ihnen hin,
bemerkte ihre Heimlichkeiten
und dachte oft bei sich: 12055
»O weh, nun merke ich,
wie die Liebe zwischen ihnen beginnt.«
Alsbald konnte sie
den beiden anmerken, daß es ihnen ernst war,
und an ihrem Äußeren feststellen   12060
die inneren Qualen
ihrer Gefühle und Herzen.
Der Kummer der beiden schmerzte sie,
denn unentwegt sah sie sie
in Liebe schmachten,   12065
sah sie seufzen und trauern,
nachdenken und sinnieren,
die Gesichtsfarbe wechseln.
Sie waren so in Gedanken versunken,
daß sie keine Speisen wahrnahmen,   12070
bis Auszehrung und Kummer
ihre Körper so sehr überwältigte,
daß Brangäne darüber in große Angst geriet
und befürchtete,
es könnte ihrer beider Ende sein.   12075
Sie dachte: »Faß Mut
und stelle fest, was es damit auf sich hat!«

Eines Tages setzte sie sich zu ihnen
vertraulich und still.
Das vornehme, kluge Mädchen   12080
sagte: »Hier ist niemand außer uns dreien.
Sagt mir, Ihr beiden, was bedrückt Euch?
Ich sehe Euch ständig
in Gedanken versunken,
seufzen, trauern und jammern.«   12085

»höfschiu, getörste ich'z iu gesagen,
ich sagete ez iu« sprach Tristan.
»jâ hêrre, vil wol: sprechet an;
swaz ir welt, daz saget mir!«
»saeligiu guotiu« sprach er z'ir   12090
»in getar niht sprechen vürbaz,
irn gewisset uns ê daz
mit triuwen und mit eiden,
daz ir uns armen beiden
guot unde genaedic wellet wesen.   12095
anders sô sîn wir ungenesen.«
Brangaene bôt ir triuwe hin.
si gelobete unde gewissete in
mit ir triuwen und mit gote
ze lebene nâch ir gebote.   12100
»getriuwiu guotiu« sprach Tristan
»nu sehet got ze vorderst an
und dar nâch iuwer saelekeit.
bedenket unser zweier leit
und unser angestlîche nôt.   12105
ich armer und diu arme Îsôt,
ine weiz wie'z uns ergangen ist,
wir zwei wir sîn in kurzer vrist
unsinnic worden beide
mit wunderlîchem leide.   12110
wir sterben von minnen
und enkunnen niht gewinnen
weder zît noch state dar zuo,
ir irret uns spâte unde vruo.
und sicherlîche: sterben wir,   12115
dâst nieman schuldic an wan ir.
unser tôt und unser leben
diu sint in iuwer hant gegeben.
hie mite ist iu genuoc gesaget.
Brangaene, saeligiu maget,   12120
nu helfet unde genâdet ir

»Vortreffliches Mädchen, wenn ich es Euch zu sagen wagte,
würde ich es Euch verraten«, sagte Tristan.
»Nur zu, Herr, sagt es mir!
Vertraut mir an, was Ihr wollt.«
»Liebliches, gütiges Mädchen«, sagte er zu ihr,   12090
»ich wage nicht weiterzusprechen,
ehe Ihr uns zusichert
mit Versprechen und Schwur,
daß Ihr uns armen beiden
Wohlwollen und Erbarmen zeigen werdet.   12095
Sonst sind wir verloren.«
Brangäne versprach das.
Sie gelobte und schwor
bei ihrer Treue und bei Gott,
sich nach ihrem Wunsch zu verhalten.   12100
Tristan fuhr fort: »Gütiges und treues Mädchen,
denkt vor allem an Gott
und danach an Euer Seelenheil.
Betrachtet unser beider Leid
und unsere quälende Not.   12105
Ich Armer und die arme Isolde,
ich weiß nicht, wie es so mit uns gekommen ist,
wir haben in kurzer Zeit
beide den Verstand verloren
durch seltsamen Kummer.   12110
Wir sterben an der Liebe.
Wir können nicht finden
Zeit und Gelegenheit dafür,
weil Ihr uns von früh bis spät daran hindert.
Ganz gewiß: wenn wir sterben,   12115
seid nur Ihr schuld daran.
Unser Tod und unser Leben
sind in Eurer Hand.
Damit ist Euch alles gesagt.
Brangäne, liebliches Mädchen,   12120
nun helft und erbarmt Euch

iuwerre vrouwen unde mir!«
Brangaene wider Îsôte sprach:
»vrouwe, ist iuwer ungemach,
als er dâ giht, von solher nôt?«   12125
»jâ herzeniftel« sprach Îsôt.
Brangaene sprach: »daz riuwe got,
daz der vâlant sînen spot
mit uns alsus gemachet hât!
nu sihe ich wol, es ist niht rât,   12130
ine müeze durch iuch beide
mir selber nâch leide
und iu nâch laster werben.
ê ich iuch lâze sterben,
ich wil iu guote state ê lân,   12135
swes ir wellet ane gân.
durch mich enlât niemêre,
swes ir durch iuwer êre
niht gerne wellet lâzen.
swâ ir iuch aber gemâzen   12140
und enthaben muget an dirre tât,
dâ enthabet iuch, daz ist mîn rât.
lât diz laster under uns drîn
verswigen unde beliben sîn.
breitet ir'z iht mêre,   12145
ez gât an iuwer êre.
ervert ez ieman âne uns driu,
ir sît verlorn und ich mit iu.
herzevrouwe, schoene Îsôt,
iuwer leben und iuwer tôt   12150
diu sîn in iuwer pflege ergeben.
leitet tôt unde leben,
als iu ze muote gestê.
nâch dirre zît enhabet niemê
dekeine vorhte her ze mir.   12155
swaz iu gevalle, daz tuot ir.«

Eurer Herrin und meiner!«
Brangäne sagte zu Isolde:
»Herrin, ist Euer Kummer,
wie er gesagt hat, so bedrückend?«   12125
»Ja, liebste Nichte«, antwortete Isolde.
Brangäne sagte: »Gott sei's geklagt,
daß der Teufel sein Spiel
auf diese Weise mit uns treibt!
Ich sehe wohl, es bleibt mir nichts übrig,   12130
als Euch beiden zuliebe
schmerzlich für mich
und schändlich für Euch zu handeln.
Ehe ich Euch sterben lasse,
will ich Euch lieber günstige Gelegenheit geben   12135
für was immer Ihr vorhabt.
Verzichtet um meinetwillen auf nichts,
das Ihr um Eurer Ehre willen
nicht zu unterlassen bereit seid.
Wenn Ihr Euch aber mäßigen   12140
oder gar Abstand nehmen könnt von dieser Tat,
so rate ich Euch dazu, Abstand zu nehmen.
Laßt diese Schande unter uns dreien
verschwiegen und unerwähnt bleiben.
Wenn Ihr sie weiter ausbreitet,   12145
schädigt sie Euer Ansehen.
Wenn außer uns dreien jemand etwas davon erfährt,
seid Ihr verloren und ich mit Euch.
Liebste Herrin, schöne Isolde,
Euer Leben und Euer Tod   12150
hängen von Euch ab.
Lenkt Tod und Leben,
wie Ihr wollt.
Habt von nun an nie wieder
Angst vor mir   12155
und tut, was Ihr wollt.«

Des nahtes, dô diu schoene lac,
ir triure unde ir trahte pflac
nâch ir trûtamîse,
nu kam geslichen lîse   12160
zuo der kemenâten în
ir amîs unde ir arzâtîn,
Tristan und diu Minne.
Minne diu arzâtinne
si vuorte ze handen   12165
ir siechen Tristanden.
ouch vant s'Îsôte ir siechen dâ.
die siechen beide nam si sâ
und gab in ir, im sîe
ein ander z'arzâtîe.   12170
wer haete ouch dise beide
von dem gemeinem leide
vereinet unde bescheiden
wan einunge an in beiden,
der stric ir beider sinne?   12175
Minne diu strickaerinne
diu stricte zwei herze an in zwein
mit dem stricke ir süeze in ein
mit alsô grôzer meisterschaft,
mit alsô wunderlîcher craft,   12180
daz si unreloeset wâren
in allen ir jâren.

Ein langiu rede von minnen
diu swaeret höfschen sinnen.
kurz rede von guoten minnen   12185
diu guotet guoten sinnen.

Swie lützel ich in mînen tagen
des lieben leides habe getragen,
des senften herzesmerzen,
der innerhalp des herzen   12190

Als die Schöne nachts dalag
und ihren traurigen Gedanken nachhing
über ihren Liebsten,
da kamen leise hereingeschlichen   12160
in ihre Kammer
ihr Geliebter und ihre Ärztin,
Tristan und die Liebe.
Die Ärztin Liebe
führte an der Hand   12165
ihren Patienten Tristan
und fand auch ihre Kranke, Isolde, dort.
Sie nahm die beiden Kranken
und gab ihn ihr und sie ihm
einander als Medizin.   12170
Was hätte auch diese beiden
von ihrem gemeinsamen Kummer
getrennt und geschieden
als die Vereinigung der beiden,
die Fessel ihrer Sinne?   12175
Die Verstrickerin Liebe
fesselte ihre zwei Herzen
mit dem Band der Süße aneinander
in so großer Vollendung,
mit solcher wunderbaren Gewalt,   12180
daß sie unlösbar verbunden waren
für den Rest ihres Lebens.

Langes Reden über die Liebe
ist vornehmen Menschen lästig.
Eine kurze Erzählung über vorbildliche Liebe   12185
tut vortrefflichen Gemütern wohl.

Wie wenig ich auch zu meiner Zeit
das Leid der Liebe erfahren habe,
die süße Herzensqual,
die im Inneren des Herzens   12190

sô rehte sanfte unsanfte tuot,
mir wîsaget doch mîn muot,
des ich im wol gelouben sol,
den zwein gelieben waere wol
und sanfte in ir muote,   12195
dô sî die leiden huote,
die wâren suht der minne,
der Minnen vîendinne
von ir stîgen haeten brâht.
ich hân von in zwein vil gedâht   12200
und gedenke hiute und alle tage.
swenne ich liebe und senede clage
vür mîniu ougen breite
und ir gelegenheite
in mînem herzen ahte,   12205
sô wahsent mîne trahte
und muot, mîn hergeselle,
als er in diu wolken welle.
swenne ich bedenke sunder
daz wunder und daz wunder,   12210
daz man an liebe vünde,
der ez gesuochen künde;
waz vröude an liebe laege,
der ir mit triuwen pflaege:
sô wirt mîn herze sâ zestunt   12215
groezer danne Setmunt
und erbarmet mich diu minne
von allem mînem sinne,
daz meistic alle, die der lebent,
an minnen hangent unde clebent   12220
und ir doch nieman rehte tuot.
wir wellen alle haben muot
und mit minnen umbe gân.
nein, minne ist niht alsô getân,
als wir s'ein ander machen   12225
mit velschlîchen sachen.

so lieblich schmerzt,
so verrät mir doch mein Verstand,
dem ich bereitwillig glaube,
daß die beiden Liebenden sich freuten
und in glücklicher Stimmung waren,   12195
daß sie die leidige Bewachung,
die wahre Krankheit der Liebe
und ihre Widersacherin,
aus dem Wege geräumt hatten.
Ich habe über die beiden viel nachgedacht   12200
und denke noch heute und auf ewig an sie.
Wann immer ich mir Liebe und Liebesschmerz
vor Augen halte
und über ihre Beschaffenheit
im Inneren nachsinne,   12205
dann beflügeln sich meine Gedanken
und mein Weggefährte, die Sehnsucht,
als ob sie bis in die Wolken wollten.
Wenn ich im einzelnen
die vielen Wunder bedenke,   12210
die man in der Liebe finden kann,
wenn man sie richtig zu suchen versteht,
welche Freude für den in der Liebe liegt,
der sie aufrichtig empfindet,
dann wird mein Herz sogleich   12215
größer als Setmunt,
und ich bedaure die Liebe
aus tiefstem Herzen,
weil die meisten Menschen
an der Liebe hängen und kleben   12220
und ihr doch nicht gerecht werden.
Wir alle haben Verlangen
und wollen die Liebe erfahren.
Nein, Liebe ist nicht so,
wie wir sie miteinander betreiben   12225
auf falsche Weise.

wir nemen der dinge unrehte war.
wir saejen bilsensâmen dar
und wellen danne, daz uns der
liljen unde rôsen ber.   12230
entriuwen des mac niht gewesen.
wir müezen daz her wider lesen,
daz dâ vor gewerket wirt,
und nemen, daz uns der sâme birt.
wir müezen snîden unde maen   12235
daz selbe, daz wir dar gesaen.
wir bûwen die minne
mit gegelletem sinne,
mit valsche und mit âkust
und suochen danne an ir die lust   12240
des lîbes unde des herzen.
sone birt si niuwan smerzen,
unguot und unvruht unde unart,
als ez an ir gebûwen wart.
als ez uns danne riuwe birt   12245
und innerthalp des herzen swirt
und toetet uns dar inne,
sô zîhen wir's die minne
und schuldegen sî dar an,
diu schulde nie dar an gewan.   12250
wir saejen alle valscheit,
sô snîden laster unde leit.
tuo uns daz leit iht sêre wê,
sô bedenken ez ê:
saejen bezzer unde baz   12255
unde snîden ouch daz.
wir, die zer werlde haben muot,
swie sô er sî boese oder guot,
wie tuon wir unseren tagen,
die wir vertrîben und verjagen   12260
in dem namen der minne
und vinden niht dar inne

Wir machen es falsch.
Wir säen giftigen Bilsensamen aus
und wollen dann, daß er für uns
Lilien und Rosen hervorbringe. 12230
Das geht gewiß nicht.
Wir müssen das ernten,
was wir zuvor gesät haben,
und hinnehmen, was die Saat uns bringt.
Wir müssen schneiden und mähen, 12235
was wir ausgesät haben.
Wir bauen die Liebe an
mit gallebitterem Gemüt,
mit Betrug und Falschheit,
und dann erhoffen wir uns von ihr das Glück 12240
des Leibes und des Herzens.
Sie trägt aber nichts als Schmerzen,
Böses, faule Früchte und Schlechtigkeit,
so wie sie angebaut wurde.
Wenn es uns dann Kummer bringt, 12245
und im Herzen wehtut
und uns im Inneren fast umbringt,
dann schieben wir das auf die Liebe
und beschuldigen sie dessen,
woran sie völlig schuldlos ist. 12250
Wir alle säen Falschheit
und ernten deshalb Schande und Kummer.
Damit dieser Kummer uns nicht heftig schmerzt,
sollten wir vorher bedenken, daß,
wenn wir besser und besser aussäen, 12255
wir auch entsprechend ernten.
Wir, die wir unsere Gedanken auf Weltliches richten
(ob sie nun gut sind oder schlecht),
wie vertun wir unser Leben,
das wir uns vertreiben und schnell verbringen 12260
im Namen der Liebe,
und finden doch nichts darin

niwan die selben arbeit,
die wir haben an sî geleit:
misselinge und ungeschiht!   12265
des guoten vinde wir dâ niht,
des unser iegelîcher gert
und des wir alle sîn entwert:
daz ist der staete vriundes muot,
der staeteclîche sanfte tuot,   12270
der die rôsen bî dem dorne treit,
die senfte bî der arbeit;
an dem ie lît verborgen
diu wunne bî den sorgen;
der an dem ende ie vröude birt,   12275
als ofte als er beswaeret wirt.
den vindet lützel ieman nuo;
alsô vorwerke wir dar zuo.

Ez ist vil wâr, daz man dâ saget:
»Minne ist getriben unde gejaget   12280
in den endelesten ort.«
wirn haben an ir niwan daz wort.
uns ist niwan der name beliben
und hân ouch den alsô zetriben,
alsô verwortet und vernamet,   12285
daz sich diu müede ir namen schamet
und ir daz wort unmaeret.
si swachet unde swaeret
ir selber ûf der erde.
diu êrelôse unwerde,   12290
si slîchet under hûsen biten
und treit von lasterlîchen siten
gemanicvaltet einen sac,
in dem s'ir diube und ir bejac
ir selbes munde verseit   12295
und ez ze strâze veile treit.
ôwê! den market schaffen wir.

außer eben derselben Mühsal,
die wir hineingelegt haben:
Mißgeschick und Unglück! 12265
Das Gute finden wir da nicht,
nach dem jeder von uns strebt
und das uns allen versagt ist:
dauerhafte Freundschaft,
die uns beständig erquickt, 12270
die neben Dornen Rosen trägt
und Annehmlichkeiten neben Mühen,
die stets in sich vereinigt
Freude und Sorgen,
die immer wieder beglückt, 12275
sooft sie überschattet ist.
Die findet jetzt keiner.
So gehen wir damit um.

Es stimmt genau, was man sagt:
»Die Liebe ist verjagt und vertrieben 12280
an den entlegensten Ort.«
Wir haben von ihr nur noch den Begriff.
Nichts als der Name ist uns geblieben.
Aber auch den haben wir so zerredet,
so abgenutzt und verbraucht, 12285
daß die Todmüde sich ihres Namens nun schämt
und ihr das Wort zuwider ist.
Sie ist voller Geringschätzung und Kummer
über sich selbst auf Erden.
Würdelos und verachtet 12290
schleicht sie bettelnd von Haus zu Haus
und trägt schmachvoll
einen buntscheckigen Sack,
in dem sie ihr Diebesgut und ihre Beute
ihrem Munde vorenthält 12295
und es auf der Straße feilhält.
O weh! Den Markt stellen wir selbst.

daz wunder trîbe wir mit ir
und wellen des unschuldic sîn.
Minne, aller herzen künigîn,   12300
diu vrîe, diu eine
diu ist umbe kouf gemeine!
wie habe wir unser hêrschaft
an ir gemachet zinshaft!
wir haben ein boese conterfeit   12305
in daz vingerlîn geleit
und triegen uns dâ selbe mite.
ez ist ein armer trügesite,
der vriunden alsô liuget,
daz er sich selben triuget.   12310
wir valschen minnaere,
der Minnen trügenaere,
wie vergânt uns unser tage,
daz wir unserre clage
sô selten liebez ende geben!   12315
wie vertuon wir unser leben
âne liep und âne guot!
nu gît uns doch daz guoten muot,
daz uns ze nihte bestât.
swaz ieman schoener maere hât   12320
von vriuntlîchen dingen,
swaz wir mit rede vür bringen
von den, die wîlent wâren
vor manegen hundert jâren,
daz tuot uns in dem herzen wol   12325
und sîn der selben state sô vol,
daz lützel ieman waere
getriuwe unde gewaere
und wider den vriunt âne âkust,
ern möhte sus getâne lust   12330
von sîn selbes sachen
in sînem herzen machen.
wan uns daz selbe z'aller zît

Wir treiben Unerhörtes mit ihr
und wollen daran auch noch unschuldig sein.
Die Liebe, Königin aller Herzen, 12300
die freie und einzigartige,
ist käuflich zu haben.
Wie haben wir sie gezwungen,
uns tributpflichtig zu sein!
Wir haben eine schlechte Nachahmung 12305
als Stein in den Fingerring eingesetzt
und betrügen uns selbst damit.
Es ist ein jämmerlicher Betrug,
wenn man einen Freund so belügt,
daß man sich selbst täuscht. 12310
Wir falschen Liebenden,
wir Betrüger der Liebe,
wie verrinnen uns unsere Tage,
daß wir unser Leid
so selten zu einem erfreulichen Ende bringen! 12315
Wie vertun wir unser Leben
ohne Freude und ohne Gewinn!
Trotzdem versetzt uns in Hochstimmung,
was uns doch nichts angeht.
Wenn einer eine schöne Geschichte erzählt, 12320
die von Freundschaft handelt,
wenn wir von denen berichten,
die dereinst lebten
vor vielen hundert Jahren,
dann erquickt uns das im Herzen, 12325
und wir sind so erfüllt von dieser Begebenheit,
daß kaum jemand
aufrichtig und ehrlich
und ohne Falsch gegenüber seinem Freunde ist,
der nicht auch solche Beglückung 12330
für sich selbst
in seinem Herzen schaffen möchte.
Und doch liegt uns immer

mit jâmer under vüezen lît,
dâ von ez allez ûf erstât: 12335
deist triuwe, diu von herzen gât.
diu treit sich uns vergebene an.
sô kêre wir daz ouge dan
und trîben die süezen
unruochlîch under vüezen.   12340
wir haben si mit unwerde
vertreten in der erde.
ob wir si gerne suohten dâ,
wirn wizzen alles gâhes wâ.
sô guot, sô lônbaere   12345
triuwe under vriunden waere,
war umbe lieben wir si niht?
ein blic, ein inneclîch gesiht
ûz herzeliebes ougen,
der leschet âne lougen   12350
hundert tûsent smerzen
des lîbes unde des herzen.
ein kus in liebes munde,
der von des herzen grunde
her ûf geslichen kaeme,   12355
ôhî waz der benaeme
seneder sorge und herzenôt!

Ich weiz wol, Tristan unde Îsôt,
die gebitelôsen beide
benâmen ouch ir leide   12360
unde ir triure ein ander vil,
dô sî begriffen daz zil
gemeines willen under in.
jener gelange was dô hin,
der die gedanken anget.   12365
swes gelieben gelanget,
des triben s'under in genuoc,
sô sich diu zît alsô getruoc.

jämmerlich unter unseren Füßen,
wovon all das entsteht: 12335
die Treue, die aus dem Herzen kommt.
Sie bietet sich uns vergebens an.
Wir aber wenden unsere Augen ab
und treten die Wertvolle
geringschätzig mit Füßen.   12340
Wir haben sie verächtlich
in den Boden getrampelt.
Wenn wir sie suchen wollten,
so wüßten wir in der Eile nicht, wo.
Wenn Treue so wertvoll und segensreich   12345
unter Freunden ist,
warum lieben wir sie dann nicht?
Ein inniger Blick
aus den Augen des Geliebten
stillt mit Sicherheit   12350
hunderttausend Schmerzen
des Leibes und des Herzens.
Ein Kuß von den Lippen des geliebten Menschen,
der aus dem Grunde des Herzens
kam,   12355
oh, wie kann der auslöschen
Sehnsucht und Herzensqual!

Ich weiß wohl, Tristan und Isolde,
die beiden Ungeduldigen,
nahmen ebenfalls von ihrem Kummer   12360
und ihrem Leid einander viel ab,
als sie erreichten das Ziel
ihres gemeinsamen Wollens.
Jene Sehnsucht war vorüber,
die die Gedanken bedrängt.   12365
Wonach Verliebte sich sehnen,
das taten sie häufig zusammen,
wenn sie Gelegenheit dazu fanden.

sô sî z'ir state kâmen,
si gâben unde nâmen   12370
mit getriuwelîchem sinne
in selben unde der minne
willegen zins unde zol.
in was vil inneclîche wol
an der reise und an der vart.   12375
dô diu vremede hine wart,
dô was ir heinlîche
rîlîch unde rîche.
und was daz wîsheit unde sin.
wan die sich helent under in,   12380
sît daz si sich enbârent
und danne ir schame vârent
und gestent sich an liebe,
die sint ir selber diebe.
sô sî sich danne ie mêre helent,   12385
sô s'ie mêre in selben stelent
und mischent liep mit leide.
dise gelieben beide
die enhâlen sich ze nihte.
mit rede und mit gesihte   12390
wâren si heinlîch under in.
Sus triben sî die reise hin
mit wunneclîchem lebene
und doch niht gâr vergebene:
in tete diu vorvorhte wê.   12395
sî bevorhten daz ê
dâ ez ouch sider zuo kam,
daz in sît vröude vil benam
und brâhte sî ze maneger nôt:
daz was daz, daz diu schoene Îsôt   12400
dem manne werden solte,
dem sî niht werden wolte.
ouch twanc si beidiu noch ein leit:
daz was Îsôte wîpheit.

Wann immer sie die Möglichkeit hatten,
gaben und nahmen sie　　　　　　　　　　　12370
mit aller Aufrichtigkeit
von sich und der Liebe
bereitwilligen Zins und Zoll.
Sie fühlten sich überaus wohl
auf der Reise.　　　　　　　　　　　　　　12375
Jetzt, da ihre Fremdheit überwunden war,
war ihre Vertrautheit
mächtig und stark.
Das war klug und vernünftig.
Denn die untereinander die Gefühle verbergen,　　12380
nachdem sie sich offenbart haben,
und die dann auf Scham Wert legen
und sich der Liebe entfremden,
berauben sich selbst.
Je mehr sie sich dann voreinander verstecken,　　12385
desto mehr bestehlen sie sich selbst
und vermischen Liebe mit Leid.
Diese beiden Verliebten
verheimlichten sich nichts.
Durch Gespräche und Anschauen　　　　　　　12390
waren sie sich vertraut.
So verbrachten sie die Reise
mit freuderfülltem Leben
und doch nicht ganz ohne Preis:
Sie hatten Angst vor dem, was auf sie zukam.　　12395
Sie befürchteten schon vorher,
was später auch eintraf,
das ihnen dann viel Freude raubte
und sie in große Gefahr brachte:
daß nämlich die schöne Isolde　　　　　　　　12400
einem Mann gegeben werden sollte,
dem sie nicht angehören wollte.
Darüber hinaus bedrückte die beiden eine weitere Sorge:
Isoldes verlorene Jungfräulichkeit.

hier umbe was in leide.   12405
diz leidete si beide.
doch was in disiu swaere
lîht unde tragebaere,
wan sî ir willen under in zwein
vrîlîche haeten in ein   12410
dicke und ze manegem mâle.
nu daz si Curnewâle
gevuoren alsô nâhen,
daz sî daz lant wol sâhen,
des vröuten sî sich alle dô.   12415
si wâren sîn alle vrô
wan eine Tristan unde Îsôt.
der angest was ez unde ir nôt.
der wille waere der geschehen,
sine haeten niemer lant gesehen.   12420
diu vorhte ir beider êren
diu begunde ir herze sêren.
sine kunden sich berâten nie,
waz sî getaeten oder wie,
daz Îsôte wîpheit   12425
dem künege würde verseit.
und doch swie unrâtbaere
kindesche minnaere
in ir kintheite sint,
der rât geviel doch an daz kint.   12430

Sô minne an tumben kinden
ir spil gerâtet vinden,
sô muge wir an den kinden
witze unde liste vinden.

Das bekümmerte sie.   12405
Darunter litten sie beide.
Jedoch war dieser Kummer
leicht für sie und erträglich,
weil sie sich ihre Wünsche gegenseitig
freigebig erfüllten   12410
sehr oft und immer wieder.
Als sie sich Cornwall
so weit näherten,
daß sie das Land gut sehen konnten,
da freuten sich alle.   12415
Alle waren froh darüber
außer Tristan und Isolde.
Für sie war es beklemmend und bedrückend.
Wäre es nach ihrem Willen gegangen,
hätten sie niemals Land gesehen.   12420
Die Angst um ihr Ansehen
schmerzte sie tief.
Sie wußten nicht,
was und wie sie es anstellen sollten,
Isoldes verlorene Jungfräulichkeit   12425
dem König zu verheimlichen.
Wie hilflos jedoch
kindliche Liebende
in ihrer Unerfahrenheit sind,
so war dem Mädchen trotzdem ein Ausweg zugedacht.   12430

Wenn die Liebe mit unerfahrenen Kindern
ihr Spiel zu spielen versteht,
dann können wir an diesen Kindern
Verstand und Klugheit finden.

Brangäne und Marke im Bett

Isolde und Marke im Bett

Lange umberede sî hin geleit: 12435
Îsôt vant in ir kintheit
eine witze und einen list,
den allerbesten zuo der vrist:
daz sî niemêre taeten,
niwan Brangaenen baeten,   12440
daz si an der êrsten naht
sunder rede und sunder braht
bî Marke ir hêrren laege,
geselleschefte im pflaege.
ezn würde im niemer baz entsaget,   12445
wan sî was schoene und was ouch maget.
alsus sô lêret minne
durnehteclîche sinne
ze valsche sîn vervlizzen,
die doch niht solten wizzen,   12450
waz ze sus getâner trüge
und ze valscheit gezüge.
die gelieben alsô tâten:
Brangaenen sî bâten
alse lange und alsô vil,   12455
biz sî si brâhten ûf daz zil,
daz s'in zer urtaete
gelobete, daz siz taete.
und lobete ez ouch mit maneger nôt.
sine wart niht z'einem mâle rôt   12460
und missevar von dirre bete,
als ez ir michel nôt tete.
diu bete was ouch seltsaene.
»trût vrouwe« sprach Brangaene
»iuwer muoter, diu vrouwe mîn,   12465
diu saelige künigîn
diu bevalch iuch mir in mîne pflege

XVIII. Brangäne

Ohne lange Umschweife: 12435
Isolde fand trotz ihrer Jugend
einen klugen Ausweg,
den allerbesten, der sich ihnen damals bot:
nichts anderes zu tun,
als Brangäne zu bitten,   12440
sie solle in der ersten Nacht
still und verschwiegen
bei ihrem Herrn, Marke, liegen
und ihm Gesellschaft leisten.
Besser könnte man ihm sein Recht nicht vorenthalten, 12445
denn sie war schön und noch Jungfrau.
So lehrt die Liebe
aufrichtige Menschen,
auf Betrug bedacht zu sein,
die doch eigentlich nicht wissen dürften,   12450
was zu solcher Täuschung
und Falschheit gehört.
Die Liebenden taten folgendes:
Sie flehten Brangäne an
so lange und eindringlich,   12455
bis sie sie dahin brachten,
daß sie ihnen
versprach, es zu tun.
Aber sie schwor es unter heftigem Schaudern.
Nicht nur einmal wurde sie rot   12460
und bleich über diese Bitte,
wie ihre große innere Bedrängnis es bewirkte.
Die Bitte war aber auch sehr ungewöhnlich.
Brangäne sagte: »Liebe Herrin,
Eure Mutter, meine Herrin,   12465
die gütige Königin,
hat Euch mir in meine Obhut anvertraut.

und solte iuch selbe an disem wege
unde an dirre veigen vart
vor disem leide haben bewart.   12470
nu habet ir laster unde leit
von mîner warlôsekeit.
von diu darf ich ez mâze clagen,
muoz ich daz laster mit iu tragen,
und waere ouch wol gevüege,   12475
daz ich ez eine trüege,
möhtet ir dâ von gesîn.
genaedeclîcher trehtîn,
wie vergaeze dû mîn sô!«
Îsôt sprach zuo Brangaenen dô: 12480
»stolziu niftel, sage mir,
waz meinestû, waz wirret dir?
mich wundert sêre, waz tu clages.«
»vrouwe, dâ warf ich anders tages
ûz dem schiffe ein glasevaz.«   12485
»sô taete dû, waz wirret daz?«
»owî!« sprach sî »daz selbe glas
und der tranc, der dar inne was,
der ist iuwer beider tôt.«
»war umbe, niftel?« sprach Îsôt   12490
»wie ist disem maere?« »im ist alsô.«
Brangaene seite in beiden dô
die rede von ende her dan.
»nu walte es got!« sprach Tristan
»ez waere tôt oder leben: 12495
ez hât mir sanfte vergeben.
ine weiz, wie jener werden sol;
dirre tôt der tuot mir wol.
solte diu wunneclîche Îsôt
iemer alsus sîn mîn tôt,   12500
sô wolte ich gerne werben
umbe ein êweclîchez sterben.«

Ich hätte Euch selbst auf diesem Wege,
dieser unglückseligen Reise,
vor diesem Unheil bewahren sollen. 12470
Nun ist Euch Schande und Kummer entstanden
durch meine Unachtsamkeit.
Darum darf ich nicht jammern
und muß die Schmach mit Euch teilen.
Es wäre sogar durchaus gerecht, 12475
daß ich allein sie trüge,
wenn Ihr sie dadurch loswürdet.
Gnädiger Gott,
wie hast du mich vergessen!«
Da sagte Isolde zu Brangäne: 12480
»Edle Nichte, sag,
was meinst du und was bedrückt dich?
Ich wüßte sehr gerne, worüber du klagst.«
»Herrin, ich habe damals
ein Glasgefäß vom Schiff geworfen.« 12485
»Ja, was hat das damit zu tun?«
»O weh«, antwortete sie, »dieses Glas
und der Trank, der darin war,
kostet Euch beide das Leben!«
»Warum, Nichte?« fragte Isolde. 12490
»Wie kann das sein?« »Es ist so.«
Brangäne erzählte den beiden dann
die Geschichte von Anfang an.
»Das walte Gott«, sagte Tristan.
»Ob Tod oder Leben: 12495
Es hat mich angenehm vergiftet.
Ich weiß nicht, wie der andere Tod ist;
dieser jedenfalls gefällt mir gut.
Wenn die herrliche Isolde
immer so mein Tod sein soll, 12500
dann will ich mich mit Vergnügen bemühen
um einen ewigen Tod.«

Lât alle rede belîben.
welle wir liebe trîben,
ezn mac sô niht belîben,   12505
wirn müezen leide ouch trîben.

Swie sanfte uns mit der liebe sî,
sô müeze wir doch ie dâ bî
gedenken der êren.
swer sich an niht wil kêren   12510
wan an des lîbes gelust,
daz ist der êren verlust.
swie wol Tristande taete
daz leben, daz er haete,
sîn êre zôch in doch dervan.   12515
sîn triuwe lac im allez an,
daz er ir wol gedaehte
und Marke sîn wîp braehte.
die beide, triuwe und êre,
die twungen im sêre   12520
sîn herze und sîne sinne.
die dâ vor an der minne
wâren worden sigelôs,
dô er die minne vür si kôs,
die selben sigelôsen zwô   12525
die gesigeten an der minne dô.
Tristan der sante boten zehant
in zwein batêlen wider lant
und enbôt Marke maere,
wie ez ergangen waere   12530
umbe die schoenen von Îrlant.
Marke besande zehant,
swen er besenden kunde.
dâ randen an der stunde
tûsent boten nâch ritterschaft.   12535
man enpfienc mit micheler craft
die kunden und die geste.

Laßt alles weitere Reden.
Wenn wir Vergnügen suchen,
bleibt es nicht aus,   12505
daß wir auch Kummer ertragen müssen.

Wie angenehm uns die Liebe auch sein mag,
so müssen wir doch stets auch
an die Ehre denken.
Wer sich um nichts kümmern mag   12510
als um die Freuden des Leibes,
der bringt sich um sein Ansehen.
Wie sehr auch Tristan genoß
das Leben, das er führte,
so zog sein Ehrgefühl ihn doch fort.   12515
Seine Loyalität bedrängte ihn,
damit er sich ihrer entsinne
und Marke seine Frau übergebe.
Beide, Ehrgefühl und Loyalität,
bedrängten heftig   12520
sein Herz und seine Vernunft.
Vorher waren sie der Liebe
unterlegen,
als er ihnen die Liebe vorzog.
Diese beiden Verlierer   12525
besiegten nun die Liebe.
Tristan schickte sofort Boten
in zwei Kähnen an Land
und ließ Marke berichten,
wie es ihm ergangen sei   12530
mit der Schönen aus Irland.
Marke ließ sogleich jeden rufen,
den er rufen konnte.
Alsbald eilten
tausend Boten zu den Rittern des Landes.   12535
Man empfing in großer Menge
die Landsleute und Fremden.

daz ergest und daz beste,
daz Marke an disen zwein enpfie,
mit den sîn leben ouch hine gie,   12540
daz selbe enpfienc er alse wol,
als ein man daz enpfâhen sol,
daz ime vor allen dingen ist.
Marke der hiez an der vrist
den lantbarûnen allen sagen,   12545
daz s'inner ahzehen tagen
alle ze hove kaemen,
als sî im wol gezaemen
ze sîner brûtleite.
diz allez was bereite.   12550
si kâmen rîlîche dar.
dar kam manc wunneclîchiu schar
von rittern und von vrouwen
ir ougen wunne schouwen,
die liehten Îsôte.   12555
diu wart vil unde genôte
und ze wunder an gesehen
und niwan des einen gejehen:
»Îsôt, Îsôt la blunde
marveil de tû le munde.   12560
Îsôt diu ist besunder
über al die werlt ein wunder.
ez ist wâr, daz man dâ saget
von dirre saeligen maget.
si gît der werlde wunne   12565
gelîche alsam diu sunne.
ezn gewunnen elliu rîche
nie maget sô wunneclîche.«

Nu sî z'ir ê bestatet wart
und an ir rehte bewart,   12570
daz Curnewal und Engelant
sô wart besetzet in ir hant,

Das Schlimmste und das Beste,
das Marke in diesen beiden empfing,
mit denen er sein Leben zubrachte,   12540
das nahm er so herzlich auf,
wie man das aufnehmen soll,
was einem teurer ist als alles andere.
Marke ließ sogleich
allen Landbaronen ausrichten,   12545
daß sie in achtzehn Tagen
alle zum Hofe kommen sollten,
wie es sich schickte
zu seiner Hochzeit.
Alles wurde vorbereitet.   12550
Sie kamen in prachtvollem Aufzug.
Viele glänzende Gesellschaften kamen dorthin
mit Rittern und Damen,
um das Glück ihrer Augen anzusehen,
die strahlende Isolde.   12555
Sie wurde häufig und eingehend
und mit Erstaunen angeschaut,
und man sagte über sie nur:
»Isolde, blonde Isolde,
Wunder der ganzen Welt.   12560
Isolde ist besonders,
ein Wunder auf der ganzen Welt.
Es stimmt, was man erzählt
über dieses herrliche Mädchen.
Sie schenkt der Welt Freude   12565
wie die Sonne.
Kein Reich besitzt
ein so wunderschönes Mädchen.«

Nun wurde sie vermählt
und in ihrem Recht bestätigt,   12570
daß Cornwall und England
in ihre Hand gegeben wurden

ob sî niht erben baere,
daz Tristan erbe waere,
unde ir hulde wart getân,   12575
des nahtes dô si solte gân
slâfen z'ir hêrren Marke,
nu haeten sî sich starke
sî und Brangaene und Tristan
vor hin gevlizzen dar an,   12580
daz sî ir state unde ir stat
wîslîchen haeten besat
und wol vor hin berâten.
in Markes kemenâten
was nieman wan si vieriu,   12585
der künic selbe und si driu.
nu was ouch Marke nider komen.
Brangaene haete an sich genomen
der küniginne cleider.
diu cleider ir beider   12590
wâren verwandelt under in.
Tristan vuorte Brangaenen hin
die marter lîden und die nôt.
diu lieht diu laschte ir vrouwe Îsôt.
Marke Brangaenen zuo z'im twanc.   12595
ine weiz, wie ir der anevanc
geviele dirre sache.
si dolte sô gemache,
daz ez gar âne braht beleip.
swaz ir gespil mit ir getreip,   12600
si leiste unde werte,
swes er hin z'ir gegerte,
mit messing und mit golde,
als wol alse er wolde.
ich wil mich ouch des wol versehen,   12605
daz ez ê selten sî geschehen,
daz ie sô schoene messinc
vür guldîniu teidinc

und daß, wenn sie keinen Erben bekäme,
Tristan der Erbe sein sollte.
Dann wurde ihr gehuldigt.   12575
In der Nacht sollte sie
bei Marke, ihrem Gemahl, schlafen.
Inzwischen hatten sich intensiv
sie selbst, Brangäne und Tristan
vorher darum bemüht,   12580
Ort und Gelegenheit
mit Klugheit auszuforschen
und vorher zu besprechen.
In Markes Kammer
waren nur sie vier,   12585
der König und sie drei.
Inzwischen hatte sich der König niedergelegt.
Brangäne hatte angezogen
die Kleider der Königin.
Die Kleider   12590
hatten beide ausgetauscht.
Tristan führte Brangäne hin,
um die Marter und Qual zu erdulden.
Isolde, ihre Herrin, löschte die Lichter.
Marke zog Brangäne an sich.   12595
Ich weiß nicht, wie ihr anfangs
diese Dinge gefielen.
Sie erduldete sie so stillschweigend,
daß es gar kein Geräusch machte.
Was immer ihr Gefährte mit ihr tat,   12600
sie willigte ein und bezahlte,
was er auch von ihr verlangte,
mit Messing und Gold
so schön, wie er nur wollte.
Ich will auch bereitwillig glauben,   12605
daß es vorher nur selten vorgekommen ist,
daß so schönes Messing
anstelle von Gold

ze bettegelte würde gegeben.
deiswâr ich sazte es wol mîn leben,   12610
daz sît Âdâmes tagen
als edel valsch nie wart geslagen
noch nie sô gaebiu trügeheit
an mannes sîten wart geleit.

Die wîle ouch sî zwei lâgen,   12615
ir bettespiles pflâgen,
al die wîle haete Îsôt
michel angest unde nôt.
si dâhte allez wider sich:
»got hêrre, nû bewar mich   12620
und hilf mir, daz mîn niftelîn
wider mich getriuwe müeze sîn!
trîbet sî diz bettespil
iht ze lange und iht ze vil,
ich vürhte ez ir sô wol behage,   12625
daz sî vil lîhte dâ betage.
sô werde wir alle
ze spotte und ze schalle.«
nein, ir gedanke unde ir muot
die wâren lûter unde guot.   12630
dô si vür Îsolde
geleiste, daz si solde,
unde ir teidinc ergie,
von dem bette sî sich lie.
nû was ouch Îsôt hantgar.   12635
vür daz bette saz si dar,
als ez diu selbe solte sîn.
zehant iesch ouch der künec den wîn.
dâ volgete er dem site mite,
wan ez was in den zîten site,   12640
daz man des ellîche pflac,
swer sô bî einer megede lac
und ir den bluomen abe genam,

als Bettgeld entrichtet wurde.
Wahrlich, ich würde mein Leben verwetten,   12610
daß seit Adams Zeiten
so kostbares Falschgeld nicht geprägt
und eine so erfreuliche Fälschung noch nie
einem Mann zur Seite gelegt worden ist.

Während die beiden im Bett lagen   12615
und ihre Liebesspiele trieben,
hatte Isolde
große Angst und Furcht.
Immer dachte sie bei sich:
»Herrgott, schütze mich   12620
und hilf mir, daß meine Nichte
ihr Versprechen nicht an mir bricht.
Wenn sie dieses Liebesspiel
zu lange und zu ausgiebig treibt,
befürchte ich, daß es ihr so gut gefällt,   12625
daß sie möglicherweise bis zum Morgen dableibt.
Dann werden wir alle
zum Gespött und kommen ins Gerede.«
Nein, ihre Absichten und Gedanken
waren rein und aufrichtig.   12630
Als sie an Isoldes Stelle
geleistet hatte, was ihre Pflicht war,
und ihre Schuldigkeit getan hatte,
erhob sie sich von dem Bett.
Isolde war zur Stelle.   12635
Sie setzte sich ans Bett,
als ob sie dieselbe wäre.
Alsbald verlangte der König nach Wein.
Damit folgte er dem Brauch.
Denn damals war es Sitte,   12640
die man immer einhielt,
daß, wenn jemand mit einem Mädchen schlief
und ihm die Blume der Jungfräulichkeit genommen hatte,

daz eteswer mit wîne kam
und lie si trinken beide   12645
samet âne underscheide.
der selbe site ergieng ouch dâ.
Tristan sîn neve der brâhte iesâ
beidiu lieht unde wîn.
der künec tranc und diu künigîn.   12650
ouch sagent genuoge maere,
daz ez des trankes waere,
von dem Tristan unde Îsôt
gevielen in ir herzenôt.
nein des trankes was nimê.   12655
Brangaene warf in in den sê.
Nu sî dem site gegiengen mite,
beidiu getrunken nâch dem site,
diu junge künigîn Îsôt
diu leite sich mit maneger nôt,   12660
mit tougenlîchem smerzen
ir muotes unde ir herzen
zuo dem künege ir hêrren nider.
der greif an sîne vröude wider;
er twanc si nâhe an sînen lîp.   12665
in dûhte wîp alse wîp.
er vant ouch die vil schiere
von guoter maniere.
ime was ein als ander.
an ietwederre vander   12670
golt unde messinc.
ouch leisten s'ime ir teidinc
alsô dan und alsô dar,
daz er nie nihtes wart gewar.

Îsôt diu was dô starke   12675
von ir hêrren Marke
geminnet unde gehêret,
geprîset unde g'êret

jemand mit Wein kam
und sie beide trinken ließ   12645
ohne jeden Unterschied.
Dieser Brauch vollzog sich auch dort.
Tristan, der Neffe, brachte sogleich
Lichter und Wein.
Der König trank und auch die Königin.   12650
In vielen Geschichten heißt es,
daß es der Trank gewesen wäre,
durch den Tristan und Isolde
in solche Herzensqual gestürzt wurden.
Nein, von dem Trank war nichts übrig.   12655
Brangäne hatte ihn ins Meer geworfen.
Als sie dem Brauch gefolgt waren
und beide der Sitte gemäß getrunken hatten,
legte sich die junge Königin Isolde
unter Seelenqualen   12660
und mit heimlichen Schmerzen
in Herz und Gemüt
zu dem König, ihrem Herrn, nieder.
Der nahm sein Vergnügen wieder auf
und drückte sie eng an sich.   12665
Ihm schien Frau gleich Frau.
Auch an dieser fand er bald
große Vorzüge.
Ihm war eine wie die andere.
An jeder von ihnen hatte er   12670
Gold und Messing.
Sie beglichen ihm ihre Schuld,
die eine wie die andere,
so daß er nichts bemerkte.

Isolde wurde sehr   12675
von Marke, ihrem Gemahl,
geliebt und hochgeschätzt,
gerühmt und verehrt

von liute und von lande.
wan man sô maneger hande   12680
vuoge unde saelde an ir gesach,
ir lop unde ir êre sprach,
swaz lop gesprechen kunde.
under dirre stunde
haete sî und ir amîs   12685
ir kurzewîle manege wîs,
ir wunne spâte unde vruo,
wan nieman wânde niht dar zuo.
dane dâhte weder wîp noch man
dekeiner slahte undinges an.   12690
wan si was in sîner pflege
alle stunde und alle wege
und lebete, swie si dûhte guot.
Hie mite sô nam si in ir muot
und bedâhte allez ir dinc.   12695
sît nieman ir haelinc
unde ir trügeliste
niwan Brangaene wiste,
enwaere sî danne eine,
sô dörfte s'iemer cleine   12700
gesorgen umbe ir êre.
si sorgete sêre
und vorhte harte starke,
Brangaene ob sî ze Marke
dekeine liebe haete,   12705
daz sî im kunt taete
ir laster unde ir maere,
als ez ergangen waere.
diu sorchafte künigîn
diu tete an disen dingen schîn,   12710
daz man laster unde spot
mêre vürhtet danne got.
zwêne knehte sî besande
vremede von Engelande.

von ihren Untertanen und dem Reich.
Denn man konnte so viele   12680
Vorzüge und Gaben an ihr entdecken,
daß alle sie priesen und rühmten,
die zum Loben fähig waren.
Währenddessen
hatten sie und ihr Geliebter   12685
vielfältige Vergnügungen
und Freude von früh bis spät,
denn niemand ahnte etwas davon.
Weder Mann noch Frau dachten da
an irgend etwas Böses.   12690
Denn sie war in seiner Obhut
immer und überall
und lebte, wie es ihr gefiel.
Sie überlegte dabei
und dachte über alles nach.   12695
Da niemand ihr Geheimnis
und ihren Betrug
kannte außer Brangäne,
brauchte sie, wenn jene nicht wäre,
sich nicht mehr   12700
um ihr Ansehen zu sorgen.
Sie sorgte sich sehr
und befürchtete stark,
daß, wenn Brangäne in Marke
sich verliebte,   12705
sie ihm dann erzählte
ihre Schande und alles,
was sich zugetragen hatte.
Die geängstigte Königin
offenbarte hierdurch,   12710
daß man Schande und Spott
mehr als Gott fürchtet.
Sie ließ zwei Knappen kommen,
Fremde aus England.

die selben hiez si beide   12715
swern eide und eide,
triuwe über triuwe geben.
dâ zuo gebôt s'in an ir leben,
swaz sî si hieze ane gân,
daz daz beidiu getân   12720
und ouch verholn waere.
sus seite s'in ir maere.
diu mortraete sprach zuo z'in:
»nu merket beide mînen sin.
ich sende eine maget mit iu,   12725
die nemet und rîtet ir driu
heinlîchen unde balde
eteswar z'einem walde,
er sî verre oder bî,
der iu dar zuo gevellec sî,   12730
dâ nieman heinlîche habe,
und slahet ir daz houbet abe.
und alle ir rede die merket ir,
und swaz si sage, daz saget mir.
ir zungen bringet mir her dan.   12735
und sît ouch des gewis dar an,
swie sô ich ez in ein getrage,
daz ich iuch morgen an dem tage
mit rîlîcher sache
beide ritter mache   12740
und wil iu lîhen unde geben,
die wîle ich iemer sol geleben.«

Diu rede diu wart gewisset dâ.
Îsôt diu nam Brangaenen sâ.
»Brangaene« sprach si »nim hie war: 12745
bin ich iht sêre missevar?
ine weiz, wie mir mîn dinc stê.
mîn houbet tuot mir sêre wê.
du muost uns wurze bringen.

Diesen befahl sie,   12715
zahlreiche Eide abzulegen
und absoluten Gehorsam zu schwören.
Sie gebot ihnen bei ihrem Leben,
was auch immer sie ihnen auftrüge,
auszuführen   12720
und geheimzuhalten.
Dann nannte sie ihnen ihre Aufgabe.
Die Mordstifterin sagte zu ihnen:
»Hört meinen Plan.
Ich schicke Euch ein Mädchen mit.   12725
Nehmt sie mit und reitet zu dritt
still und schnell
irgendwohin in einen Wald,
in der Nähe oder weit weg,
der Euch passend dazu erscheint,   12730
wo niemand wohnt,
und schlagt ihr dort den Kopf ab.
Merkt Euch alles, was sie sagt,
und berichtet es mir.
Bringt mir dann ihre Zunge.   12735
Verlaßt Euch darauf,
wie immer ich es anstelle,
daß ich Euch morgen
mit großem Prunk
beide zum Ritter schlagen   12740
und Euch belehnen und beschenken werde,
solange ich lebe.«

Dafür verbürgten sie sich.
Isolde ging zu Brangäne
und sagte: »Brangäne, schau.   12745
Bin ich nicht schrecklich blaß?
Ich weiß nicht, was mit mir los ist.
Ich habe starke Kopfschmerzen.
Du mußt uns Heilkräuter holen.

wir müezen disen dingen   12750
eteslîchen rât geben
oder ez gât mir an daz leben.«
diu getriuwe Brangaene sprach:
»vrouwe, iuwer ungemach
daz müet mich harte sêre.   12755
nune bîtet ouch niemêre.
heizet mich wîsen eteswar,
dâ ich eteswaz ervar,
daz z'iuwern dingen guot sî.«
»sich, zwêne knappen sint hie bî.   12760
mit den rît, die wîsent dich.«
»gerne vrouwe, daz tuon ich.«
si saz ûf unde reit mit in.
nu sî zem walde kâmen hin,
dâ wurze, crût unde gras   12765
der volle nâch ir willen was,
Brangaene wolte erbeizet sîn.
nu vuorten sî si baz hin în
in die wüeste und in die wilde.
nu sî von dem gevilde   12770
verre hin în kâmen,
die höfschen si nâmen,
die getriuwen, die werden,
und sazten sî zer erden
mit triure und mit leide   12775
und zucten swert beide.
Brangaene dô sô sêre erschrac,
daz si an der erden gelac
und lac alsô lange nider.
ir herze erbibete und alle ir lider.   12780
erschrockenlîche sî ûf sach.
»hêrre genâde!« si sprach
»durch got waz welt ir ane gân?«
»dâ sult ir iuwer leben lân.«
»owê, war umbe? saget mir!«   12785

Wir müssen dagegen 12750
irgend etwas unternehmen,
oder ich werde sterben.«
Die treue Brangäne antwortete:
»Herrin, Euer Unwohlsein
macht mich tieftraurig. 12755
Nun zögert nicht länger.
Laßt mich zu einer Stelle bringen,
wo ich irgend etwas finde,
das Euch hilft.«
»Sieh, hier sind zwei Knappen. 12760
Reite mit ihnen. Sie werden dich führen.«
»Das will ich mit Freuden tun, Herrin.«
Sie saß auf und ritt mit ihnen.
Als sie dann in den Wald kamen,
wo es Wurzeln, Kräuter und Gräser 12765
in Fülle gab, wie sie sich wünschte,
da wollte sie absteigen.
Aber sie führten sie noch tiefer
in das Dickicht und die Wildnis.
Als sie sich vom offenen Feld 12770
weit entfernt hatten,
nahmen sie das vortreffliche,
aufrichtige und vornehme Mädchen,
setzten sie auf den Boden
mit Kummer und Schmerzen 12775
und zogen ihre Schwerter.
Brangäne erschrak so sehr,
daß sie zu Boden stürzte
und lange dort so liegen blieb.
Mit bebendem Herzen und zitternden Gliedern 12780
sah sie erschrocken auf
und bat: »Erbarmen, Ihr Herren,
was um Gottes willen wollt Ihr tun?«
»Ihr sollt hier sterben.«
»O weh, warum? Sagt!« 12785

ir einer sprach: »waz habet ir
begangen wider die künigîn?
diu hiez iuch slahen. nu muoz ez sîn.
iuwer und unser vrouwe Îsôt
diu hât geschaffet iuwern tôt.«   12790
Brangaene vielt ir hende in ein;
weinende sprach si: »hêrre nein,
durch iuwer güete und durch got,
sô vristet beide diz gebot
und lât mich alsô lange leben,   12795
daz ich iu antwürte müge geben.
dâ nâch habt ir mich schiere erslagen.
ir sult mîner vrouwen sagen
und wizzet selbe, daz ich nie
wider ir hulden niht begie,   12800
dar an ich mich versaehe,
daz ir leit geschaehe,
ezn waere danne alse vil,
des ich doch niht getrûwen wil:
dô wir zwô vuoren von Îrlant,   12805
dô haeten wir zwô zwei gewant.
diu haeten wir uns beiden
erwelt und ûz gescheiden
von anderm gewande.
diu vuorten wir von lande: 12810
zwei hemede wîz alsam ein snê.
dô wir dô kâmen ûf den sê
her wider lant ûf unser vart,
sô heiz ir von der sunnen wart,
daz sî vil selten in den tagen   12815
an ir iht kunde vertragen
niwan ir hemede al eine,
daz wîze, daz reine.
sus liebete ir daz hemede an.
dô sî ez üeben began,   12820
biz daz si'z über üebete,

Einer von ihnen antwortete: »Was habt Ihr
der Königin angetan?
Sie befahl uns, Euch zu töten. Das muß jetzt sein.
Eure und unsere Herrin Isolde
hat Euren Tod angeordnet.«   12790
Brangäne faltete die Hände
und sagte weinend: »Nein, Ihr Herren,
um Eurer Güte und um Gottes willen,
schiebt diesen Befehl auf,
und laßt mich noch so lange leben,   12795
daß ich Euch antworten kann.
Danach erschlagt mich schnell.
Sagt meiner Herrin
und erfahrt selbst, daß ich niemals
gegen ihren Willen etwas getan habe,   12800
wovon ich annahm,
daß es sie bekümmern könnte,
es sei denn das eine,
das ich aber nicht glauben will:
Als wir von Irland wegfuhren,   12805
da hatten wir beide je ein Gewand.
Die hatten wir uns
ausgewählt und getrennt gehalten
von den übrigen Kleidern.
Die nahmen wir mit: 12810
zwei schneeweiße Hemden.
Als wir auf dem Meer waren
auf der Reise hierher,
da wurde ihr von der Sonne so heiß,
daß sie damals kaum   12815
etwas an sich vertragen konnte
außer allein ihrem Hemd,
dem sauberen, weißen.
So gewann sie es lieb.
Da begann sie es zu benutzen,   12820
bis sie es durch übermäßigen Gebrauch abnutzte

sîne wîze gar betrüebete,
dô haete aber ich daz mîne
heinlîche in mînem schrîne
in reinen wîzen valten   12825
verborgen unde behalten.
und als mîn vrouwe her kam,
den künec ir hêrren genam
und zuo z'im slâfen solte gân,
nune was ir hemede niht getân   12830
sô schône, alse ez solte
und als si gerne wolte.
daz ich ir dô daz mîne lêch
und ir's et eines verzêch
und mich sô vil an ir vergaz,   12835
ir enwerre danne daz,
sô wizze got wol, daz ich nie
ze keinen zîten übergie
weder ir bete noch ir gebot.
nu tuot ez beide samet durch got,   12840
grüezet si von mir alsô wol,
als ein juncvrouwe ir vrouwen sol.
und got durch sîne güete
der bewar ir unde behüete
ir êre und ir lîp unde ir leben!   12845
und mîn tôt der sî ir vergeben.
die sêle die bevilhe ich gote,
den lîp hin z'iuwerem gebote.«

Nu sâhen dise zwêne man
erbermeclîche ein ander an   12850
und erbarmete s'an der reinen
ir inneclîchez weinen.
si gerou vil sêre beide
und nâmen'z in ze leide,
daz sî gelobet haeten,   12855
daz sî den mort taeten.

und das Weiß beschmutzte.
Ich hatte aber das meine noch
heimlich in meiner Truhe
in sauberen weißen Einschlagtüchern   12825
verborgen und verwahrt.
Und als meine Herrin hier ankam,
den König zum Herrn nahm
und bei ihm schlafen sollte,
da war ihr Hemd nicht mehr   12830
so schön, wie es sein sollte
und wie sie es sich wünschte.
Daß ich ihr dann das meine lieh,
es ihr dabei aber zunächst verweigerte
und mich insofern gegen sie verging,   12835
wenn das sie nicht verärgert,
dann, bei Gott, habe ich niemals
und zu keiner Zeit übergangen
ihre Bitte oder ihren Befehl.
Nun tut um Gottes willen noch dies,   12840
grüßt sie von mir so freundlich,
wie ein Mädchen seine Herrin grüßen soll.
Gott in seiner Barmherzigkeit
schütze und behüte
ihre Ehre, ihre Gesundheit und ihr Leben!   12845
Mein Tod sei ihr verziehen.
Meine Seele befehle ich Gott,
meinen Körper Euren Händen.«

Da sahen die beiden Männer
sich mitleidig an   12850
und waren gerührt, daß das makellose Mädchen
so herzzerreißend weinte.
Beide bereuten tief
und waren sehr betrübt,
daß sie versprochen hatten,   12855
den Mord auszuführen.

dô sî an ir niht vunden
noch niht ervinden kunden,
daz morde gebaere
und tôtbaere waere,   12860
si giengen râten under in zwein
unde gerieten in ein:
ez ergienge in, swie ez in möhte ergân,
si wolten si leben lân.
die getriuwen bunden si sâ   12865
hôhe ûf einen boum dâ,
daz sî die wolve iht naemen,
biz daz si wider kaemen,
und sniten an der stunde
eime ir vogelhunde   12870
die zungen ûz und riten dan.
sus seiten dise zwêne man
Îsôte der mortraeten,
daz sî s'ermordet haeten
mit jâmer und mit leide.   12875
si sageten ir beide,
diu selbe zunge diu waere ir.
Îsôt diu sprach: »nu saget mir,
waz maeres sagete iu diu maget?«
si sageten, alse in was gesaget,   12880
al von ende ir rede her dan
und verswigen nie niht dar an.
»Jâ« sprach si »seite s'iu nimê?«
»nein vrouwe.« Îsôt diu rief: »owê
und wâfen dirre maere!   12885
unsaeligen mordaere,
waz habet ir an gegangen?
ir müezet beide hangen!«
»hêrre« sprâchen jene dô
»wie lûtent disiu maere sô?   12890
vil wunderlîchiu vrouwe Îsôt,
ir habet uns doch mit maneger nôt

Weil sie an ihr nichts gefunden hatten
und finden konnten,
das Mord verdiente
und todeswürdig war,   12860
gingen sie beide mit sich zu Rate
und beschlossen,
daß sie, wie es ihnen auch ergehen mochte,
sie leben lassen wollten.
Sie banden das treue Mädchen   12865
hoch oben auf einem Baum fest,
damit die Wölfe es nicht holten,
bevor sie wiederkämen,
schnitten sodann
einem ihrer Jagdhunde   12870
die Zunge heraus und ritten davon.
Die beiden Männer erzählten
der Mordstifterin Isolde,
daß sie sie umgebracht hätten
mit großem Bedauern.   12875
Sie sagten ihr beide,
jene Zunge sei die Brangänes.
Isolde fragte: »Sagt mir,
was erzählte Euch das Mädchen?«
Sie wiederholten, wie es ihnen aufgetragen war,   12880
alles, was sie gesagt hatte,
und verschwiegen nichts.
Sie fragte: »Nun, sagte sie Euch nicht mehr?«
»Nein, Herrin.« »O weh«, rief da Isolde,
»was muß ich hören!   12885
Verfluchte Mörder,
was habt Ihr getan?
Ich lasse Euch beide hängen!«
»Herrin«, riefen die beiden,
»was heißt das?   12890
Isolde, unheimliche Herrin,
Ihr selbst habt uns doch inständig

ervlêhet unde benoetet,
daz wir si haben ertoetet.«
»ine weiz, waz ir von vlêhe saget.   12895
ich bevalch iu mîne maget
in iuwer huote und iuwer pflege,
daz ir ir pflaeget ûf dem wege,
dâ sî mir solte bringen
ein teil ze mînen dingen.   12900
die müezet ir mir wider geben
oder ez gât iu an daz leben.
ir veigen mortslangen
ir werdet beide erhangen
oder ûf einer hurt verbrant!«   12905
»Entriuwen« sprâchen jene zehant
»vrouwe, iuwer herze und iuwer muot
diun sint niht lûter unde guot,
iuwer zunge ist harte manicvalt.
nu vrouwe, vristet disen gewalt.   12910
ê wir verliesen unser leben,
wir wellen s'iu ê wider geben
schoene unde wol gesunde.«
Îsôt sprach an der stunde
weinende harte sêre: 12915
»nune lieget mir niht mêre.
lebet Brangaene ald ist si tôt?«
»si lebet noch, wunderlîche Îsôt.«
»owê, sô bringet mir si her
den worten, daz ich iuch gewer,   12920
swes ich iu gelobet hân.«
»vrouwe Îsôt, daz sî getân.«
Îsôt behabete ir einen dâ.
der ander reit dannen sâ
hin wider, dâ er Brangaenen lie.   12925
Îsôte ir vrouwen brâhte er die.
und dô si vür Îsôte kam,
Îsôt si zwischen arme nam

angefleht und genötigt,
daß wir sie umbringen sollten.«
»Ich weiß nicht, was Ihr da von Anflehen erzählt.   12895
Ich habe das Mädchen anbefohlen
Eurer Obhut und Eurem Schutz,
damit Ihr unterwegs auf sie achtgebt,
weil sie mir etwas bringen sollte
gegen mein Unwohlsein.   12900
Ihr müßt sie mir wiedergeben,
oder es geht Euch ans Leben.
Ihr verwünschten Mörderschlangen,
Ihr werdet beide gehenkt
oder auf dem Scheiterhaufen verbrannt!«   12905
»Wahrlich«, meinten die beiden da,
»Herrin, Euer Herz und Eure Gedanken
sind nicht lauter und aufrichtig,
Eure Zunge ist höchst unbeständig.
Herrin, verschiebt diese Gewalttat.   12910
Bevor wir unser Leben lassen,
wollen wir sie Euch lieber zurückbringen
wohlbehalten und gesund.«
Sofort sagte Isolde
und brach in heftiges Weinen aus: 12915
»Belügt mich nicht mehr.
Lebt Brangäne, oder ist sie tot?«
»Sie lebt, seltsame Isolde.«
»Oh, dann bringt sie her.
Ich verspreche Euch einzulösen,   12920
was immer ich gelobt habe.«
»Es soll geschehen, Herrin.«
Isolde behielt einen von ihnen zurück.
Der andere ritt sogleich fort
zu der Stelle, wo er Brangäne verlassen hatte.   12925
Er brachte sie zu ihrer Herrin Isolde.
Und als sie zu Isolde kam,
schloß diese sie in die Arme

und kuste ir wange unde ir munt
ze einer und ze maneger stunt.   12930
den zwein gab sî ze solde
zweinzec marc von golde
den worten, daz diz maere
von in verholen waere.

Nu daz diu küniginne Îsôt   12935
Brangaenen in der endenôt
getriuwe unde staete
und an ir muote haete
durnehte in alle wîs bekant
und in dem tegele gebrant   12940
unde geliutert alse ein golt,
sît des was Brangaene unde Îsolt
von herzen und von sinne
sô getriuwe und sô geminne,
daz nie niht under in beiden   12945
ir dinges wart gescheiden.
si wâren mit ein ander dô
ir muotes unde ir herzen vrô.
Brangaene was des hoves dô wol,
der hof der was ir lobes vol.   12950
si was geminne in allen.
sine truoc niemanne gallen
ûzen noch innerhalp der wât.
si was râtgebe unde rât
des küneges unde der künigîn.   12955
ze kamere kunde niht gesîn,
Brangaene enmüese ez wizzen.
ouch was sî vervlizzen
ze dieneste Îsolde.
si diende ir, swie si wolde,   12960
an Tristande ir amîse.
daz triben s'alse lîse,
daz nie nieman dervan

und küßte sie auf Mund und Wangen
einmal und immer wieder. 12930
Den beiden gab sie zur Belohnung
zwanzig Mark in Gold
unter der Bedingung, daß sie den Vorfall
geheimhalten sollten.

Als nun die Königin Isolde 12935
Brangäne selbst in Todesgefahr
aufrichtig und treu
und in ihrer Einstellung
völlig tadellos kennengelernt
und sie sie im Tiegel gebrannt 12940
und geläutert hatte wie Gold,
waren seitdem Brangäne und Isolde
in Herz und Gefühl
einander so zugetan und anhänglich,
daß niemals zwischen den beiden 12945
irgendein Unterschied bestand.
Sie waren miteinander
vergnügt und heiter.
Brangäne fühlte sich wohl bei Hofe,
und der Hof war voll des Lobes über sie. 12950
Alle mochten sie gern.
Niemandem war sie böse,
weder heimlich noch offen.
Sie war Ratgeberin und Stütze
für König und Königin. 12955
Nichts geschah auch im privaten Bereich,
ohne daß sie davon Kenntnis hatte.
Zudem war sie eifrig bemüht,
Isolde zu dienen.
Sie diente ihr, wie sie es wünschte 12960
im Hinblick auf ihren Liebhaber Tristan.
Das taten sie so heimlich,
daß niemals jemand davon

dekeinen arcwân gewan.
ir gebaerde, ir rede, ir maere   12965
oder swaz ir dinges waere,
des nam in lützel ieman war.
nieman haete wân dar.
in was sanfte und alsô wol,
alse zwein gelieben sol,   12970
den ir state unde ir zît
ze staten und ze willen lît.
dâ was amîe unde amîs
alle zît und alle wîs
in der minnen bejage.   12975
si begunden dicke in dem tage
ir ougen understricken
mit inneclîchen blicken
in der menege und under liuten,
dâ blicke sulen tiuten   12980
und wehselmaere meinen,
mit den man sich vereinen
aller gelieben liebe mac.
daz triben sî naht unde tac
und was daz âne vâre.   12985
an rede und an gebâre
wâren si beidiu gênde,
sitzende unde stênde
vrîlîch und offenbaere.
ir offenlîchiu maere,   12990
mit den si wunder kunden,
diu begunden s'under stunden
mit clebeworten underweben.
man sach dicke in ir maeren cleben
der minnen werc von worten   12995
als golt in dem borten.
es gedâhte aber nieman niht,
daz ir wort und ir geschiht
an liebe haeten keine craft

auch nur etwas ahnte.
Ihr Benehmen, ihre Gespräche   12965
oder was sie sonst taten,
das alles bemerkte niemand.
Niemand hegte einen Verdacht in dieser Richtung.
Sie waren zufrieden und glücklich,
wie zwei Verliebte es sind,   12970
die Zeit und Gelegenheit für ihre Liebe
selbst bestimmen und wählen können.
Geliebter und Geliebte waren da
unentwegt
im Jagdbezirk der Liebe.   12975
Häufig am Tage
verstrickten sich ihre Augen gegenseitig
mit innigen Blicken,
in der Menge und in Gesellschaft,
wo Blicke Bedeutung haben   12980
und Gespräche ausdrücken sollen,
Blicke, mit denen man sich verständigen kann
über wechselseitige Liebe.
Das taten sie Tag und Nacht
und ohne in Gefahr zu geraten.   12985
In Rede und Verhalten
waren sie beide, ob sie nun gerade gingen,
saßen oder standen,
freimütig und offen.
Ihre öffentlichen Gespräche,   12990
die sie vorzüglich beherrschten,
pflegten sie gelegentlich
mit Reizwörtern zu durchsetzen.
Oft merkte man, daß ihren Reden anhafteten
verliebte Wortspiele   12995
so wie Borten mit Gold.
Es dachte aber keiner daran,
daß ihre Worte und Taten
von irgendeiner anderen Zuneigung zeugen könnten

wan eine von der mâcschaft,   13000
die man sô grôze erkande
under Marke und Tristande.
mit der verkouften si vil,
mit der ertrugen s'ir minnenspil.
mit der verspilte Minne   13005
vil maneges herzen sinne,
der sich nie keinez kunde enstân,
wie ez umbe ir liebe was getân.
diu was an in reine unde guot.
ir beider sin, ir beider muot,   13010
daz was allez ein und ein,
jâ unde jâ, nein unde nein.
jâ unde nein, nein unde jâ
entriuwen daz was niender dâ.
an in was niht gescheiden.   13015
dâ wâren beide an beiden.
sus triben sî zwei under in
die stunde lieplîche hin
wîlent sus und wîlent sô.
si wâren underwîlen vrô   13020
und underwîlen ungemuot,
als liebe under gelieben tuot.
diu briuwet in ir herzen
die senfte bî dem smerzen,
bî vröude kumber unde nôt.   13025

Sô Tristan und sîn vrouwe Îsôt
ir state zuo z'ir dingen
niht kunden vollebringen,
daz was ir nôt. sus unde sô
wâren si trûrec unde vrô.   13030
ouch enwart niht under in verborn,
dane waere ouch underwîlen zorn.
ich meine zorn âne haz.
und sprichet aber ieman daz,

als von der Verwandtschaft,   13 000
die, wie man wußte, so nah war
zwischen Tristan und Marke.
Damit täuschten sie viele
und verbargen so ihre Liebesbeziehung.
Auf diese Weise betrog die Liebe   13 005
die Sinne vieler Herzen,
von denen keiner begriff,
welcher Art ihre Zuneigung war.
Sie war lauter und gut zwischen ihnen.
Ihrer beider Gefühle und Wünsche   13 010
stimmten vollkommen überein:
ja und ja, nein und nein.
Ja und nein, nein und ja,
das gab es dort tatsächlich nie.
Es gab an ihnen keinen Unterschied.   13 015
Sie waren sich völlig einig.
So vertrieben die beiden miteinander
auf angenehme Weise die Zeit,
mal so und mal so.
Manchmal waren sie froh,   13 020
manchmal niedergeschlagen,
wie es die Liebe bei Verliebten bewirkt.
Sie bereitet in ihren Herzen
Vergnügen neben Leid,
neben Freude Kummer und Qual.   13 025

Wenn Tristan und seine Herrin Isolde
keine Gelegenheit für ein Stelldichein
finden konnten,
dann war das ihre Qual. So oder so
waren sie mal bekümmert und mal heiter.   13 030
Zuweilen zeigte sich an ihnen auch,
daß sie sich böse waren,
böse ohne Haß, meine ich.
Wenn aber jemand sagt,

daz zorn ungebaere 13035
under sô gelieben waere,
binamen dâ bin ich sicher an,
daz der nie rehte liep gewan.
wan diz daz ist der Minnen site,
hie enzündet sî gelieben mite, 13040
hie mite sô viuret sî den muot.
wan alse in zorn vil wê getuot,
sô süenet sî diu triuwe,
so ist aber diu liebe niuwe
und aber der triuwen mê dan ê. 13045
wie aber ir zorn ûf erstê,
wie s'âne rât ze suone komen,
daz habet ir dicke vernomen.
gelieben dunket lîhte,
die dicke und ie gedîhte 13050
ein ander mugen gewesen bî,
daz eteswer dâ lieber sî
und nâher gênde dan si sîn,
und machent umbe ein dunkelîn
ein michel zornmaere, 13055
ûz einer cleinen swaere
eine rîlîche suone.
und ist ouch daz ze tuone;
daz sol man in billîchen.
hie von sol liebe rîchen, 13060
jungen unde niuwen
und viuren an den triuwen.
liebe armet unde altet,
si kuolet unde kaltet,
swâ sî ir viures niene hât. 13065
sô der zorn an ir zegât,
zehant engruonet si niht.
swenne under vriunden geschiht
dekeiner slahte zornelîn,
so ist triuwe ie dâ diu süenaerîn, 13070

daß Streit unpassend 13035
für so Verliebte sei,
dann bin ich mir wahrlich ganz sicher,
daß er nie richtig verliebt war.
Denn das ist der Brauch der Liebe,
hiermit entzündet sie die Liebenden, 13040
hiermit feuert sie ihre Herzen an.
Denn wenn Streit sie auch sehr schmerzt,
so versöhnt sie doch die Treue.
Dann aber ist die Liebe wieder neu
und die Treue fester als zuvor. 13045
Jedoch wie ihr Streit entsteht
und wie er ohne äußere Hilfe beigelegt wird,
das habt Ihr schon oft gehört.
Sehr leicht glauben Liebende,
die häufig 13050
beieinander sein können,
daß irgend jemand liebenswerter sei
und anziehender als sie selbst,
und deshalb machen sie aus dem kleinsten Argwohn
einen gewaltigen Streit, 13055
aus einem kleinen Kummer
eine große Versöhnung.
Daß sie das tun,
soll man ihnen auch zubilligen.
Dadurch soll Liebe wachsen, 13060
sich verjüngen und erneuern
und die Treue befeuert werden.
Liebe schwindet und altert,
kühlt ab und erkaltet,
wenn sie kein Feuer hat. 13065
Wenn der Streit ausbleibt,
hört sie sofort zu grünen auf.
Wann immer unter Verliebten entsteht
irgendein kleiner Streit,
dann ist stets die Treue die Versöhnerin, 13070

vrisch und iteniuwe.
diz niuwet die triuwe,
diz liutert liebe alse golt.

Alsus treip Tristan unde Îsolt
mit liebe und leide ir stunde hin.   13075
liep unde leit was under in
in micheler unmüezekeit;
liep meine ich âne herzeleit.
sine haeten dannoch beide
dekeine herzeleide   13080
noch niht solher ungeschiht,
diu hin in daz herze siht.
sî verswigen ouch ir dinc
und hâlen ir haelinc
vil anclîch und vil ange   13085
und triben ouch daz lange.
si wâren beide hôchgemuot,
ir muotes vrî unde vruot.
Îsôt diu küniginne
diu was dô geminne   13090
mit liute und mit lande.
ouch sagete von Tristande
beidiu liut unde lant.
er was genenne unde erkant,
ervorhten wunderlîche   13095
in al dem künicrîche.

frisch und immer neu.
Das erneuert die Anhänglichkeit,
das läutert die Liebe wie Gold.

So verging Tristan und Isolde
die Zeit mit Freude und Kummer.　　　　　　13075
Freude und Kummer war bei ihnen
in ständigem Wechsel;
ich meine Freude ohne Herzensqual.
Noch litten sie
keine Herzensqual　　　　　　　　　　　13080
und auch kein solches Unglück,
das bis ins Herz dringt.
Sie verschwiegen ihr Verhältnis
und verbargen ihr Geheimnis
ängstlich und eifrig　　　　　　　　　　13085
und taten das lange Zeit.
Beide waren sie hochgestimmt
und fühlten sich froh und glücklich.
Isolde, die Königin,
war beliebt　　　　　　　　　　　　　　13090
im Reich und beim Volk.
Auch von Tristan erzählte man
im Volk und überall im Lande.
Er war berühmt und bekannt
und wundersam gefürchtet　　　　　　　　13095
im ganzen Königreich.

Nu Tristan was gemuothaft.
ze erneste und ze ritterschaft
vertete er sîner stunde vil.
er dienete mit vederspil   13100
sînen müezegen tagen.
er reit birsen unde jagen,
so'z an der zît alsô geviel.
in den zîten kam ein kiel
ze Curnewâle in Markes habe.   13105
dâ reit ein ritter ûz und abe,
ein edel barûn von Îrlant,
der was Gandîn genant
und was höfsch, schoene unde rîch,
des lîbes alsô menlîch,   13110
daz allez Îrlant seite
von sîner manheite.
der kam schône gecleit
mit ritterlîcher schônheit
und mit hêrlîchen siten   13115
al eine ûf Markes hof geriten
âne schilt und âne sper.
über sînen rucke vuorte er
eine rotten, diu was cleine,
mit golde und mit gesteine   13120
geschoenet unde gezieret,
ze wunsche gecordieret.
unde als er erbeizet was,
er gienc in den palas
und gruozte, alse er solde,   13125
Marken unde Îsolde.
der ritter unde der amîs
was er gewesen manege wîs
und ouch ze manegem mâle

XIX. Rotte und Harfe

Tristan war voller Tatendrang.
Mit Kampf und Ritterspielen
verbrachte er viel Zeit.
Mit Falkenjagd vertrieb   13100
er sich die freien Tage.
Er ritt auf die Pirsch und die Jagd,
wenn es die Jahreszeit ergab.
Damals kam ein Schiff
nach Cornwall in Markes Hafen.   13105
Aus dem kam ein Ritter herausgeritten,
ein vornehmer Baron aus Irland,
der Gandin hieß
und vornehm, herrlich und prächtig war,
eine so männliche Erscheinung,   13110
daß ganz Irland sprach
von seinen Taten.
Er kam prachtvoll gekleidet
mit ritterlichem Prunk
und vornehmem Gebaren   13115
allein an Markes Hof geritten
ohne Schild und Lanze.
Auf seinem Rücken trug er
eine kleine Rotte,
die mit Gold und Edelsteinen   13120
geschmückt und verziert
und vortrefflich besaitet war.
Als er abgestiegen war,
ging er in den Palas
und begrüßte, wie es sich ziemte,   13125
Marke und Isolde.
Deren Ritter und Verehrer
war er schon auf vielfältige Weise
und häufig gewesen.

und kam ze Curnewâle   13130
durch ir willen von Îrlant.
nû bekande ouch sî'n zehant:
»dêu sal, messire Gandîn!«
sprach diu gevüege künigîn.
»merzî« sprach Gandîn »bêle Îsolt,   13135
schoene und schoener danne golt
in Gandînes ougen!«
nu seite ouch Îsôt tougen
dem künege, wer er waere.
den dûhte ez alwaere   13140
unde wundert in genuoc,
daz er die rotten ûf im truoc.
und nam si's alle wunder.
samet unde sunder
bemarcten sî ez starke.   13145
iedoch sô vleiz sich Marke
ze sînen êren sêre
sô durch sîn selbes êre
sô durch die bete Îsôte.
diu bat in ie genôte,   13150
daz er im êre baere,
wan er ir lantman waere.
des was er gerne gemant.
er sazte in bî sich zehant
und vrâgete in aller hande   13155
von liute und von lande,
von vrouwen und von höfscheit.
nu daz daz ezzen was bereit
und daz gesinde wazzer nam
und daz wazzer hin z'im kam,   13160
dô wart er vil unde vil
gebeten, daz er sîn rottenspil
von im haete getân.
des enkunde in nieman über gân.
künic unde künigîn   13165

Er kam nach Cornwall 13130
um ihretwillen aus Irland.
Sie erkannte ihn auch sofort.
»Gott grüße Euch, Herr Gandin!«
sagte die feingesittete Königin.
»Danke«, erwiderte Gandin, »schöne Isolde, 13135
schön und schöner noch als Gold
seid Ihr in Gandins Augen.«
Isolde sagte heimlich
dem König, wer er sei.
Der fand es unsinnig 13140
und war sehr erstaunt,
daß er eine Rotte auf dem Rücken trug.
Alle wunderte das.
Samt und sonders
machten sie sich darüber viele Gedanken. 13145
Dennoch bemühte sich Marke
sehr, Gandins Ansehen zu bestätigen,
sowohl um seines eigenen Ansehens willen
als auch auf Isoldes Bitten hin.
Sie bat ihn inständig, 13150
daß er ihm Ehren erweise,
weil er ihr Landsmann sei.
Das ließ er sich nur zu gerne sagen.
Er setzte ihn sogleich neben sich
und fragte ihn dies und das 13155
über das Reich und die Bevölkerung,
über die Damen und das höfische Leben.
Als das Essen bereit war,
das Gefolge sich die Hände wusch
und das Wasser auch ihm gereicht wurde, 13160
da wurde er immer und immer wieder
aufgefordert, seine Rotte
abzulegen.
Aber niemand konnte ihn dazu bewegen.
König und Königin 13165

die liezen ez mit guote sîn.
sô dûhte ez aber genuoge
unhöfscheit unde unvuoge.
ouch engieng ez sô niht hin,
sine begunden's under in   13170
vil lachen unde spotten.
der ritter mit der rotten,
der hêrre mit der harnschar
der nam es alles keine war.
er was nider gesezzen   13175
ze Markes sîten ezzen.
er tranc und az, als in gezam.

Nu man die tische dan genam,
er stuont ûf und gie dannen
sitzen ze Markes mannen.   13180
die gâben ime geselleschaft,
die wâren mit im kumberhaft
mit manegem hovemaere.
der künec der hovebaere,
Marke der tugende rîche   13185
der bat in offenlîche,
ob er iht rotten kunde,
daz er in allen gunde,
daz sî vernaemen sîn spil.
der gast sprach: »hêrre, ine wil,   13190
ine wizze danne umbe waz.«
»hêrre, wie meinet ir daz?
welt ir iht, des ich hân,
daz ist allez getân.
lât uns vernemen iuwern list,   13195
ich gib iu, swaz iu liep ist.«
»diz sî!« sprach der von Îrlant.
er tete in einen leich zehant,
der in allen sanfte tete.
der künec der bat in sâ ze stete,   13200

ließen es im guten auf sich beruhen.
Viele aber hielten es
für unhöflich und unschicklich.
Auch blieb es nicht aus,
daß sie untereinander begannen,   13170
sehr zu lachen und zu spotten.
Der Ritter mit der Rotte,
der Baron mit der Bürde
beachtete es nicht.
Er saß   13175
an Markes Seite und aß.
Er trank und aß, wie es ihm zusagte.

Als man die Tafel aufhob,
stand Gandin auf und ging,
um sich zu Markes Gefolgsleuten zu setzen.   13180
Die leisteten ihm Gesellschaft
und unterhielten ihn angelegentlich
mit vielen Hofgeschichten.
Der höfisch gesittete König,
der vortreffliche Marke,   13185
bat ihn in aller Öffentlichkeit,
falls er die Rotte zu spielen vermöchte,
ihnen allen die Freude zu vergönnen,
sein Spiel zu hören.
Der Fremde sagte: »Herr, das will ich nicht,   13190
wenn ich nicht weiß, was ich dafür bekomme.«
»Wie meint Ihr das, Herr?
Wenn Ihr etwas wollt, das ich habe,
so soll es Euer sein.
Laßt uns Eure Kunst hören,   13195
ich gebe Euch, was Ihr wollt.«
»Es sei!« sagte der aus Irland.
Sogleich trug er ihnen einen Leich vor,
der ihnen allen gut gefiel.
Der König bat ihn sofort,   13200

daz er aber einen machete.
der trügenaere erlachete
vil inneclîche wider sich;
»diu miete« sprach er »lêret mich,
daz ich iu rotte, swaz ich sol.«   13205
und tete den zwirnt alse wol.
nu daz der ander was getân,
Gandîn gie vür den künic stân,
die rotten truog er an der hant.
»nu hêrre« sprach er »sît gemant,   13210
des ir gelobetet wider mich.«
der künec sprach: »gerne, daz tuon ich.
saget mir, waz wellet ir?«
»Îsolde« sprach er »gebet mir!«
»vriunt« sprach er »swaz ir âne die   13215
gebietet, daz ist allez hie.
diz mag noch sus noch sô gesîn.«
»entriuwen hêrre« sprach Gandîn
»ine wil grôz noch cleine
niwan Îsôte al eine.«   13220
der künec sprach: »triuwen, dazn geschiht.«
»hêrre, sô enwelt ir niht
behalten iuwer wârheit?
werdet ir des überseit,
daz ir urwaere sît,   13225
so ensult ir nâch der selben zît
dekeines landes künic wesen.
heizet küneges reht lesen.
vindet ir ez niht dâ,
ich gân von mînem rehte sâ.   13230
ouch jehet ir oder swer es giht,
ir gelobetet mir niht,
dâ volge ich mînem rehte hin
wider iuch und wider in,
swie mir der hof erteilet.   13235
mîn lîp der ist geveilet

er möge ihnen noch einen vorspielen.
Der Betrüger lachte
im stillen in sich hinein
und meinte: »Der Lohn sagt mir,
Euch vorzuspielen, was ich soll.«   13205
Und er spielte doppelt so schön.
Als der zweite Leich vorüber war,
trat Gandin vor den König.
Die Rotte trug er in der Hand.
»Nun, Herr«, sagte er, »seid erinnert an das,   13210
was Ihr mir versprochen habt.«
Der König antwortete: »Mit Vergnügen.
Sagt, was wollt Ihr?«
»Gebt mir Isolde«, erwiderte er.
Marke sagte: »Mein Freund, was immer Ihr außer ihr   13215
verlangt, sei Euer.
Dies aber kann so oder so nicht sein.«
»Wahrlich, Herr«, sagte Gandin,
»ich will nichts, weder große noch kleine Gaben.
Ich will nur Isolde.«   13220
Der König sagte: »Das geht gewiß nicht.«
»Herr, so wollt Ihr nicht
Euer Wort halten?
Wenn man Euch nachweist,
daß Ihr wortbrüchig seid,   13225
dann werdet Ihr alsbald
über kein Reich mehr König sein.
Laßt Euch das Königsrecht vorlesen.
Wenn Ihr das dort nicht findet,
gebe ich meinen Anspruch sofort auf.   13230
Wenn dagegen Ihr oder sonst jemand behauptet,
Ihr hättet mir nichts versprochen,
dann will ich meinen Anspruch verteidigen
gegen Euch und jeden,
wie immer der Hof über mich urteilt.   13235
Ich wage mein Leben

mit kampfe und mit vehte,
ine kome ze mînem rehte.
swer sô ir wellet oder ir,
der rîte in einen rinc mit mir.   13240
ich wil bereden an dirre vrist,
daz diu schoene Îsôt mîn ist.«
Der künec der sach her unde dar
und nam allenthalben war,
obe er ieman möhte hân,   13245
der in getörste bestân.
nune was dâ nieman, der sîn leben
an eine wâge wolte geben,
noch Marke selbe enwolde
niht vehten umbe Îsolde,   13250
wan Gandîn was von solher craft,
sô menlîch und sô herzehaft:
ir keiner kêrte sich dar an.
Nu was ouch mîn hêr Tristan
birsen geriten ze walde.   13255
der enwas ouch nie sô balde
von walde wider ze hove komen,
ern haete ûf dem wege vernomen
diu leiden niuwen maere,
daz s'ime g'antwürtet waere.   13260
ez was ouch wâr, si was alsô.
Gandîn haete die schoenen dô
vil inneclîche weinende
und manege clage erscheinende
von hove gevüeret an den stat   13265
und an den stat was ime gesat
ein pavilûne, diu was rîch,
wol schoene unde hêrlîch.
dâ gieng er und diu künigîn
al die wîle sitzen în,   13270
biz daz mer wider kaeme
unde der kiel genaeme

im Zweikampf,
wenn mir mein Recht nicht wird.
Wen immer Ihr wollt, ein anderer oder Ihr selbst,
der reite mit mir auf den Kampfplatz.   13240
Dann will ich beweisen,
daß die schöne Isolde mir gehört.«
Der König blickte sich um
und schaute überall hin,
ob er nicht jemanden hätte,   13245
der gegen ihn anzutreten wagte.
Aber es war niemand da, der sein Leben
in die Waagschale werfen wollte,
und auch Marke selbst wollte
nicht um Isolde kämpfen,   13250
denn Gandin war so gewaltig,
so mannhaft und tapfer,
daß keiner von ihnen sich gegen ihn stellen wollte.
Nun war aber auch Herr Tristan
in den Wald auf die Pirsch geritten.   13255
Der wäre nie so schnell
vom Wald wieder an den Hof zurückgekommen,
wenn er unterwegs nicht gehört hätte
die unselige Neuigkeit,
daß Isolde Gandin ausgeliefert worden sei.   13260
Das stimmte auch.
Gandin hatte die Schöne,
die herzzerreißend weinte
und tiefen Kummer zeigte,
vom Hof an den Strand geführt.   13265
Dort war ihm errichtet worden
ein Zelt, das kostbar,
schön und prächtig ausgestattet war.
Dorthin ging er mit der Königin
und setzte sich so lange hinein,   13270
bis die Flut käme
und das Schiff wieder geriete

den vluz und die vlieze,
wan er lac an dem grieze.

Nu Tristan wider heim kam   13275
und von der rotten vernam
diu maere baz unde baz,
zehant er ûf sîn ors saz,
sîne harpfen nam er an die hant,
er kam wol balde gerant   13280
bî unde nâhe zuo der habe
und kêrte dô mit listen abe
ze einem busche und bant dâ vaste
sîn ors zuo z'einem aste.
sîn swert daz hancte er dar an.   13285
mit sîner harpfen lief er dan
und kam zer pavelûne
und vant ouch dem barûne
sitzende under armen
die vröudelôsen armen,   13290
die weinenden Îsôte.
die trôste er ie genôte.
nu half ez aber cleine,
biz daz si den al eine
mit der harpfen gesach.   13295
den gruozte Gandîn unde sprach:
»dê te saut, bêâs harpiers!«
»merzî, gentil schevaliers!
hêrre, ich hân« sprach aber er
»gegâhet harte sêre her.   13300
man sagete mir an dirre zît,
daz ir von Îrlande sît.
hêrre, dannen bin ouch ich.
durch iuwer êre, vüeret mich
hin wider heim in Îrlant!«   13305
der von Îrlande sprach zehant:
»geselle, daz gelobe ich dir.

in Strömung und Fahrwasser,
denn es lag jetzt auf dem Ufersand fest.

Als Tristan heimkehrte   13275
und über die Rotte hörte
mehr und mehr,
setzte er sich sofort auf sein Pferd,
ergriff seine Harfe
und ritt eilig   13280
in die Nähe des Hafens.
Dort schwenkte er listig zur Seite
auf ein Gebüsch zu und band dort
sein Pferd an einem Ast fest.
Er hängte auch sein Schwert daran.   13285
Mit seiner Harfe lief er dann
und kam zu dem Zelt.
Dort fand er auch, wie dem Baron
in den Armen saß
die bekümmerte Arme,   13290
die schluchzende Isolde.
Gandin bemühte sich eifrig, sie zu trösten.
Aber das half nichts,
bis sie den einzelnen Mann
mit der Harfe sah.   13295
Gandin begrüßte ihn und sagte:
»Gott schütze dich, schöner Harfner!«
»Danke, edler Ritter!
Herr«, sprach er weiter, »ich bin
schnell hierher geeilt.   13300
Man sagte mir eben,
daß Ihr aus Irland kommt.
Von dort stamme ich auch, Herr.
Bei Eurer Ehre, bringt mich
wieder heim nach Irland.«   13305
Der Ire sagte sogleich:
»Ich verspreche es dir, Freund.

nu sitze nider, harphe mir.
getroestest dû die vrouwen mîn,
daz sî ir weinen lâzet sîn,   13310
ich gibe dir die aller besten wât,
die disiu pavilûne hât.«
»diz lobe ich, hêrre« sprach Tristan
»ouch hân ich guoten trôst dar an,
ez ensî dan alse vil,   13315
daz sî durch kein mannes spil
ir weinen welle lâzen,
sô muoz si sich es mâzen.«
sînes werkes er begunde,
er harphete an der stunde   13320
sô rehte süezen einen leich,
der Îsôte in ir herze sleich
und ir gedanken alle ergie
sô verre, daz s'ir weinen lie
und an ir amîs was verdâht.   13325

Nu daz der leich was vollebrâht,
dô was dem kiele wazzer komen
und haete sînen vluz genomen.
hie mite sô sprâchen jene her abe
von dem kiele in die habe: 13330
»hêrre, hêrre, gât her an!
und kumet mîn hêr Tristan,
die wîle ir an dem lande sît,
uns begât ein übel zît.
ez stât gâr in sîner hant   13335
beidiu liut unde lant.
ouch ist er selbe, sô man seit,
von alsô grôzer vrecheit,
sô geherze und sô gemuot,
daz er iu lîhte schaden tuot.«   13340
diu rede was Gandîne ungemach.
ûz grôzem unwerde er sprach:

Setze dich und spiele mir vor.
Wenn du meine Herrin so tröstest,
daß sie zu weinen aufhört,   13310
gebe ich dir das allerbeste Gewand,
das sich in diesem Zelt findet.«
»Ich verspreche es, Herr«, sagte Tristan,
»und ich habe die begründete Hoffnung,
daß sie, wenn es denn nicht so ist,   13315
daß sie durch niemandes Spiel
bewegt werden kann, ihr Weinen einzustellen,
jetzt damit aufhören wird.«
Er begann zu spielen
und harfte da   13320
so lieblich eine Melodie,
die Isolde zu Herzen ging
und ihre Gedanken durchdrang
so weit, daß sie zu weinen aufhörte
und an ihren Geliebten dachte.   13325

Als der Leich zu Ende war,
war die Flut gekommen,
so daß das Schiff Fahrwasser hatte.
Da riefen jene herunter
vom Schiff in den Hafen: 13330
»Herr, Herr, kommt an Bord!
Wenn Herr Tristan kommt,
während Ihr noch an Land seid,
geht es uns schlecht.
In seiner Hand sind völlig   13335
die Bevölkerung und das Reich.
Und er selbst ist, wie man sagt,
so unerhört kühn,
so tapfer und beherzt,
daß er Euch leicht schaden könnte.«   13340
Das war Gandin unangenehm,
und er antwortete sehr unwillig:

»nu müeze ich haben gotes haz,
ob ich von hinnen umbe daz
tâlanc deste ê ze schiffe gê!   13345
geselle, mache dû mir ê
den leich von Dîdône.
du harpfest alsô schône,
daz ich ez an dich minnen sol.
nu harpfe mîner vrouwen wol!   13350
ich vüere dich ze minnen
mit mir und mit ir hinnen
und gibe dir ouch alhie zehant
dînen geheiz und dîn gewant,
daz aller beste, daz ich hân.«   13355
Tristan sprach: »hêrre, deist getân.«
Der spilman huob aber an.
sîn harpfenspil er aber began
sô rehte suoze bringen,
daz Gandîn sînen dingen   13360
vil vlîzeclîchen ôre bôt
und sach ouch wol, daz Îsôt
sêre an die harpfen was verdâht.
nu daz der leich was vollebrâht,
Gandîn der nam die künigîn   13365
und wolte hin ze schiffe sîn.
nu was diu vlieze unde der vlôz
vor der schifbrucken alsô grôz,
daz nieman an der stunde
âne ein vil hôch ors kunde   13370
zer schifbrucken komen în.
»waz getuon wir nû?« sprach Gandîn
»wie kumet mîn vrouwe dar an?«
»seht, hêrre« sprach der spilman
»sît daz ich des gewis bin,   13375
daz ir mich mit iu vüeret hin,
swes ich ze Curnewâle hân,
des sol hie lützel bestân.

»Gott strafe mich,
wenn ich deswegen
heute eher an Bord gehe!   13345
Freund, spiel mir vorher
den Leich von der Frau Dido.
Du spielst so schön,
daß ich dir dafür dankbar bin.
Harfe lieblich für meine Herrin!   13350
Aus Dankbarkeit bringe ich dich
mit ihr und mir fort
und gebe dir noch hier sofort
den versprochenen Lohn: das Gewand,
das beste, das ich habe.«   13355
Tristan willigte ein: »Es soll geschehen, Herr.«
Wieder begann der Spielmann.
Er ließ sein Harfenspiel abermals
so lieblich erklingen,
daß Gandin seiner Kunst   13360
hingerissen lauschte
und auch bemerkte, daß Isolde
völlig in die Musik versunken war.
Als die Melodie verklungen war,
nahm Gandin die Königin   13365
und wollte mit ihr an Bord gehen.
Es war aber die Strömung
vor der Schiffsbrücke so mächtig,
daß niemand zu dem Zeitpunkt
ohne ein sehr großes Pferd   13370
zu der Landungsbrücke gelangen konnte.
»Was nun«, meinte Gandin,
»wie kommt meine Herrin an Bord?«
»Seht, Herr«, sagte der Spielmann,
»da ich sicher bin,   13375
daß Ihr mich mitnehmt,
soll das, was ich in Cornwall besitze,
nicht hierbleiben.

ich hân ein hôhez ors hie bî,
ich waene ez ouch wol sô hôch sî,   13380
mîne vrouwen, iuwer vriundîn,
daz ich si wol zer brucken în
sô schône gevüere,
daz sî daz mer iht rüere.«
Gandîn sprach: »lieber spilman.   13385
balde île, brinc dîn ors her dan
und nim ouch iesâ dîn gewant!«
Tristan der brâhte daz ors zehant,
und iesâ dô er wider kam,
sîne harpfen er ze rucke nam.   13390
»nu hêrre von Îrlant« sprach er
»bietet mir mîne vrouwen her,
ich vüere sî vor mir dar în.«
»nein spilman« sprach Gandîn
»dune solt sî niht rüeren,   13395
ich wil si selbe vüeren.«
»wê hêrre!« sprach diu schoene Îsôt
»diz maere ist allez âne nôt,
daz er mich niht rüeren sol.
nu wizzet endelîche wol,   13400
daz ich niemêre kume dar an,
mich envüere der spilman.«
Gandîn bôt ime Îsôte dar.
»geselle« sprach er »nim ir war
und vüere s'alsô schône,   13405
daz ich dir's iemer lône.«
nu er Îsolde z'ime gewan,
er sprancte ein lützel her dan.
und alse ez Gandîn gesach,
unwertlîche er im nâch sprach: 13410
»inâ gouch! waz sol diz sîn?«
»nein nein« sprach Tristan »gouch Gandîn!
vriunt, ir stât an des gouches zil.
wan daz ir mit dem rottenspil

Ich habe bei mir ein großes Pferd,
das gerade so groß ist, 13380
daß ich meine Herrin, Eure Freundin,
wohl bis zur Landungsbrücke
so gut bringen kann,
daß das Meer sie nicht anrührt.«
Gandin erwiderte: »Lieber Spielmann, 13385
eile und bringe dein Pferd her
und nimm auch gleich dein Gewand!«
Tristan holte schnell sein Pferd,
und als er wiederkam,
nahm er die Harfe auf den Rücken 13390
und sagte: »Nun, Herr aus Irland,
gebt mir meine Herrin herauf.
Ich nehme sie vor mich auf den Sattel und bringe sie hin.«
»Nein, Spielmann«, widersprach Gandin,
»du sollst sie nicht anrühren, 13395
ich bringe sie selbst hinüber.«
»Ach, Herr«, sagte die schöne Isolde,
»das ist doch unsinnig,
daß er mich nicht anrühren soll.
Laßt Euch versichern, 13400
daß ich niemals an Bord gehen werde,
wenn der Spielmann mich nicht hinbringt.«
Gandin übergab ihm Isolde
mit den Worten: »Gib acht, Freund,
und führe sie so vorsichtig, 13405
daß ich dir auf ewig verpflichtet sein werde.«
Als er Isolde an sich genommen hatte,
sprengte er ein wenig weg.
Als Gandin das sah,
rief er ihm zornig nach: 13410
»He, Tölpel! Was soll das?«
»Nein, nein«, sagte Tristan, »Tölpel Gandin!
Ihr selbst seid übertölpelt worden, Freund.
Denn was Ihr mit Eurem Rottenspiel

dem künege Marke ertruget an,   13415
daz vüere ich mit der harpfen dan.
ir truget, nu sît ouch ir betrogen.
Tristan der hât iu nâch gezogen,
biz daz er iuch beswichen hât.
vriunt, ir gebt rîlîche wât.   13420
ich hân daz beste gewant,
daz ich in dem gezelte vant!«

Tristan reit sîne strâze.
Gandîn was âne mâze
trûric unde trûresam.   13425
im tete schade unde scham
vil sêre und inneclîche wê.
er kêrte wider über sê
mit schame und mit leide.
jene geverten beide,   13430
Tristan und Îsôt kêrten hin.
ob s'under wegen under in
iender ze vröuden kaemen,
ruowe in den bluomen naemen,
daz wil ich âne waenen lân.   13435
ich sol waenen unde wân
mînenthalben legen nider.
Tristan der brâhte Îsôte wider
sînem oeheime Marke
und strâfete in starke: 13440
»hêrre« sprach er »wizze crist,
sô liep als iu diu künegîn ist,
sô ist ez ein michel unsin,
daz ir si gebet sô lîhte hin
durch harpfen oder durch rotten.   13445
ez mac diu werlt wol spotten.
wer gesach ie mêre künigîn
durch rottenspil gemeine sîn?
her nâch sô bewâret daz
und hüetet mîner vrouwen baz!«   13450

dem König Marke abgelistet habt,
das entführe ich Euch mit der Harfe.
Ihr habt betrogen und seid nun selbst getäuscht.
Tristan ist Euch nachgeschlichen,
bis er Euch überlistet hat.
Ihr verschenkt prächtige Kleider, Freund.
Ich habe das beste,
das ich in dem Zelt finden konnte!«

Tristan ritt davon.
Gandin war über alle Maßen
traurig und betrübt.
Die Niederlage und Schande
schmerzten ihn zutiefst.
Er kehrte über das Meer zurück
beschämt und niedergeschlagen.
Die beiden Gefährten
Tristan und Isolde wandten sich heim.
Ob sie unterwegs aneinander
noch Vergnügen hatten,
ob sie sich vielleicht in den Blumen ausruhten,
darüber will ich keine Vermutungen anstellen.
Vermutungen und Annahmen will ich
meinerseits lassen.
Tristan brachte Isolde zurück
zu seinem Onkel, Marke,
und wies ihn streng zurecht:
»Herr«, sagte er, »Gott weiß,
so sehr Ihr die Königin liebt,
so unklug ist es,
daß Ihr sie so leicht weggebt
für ein Rotten- oder Harfenspiel.
Jetzt kann die Welt gut spotten:
Wer hat je eine Königin gesehen,
die um Rottenspiel zu haben war?
Unterlaßt das in Zukunft,
und behütet meine Herrin besser!«

13415
13420
13425
13430
13435
13440
13445
13450

Tristandes lob und êre
diu bluoten aber dô mêre
ze hove und in dem lande.
si lobeten an Tristande
sîne vuoge und sîne sinne.   13455
er und diu küniginne
si wâren aber vrô unde vruot,
si gâben beide ein ander muot,
sô s'iemer beste kunden.
In den selben stunden   13460
haete Tristan einen cumpanjûn,
der was ein edeler barûn,
des küneges lantsaeze,
sîn oberster truhsaeze,
und was geheizen Marjodô.   13465
der selbe was Tristande dô
gevriunt unde geminne
durch die süezen küniginne.
der truog er tougenlîchen muot,
als manec man maneger vrouwen tuot,   13470
dâ sî sich lützel kêret an.
der truhsaeze unde Tristan
si zwêne haeten under in zwein
gemeine herberge in ein
und wâren gerne ein ander mite.   13475
Ouch was des truhsaezen site,
wan Tristan schoener maere phlac,
daz er'm ie nahtes sô bî lac,
daz er bereite hin z'im sprach.
eines nahtes ez geschach,   13480
dô haete er mit Tristande
vil unde maneger hande
rede unde maere getriben

XX. Marjodo

Tristans Ruhm und Ansehen
erblühten da noch mehr
bei Hofe und im Land.
Sie priesen an Tristan
sein Können und seinen Verstand.   13455
Die Königin und er
waren wieder froh und heiter,
sie machten einander glücklich,
wann immer sie es gut konnten.
Damals   13460
hatte Tristan einen Gefährten,
der war ein vornehmer Landbaron,
ein Vasall des Königs,
sein oberster Truchseß
mit Namen Marjodo.   13465
Der war Tristan
befreundet und zugetan
um der lieblichen Königin willen,
die er im stillen verehrte,
so wie viele Männer es tun bei vielen Damen,   13470
die sich wenig darum kümmern.
Der Truchseß und Tristan
hatten miteinander
eine gemeinsame Unterkunft
und waren gerne zusammen.   13475
Auch war es eine Angewohnheit des Truchsessen,
weil Tristan schöne Geschichten erzählte,
daß er nachts so nahe bei ihm lag,
daß er bequem mit ihm sprechen konnte.
Eines Nachts geschah es,   13480
als er mit Tristan
viel und lange
erzählt und geredet hatte,

und was slâfende beliben.
der minnaere Tristan   13485
der stal sich tougenlîche dan
an sîne strichweide
ze manegem herzeleide
im selben unde der künigîn.
do er unvermeldet wânde sîn   13490
und sicher sîner dinge,
dô haete im misselinge
ir stricke, ir melde, ir arbeit
an den selben pfat geleit,
den er underwîlen ie   13495
z'Îsôte vrôlîche gie.
der was des nahtes besnît.
ouch schein der mâne zuo der zît
vil liehte und vil clâre.
Tristan nam keiner vâre   13500
noch keiner slahte merke war,
wan gieng et baltlîche dar,
dâ man im sîne tougenheit
bescheiden haete und ûf geleit.
nu er in die kemenâten kam,   13505
Brangaene ein schâhzabel nam.
vür daz lieht leinde si daz.
nune weiz ich, wie si des vergaz,
daz sî die tür offen lie
und si wider slâfen gie.   13510

Die wîle und aber daz geschach,
der truhsaeze der gesach
in sîme troume, dâ er slief,
einen eber, der ûz dem walde lief,
vreislîch unde vreissam.   13515
ûf des küneges hof er kam
schûmende unde wetzende
und sich ze wîge setzende

daß er eingeschlafen war.
Der verliebte Tristan   13485
stahl sich heimlich davon
auf seinen Wechsel
zu großem Herzenskummer
für sich und die Königin.
Weil er sich unentdeckt glaubte   13490
und seiner Sache ganz sicher,
hatte ihm das Mißgeschick
Schlingen, Fallen und Mühsal
auf denselben Pfad gelegt,
auf dem er gelegentlich   13495
freudig zu Isolde ging.
Er war über Nacht zugeschneit.
Zudem schien zu dem Zeitpunkt der Mond
hell und klar.
Tristan witterte keine Gefahr   13500
und auch keinen Verrat.
Er ging nur schnell dahin,
wo man ihm ein heimliches Treffen
arrangiert hatte.
Als er in die Kammer kam,   13505
nahm Brangäne ein Schachbrett
und stellte es vor das Licht.
Ich weiß nicht, warum sie vergaß,
die Tür zu schließen,
als sie wieder schlafen ging.   13510

Während dies geschah,
sah der Truchseß
in seinem Traum, als er schlief,
einen Eber, der aus dem Wald kam,
schrecklich und entsetzlich.   13515
Er kam zum Hof des Königs,
schäumend und die Hauer wetzend,
und griff alles an,

ûf allez daz, daz er dâ vant.
nu kam geloufen al zehant   13520
des hovegesindes michel craft.
dâ lief michel ritterschaft
umbe den eber her unde hin
und enwas doch nieman under in,
der in getorste bestân.   13525
sus liez er allez hine gân
limmende durch den palas.
dâ Markes kemenâte was,
dâ brach er zuo den türen în.
daz sîn bette solte sîn,   13530
daz zewarf er hin unde her.
mit sînem schûme solget er
daz bette und al die bettewât,
diu küneges bette bestât.
diz sâhen alle Markes man   13535
und nam sich'z doch ir keiner an.

Nu Marjodoc erwachet was,
den troum er in sîn herze las.
wan er was ime sêre ande.
hie mite rief er Tristande   13540
und wolte im sagen maere,
waz ime getroumet waere.
nun antwurte im nieman dâ.
nu rief er aber und aber sâ
und reichte mit der hant dô dar,   13545
und alse er nihtes wart gewar
noch an dem bette nieman vant,
nû bewânde er in zehant
umbe tougenlîchiu teidinc.
aber umbe sînen haelinc   13550
hin zuo der küniginne
des enhaete er keine sinne,
ern haete keinen wân dar an.

was er da vorfand.
Alsbald kam herbeigelaufen   13520
eine große Menge des Hofgesindes.
Viele Ritter liefen
um den Eber herum,
und doch war keiner unter ihnen,
der gegen ihn zu kämpfen wagte.   13525
So rannte er überall
grunzend durch den Palas.
Wo Markes Kammer war,
brach er die Tür ein.
Sein Bett   13530
warf er völlig durcheinander.
Mit seinem Geifer besudelte er
das Bett und all das Bettzeug,
das dem königlichen Bett ziemt.
Das sahen Markes sämtliche Gefolgsleute,   13535
und doch unternahm keiner etwas.

Als Marjodo aufgewacht war,
stellte er sich den Traum noch einmal vor,
denn er quälte ihn sehr.
Er rief Tristan   13540
und wollte ihm alles erzählen,
was er geträumt hatte.
Aber niemand antwortete ihm.
Er rief ihn immer und immer wieder,
langte auch mit der Hand hinüber.   13545
Und als er nichts bemerkte
und auch im Bett niemanden fand,
vermutete er sofort
Heimlichkeiten.
Aber von seinem Geheimnis   13550
mit der Königin
vermutete er nichts,
davon hatte er keine Ahnung.

doch nam er ime hin z'ime dâ van
ein vriuntlîchez zornelîn,   13555
sô liep als er im solte sîn,
daz er im niht enseite
von sîner tougenheite.
Marjodoc stuont ûf zehant
und leite an sich sîn gewant.   13560
er sleich vil lîse hin zer tür
unde wartete dervür
und sach Tristandes spor dervor.
hie mite sô volgete er dem spor
hin durch ein boumgertelîn.   13565
ouch leitete in des mânen schîn
über snê und über gras,
dâ er vor hin gegangen was,
unz an der kemenâten tür.
dâ gestuont er vorhtende vür   13570
und misseviel im al zehant,
daz er die tür als offen vant.
sus trahtete er dâ lange
nâch Tristandes gange.
er bedâhte übel unde guot.   13575
iezuo sô kam im in den muot,
Tristan der waere komen dar în
durch eteslîch juncvrouwelîn.
sô der wân iezuo was getân,
sô was al zehant sîn wân,   13580
er waere dar inne
durch die küniginne.
der wân gie hin unde her.
ze jungeste genante er
und gie vil lîse dar în   13585
und envant dâ lieht noch mânen schîn;
wan von der kerzen, diu dâ bran,
dâ gesach er lützel van.
dâ leinde ein schâhzabel vor.

Trotzdem befiel ihn deswegen
ein gelinder, freundschaftlicher Grimm,   13555
so gerne er ihn auch hatte,
daß er ihm nichts gesagt hatte
von seinem Geheimnis.
Marjodo stand sogleich auf
und zog sich an.   13560
Er schlich sich leise zur Tür,
hielt davor Ausschau
und sah Tristans Spur.
Da folgte er der Spur
durch einen kleinen Garten.   13565
Der Mondschein führte ihn
über Gras und Schnee,
wo vorher jener gegangen war,
bis hin an die Tür zur Kammer.
Davor blieb er ängstlich stehen,   13570
und ihm mißfiel sofort,
daß er die Tür so offen fand.
So überlegte er lange,
wohin Tristan gegangen sein mochte.   13574
Er dachte über harmlose und schlimme Erklärungen nach.
Zunächst fiel ihm ein,
Tristan sei dort hineingegangen
wegen irgendeines Mädchens.
Aber wenn das sein erster Verdacht war,
so vermutete er alsbald,   13580
er sei dort
wegen der Königin.
Das erwog er hin und her.
Schließlich raffte er sich auf
und trat leise ein.   13585
Er fand dort weder Licht noch Mondschein,
denn von den Kerzen, die dort brannten,
sah er nichts.
Ein Schachbrett stand davor.

sus gieng er allez enbor   13590
und greifende mit henden
an mûren unde an wenden,
biz er z'ir beider bette kam,
si beidiu samet dar an vernam
und hôrte al ir gelegenheit.   13595
diz was im inneclîche leit
und tete im in dem herzen wê,
wan er haete Îsolde allez ê
liebe unde holden muot getragen.
nu was daz allez underslagen   13600
mit hazze und mit leide.
er haete an ir dô beide
haz unde leit, leit unde haz.
in muote diz, in muote daz.
ern kunde sich verrihten niht,   13605
wie er ze dirre geschiht
alsô gewerben möhte,
als ez vuogete unde töhte.
in reizete haz unde leit
ûf die grôzen unhöfscheit,   13610
daz er ir ding lûtbaerete
und ez al dâ vermaerete.
sô zôch in aber Tristan
und diu vorhte dervan,
die er hin z'ime haete,   13615
ob er'm iht leides taete.
Sus kêrte er umbe und gie dan.
als ein geleidegeter man
leite er sich aber wider nider.
nu kam ouch Tristan schiere wider.   13620
vil lîse er an sîn bette seic.
er sweic unde jener sweic,
daz ir deweder nie wort gesprach,
daz in doch selten ê geschach
und des ê wâren ungewon.   13625

So ging er weiter,   13590
tastete sich mit den Händen
an Mauern und Wänden entlang,
bis er zu ihrem Lager kam,
die beiden dort hörte
und alles, was sie taten, mitbekam.   13595
Das schmerzte ihn sehr
und quälte sein Herz,
denn er hatte für Isolde bislang
Liebe und Zuneigung empfunden.
Das war nun alles beendet   13600
durch Haß und Schmerz.
Er erlitt durch sie
Haß und Schmerz, Schmerz und Haß.
Ihn betrübte dies und das.
Er wußte nicht,   13605
wie er sich hierbei
so verhalten könnte,
daß es angemessen und zuträglich sei.
Haß und Schmerz reizten ihn
zu der Niedertracht,   13610
ihr Verhältnis bekannt zu machen
und überall kundzutun.
Aber es verhinderte Tristan
und die Furcht,
die er vor ihm hatte,   13615
daß er ihm Schaden zufügte.
So wandte er sich ab und ging weg.
Beleidigt
legte er sich wieder nieder.
Bald kam auch Tristan zurück.   13620
Ganz leise ging er zu Bett.
Er schwieg, und jener schwieg.
Keiner von ihnen sprach ein Wort,
was nur selten geschah
und was sie vorher nicht gewohnt waren.   13625

von dirre vremede und hie von
sô sach im Tristan daz wol an,
daz er eteswaz hie van
arcwânde in sînem muote,
und haete sîne huote   13630
an rede und an gelâze
in bezzerre mâze,
dan er ê mâles taete.
nu was ez aber ze spaete.
sîn tougen was vermaeret,   13635
sîn haelinc g'offenbaeret.

Der nîdege Marjodô
der nam den künec verholne dô
und seite im, daz ein maere
dâ ze hove ensprungen waere   13640
von Îsolde und Tristande,
daz liute unde lande
harte sêre missezaeme,
daz er es war naeme
und rât dar umbe haete,   13645
waz er dar zuo getaete.
ez gienge im harte sêre
an sîn ê und an sîn êre.
ern gewuoc im aber des niht,
daz er die wâren geschiht   13650
als endeclîche weste.
der getriuweste unde der beste,
der einvalte Marke
den wunderte es starke
und volgete es ungerne,   13655
daz er den leitesterne
sîner vröuden an Îsolde
iemer bewaenen solde
an keiner slahte unguote.
doch truog er'z in dem muote   13660

An dieser Fremdheit
erkannte Tristan,
daß er irgend etwas
im stillen argwöhnte,
und er sah sich   13630
in seinen Äußerungen und seinem Verhalten
noch besser vor,
als er das zuvor getan hatte.
Aber es war zu spät.
Sein Geheimnis war bekannt   13635
und aufgedeckt.

Der mißgünstige Marjodo
nahm den König heimlich beiseite
und erzählte ihm, daß ein Gerücht
bei Hofe entstanden sei   13640
über Tristan und Isolde,
das dem Reich und dem Volk
aufs äußerste mißfiele.
Er solle Nachforschungen anstellen
und sich überlegen,   13645
was er dagegen tun könne.
Die Sache gefährde empfindlich
seine Ehe und sein Ansehen.
Er sagte ihm aber nicht,
daß er die Wahrheit   13650
genau kannte.
Der Treueste und Gütigste,
der arglose Marke,
wunderte sich darüber sehr.
Er wehrte sich dagegen,   13655
daß er den Leitstern
zu seinem Glück in Person von Isolde
jemals verdächtigen sollte
irgendeiner Schlechtigkeit.
Aber es blieb in seinen Gedanken   13660

leitlîchen unde swâre
und was in staeter vâre
alle zît und alle stunde,
ob er s'ervinden kunde
an keiner bewaerde.   13665
ir rede und ir gebaerde
daz bemarcte er allez sunder
und enkunde sî hier under
an keiner wârheit ervarn.
wan Tristan der bat sî'z bewarn   13670
und haete Îsolde kunt getân
des truhsaezen arcwân.

schmerzlich und bedrückend haften.
Ständig war er auf der Hut
zu jeder Zeit,
ob er dafür entdecken könnte
irgendeinen Beweis. 13665
Auf ihre Gespräche und ihr Benehmen
achtete er genau
und konnte sie dabei nicht
bei der Wahrheit ertappen.
Tristan hatte nämlich Isolde um Vorsicht gebeten 13670
und ihr berichtet
von dem Verdacht des Truchsessen.

Jedoch versuohte ez Marke
anclîchen unde starke
und wartete es naht unde tac.   13675
eines nahtes, dô er bî ir lac
und sî zwei triben under in
ir wehselrede her unde hin,
er rihtete unde leite
mit einer kündekeite   13680
einen stric der küniginne
und vienc si ouch dar inne.
»nu vrouwe« sprach er »saget mir,
wie dunket iuch, wie râtet ir?
ich wil in kurzen zîten   13685
in beteverte rîten
und bin vil lîhte lange in wege.
in wes huote und in wes pflege
welt ir al die wîle sîn?«
»got segene!« sprach diu künigîn   13690
»durch nôt sprechet ir daz!
in wes huote waere ich baz
und iuwer liut und iuwer lant
danne in iuwers neven hant,
der unser wol gepflegen kan?   13695
iuwer swestersun, hêr Tristan,
der ist manhaft unde wîs
und wol bedaehtic alle wîs.«

Die rede begunde Marke
bewaenen harte starke   13700
und misseviel im harte.
sîne lâge und sîne warte
leite er ir aber mê unde mê
und huote ir aber mê dan ê

XXI. List und Gegenlist

Trotzdem überprüfte Marke es
eingehend und genau
und beobachtete sie Tag und Nacht. 13675
Eines Nachts, als Marke bei ihr lag
und sie sich miteinander
unterhielten,
bereitete und legte er
mit Schlauheit 13680
eine Schlinge für die Königin,
in der er sie auch fing.
»Sagt mir, Herrin«, meinte er,
»was glaubt und wozu ratet Ihr?
Ich will demnächst 13685
eine Wallfahrt machen
und bin wahrscheinlich lange unterwegs.
In wessen Obhut und Schutz
würdet Ihr währenddessen gerne sein?«
»Bei Gott!« antwortete die Königin. 13690
»Wie könnt Ihr fragen!
In wessen Obhut wäre ich besser aufgehoben
und Euer Reich und Euer Volk
als in der Hand Eures Neffen,
der uns gut beschützen kann? 13695
Der Sohn Eurer Schwester, Herr Tristan,
ist tapfer und klug
und wohlbesonnen in allem.«

Diese Antwort fand Marke
höchst verdächtig, 13700
und sie mißfiel ihm sehr.
Er belauerte und beobachtete
sie mehr und mehr
und paßte genauer als jemals auf sie auf.

und seite dem truhsaezen sâ,   13705
als er ez haete ervunden dâ.
der truhsaeze antwurte im dô
»zewâre hêrre, im ist alsô.
ir muget hie selbe merken an,
daz sî sich niht gehelen kan   13710
der grôzen liebe, die s'im treit,
und ist ein michel tumpheit,
daz ir in lîdet dâ bî.
als liep iu wîp und êre sî,
so enlîdet in nimêre.«   13715
diz muote Marken sêre.
der zwîvel unde der arcwân,
den er zem neven solte hân,
der tôte in z'allen stunden,
und in ouch unervunden   13720
und unervaren haete
an aller slahte untaete.

Diu betrogen Îsôt diu was dô vrô.
si seite Brangaenen dô
vil vrôlîche lachende   13725
und michel vröude machende
von ir hêrren betevart,
und ouch wie sî gevrâget wart,
in wes pflege si wolte sîn.
Brangaene sprach dô: »vrouwe mîn,   13730
lieget mir niht und saget mir,
sô helfe iu got, wen ieschet ir?«
Îsôt seite ir die wârheit,
rehte alse ez dâ wart ûf geleit.
»â tumbe!« sprach Brangaene dô   13735
»war umbe sprâchet ir alsô?
swaz sô hier an geredet ist,
daz hoere ich wol, daz ist ein list,
und weiz vür wâr, daz disen rât

Sogleich sagte er dem Truchseß,   13705
was er herausgefunden hatte.
Der Truchseß antwortete ihm:
»Wahrhaftig, Herr, es ist so.
Hieran könnt Ihr selbst sehen,
daß sie nicht verbergen kann   13710
die große Liebe, die sie für ihn empfindet,
und es ist eine große Torheit,
daß Ihr ihn bei Hofe duldet.
Wenn Euch Eure Frau und Euer Ansehen lieb sind,
dann duldet ihn nicht länger.«   13715
Das bedrückte Marke sehr.
Der Verdacht und Argwohn,
den er gegenüber seinem Neffen haben sollte,
marterte ihn unentwegt,
obwohl er ihm noch nicht belegt   13720
und bewiesen hatte
irgendein Vergehen.

Die betrogene Isolde freute sich.
Sie berichtete Brangäne
mit fröhlichem Lachen   13725
und großem Jubel
von der Wallfahrt ihres Herrn
und auch, daß er sie gefragt hatte,
in wessen Obhut sie sein möchte.
Brangäne fragte: »Herrin,   13730
belügt mich nicht und sagt mir,
wen nanntet Ihr, bei Gott?«
Isolde berichtete ihr wahrheitsgemäß,
ganz wie alles geplant war.
»Wie naiv!« rief Brangäne da.   13735
»Warum habt Ihr das nur gesagt?
Was Ihr da besprochen habt,
das sehe ich schon, ist eine Falle.
Und ich weiß gewiß, daß diesen Rat

der truhsaeze ûf geleget hât.   13740
hie mite sô wellent s'iuch ervarn.
ir sult iuch her nâch baz bewarn.
gewehene er's iu iht mêre,
sô tuot, als ich iuch lêre.
sprechet sus unde sô.«   13745
ir vrouwen lêrte si dô,
waz antwürte ir gebaere
ze disen listen waere.

Hier under was ie Marke
bekumbert harte starke   13750
mit zweier hande leide:
in leideten beide
der zwîvel unde der arcwân,
den er haete und muose hân.
er arcwânde genôte   13755
sîn herzeliep Îsôte.
er zwîvelte an Tristande,
an dem er niht erkande,
daz valsche gebaere
und wider den triuwen waere.   13760
sîn vriunt Tristan, sîn vröude Îsôt
diu zwei wâren sîn meistiu nôt.
si twungen ime herze unde sin.
er arcwânde sî und in
und zwîvelte sî ouch beide.   13765
dem gebeidetem leide
dem gieng er rehte nâch dem site
und nâch dem billîche mite.
wan alse er an Îsolde
der liebe dienen wolde,   13770
sô wante es in der arcwân.
dem wolte er danne ie nâch gân
und volgen ûf die wârheit.
als ime diu danne wart verseit,

der Truchseß ersonnen hat. 13740
Damit wollen sie Euch ausforschen.
Ab jetzt müßt Ihr besser achtgeben.
Wenn er noch einmal darauf zurückkommt,
tut, was ich Euch vorschlage.
Sprecht so und so ...« 13745
Und sie zeigte ihrer Herrin,
welche Antworten ihr passend
auf diese List schienen.

Währenddessen wurde Marke unentwegt
schwer bedrückt 13750
durch zweierlei Kummer:
Ihn schmerzten
der Verdacht und der Argwohn,
den er hegte und hegen mußte.
Er beargwöhnte 13755
seine geliebte Isolde.
Er verdächtigte Tristan,
an dem er nichts bemerkte,
das Betrug enthielt
oder treulos wäre. 13760
Sein Freund Tristan und seine Freude, Isolde,
diese beiden waren sein größter Kummer.
Sie bedrückten ihm Herz und Gemüt.
Er beargwöhnte sie und ihn
und verdächtigte beide. 13765
Das gedoppelte Leid
ertrug er ganz nach Brauch
und so, wie es alle tun.
Wenn er mit Isolde
sein Vergnügen haben wollte, 13770
hinderte ihn daran sein Argwohn.
Dem wollte er dann immer nachgehen
und die Wahrheit herausfinden.
Wenn die ihm aber verschlossen blieb,

sô tete im aber der zwîvel wê,   13775
sô was ez aber rehte als ê.

Waz mag ouch liebe nâher gân
dan zwîvel und arcwân?
waz anget liebe gernden muot
sô sêre, sô der zwîvel tuot?   13780
dâ mite enweiz er, war er sol;
wan iezuo sô geswüere er wol
von eteslîcher ungeschiht,
die er gehoeret oder gesiht,
er waere ûf dem ende.   13785
ê man die hant gewende,
sô widerwirfet sich daz
und gesiht aber eteswaz,
daz im aber zwîvel birt,
dâ von er aber verirret wirt.   13790
wan daz ez al diu werlt tuot,
sô ist ez ein harte unwîser muot
und ist ein michel tumpheit,
daz man an liebe zwîvel treit.
wan nieman ist mit liebe wol,   13795
an dem er zwîvel haben sol.
so ist aber noch sêrre missetân,
swer sô den zwîvel unde den wân
ûf die gewisheit bringet.
wan swanne er daz erringet,   13800
daz er den zwîvel wâren weiz,
swes er sich ie dâ vor gevleiz
ze pirsene ûf die wârheit,
daz ist im danne ein herzeleit
vor allem herzeleide.   13805
diu vorderen beide,
diu im ê beswaereten den muot,
diu diuhten in danne guot.
möhte er si danne wider hân,

schmerzte ihn wieder der Verdacht. 13775
Dann war es wieder genau wie vorher.

Was kann die Liebe auch mehr beeinträchtigen
als Argwohn und Verdacht?
Was bedrückt einen Verliebten
so sehr, wie es der Verdacht vermag? 13780
So weiß er nicht wohin.
Jetzt würde er noch schwören
bei einem Unrecht,
von dem er hört oder das er sieht,
er sei ihm auf den Grund gekommen. 13785
Aber im Handumdrehen
ändert sich das,
und er entdeckt wieder etwas,
das ihn erneut Verdacht schöpfen läßt
und das ihn abermals verwirrt. 13790
Wenngleich alle Welt es tut,
ist es doch sehr töricht
und eine große Dummheit,
an der Liebe zu zweifeln.
Denn man kann nicht jemanden lieben, 13795
den man zugleich verdächtigt.
Es ist aber ein noch größerer Fehler,
wenn einer seinen Verdacht und Argwohn
zur Gewißheit machen will.
Denn wenn es ihm gelingt, 13800
seinen Verdacht zu bestätigen,
das, worum er sich immer bemüht hat,
bis zur sicheren Erkenntnis zu verfolgen,
dann ist diese Herzensqual für ihn
schlimmer als alle anderen. 13805
Die beiden früheren Sorgen,
die ihn vorher bekümmerten,
die erscheinen ihm dann leicht.
Wenn er sie wiederbekommen könnte,

sô naeme er zwîvel unde wân,   13810
daz er der wâren künde
niemer niht bevünde.
sus kumet, daz übel übele vrumet,
biz daz daz ergere kumet.
sô daz danne wirs tuot,   13815
sô diuhte danne übel guot.
swie swaere an liebe zwîvel sî,
ern ist nie sô swaere bî,
man lîde in vil und verre baz
dan den bewaereten haz.   13820
ouch mag daz nieman verbern,
diu liebe müeze zwîvel bern.
zwîvel sol an liebe wesen.
mit dem muoz liebe genesen.
die wîle sî den zwîvel hât,   13825
die wîle mag ir werden rât.
sô sî die wârheit ersiht,
zehant enist ir dinges niht.
ouch hât diu liebe einen site,
dâ sî sich allermeiste mite   13830
verwirret und verworren hât:
swâ ir dinc nâch ir willen stât,
dane wil si keiner staete warn,
dâ lât si harte lîhte varn.
und swâ sô sî den zwîvel siht,   13835
dâ von enscheidet sî sich niht,
dar ist ir nôt unde gâch.
dem gât si lâgende nâch
und strebet noch mêre durch daz dar,
daz sî ir herzeleit ervar   13840
dan durch die lust, die sî dar an
ervinden unde gehaben kan.
dem selben sinnelôsen site
dem gieng ouch Marke vaste mite.
er wante spâte unde vruo   13845

so würde er Verdacht und Argwohn wählen,   13810
damit er die Wahrheit
niemals herausfände.
So kommt es, daß Übel Übel bewirkt,
bis noch Schlimmeres geschieht.
Wenn das dann noch mehr schmerzt,   13815
erscheint das frühere Übel angenehm.
Wie schmerzlich auch der Verdacht in der Liebe ist,
so ist er doch nicht so schmerzlich,
daß man ihn nicht doch viel lieber ertrüge
als erwiesenen Betrug.   13820
Niemand kann übrigens etwas dagegen tun,
daß Liebe nun einmal Verdacht hervorbringt.
Zweifel gehört zur Liebe.
Mit ihm erhält sie sich am Leben.
Solange sie noch zweifelt,   13825
solange kann ihr Hilfe werden.
Wenn sie die Wahrheit erfährt,
gibt es für sie keine Rettung mehr.
Zudem hat die Liebe eine Eigenschaft,
durch die sie sich am meisten   13830
verwirrt und verworren hat:
Wo ihr alles nach Wunsch verläuft,
da legt sie auf Beständigkeit keinen Wert
und gibt sehr schnell auf.
Wo sie aber Zweifel hat,   13835
mag sie sich davon nicht trennen
und strebt besessen und eilig hin.
Dem stellt sie nach
und bemüht sich mehr darum,
ihren tiefsten Kummer zu erfahren,   13840
als um die Freude, die sie dort
finden und genießen könnte.
Diesem unsinnigen Brauch
folgte auch Marke genau.
Von früh bis spät verwendete er   13845

allen sînen sin dar zuo,
daz er den zwîvel unde den wân
gerne haete hin getân
und daz er mit der wârheit
ûf sîn herzeclîchez leit   13850
vil gerne komen waere.
des was er gevaere.

Aber kam ez eines nahtes sô,
als er ez unde Marjodô
ensamet haeten ûf geleit,   13855
daz er aber sîne kündekeit
Îsolde vür leite
und sî mit kündekeite
gerne haete ervaren baz.
dô verkêrte sich daz.   13860
den stric, den er ir rihtete
und ûf ir schaden tihtete,
dâ vie diu küniginne
den künec ir hêrren inne
mit ir Brangaenen lêre.   13865
dâ half Brangaene sêre.
dâ vrumete in beiden samet, daz list
wider list gesetzet ist.
der künec der twanc die künigîn
vil nâhen an daz herze sîn   13870
und kuste sî ze maneger stunt
in ir ouge und in ir munt.
»schoene« sprach er »nû enist mir
niht herzeclîche liep wan ir.
und ich von iu nu scheiden sol,   13875
daz wizze got von himele wol,
daz nimet mir mîne sinne.«
diu gelêrte küniginne
si stiez sin wider sin.
siuftende sprach si wider in: 13880

seinen ganzen Verstand darauf,
sich von dem Verdacht und Argwohn
zu befreien
und durch sichere Beweise
seinen Herzenskummer   13850
zu ergründen zu streben.
Darauf war er ganz versessen.

Wieder geschah es eines Nachts,
wie Marjodo und er
es gemeinsam geplant hatten,   13855
daß er abermals seine Schlauheit
an Isolde versuchte
und sie listig
noch weiter ausfragen wollte.
Doch verkehrte es sich ins Gegenteil.   13860
In der Schlinge, die er ihr legte
und zu ihrem Verderben ersonnen hatte,
fing nun die Königin
den König, ihren Gemahl,
wie Brangäne es ihr gezeigt hatte.   13865
Hier war Brangäne eine große Hilfe.
Hier half ihnen beiden, daß Klugheit
gegen Klugheit eingesetzt wurde.
Der König drückte die Königin
eng an seine Brust   13870
und küßte immer wieder
ihre Augen und ihren Mund.
»Schöne«, sagte er, »nichts
liebe ich so sehr wie Euch.
Daß ich mich von Euch jetzt trennen muß,   13875
Gott im Himmel weiß es,
das raubt mir fast den Verstand.«
Die gewitzte Königin
parierte Schläue mit Schläue.
Seufzend erwiderte sie: 13880

»owê mir, inneclîche owê!
owê! nu wânde ich allez ê,
daz diz vertâne maere
durch schimpf gesprochen waere.
nu hoere ich unde weiz ez wol,   13885
daz ez ein ernest wesen sol.«
si huob an unde begunde
mit ougen und mit munde
leitlîche clage erscheinen,
sô clegelîche weinen,   13890
daz sî dem einvalten man
sînen zwîvel allen an gewan
und wol gesworen haete,
daz sî'z von herzen taete.
wan an den vrouwen allen   13895
enist nimêre gallen,
alsô man ûz ir munde giht,
noch enhabent dekeiner trüge niht
noch aller valsche keinen,
wan daz si kunnen weinen   13900
âne meine und âne muot,
als ofte sô si dunket guot.
Îsôt diu weinde starke.
der geloubege Marke
»schoene« sprach er »saget mir,   13905
waz wirret iu, waz weinet ir?«
»ich mag wol weinen« sprach Îsôt
»clage ich, daz tuot mir michel nôt.
ich bin ein ellende wîp
und hân nimê wan einen lîp   13910
und sô vil sinne, sô ich hân.
diu zwei hân ich sô gâr verlân
an iuch und iuwer minne,
daz ich in mînem sinne
niht dinges kan gemeinen   13915
noch geminnen wan iuch einen.

»O weh, welch schrecklicher Jammer!
Ich habe bisher geglaubt,
daß diese unselige Nachricht
als Spaß gemeint war.
Und nun höre und begreife ich, 13885
daß es Ernst ist.«
Sie begann,
mit Augen und Mund
tiefen Schmerz zu zeigen
und so jämmerlich zu weinen, 13890
daß sie dem leichtgläubigen Mann
all seinen Verdacht raubte
und er geschworen hätte,
daß sie es ehrlich meinte.
Denn an den Frauen 13895
ist nicht mehr Bosheit
(um mit ihren eigenen Worten zu sprechen),
und sie haben keine Tücke
und keine Falschheit,
außer daß sie weinen können 13900
ohne jeden Grund,
sooft sie wollen.
Isolde weinte heftig.
Der leichtgläubige Marke
fragte: »Sagt mir, Schöne, 13905
was bestürzt Euch, worüber weint Ihr?«
Isolde antwortete: »Ich habe allen Grund zu weinen.
Ich kann nicht anders, ich muß klagen.
Ich bin eine Frau in der Fremde
und habe nichts als mein Leben 13910
und meinen Verstand.
Beides habe ich so völlig anheimgegeben
Euch und Eurer Liebe,
daß ich mit meinen Gedanken
nichts schätzen 13915
oder lieben kann als Euch allein.

mirn ist niht rehte liep wan ir
und weiz daz wârez, daz ir mir
sô holdez herze niht entraget,
als ir gebâret unde saget.   13920
daz ir den muot gewunnet ie,
daz ir hin vüeret und mich hie
in dirre vremede soltet lân,
dâ bî mac ich mich wol enstân,
daz ich iu vil unmaere bin.   13925
des sol mîn herze und mîn sin
vil selten iemer werden vrô.«
»war umbe, schoene?« sprach er dô
»ir habet doch z'iuwerre hant
beidiu liute unde lant,   13930
diu sint iuwer unde mîn.
dar über sît gebietaerîn.
daz sol z'iuwerm gebote stân.
swaz ir gebietet, deist getân.
die wîle ouch ich bin under wegen,   13935
die wîle sô müeze iuwer pflegen,
der iuwer wol gepflegen kan:
mîn neve der höfsche Tristan.
der ist bedaehtic unde wîs,
der vlîzet sich in alle wîs,   13940
wie er iu vröude und êre
gemache unde gemêre.
dem getrûwe ich alse wol,
als ich von grôzem rehte sol.
dem sît ir liep, alsô bin ich.   13945
der tuot ez durch iuch und durch mich.«

»Hêr Tristan?« sprach diu schoene Îsôt
»zewâre ich waere gerner tôt
und ê wolt ich begraben sîn,
ê danne ich mit dem willen mîn   13950
in sîner pflege waere.

Nichts ist mir so lieb wie Ihr,
und ich weiß genau, daß Ihr mich
nicht so sehr liebt,
wie Ihr vorgebt und sagt.   13920
Daß Ihr Euch überhaupt entschließen konntet,
wegzufahren und mich hier
in dieser Fremde zurückzulassen,
daran kann ich deutlich erkennen,
daß ich Euch ganz gleichgültig bin.   13925
Deshalb wird mein Herz und mein Gemüt
niemals wieder froh.«
»Warum, Schöne?« fragte er da.
»Euch stehen zur Verfügung
das Reich und das Volk,   13930
die Euch wie mir gehören.
Ihr gebietet über sie,
und Euch sollen sie zu Gebote stehen.
Was Ihr befehlt, wird getan.
Solange ich unterwegs bin,   13935
soll Euch beschützen,
der Euch gut beschützen kann:
mein Neffe, der fein gebildete Tristan.
Er ist umsichtig und klug,
er bemüht sich auf alle erdenkliche Weise darum,   13940
wie er Euch Freude und Ehre
bereiten und vermehren kann.
Dem traue ich so,
wie ich allen Grund dazu habe.
Ihr seid ihm so lieb wie ich.   13945
Er tut es Euch und mir zuliebe.«

Die schöne Isolde meinte: »Herr Tristan?
Wahrlich, ich wäre lieber tot
und wollte eher begraben sein,
als daß ich mit meiner Zustimmung   13950
in seiner Obhut wäre.

der selbe lôsaere,
der ist mir z'allen zîten
gelîchsende an der sîten
und allez smeichende bî   13955
und giht, wie liep ich im sî.
iedoch weiz got wol sînen muot,
in welhen triuwen er ez tuot.
ouch weiz ich's selbe genuoc.
wan er mir mînen oeheim sluoc   13960
und an mir vürhtet den haz,
durch die vorhte und umbe daz
ist er mich allez streichende,
listende unde smeichende
in einem velschlîchem site   13965
und waenet allez dâ mite
erwerben mîne vriuntschaft.
nu hât ez aber arme craft,
sîn smeichen hilfet cleine.
und weizgot wan ir eine,   13970
daz ich durch iuch noch mêre
dan durch mîn selbes êre
vriuntlîche dar gebâre,
sone gesaehe ich in zewâre
mit vriundes ougen niemer an.   13975
und sît ich niht verberen kan,
ine müeze in hoeren unde sehen,
sô sol ez aber alsô geschehen,
daz mînes herzen dâ bî
und mîner triuwen lützel sî.   13980
ich hân, daz ist unlougen,
mit herzelôsen ougen,
mit lügelîchem munde
dicke und ze maneger stunde
an in gewendet mînen vlîz   13985
niuwan durch den itewîz.
man sprichet von den vrouwen daz,

Dieser Heuchler
ist unentwegt
trügerisch an meiner Seite
und umschmeichelt mich   13955
und sagt, wie sehr er mich schätze.
Aber Gott kennt sein Herz und weiß,
wie aufrichtig er dabei ist.
Ich selbst weiß es genau.
Weil er meinen Onkel erschlagen hat   13960
und meinen Haß fürchtet,
wegen dieser Angst und deshalb
tut er immer schön mit mir,
heuchelt und schmeichelt
voller Falschheit   13965
und glaubt, dadurch
meine Zuneigung zu erringen.
Aber das hat keine Wirkung,
sein Schmeicheln hilft ihm nicht.
Und weiß Gott, wäret nicht Ihr,   13970
um dessentwillen ich eher
als wegen meiner eigenen Ehre
freundlich zu ihm bin,
dann würde ich ihn gewiß
niemals mit freundlichen Augen ansehen.   13975
Und weil ich nicht verhindern kann,
ihn zu hören und zu sehen,
soll es wenigstens so sein,
daß weder mein Herz
noch meine Zuneigung dabei ist.   13980
Ich habe, das ist nicht zu leugnen,
mit unbeteiligten Augen
und lügenhaftem Mund
häufig
meine Aufmerksamkeit ihm zugewendet,   13985
nur um jeden Vorwurf auszuschließen.
Man sagt von Damen,

si tragen ir manne vriunden haz.
durch daz hân ich im dicke
mit manegem lüggem blicke,   13990
mit herzelôsem munde
betrogen sîne stunde,
daz er wol gesworen haete,
daz ich'z von herzen taete.
Hêrre, enlât iuch niht dar an.   13995
iuwer neve, mîn hêr Tristan
dern gepfliget mîn niemer tac.
ob ich's iuch erbiten mac,
ir müezet mîn zwâre under wegen,
ob ir gebietet, selbe pflegen.   14000
swar ir wellet, dar wil ich,
ir eine enwendet es mich
und es enirre mich der tôt.«
sus lôsete diu lôse Îsôt
wider ir hêrren unde ir man,   14005
biz daz si'm lôsend an gewan
beidiu zwîvel unde zorn
und er wol haete gesworn,
daz ir ernest waere.
Marke der zwîvelaere   14010
der was dâ wider ze wege komen.
sîn gesellîn diu haete ime benomen
beidiu zwîvel unde wân.
ez was allez wol getân,
daz sî gesprach unde getete.   14015
der künec der seite sâ ze stete
dem truhsaezen von grunde,
so er ebeneste kunde,
ir antwürte unde ir maere,
und an ir dingen waere   14020
dekeiner slahte valscheit.
diz was dem truhsaezen leit
und tete im in dem herzen wê.

sie haßten die Freunde ihrer Männer.
Deshalb habe ich ihm oft
mit vielen verlogenen Blicken   13990
und unverbindlichen Reden
die Zeit vertrieben,
so daß er hätte schwören können,
ich täte es aus ganzem Herzen.
Herr, kehrt Euch nicht daran.   13995
Euer Neffe, Herr Tristan,
soll mich niemals auch nur einen Tag lang schützen.
Wenn ich Euch darum bitten darf,
so müßt Ihr mich gewiß unterwegs,
falls Ihr befehlt, selbst beschützen.   14000
Wohin Ihr wollt, dahin will auch ich,
wenn Ihr allein es mir nicht versagt
und der Tod mich nicht daran hindert.«
So heuchelte die schlaue Isolde
ihrem Herrn und Mann etwas vor,   14005
bis sie ihm listig nahm
seinen Verdacht und seinen Zorn
und er geschworen hätte,
daß sie es ernst meinte.
Der schwankende Marke   14010
war wieder im Gleichgewicht.
Seine Gefährtin hatte ihm geraubt
Zweifel und Verdacht.
Alles war richtig,
was sie sagte und tat.   14015
Der König berichtete sofort
ausführlich dem Truchseß,
so gut er konnte,
was sie geantwortet und gesagt hatte
und daß an ihr   14020
keine Falschheit sei.
Der Truchseß bedauerte das,
und es tat ihm im Herzen weh.

iedoch lêrte er in aber dô mê
und seite im, wie er Îsolde   14025
aber versuochen solde.

Des nahtes, dô Marke aber lac,
sîner bettemaere mit ir pflac,
er leite ir aber mit vrâge
sîne stricke und sîne lâge   14030
unde betrouc si aber dar în.
»seht« sprach er »vrouwe künigîn,
ich waene, es muoz uns nôt geschehen.
nu lât mich kiesen unde sehen,
wie vrouwen kunnen lant bewarn.   14035
vrouwe, ich muoz von dem lande varn,
und ir hie derbî bestân
bî mînen vriunden, die ich hân.
ez sî der mâc, ez sî der man,
der mir dekeines guotes gan,   14040
der muoz iu guot und êre bern,
als ir an in es wellet gern.
und swer iu niht vil senfte bî
und liep in iuwern ougen sî
under vrouwen unde mannen,   14045
die scheidet alle dannen.
irn sult wider iuwerm muote
an liuten noch an guote
niht weder hoeren noch gesehen,
dar an iu leide müge geschehen.   14050
ine wil ouch niht des minnen
von herzen noch von sinnen,
dem ir unholdez herze traget.
daz sî iu vür wâr gesaget.
weset ir vrô unde vruot   14055
und lebet, swie iuch dunke guot.
dâ habet ir mînen willen an.
und sît mîn neve Tristan

Trotzdem riet er ihm abermals
und sagte ihm, wie er Isolde   14025
noch einmal auf die Probe stellen sollte.

Als eines Nachts Marke wieder im Bett lag
und sich mit ihr unterhielt,
legte er ihr erneut mit Fragen
seine Schlingen und Fallen   14030
und lockte sie abermals hinein.
»Seht«, sagte er, »königliche Herrin,
ich fürchte, wir werden in Bedrängnis geraten.
Nun laßt mich prüfen und sehen,
wie eine Dame das Reich schützen kann.   14035
Herrin, ich muß fort,
und Ihr sollt hier bleiben
bei meinen Vertrauten, die ich habe.
Sowohl meine Verwandten als auch meine Vasallen,
die mir wohlwollen,   14040
die werden Euch Reichtümer und Ansehen geben,
soviel Ihr von ihnen wollt.
Und wer auch immer Euch nicht angenehm
und Euren Augen nicht lieb ist
unter den Männern und Frauen,   14045
die schickt alle fort.
Gegen Eure Neigung sollt Ihr
weder Leute noch Dinge
hören oder sehen müssen,
die Euch verstimmen könnten.   14050
Auch ich will den nicht schätzen
von Herzen oder mit dem Verstand,
den Ihr nicht mögt.
Das laßt Euch versichern.
Seid froh und heiter,   14055
und lebt nach Eurem Belieben.
Dazu habt Ihr meine Zustimmung.
Und da mein Neffe Tristan

unsenfte in iuwerm herzen ist,
sô scheide ich in in kurzer vrist   14060
von hove und von gesinde,
swie ich die vuoge vinde.
er sol ze Parmenîe varn
und sol sîn selbes dinc bewarn.
des ist im unde dem lande nôt.«   14065

»Genâde hêrre« sprach Îsôt
»ir redet getriulîche unde wol.
sît ich an iu nu wizzen sol,
daz ir daz gerne unmaeret,
daz mînem herzen swaeret,   14070
sô dunket ouch mich reht dâ bî,
swaz iuwern ougen senfte sî
und iuwerm muote lîche,
daz ich dar an entwîche,
sô ich verreste müge,   14075
und swaz iu z'iuwern êren tüge,
daz ich dâ spâte unde vruo
rât unde helfe biete zuo.
und seht ir, hêrre, waz ir tuot.
ez enwirt mîn rât noch mîn muot   14080
weder hiute noch niemer,
daz ir iuwern neven iemer
von iuwerm hove gekêret,
wan sô waere ich g'unêret.
dâ mite sô seite man zehant   14085
über hof und über lant,
ich haete iu gerâten daz
durch die schulde und durch den haz,
daz er mînen oeheim sluoc.
dâ würde rede von genuoc,   14090
diu mir lasterbaere
und iu kein êre waere.
ine gevolge es niemer,

Eurem Herzen unangenehm ist,
trenne ich ihn binnen kurzem   14060
vom Hof und Gesinde,
sobald ich eine Gelegenheit finde.
Er soll nach Parmenien gehen
und sich um seine eigenen Angelegenheiten kümmern.
Das ist sowohl für ihn als auch für sein Reich notwendig.«

»Danke, Herr«, erwiderte Isolde,   14066
»Ihr redet aufrichtig und klug.
Da ich von Euch nun weiß,
daß Ihr bereitwillig alles verschmäht,
was mich betrübt,   14070
so erscheint es mir richtig,
daß auch ich allem, was Ihr gerne habt
und was Euch erfreut,
nachgebe,
so gut ich kann,   14075
und daß ich alles, was Eurem Ansehen zuträglich ist,
von früh bis spät
fördere und unterstütze.
Seht nun, Herr, was Ihr tun solltet.
Es wird mein Vorschlag oder meine Absicht   14080
weder jetzt noch in Zukunft sein,
daß Ihr Euren Neffen jemals
vom Hofe entfernen sollt,
denn das würde meinem Ansehen abträglich sein.
Dadurch würde man sofort sagen   14085
bei Hofe und im Reich,
ich hätte Euch dazu geraten
aus Haß und als Strafe dafür,
daß er meinen Onkel erschlagen hat.
Dadurch würde viel Gerede entstehen,   14090
das mir schändlich
und Eurem Ansehen schädlich wäre.
Niemals werde ich zulassen,

daz ir durch mich iemer
iuwer vriunt g'unmaeret   14 095
oder ieman beswaeret
und hazzet durch den willen mîn,
dem ir genaedic sület sîn.
Ouch sult ir iuch versinnen:
und kêret ir von hinnen,   14 100
wer beschirmet iuwer zwei lant?
diu enstânt in eines wîbes hant
noch wol noch vridelîche.
swer zweier künicrîche
reht und nâch êren pflegen sol,   14 105
der bedarf sinne und herzen wol.
so enist in disen zwein landen
âne mînen hêrn Tristanden
kein hêrre, lâzet ir'n dâ bî,
daz er den landen vrume sî.   14 110
âne in sô kumet dâ nieman zuo,
durch den man lâze oder tuo.
ist daz urliuges nôt geschiht,
des man sich alle tage versiht
und z'allen zîten muoz versehen,   14 115
sô mag ez lîhte alsô geschehen,
daz uns dâ misselinget an.
sô wirt mir mîn hêr Tristan
mit itewîze und mit archeit
dicke under ougen geleit.   14 120
sô wirt des maeres vil gelesen:
›waere Tristan hie gewesen,
uns enwaere niht ze dirre vrist
sô misselungen, alse ez ist.‹
und werdent mir dan alle   14 125
mit gemeinem schalle
gebende die schulde,
ich habe im iuwer hulde
iu und in ze schaden verlorn.

daß Ihr jemals um meinetwillen
Euren Freund verstoßt   14095
oder irgend jemanden betrübt
und haßt auf mein Betreiben,
dem Ihr gewogen sein solltet.
Außerdem bedenkt:
Wenn Ihr weggeht,   14100
wer beschützt dann Eure beiden Reiche?
In der Hand einer Frau sind sie
weder gut noch sicher aufgehoben.
Wer sich um zwei Königreiche
gerecht und ehrenvoll kümmern soll,   14105
der braucht Verstand und Mut.
In beiden Reichen aber ist
außer Herrn Tristan
niemand, der, wenn Ihr ihn gewähren ließet,
dem Reiche von Nutzen wäre.   14110
Außer ihm gibt es niemanden,
auf dessen Befehl etwas getan oder unterlassen wird.
Wenn ein Krieg ausbricht,
was man jeden Tag befürchten
und worauf man immer gefaßt sein muß,   14115
dann kann es leicht geschehen,
daß es uns schlimm ergeht.
Dann würde mir Herr Tristan
vorwurfsvoll und boshaft
immer wieder vorgehalten.   14120
Dann wird unausgesetzt gesagt:
›Wenn Tristan hier gewesen wäre,
dann wäre es uns nicht
so schlecht ergangen, wie es nun geschehen ist.‹
Und alle werden mir dann   14125
mit einhelligem Geschrei
die Schuld geben,
daß ich ihm Eure Gunst
zu Eurem und ihrem Nachteil geraubt hätte.

hêrre, ez ist bezzer verborn.   14130
versinnet iuch der dinge baz.
bedenket diz unde daz.
eintweder lât mich mit iu varn
oder heizet in diu lant bewarn.
swie sô mîn herze hin z'im sî,   14135
erst mir doch lieber dâ bî,
danne ob uns ein ander man
sûme unde velle dar an.«

Der künec enstuont sich al zehant,
daz al ir herze was gewant   14140
ze Tristandes êren,
und begunde ouch iesâ kêren
an zwîvel unde an wân als ê.
hie von sô was er aber dô mê
versunken und vervallen   14145
wider in die zorngallen.
Îsôt tet ouch Brangaenen kunt
ir beider rede unz ûf den grunt
und seite ir wider diz unde daz,
daz sî nie wortes vergaz.   14150
diz was Brangaenen sêre leit,
daz s'alsô haete geseit
und daz diu rede ergangen was.
einen niuwen brief s'ir aber dô las,
waz aber ir rede solte sîn.   14155
Des nahtes, dô diu künigîn
z'ir hêrren aber slâfen kam,
under ir arme sî in nam.
si halseten, si kusten,
z'ir senften linden brusten   14160
twanc sî'n vil harte nâhen
und begunde aber dô vâhen
wider an ir wortlâge
mit antwürte und mit vrâge.

Laßt das besser, Herr. 14130
Überlegt Euch alles genauer.
Bedenkt dies und das.
Entweder laßt mich mit Euch reisen
oder von ihm das Reich beschützen.
Wie auch immer ich zu ihm stehe, 14135
so hätte ich ihn doch lieber hier,
als wenn uns irgend jemand sonst
enttäuschte und zu Schaden brächte.«

Der König erkannte sofort,
daß ihre Überlegungen 14140
dem Ansehen Tristans galten,
und er gab sich gleich wieder
dem Zweifel und Argwohn hin wie vorher.
Dadurch begann er noch tiefer als zuvor
zu versinken und zu stürzen 14145
erneut in bitteren Zorn.
Isolde berichtete Brangäne
ausführlich von dem Gespräch
und wiederholte dies und das,
um nur kein Wort zu vergessen. 14150
Es schmerzte Brangäne sehr,
daß sie so gesprochen hatte
und das Gespräch so verlaufen war.
Sie riet ihr erneut,
was sie sagen sollte. 14155
Als am Abend die Königin
mit ihrem Gemahl schlafen ging,
nahm sie ihn in die Arme.
Sie umarmte, sie küßte ihn,
an ihre lieblichen zarten Brüste 14160
drückte sie ihn ganz eng
und begann erneut
ihr verfängliches Gespräch
mit Fragen und Antworten.

»hêrre« sprach si »saget mir   14165
durch mînen willen: habet ir
von rehtem ernest ûf geleit
iuwer dinc, als ir mir habet geseit
von mînem hêrn Tristande,
daz ir in wider ze lande   14170
welt senden durch den willen mîn?
möhte ich der rede gewis sîn,
ich wolte es iu genâde sagen
hiute unde in allen mînen tagen.
hêrre, ich getrûwe iu harte wol,   14175
als ich wol mac und alse ich sol.
doch ist mîn vorhte hie bî,
daz ez gar ein versuochen sî.
und wiste ich es gewisheit,
als ir mir habet vür geleit,   14180
daz ir mir woltet vremeden daz,
dem ich waere gehaz,
so erkande ich an dem maere,
daz ich iu liep waere.
ich haete lange mîne bete,   14185
wan daz ich ez ungerne tete,
hier umbe gerne an iuch gewant.
wan mir ist harte wol bekant,
waz mir von ime mac ûf erstân,
sol ich sîn lange künde hân.   14190
nu hêrre, nû bedenket daz
und iedoch niht durch mînen haz:
sol er nu dirre lande pflegen,
die wîle und ir sît underwegen,
ist daz iu danne missegât,   14195
als lîhte an verten ûf erstât,
sô nimet er mir êre unde lant.
nu habet ir ez gar erkant,
daz mir an ime gewerren kan.
nû gedenket ouch dar an   14200

»Herr«, sagte sie, »sagt mir   14165
um meinetwillen: Habt Ihr
mit vollem Ernst alles geplant,
was Ihr mir gesagt habt
von Herrn Tristan,
daß Ihr ihn wieder nach Hause   14170
schicken wollt um meinetwillen?
Wenn ich dessen sicher sein könnte,
würde ich Euch gerne dafür danken
jetzt und auf ewig.
Herr, ich traue Euch gewiß,   14175
wie ich kann und soll.
Doch hierbei befürchte ich,
daß Ihr mich auf die Probe stellen wollt.
Und wäre ich sicher,
wie Ihr mir dargelegt habt,   14180
daß Ihr alles entfernen wollt,
was ich nicht mag,
dann könnte ich daran erkennen,
daß Ihr mich liebt.
Ich hätte Euch schon lange meine Bitte,   14185
wenn es mir nicht widerstrebt hätte,
gerne hierüber vorgetragen.
Denn ich bin mir nur allzu gut bewußt,
was mir von ihm noch blühen kann,
wenn ich noch lange mit ihm Umgang habe.   14190
Bedenkt das nun, Herr,
aber nicht wegen meiner Abneigung:
Wenn er diese Reiche schützen soll,
während Ihr unterwegs seid,
und Euch stößt etwas zu,   14195
wie es auf Reisen leicht vorkommt,
dann raubt er mir Ansehen und Land.
Nun habt Ihr erfahren,
welcher Schaden mir durch ihn entstehen kann.
Auch daran denkt   14200

ze guote und alse der vriunt sol,
und loeset mich, sô tuot ir wol,
von mînem hêrn Tristande.
schicket in wider ze lande
oder schaffet, daz er mit iu var   14205
und mich die wîle bewar
der truhsaeze Marjodô.
stüende aber iuwer muot alsô,
daz ir mich mit iu liezet varn,
ich lieze hie diu lant bewarn   14210
und berihten, swer der wolte,
et daz ich mit iu solte.
über daz allez sô tuot ir
mit den landen und mit mir,
reht alse iuch selbe dunke guot.   14215
daz ist mîn wille und mîn muot.
et ich gedenke dar zuo,
daz ich iuwern willen tuo,
ich lâze ez allez z'einer hant
beidiu liute unde lant.«   14220
Sus gie s'ir hêrren lôsende an,
biz daz si'm aber an gewan,
daz er den zwîvel aber lie
und aber von dem wâne gie
ir muotes unde ir minne   14225
und aber die küniginne
mitalle unschuldic haete
vor aller slahte untaete.
den truhsaezen Marjodô
den haete er aber mitalle dô   14230
ze einem lügenaere,
doch er'm diu wâren maere
und die rehten wârheit
von ir haete geseit.

im guten und in der Art eines Freundes,
und befreit mich, das wäre eine gute Tat,
von Herrn Tristan.
Schickt ihn wieder heim
oder macht, daß er mit Euch reise   14205
und mich unterdessen beschütze
der Truchseß Marjodo.
Wenn Ihr aber dazu neigt,
daß Ihr mich mit Euch reisen laßt,
ließe ich die Länder hier beschützen   14210
und verwalten von jedem, der es nur will,
wenn ich nur mit Euch gehen könnte.
In alledem tut
mit den Ländern und mit mir,
was Ihr selbst für richtig haltet.   14215
Das ist meine Absicht und Überzeugung.
Ich denke ja nur daran,
Euch zu Willen zu sein.
Dabei erscheinen mir gleichgültig
das Land und das Volk.«   14220
So umschmeichelte sie ihren Herrn,
bis sie ihn wieder dazu brachte,
daß er seinen Verdacht erneut fallen ließ,
seinen Argwohn aufgab
über ihre Gefühle und Liebe   14225
und die Königin abermals
für völlig unschuldig hielt
an jeder Untat.
Den Truchseß Marjodo
dagegen hielt er nun   14230
für einen Lügner,
obwohl dieser ihm den wirklichen Sachverhalt
und die ganze Wahrheit
über sie erzählt hatte.

Nu daz der truhsaeze ersach,   14235
daz sînes willen niht geschach,
er versuohte ez aber anderswâ.
ein getwerc was in dem hove dâ,
daz selbe solte namen hân
Melôt petit von Aquitân   14240
und kunde ein teil, alsô man giht,
umbe verholne geschiht
an dem gestirne nahtes sehen.
ine wil aber nihtes von im jehen,
wan alse ich'z von dem buoche nim.   14245
nune vinde ich aber niht von im
an dem wâren maere,
wan daz ez kündic waere,
listic unde rederîch.
daz was dem künege heinlîch   14250
und ouch der kemenâten.
mit dem begunde er râten,
swenne ez zen vrouwen kaeme,
daz ez dâ war naeme
Tristandes unde der künigîn.   14255
möhte ez im dâ zuo guot gesîn,
daz man die wâren künde
der minne an in bevünde,
ez haete es iemer mêre
wider Marken lôn und êre.   14260

Dâ kêrte ouch ez spâte unde vruo
sîne lüge und sîne lâge zuo.
ez leite sîne vâre
an rede und an gebâre
ze iegelîchen stunden   14265
und haete ouch schiere ervunden

XXII. Melot

Als der Truchseß erkannte, 14235
daß es nicht nach seinen Wünschen ging,
versuchte er es anders.
Bei Hofe war ein Zwerg,
der hieß, wie man sagte,
Klein Melot von Aquitanien 14240
und verstand sich darauf, wie man erzählt,
verborgene Dinge
nachts aus den Sternen zu lesen.
Aber ich will nur berichten über ihn,
was ich in der Quelle gelesen habe. 14245
Ich finde aber über ihn nichts
in der wahren Geschichte,
als daß er schlau war,
kunstreich und beredt.
Er war ein Vertrauter des Königs 14250
und hatte auch Zugang zu den Gemächern der Damen.
Mit ihm verabredete er,
daß er, wenn er zu den Damen ginge,
achten sollte
auf Tristan und die Königin. 14255
Wenn er ihm dazu verhelfen könnte,
echte Beweise
der Liebe an ihnen zu entdecken,
sollte er auf ewig
von Marke belohnt und geehrt werden. 14260

Von früh bis spät richtete er
seine Verschlagenheit und Spitzelei darauf.
Er stellte seine Fallen
mit Reden und Verhalten
unausgesetzt 14265
und hatte auch bald herausgefunden

die liebe an den gelieben zwein.
wan si haeten under ein
sô süeze gebaerde,
daz Melôt die bewaerde   14270
der minnen al zehant dâ vant,
und seite ouch Marken al zehant,
daz binamen dâ minne waere.
sus triben si drî diz maere,
Melôt und Marke und Marjodô,   14275
biz si under in gevielen dô
mit gemeinem râte dar an:
würde mîn hêr Tristan
von dem hove gescheiden,
man möhte an in beiden   14280
die wârheit offenbaere sehen.
nu diz was al zehant geschehen
reht alse ez wart gerâten dâ.
der künec bat sînen neven iesâ
durch sîn selbes êre,   14285
daz er dekeine kêre
zer kemenâten naeme
noch niemer dâ hin kaeme,
da der vrouwen keiniu waere.
der hof der tribe ein maere,   14290
man wolte es hüetende sîn,
dâ von ime unde der künigîn
leit unde laster möhte enstân.
nu diz was al zehant getân,
daz er gebôt und des er bat.   14295
Tristan meit iegelîche stat,
dâ der vrouwen heinlîche was.
kemenâten unde palas
dâ enkam er niemer în.
daz ingesinde daz nam sîn   14300
und sîner vremede grôze war.
si redeten ime ze leide dar

die Liebe der beiden Verliebten.
Sie benahmen sich untereinander nämlich
so zärtlich,
daß Melot die Beweise   14270
der Liebe schnell entdeckte,
und er meldete Marke sogleich,
daß sie sich tatsächlich liebten.
So trieben die drei es,
Melot, Marke und Marjodo,   14275
bis sie gemeinsam
darauf verfielen,
daß, wenn man Tristan
vom Hofe entfernte,
man an den beiden   14280
die Wahrheit klar erkennen könne.
Das wurde sofort in die Tat umgesetzt,
so wie es geplant worden war.
Der König bat seinen Neffen sogleich
um seines eigenen Ansehens willen,   14285
daß er nicht mehr
zu den Frauengemächern
und auch nie mehr dahin gehen solle,
wo eine der Damen sich aufhielt.
Am Hof ginge das Gerücht um,   14290
vor dem man sich hüten müsse,
wovon ihm und der Königin
Kummer und Schande entstünden.
Alles wurde sofort getan,
was er befahl und worum er bat.   14295
Tristan mied all jene Orte,
wo die Damen sich privat aufhielten.
In die Frauengemächer und den Palas
kam er nicht mehr.
Das Gefolge bemerkte ihn   14300
und seine Entfremdung mit Erstaunen.
Zu seinem Kummer redeten sie

vil übele und anders danne wol.
sîn ôren wurden dicke vol
mit iteniuwem leide.   14305

Er unde Îsôt, si beide
si triben die zît mit sorgen hin.
triure unde clage was under in
in micheler unmüezekeit.
si haeten leit unde leit: 14310
leit umbe Markes arcwân,
leit, daz sî niht mohten hân
keine state under in zwein,
daz sî geredeten in ein.
ietwederem begunde   14315
von stunde ze stunde
herze unde craft geswîchen.
bleichen unde blîchen
begunde ir varwe unde ir lîp.
der man bleichete durch daz wîp,   14320
daz wîp bleichete durch den man;
durch Îsôte Tristan,
durch Tristanden Îsôt.
daz tete in beiden michel nôt.
es wundert mich cleine,   14325
was ir nôt gemeine
und ir leit ungescheiden.
ez enwas ouch an in beiden
niemê wan ein herze unde ein muot.
ir beider übel, ir beider guot,   14330
ir beider tôt, ir beider leben
diu wâren alse in ein geweben.
swaz ir dewederem gewar,
des wart daz andere gewar.
swaz sô dem einem sanfte tete,   14335
des enpfant daz ander an der stete.
si wâren beide under in zwein

sehr häßlich und alles andere als freundlich darüber.
Seine Ohren hörten häufig
immer neue Schmähungen. 14305

Isolde und er
verbrachten eine traurige Zeit.
Kummer und Klage waren für sie
die Hauptbeschäftigung.
Sie fühlten zweierlei Schmerz: 14310
Schmerz wegen Markes Argwohn
und Schmerz, daß sie nicht finden konnten
eine Gelegenheit für sich allein,
um miteinander zu sprechen.
Jedem von ihnen schwand 14315
von Stunde zu Stunde
alle Zuversicht und Kraft.
Es verblich
ihre Gesichts- und Hautfarbe.
Der Mann wurde blaß wegen der Frau, 14320
die Frau wurde blaß wegen des Mannes,
Tristan wegen Isolde,
Isolde wegen Tristan.
Beide marterte es sehr.
Mich erstaunt nicht, 14325
daß ihre Qual gemeinsam
und ihr Schmerz derselbe war.
Die beiden hatten ja auch
nur *ein* Herz und *ein* Fühlen.
Ihrer beider Freude und ihrer beider Kummer, 14330
ihrer beider Tod und ihrer beider Leben –
all das war so eng verwoben,
daß, was der eine erlitt,
auch der andere verspürte.
Was den einen erfreute, 14335
das empfand auch der andere.
Die beiden waren vollständig eins

mit übele und mit guote al ein.
ir gemeiniu herzeswaere
diu wart sô schînbaere   14340
under ir beider ougen,
daz man vil cleine lougen
der minnen an ir varwe vant.
Und Marke enstuont sich al zehant
und kôs wol an in beiden,   14345
ir vremeden unde ir scheiden
daz in daz an ir herze gie.
westen sî wâ oder wie,
si saehen gerne ein ander.
ein ursuoche vander   14350
und hiez an den stunden
die jegere mit den hunden
ze walde sich bereiten.
er enbôt in unde seiten
und hiez ouch in den hof sagen,   14355
er wolte zweinzic tage jagen.
swer mit gejegede kunde
oder swer sô sîne stunde
dâ mite vertrîben wolte,
daz sich der reiten solte.   14360
urloup nam er zer künigîn
und hiez si nâch ir willen sîn
dâ heime vrôlîch unde vrô.
verholne bevalh er dô
dem getwerge Melôte,   14365
daz ez Tristande unde Isôte
zuo z'ir tougenheite
lüge unde lâge leite.
ez genüzze es iemer wider in.
er selbe vuor ze walde hin   14370
mit michelem geschelle.
sîn weidegeselle
Tristan beleip dâ heime

im Schlimmen und im Guten.
Ihre gemeinsame Qual
wurde so deutlich sichtbar   14340
in ihren Gesichtern,
daß man sichere Anzeichen
für ihre Liebe in ihrem Aussehen fand.
Marke bemerkte sogleich
und sah den beiden an,   14345
daß die Trennung und Entfernung
sie sehr quälte.
Hätten sie gewußt, wo oder wie,
hätten sie sich sehr gerne wiedergesehen.
Er ersann eine List   14350
und hieß alsbald
die Jäger mit ihren Hunden
sich für den Wald vorzubereiten.
Durch einen Boten ließ er ihnen mitteilen
und ließ auch bei Hofe verbreiten,   14355
er wollte zwanzig Tage lang jagen.
Wer von der Jägerei etwas verstünde
und sich so die Zeit
vertreiben wollte,
sollte sich bereitmachen.   14360
Er verabschiedete sich von der Königin
und sagte, sie solle ganz nach ihren Wünschen
zu Hause froh und heiter sein.
Heimlich befahl er dann
dem Zwerg Melot,   14365
er solle Tristan und Isolde
bei ihren Heimlichkeiten
mit Lüge und Fallen nachspionieren.
Er werde ihm ewig dafür dankbar sein.
Er selbst ritt in den Wald   14370
mit großem Getöse.
Sein Jagdgefährte,
Tristan, blieb zu Hause

und enbôt dem oeheime,
daz er siech waere.   14375
der sieche weidenaere
wolt ouch an sîne weide.
er unde Îsôt, si beide
beliben an ir triure
und suohten âventiure   14380
in anclîcher trahte,
mit wie getâner ahte
daz iemer kunde geschehen,
daz sî sich möhten gesehen.

Nune kunden sî'z ertrahten nie.   14385
under disen dingen gie
Brangaene zuo Tristande,
wan sî vil wol erkande,
daz sîn herzeswaere
vil nâhe gênde waere.   14390
si clagete ime und er clagt ir.
»â reine« sprach er »saget mir,
welch rât gewirdet dirre nôt?
wie gewirbe ich und diu arme Îsôt,
daz wir sus niht verderben?   14395
ine weiz, wie wir gewerben,
daz wir behalten unser leben.«
»Waz râtes mac ich iu gegeben?«
sprach aber diu getriuwe
»daz ez got iemer riuwe,   14400
daz wir ie wurden geborn!
wir haben elliu driu verlorn
unser vröude und unser êre.
wir enkomen niemer mêre
an unser vrîheit als ê.   14405
Îsôt owê! Tristan owê!
daz ich iuch mit ougen ie gesach
und allez iuwer ungemach

und richtete dem Onkel aus,
er sei krank.   14375
Der kranke Jäger
wollte auch zu seinem Weideplatz.
Isolde und er
verharrten in ihrer Traurigkeit
und suchten eine Gelegenheit   14380
mit ängstlichem Eifer,
wie
es geschehen könnte,
daß sie sich sähen.

Aber sie kamen auf keinen Einfall.   14385
Währenddessen kam
Brangäne zu Tristan,
denn sie wußte sehr wohl,
daß sein Herzenskummer
ihn sehr quälte.   14390
Sie beide klagten gemeinsam.
»Ach, edles Mädchen«, seufzte er, »sag,
was hilft mir aus dieser verzweifelten Lage?
Was können Isolde und ich tun,
damit wir nicht zugrunde gehen?   14395
Ich weiß nicht, was wir tun sollen,
damit wir unser Leben behalten.«
»Was soll ich Euch raten?«
meinte da die Treue.
»Gott möge ewig bedauern,   14400
daß wir je geboren wurden!
Wir haben alle drei verloren
unser Glück und unser Ansehen.
Niemals wieder werden wir
unsere Freiheit erlangen wie vorher.   14405
Arme Isolde! Armer Tristan!
Daß ich Euch je gesehen
und daß Euer ganzes Unglück

von mir ûf erstanden ist!
und enweiz nu weder rât noch list,   14410
dâ mite ich iu gehelfen müge.
ine kan niht vinden, daz iu tüge.
ich weiz ez alse mînen tôt,
ir komet es in grôze nôt,
belîbet ir iht lange   14415
in huote und in getwange.
Sit ez niht bezzer mag gesîn,
sô volget doch dem râte mîn,
nu meine ich und ze dirre zît,
die wîle ir uns sus vremede sît.   14420
als ir des werdet gewar,
daz iu diu state widervar,
sô nemet ein öleboumes rîs
und snîdet spaene in lange wîs
und zeichent die mit nihte mê,   14425
wan machet einhalp ein T
und machet anderhalp ein Î,
daz niwan der êrste buochstap sî
von iuwer beider namen dar an,
und leget dâ weder zuo noch van   14430
und gât zem boumgarten în.
ir wizzet wol daz bechelîn,
daz von dem brunnen dâ gât,
hin dâ diu kemenâte stât.
dar în sô werfet einen spân   14435
und lât in vliezen unde gân
hin vür der kemenâten tür.
dâ gân wir z'allen zîten vür
ich und diu vröudelôse Îsôt
und weinen unser herzenôt.   14440
als wir in danne ersehen dâ,
dâ bî bekennen wir iesâ,
daz ir dâ bî dem brunnen sît.
dâ der öleboum schate gît,

durch mich entstanden ist!
Ich weiß weder Rat noch Ausflucht,   14410
womit ich Euch helfen könnte.
Ich kann nichts finden, das Euch von Nutzen wäre.
Ich weiß todsicher,
daß Ihr in große Bedrängnis kommen werdet,
wenn Ihr noch lange bleiben müßt   14415
unter Bewachung und Zwang.
Da es im Augenblick besser nicht geht,
folgt meinem Rat,
ich meine, jetzt und
solange Ihr von uns getrennt seid.   14420
Wenn Ihr bemerkt,
daß eine Gelegenheit sich bietet,
nehmt einen Ölbaumzweig,
schnitzt daraus längliche Späne
und kennzeichnet sie nicht weiter   14425
als auf der einen Seite mit T
und auf der anderen mit I,
damit nichts als der Anfangsbuchstabe
Eurer Namen darauf stehe.
Mehr setzt nicht hinzu und laßt nichts weg.   14430
Dann geht zu dem Garten.
Ihr kennt den kleinen Bach,
der von der Quelle dort fließt
zu den Frauengemächern.
Da werft den Span hinein   14435
und laßt ihn in der Strömung treiben
bis zur Tür der Kammer.
Vor die treten wir immer,
ich und die bekümmerte Isolde,
und beweinen unsere Herzensqual.   14440
Wenn wir den Span dann dort sehen,
erkennen wir sogleich,
daß Ihr bei der Quelle seid.
Im Schatten des Ölbaums

dâ wartet unde nemet war.   14445
diu senede gât ie zuo z'iu dar,
mîn vrouwe und iuwer vriundîn,
und ich ouch, alse ez mac gesîn
und ez an iuwerm willen ist.
hêrre, diu selbe kurze vrist,   14450
die ich noch ze lebene hân,
diu sol mit iu zwein hine gân,
daz ich iu beiden gelebe
und iu ze lebene rât gegebe.
solte ich umbe eine stunde,   14455
in der ich iu zwein kunde
ze iuwern vröuden geleben,
mîner stunde tûsent geben:
ich verkoufte alle mîne tage,
ine gesenftet iuwer clage.«   14460
»Genâde schoene!« sprach Tristan
»ine hân dâ keinen zwîvel an,
an iu sî triuwe und êre.
der zweier wart nie mêre
in einem herzen begraben.   14465
solte ich dekeine saelde haben,
die solte ich iu wol kêren
ze vröuden unde z'êren.
swie kumberlîche ez aber nu stê,
swie kûme sô mîn schîbe gê,   14470
wiste ich, wie ich nu kunde
mîne tage und mîne stunde
ze iuwern vröuden hin gegeben,
ich wolte ouch deste kurzer leben.
des getrûwet unde geloubet mir!«   14475
weinende sprach er aber z'ir:
»getriuwe, saeligez wîp!«
hie mite twanc er si an sînen lîp
mit armen nâhe und ange.
ir ougen unde ir wange   14480

wartet und gebt acht.   14445
Die Liebeskranke wird immer zu Euch kommen,
meine Herrin und Eure Liebste,
und ich auch, wenn es geht
und Ihr es wünscht.
Herr, die kurze Zeit,   14450
die ich noch zu leben habe,
will ich Euch beiden widmen,
damit ich für Euch lebe
und Euch zu leben helfe.
Müßte ich für eine Stunde,   14455
die ich zu Eurer beider
Glück verleben könnte,
tausend Stunden von mir hingeben,
dann würde ich mein ganzes Leben opfern,
um Eure Schmerzen zu lindern.«   14460
Tristan erwiderte: »Danke, Schöne!
Ich bezweifle nicht,
daß Ihr treu und ehrenhaft seid.
Von beidem gab es niemals mehr
in einem Herzen vereinigt.   14465
Wenn ich jemals Glück haben sollte,
würde ich es gerne verwenden
für Eure Freude und Euer Ansehen.
Wie schlimm es mir jetzt auch ergeht,
wie sehr auch mein Glücksrad stockt –   14470
wenn ich wüßte, wie ich
meine Tage und Stunden
Euch zur Freude verwenden könnte,
dann wollte ich dafür kürzer leben.
Darauf vertraut, und glaubt es mir!«   14475
Schluchzend fuhr er fort:
»Treues, gutherziges Mädchen!«
Dabei drückte er sie an sich
mit seinen Armen, eng und fest.
Ihre Augen und Wangen   14480

kuste er mit maneger quâle
dicke und ze manegem mâle.
»schoene« sprach er »nû tuot wol
und alse der getriuwe sol,
und lâzet iu bevolhen sîn   14485
mich und die seneden sorgaerîn,
die saeligen Îsôte.
bedenket ie genôte
uns beidiu samet, si unde mich.«
»gerne hêrre, daz tuon ich.   14490
gebietet mir, nu wil ich gân.
tuot, alse ich iu gerâten hân,
und sorget niht ze sêre.«
»got sî, der iuwer êre
und iuwern schoenen lîp bewar!«   14495
Brangaene neic weinende dar
und gienc trûrende dan.
der trûraere Tristan
der sneit und warf die spaene,
als ime sîn rât Brangaene   14500
ze sînen dingen lêre bôt.
sus kam er und sîn vrouwe Îsôt
zem brunnen an des boumes schate
vil heinlîch und ze guoter state
in ahte tagen wol ahte stunt,   14505
daz ez nie nieman wart kunt,
noch ez kein ouge nie gesach.
wan eines nahtes ez geschach,
dô Tristan aber des endes gie,
dô wart sîn Melôt, ine weiz wie,   14510
daz vertâne getwerc,
des vâlandes antwerc,
von ungelücke gewar
und sleich allez nâch im dar
und sach in zuo dem boume gân   14515
und niht vil lange dâ bî stân,

küßte er unter großen Herzensqualen
oft und immer wieder.
»Schöne«, sagte er, »nun seid gütig
und handelt wie einer, der Vertrauen verdient.
Laßt Euch befohlen sein   14485
mich und die liebeskranke Leidende,
die beglückende Isolde.
Denkt immer
an uns beide, an sie und mich.«
»Das tue ich mit Freuden, Herr.   14490
Entlaßt mich nun. Ich will gehen.
Tut, wie ich Euch geraten habe,
und sorgt Euch nicht zu sehr.«
»Gott möge Eure Ehre
und Euren schönen Leib schützen!«   14495
Brangäne verneigte sich weinend
und ging traurig davon.
Der bekümmerte Tristan
schnitzte und warf Späne,
wie seine Ratgeberin Brangäne   14500
es ihm in seiner Lage empfohlen hatte.
So kamen er und Isolde, seine Herrin,
an der Quelle im Schatten des Baumes
vertraut und bei guter Gelegenheit
in acht Tagen wohl achtmal zusammen,   14505
ohne daß jemand es bemerkte
oder ein Auge es sah.
Aber eines Nachts geschah es,
als Tristan wieder dorthin ging,
daß Melot, ich weiß nicht wie,   14510
der verfluchte Zwerg
und das Werkzeug des Teufels,
ihn unglücklicherweise bemerkte
und ihm nachschlich.
Er sah ihn zu dem Baume gehen   14515
und nicht lange dort warten,

unz daz ein vrouwe zuo z'im gie
und er die nâhe zuo z'im vie.
wer aber diu vrouwe waere,
des was ez ungewaere.   14520

Des anderen tages wart,
Melôt sleich aber ûf sîne vart
ein lützel vor dem mitten tage
und haete mit velschlîcher clage
und mit vil arger âkust   14525
wol understôzen sîne brust
und kam ze Tristande hin.
»entriuwen« sprach er »hêrre, ich bin
mit sorgen her gegangen.
wan ir sît sô bevangen   14530
mit merke und mit vâre,
daz ich mich her zewâre
verstolen hân mit maneger nôt
und daz mich diu getriuwe Îsôt,
diu tugenthafte künigîn,   14535
erbarmet in dem herzen mîn,
diu leider nû ze dirre vrist
durch iuch in grôzen sorgen ist.
diu bat mich dâ her zuo z'iu gân,
wan s'anders nieman mohte hân,   14540
der ir ze disem maere
alse gevellic waere.
si bat mich unde gebôt mir,
daz ich iuch gruozte von ir
und daz von herzen taete   14545
und iuch vil verre baete,
daz ir si noch gespraechet dâ,
ine weiz, ir wizzet wol wâ,
da ir nâhest bî ir wâret,
und ouch vil rehte vâret   14550
der selben stunde unde der zît,

bis eine Dame zu ihm kam
und er sie eng umarmte.
Wer jedoch die Dame war,
konnte er nicht ausmachen.   14520

Am nächsten Tage
schlich Melot wieder fort,
ein wenig vor Mittag.
Er hatte mit falschem Jammer
und übler Tücke   14525
seine Brust vollgepfropft
und kam zu Tristan.
»Wahrlich«, sagte er, »Herr, ich bin
voller Angst hergekommen,
denn Ihr seid so umzingelt   14530
von Aufpassern und Spähern,
daß ich mich tatsächlich
hergestohlen habe mit knapper Not
und nur, weil ich die treue Isolde,
die vortreffliche Königin,   14535
zutiefst bedaure,
die jetzt zu meinem Schmerz
Euretwegen in schwerer Sorge ist.
Sie hat mich gebeten, zu Euch zu gehen,
weil sie niemanden finden konnte,   14540
der ihr hierzu
geeignet erschien.
Sie bat mich und trug mir auf,
Euch von ihr zu grüßen.
Ich sollte es von Herzen tun   14545
und Euch inständig bitten,
Ihr möchtet sie dort sprechen,
ich weiß nicht wo, Ihr aber wißt es,
wo Ihr kürzlich bei ihr wart.
Und kommt genau   14550
zur gleichen Stunde und Zeit,

als ir gewon ze komene sît.
ine weiz, wes s'iuch dâ warnen sol.
und sult ir mir gelouben wol,
ir leit und iuwer ungemach,   14555
daz mir nie leider geschach,
dan mir geschehen ist dar an.
nu hêrre, mîn hêr Tristan,
ich wil varn, gebietet mir.
swaz ir welt, daz sage ich ir.   14560
in getar hie langer niht gesîn.
daz hovegesinde, würde ez mîn
an dirre verte innen,
ich möhte es schaden gewinnen.
si jehent doch alle und ist ir wân,   14565
swaz under iu zwein ist getân,
daz allez sî mit mir geschehen.
des wil ich hin ze gote jehen
und hin z'iu beiden, daz ez nie
mit keinem mînem râte ergie.«   14570
»Vriunt, troumet iu?« sprach Tristan
»waz maere trîbet ir mich an?
waz ist der hoveliute wân?
waz hât mîn vrouwe und ich getân?
ûz! strîchet balde in gotes haz!   14575
und wizzet waerlîche daz:
swes ieman waenet oder giht,
liez ich ez allermeiste niht
durch mîn selbes êre,
irn geseitet niemer mêre   14580
hin wider ze hove maere,
waz iu hie getroumet waere.«

die Ihr hinzukommen gewohnt seid.
Ich weiß nicht, wovor sie Euch warnen will.
Und glaubt mir,
ihr Schmerz und Euer Unglück –   14555
nichts hat mich jemals mehr bekümmert
als das.
Nun, Tristan, mein Herr,
ich muß fort, entlaßt mich.
Was Ihr wollt, richte ich ihr aus.   14560
Ich wage nicht, länger hierzubleiben.
Wenn der Hof mich
hier entdeckte,
könnte es mir schaden.
Sie behaupten doch alle und glauben,   14565
was zwischen Euch geschehen ist,
sei durch mein Zutun geschehen.
Aber ich will vor Gott beteuern
und vor Euch beiden, daß es niemals
mit meiner Unterstützung geschah.«   14570
»Träumt Ihr, Freund?« sagte Tristan,
»was erzählt Ihr mir da?
Was glaubt der Hof?
Was haben meine Herrin und ich getan?
Hinaus! Macht Euch schnell davon, beim Zorn Gottes! 14575
Und laßt Euch wahrhaftig versichern:
Was man auch denkt oder behauptet,
wenn ich mich nicht zurückhielte vor allem
wegen meines eigenen Ansehens,
dann würdet Ihr nie wieder   14580
dem Hof erzählen können,
was Euch hier geträumt hat.«

Marke belauscht Tristan und Isolde

Marke belauscht Tristan und Isolde

Melôt gie dan und reit zehant
ze walde, dâ er Marken vant.
vür wâr er ime dô seite,   14585
daz er der wârheite
ze ende waere komen dâ,
und seite im wie unde wâ,
als ez zem brunnen was geschehen.
»ir muget die wârheit selbe sehen«   14590
sprach Melôt »hêrre, wellet ir,
ze naht sô rîtet dar mit mir.
ine versihe mich keines dinges baz,
swie sô sî gevüegen daz,
sine komen noch hînaht beide dar.   14595
sô muget ir selbe nemen war,
wie sî gewerben under in.«
der künec reit mit Melôte hin
sînes herzeleides warten.
nu si in den boumgarten   14600
bî nahtzîte kâmen,
ir gewerbes war genâmen,
done vant der künec noch daz getwerc
dekeine stat noch kein geberc,
daz in reht unde gebaere   14605
zuo z'ir lâge waere.
nu stuont dâ, dâ der brunne vlôz,
ein öleboum, der was mâze grôz,
nider unde doch billîche breit.
dâ zuo tâten s'ir arbeit,   14610
daz si ûf den beide gestigen.
ûf dem sâzen s'unde swigen.

Tristan, dô ez nahtende wart,
er sleich aber ûf sîne vart.

XXIII. Baumgartenszene

Melot ging fort und ritt sogleich
in den Wald, wo er Marke aufsuchte.
Ihm berichtete er,   14585
daß er der Wahrheit
auf den Grund gekommen sei.
Er erzählte ihm ausführlich,
was bei der Quelle geschehen war.
»Ihr könnt Euch selbst überzeugen«,   14590
sagte Melot. »Wenn Ihr wollt, Herr,
so reitet heute nacht mit mir dorthin.
Nichts weiß ich genauer,
als daß, wie auch immer sie es anstellen,
sie noch heute abend dorthin kommen.   14595
Dann könnt Ihr selbst sehen,
was sie miteinander treiben.«
Der König ritt mit Melot hin,
um seinem Herzenskummer aufzulauern.
Als sie in den Garten   14600
in der Nacht kamen,
um ihren Plan auszuführen,
fand weder der König noch der Zwerg
einen Platz und ein Versteck,
das ihnen gut und geeignet   14605
für ihr Vorhaben erschien.
Es stand jedoch dort bei der Quelle
ein Ölbaum, der war ziemlich groß,
niedrig und trotzdem weit ausladend.
An dem hatten sie einige Mühe,   14610
als sie beide hinaufstiegen.
Oben saßen sie und schwiegen.

Als es Nacht wurde,
schlich Tristan sich wieder dorthin.

nu er in den boumgarten kam,   14615
sîne boten er ze handen nam
und leite s'in die giezen
und lie si hine vliezen.
die seiten ie genôte
der seneden Îsôte,   14620
daz ir geselle waere dâ.
Tristan gienc über den brunnen sâ,
dâ beidiu schate unde gras
von dem öleboume was.
aldâ gestuond er trahtende,   14625
in sînem herzen ahtende
sîn tougenlîchez ungemach.
sus kam, daz er den schate gesach
von Marke und von Melôte,
wan der mâne ie genôte   14630
durch den boum hin nider schein.
nu er des schates von in zwein
bescheidenlîche wart gewar,
nu haete er michel angest dar,
wan er erkande sich iesâ   14635
der vâre unde der lâge dâ.
»got hêrre« dâhte er wider sich
»beschirme Îsôte unde mich!
ist daz si dise lâge niht
bî disem schate inzît ersîht,   14640
sô gât si vür sich her ze mir.
geschiht ouch daz, sô werden wir
ze jâmer und ze leide.
got hêrre, habe uns beide
durch dîne güete in dîner pflege!   14645
bewar Îsôte an disem wege.
beleite sunder alle ir trite.
warne die reinen eteswâ mite
dirre lâge und dirre archeit,
die man ûf uns zwei hât geleit,   14650

Als er in den Garten kam, 14615
nahm er seine Boten,
legte sie ins Wasser
und ließ sie wegtreiben.
Sie sagten sogleich
der liebeskranken Isolde, 14620
daß ihr Geliebter da sei.
Tristan beugte sich über die Quelle,
wo im Gras der Schatten
des Ölbaums sich abzeichnete.
Da verharrte er nachdenklich 14625
und sann in seinem Herzen
seinem verborgenen Unglück nach.
So kam es, daß er den Schatten erblickte
von Marke und Melot,
weil der Mond hell 14630
durch den Baum hindurch schien.
Als er nun den Schatten der beiden
deutlich wahrgenommen hatte,
befiel ihn große Furcht,
denn er sah sogleich, 14635
in welcher Falle und welchem Hinterhalt er war.
Er dachte im stillen: »Gott und Herr,
schütze Isolde und mich!
Wenn sie diese Falle nicht
an dem Schatten rechtzeitig erkennt, 14640
kommt sie hierher.
Wenn das geschieht, geraten wir beide
in Kummer und Leid.
Gott und Herr, nimm uns beide
um deiner Güte willen in deinen Schutz. 14645
Behüte Isolde auf diesem Wege,
lenke jeden ihrer Schritte.
Warne die Makellose irgendwie
vor diesem Hinterhalt und diesem Betrug,
den man uns vorbereitet hat, 14650

ê s'iht gespreche oder getuo,
dâ man iht arges denke zuo!
jâ hêrre got, erbarme dich
über sî und über mich!
unser êre und unser leben   14655
daz sî dir hînaht ergeben!«

Sîn vrouwe diu künigîn
unde ir beider vriundîn,
Brangaene diu reine,
si zwô si giengen eine   14660
Tristandes boten warten
in ir jâmergarten,
in dem si z'allen stunden,
sô sî vor vâre kunden,
ir jâmer clageten under in.   14665
dâ giengen sî her unde hin
trûrende unde clagende,
ir senemaere sagende.
viel schiere wart Brangaene
der boten unde der spaene   14670
in der vlieze gewar.
ir vrouwen wincte si dar.
Îsôt diu vienc si und sach s'an,
si las Îsôt, si las Tristan.
si nam ir mantel al zehant,   14675
umbe ir houbet sî den want
und sleich durch bluomen und durch gras,
hin dâ boum und brunne was.
nu daz si kam sô nâhen,
daz si beide ein ander sâhen,   14680
Tristan stuont allez ze stete,
daz er doch nie dâ vor getete.
sine kam ê mâles zuo z'im nie,
ern gienge verre gegen ir ie.
nu wunderte Îsôte   14685

bevor sie etwas sagt oder tut,
das man ihr nachteilig auslegen könnte.
Ja, Herr, erbarme dich
ihrer und meiner!
Unser Ansehen und unser Leben   14655
seien dir heute nacht anvertraut!«

Seine Herrin, die Königin,
und ihrer beider Gefährtin,
die vornehme Brangäne,
gingen gemeinsam,   14660
um auf Tristans Botschaft zu warten,
in ihrem Kummergarten,
in dem sie sich immer,
wenn sie es trotz Nachstellung wagen konnten,
gegenseitig ihr Leid klagten.   14665
Dort gingen sie auf und ab
unter Seufzen und Jammern
und erzählten von ihrer sehnsuchtsvollen Liebe.
Alsbald bemerkte Brangäne
die Botschaft auf den Spänen   14670
in der Strömung.
Sie winkte ihre Herrin zu sich.
Isolde nahm sie und schaute sie an.
Sie las Isolde, sie las Tristan.
Sogleich nahm sie ihren Mantel,   14675
schlug ihn über den Kopf
und schlich durch Blumen und Gras
zu dem Baum und der Quelle.
Als sie so nahe herangekommen war,
daß sie einander sehen konnten,   14680
stand Tristan ganz still,
was er vorher noch nie getan hatte.
Niemals war sie zuvor zu ihm gekommen,
ohne daß er ihr entgegengegangen wäre.
Isolde wunderte sich   14685

sêre unde genôte,
waz dirre maere waere.
ir herze daz wart swaere.
si begunde ir houbet nider lân
und vorhtlîche gegen im gân.   14690
der verte sî grôz angest nam.
nu s'alsô lîse gênde kam
dem boume ein lützel nâher bî,
nu gesach si mannes schate drî
und wiste niuwan einen dâ.   14695
hie bî verstuont si sich iesâ
der lâge unde der vâre
und ouch an dem gebâre,
den Tristan hin z'ir haete.
»â dirre mortraete«   14700
gedâhte sî »waz wirdet der?
waz brâhte dise lâge her?
binamen mîn hêrre der ist hie bî,
swâ er hie bî verborgen sî.
ich waene ouch, wir verrâten sîn.   14705
beschirme uns, hêrre trehtîn!
hilf uns, daz wir mit êren
von hinnen müezen kêren.
hêrre, bewar in unde mich!«
nu gedâhte s'aber wider sich: 14710
»weiz Tristan nû dise ungeschiht
oder enweiz er ir niht?«
nû bedûhte sî zehant,
daz er die lâge haete erkant,
wan sî'n in den gebaerden sach.   14715

Si gestuont von verre unde sprach:
»hêr Tristan, mir ist harte leit,
daz ir mîner tumpheit
so gewis und alsô sicher sît,

sehr,
was das zu bedeuten hätte.
Ihr Herz wurde kummervoll.
Sie senkte ihr Haupt
und ging ängstlich auf ihn zu.   14690
Der Gang kostete sie große Furcht.
Als sie sich nun so langsam
dem Baume ein wenig näherte,
bemerkte sie den Schatten dreier Männer
und wußte doch, daß er allein da war.   14695
Da erkannte sie sofort
den Hinterhalt und die Falle
und auch durch das Verhalten
Tristans ihr gegenüber.
Sie dachte: »Ach, dieser Mordanschlag!   14700
Wie wird er ausgehen?
Was hat diesen Hinterhalt bewirkt?
Gewiß ist mein Gemahl dabei,
wo immer er sich verbergen mag.
Ich fürchte, wir sind verraten.   14705
Schütze uns, Herr und Gott!
Hilf uns, daß wir in aller Ehre
hier wegkommen.
Herr, erhalte ihn und mich!«
Und dann dachte sie: 14710
»Weiß Tristan von diesem Mißgeschick
oder nicht?«
Aber dann schien es ihr sogleich,
daß er die Falle erkannt hatte,
denn sie sah es an seinem Verhalten.   14715

Sie blieb in einiger Entfernung stehen und sagte:
»Herr Tristan, ich bedaure sehr,
daß Ihr meiner Schwäche
so gewiß und sicher seid,

daz ir mir ze dirre zît   14720
dekeiner sprâche muotet.
daz ir iuwer êren huotet
wider iuwern oeheim unde mich,
diu rede vüegete sich
und stüende iuwern triuwen baz   14725
und mînen êren danne daz,
daz ir sô spaetiu teidinc
und sus getânen haelinc
ûf leget und ahtet her ze mir.
nu sprechet an, waz wellet ir?   14730
ich stân mit angesten hie,
wan daz mich's Brangaene niht erlie,
diu mich es bat und mir ez riet,
als si hiute von iu schiet,
daz ich her zuo z'iu kaeme   14735
und iuwer clage vernaeme.
daz aber ich ir's gevolget hân,
daz ist vil sêre missetân.
si sitzet aber hie nâhe bî.
und ouch swie sicher ich hie sî,   14740
ich gaebe ê doch zewâre
durch boeser liute vâre
ein mîn lit von mîner hant,
ê ieman waere bekant,
daz ich hie bî iu waere.   14745
man hât sô michel maere
von iu gemachet und von mir.
si geswüeren alle wol, daz wir
vil harte waeren kumberhaft
mit valschlîcher vriuntschaft.   14750
des wânes ist der hof vol.
nu weiz ez aber got selbe wol,
wie mîn herze hin z'iu stê,
und wil ein lützel sprechen mê:

daß Ihr mir zu dieser Zeit   14720
ein Gespräch zumutet.
Daß Ihr Euer Ansehen wahrt
Eurem Onkel und mir gegenüber,
daß schickte sich
und paßte besser zu Eurer Treue   14725
und meiner Ehre,
als wenn Ihr eine so späte Unterredung
und solche Heimlichkeiten
von mir verlangt und begehrt.
Sagt, was wollt Ihr?   14730
Ich stehe hier in Ängsten,
aber Brangäne ließ nicht ab,
mich zu bitten und mir zu raten,
nachdem sie heute von Euch weggegangen war,
zu Euch zu gehen   14735
und Eure Klage anzuhören.
Daß ich ihrem Ratschlag gefolgt bin,
war sehr unrecht von mir.
Sie sitzt aber hier in der Nähe.
Wie sicher ich hier auch sein mag,   14740
ich gäbe doch wahrlich lieber
(aus Angst vor der Bosheit schlechter Menschen)
einen Finger meiner Hand,
als daß jemand wissen sollte,
daß ich hier bei Euch bin.   14745
Man hat so viel Gerüchte
über Euch und mich verbreitet.
Sie alle würden überzeugt sein, daß wir
äußerst leidvoll verstrickt sind
in ein verbotenes Liebesverhältnis.   14750
Der Hof ist voll von solchem Verdacht.
Gott selbst aber weiß genau,
was ich für Euch empfinde.
Und laßt mich noch ein wenig mehr sagen:

des sî got mîn urkünde   14755
und enmüeze ouch mîner sünde
niemer anders komen abe,
wan alse ich iuch gemeinet habe,
mit welhem herzen unde wie.
und gihe's ze gote, daz ich nie   14760
ze keinem manne muot gewan
und hiute und iemer alle man
vor mînem herzen sint verspart
niwan der eine, dem dâ wart
der êrste rôsebluome   14765
von mînem magetuome.
daz mich mîn hêrre Marke
bewaenet alsô starke
durch iuwern willen, hêr Tristan,
weiz got dâ missetuot er an,   14770
sô gâr als er erkunnet hât,
wie mîn herze hin z'iu stât.
die mich ze maere habent brâht,
weiz got, die sint vil unbedâht.
in ist mîn herze vil unkunt.   14775
ich hân iu hundert tûsent stunt
vriundes gebaerde vor getân
durch die liebe, die ich hân
ze dem, den ich dâ lieben sol,
dan durch valsch, daz weiz got wol.   14780
ez waere ritter oder kneht,
sô diuhte mich und waere ouch reht
und êret ouch mich starke,
swer mînem hêrren Marke
liep oder sippe waere,   14785
daz ich dem êre baere.
nû verkêret man mir daz.
und enwil ich iu doch niemer haz
durch ir aller lüge getragen.
hêrre, swaz ir mir wellet sagen,   14790

Gott sei mein Zeuge,   14755
daß ich mich meiner Sünden
nicht anders entledigen kann
als durch das Maß meiner Empfindungen für Euch
und durch ihre Beschaffenheit.
Ich bekenne zu Gott, daß ich niemals   14760
zu einem Manne mich hingezogen fühlte
und daß heute und auf ewig alle Männer
von meinem Herzen ausgeschlossen sind
außer jenem, dem ich schenkte
die erste Rosenblüte   14765
meiner Jungfräulichkeit.
Daß Marke, mein Herr, mich
so schwer verdächtigt
Euretwegen, Herr Tristan,
darin hat er, weiß Gott, unrecht,   14770
zumal er doch genau weiß,
was ich für Euch empfinde.
Die mich ins Gerede gebracht haben,
sind, weiß Gott, sehr unbesonnen.
Sie kennen meine Gefühle überhaupt nicht.   14775
Hunderttausendmal habe ich Euch
freundlich behandelt,
aus Liebe für den,
den ich lieben soll,
und nicht aus Treulosigkeit. Das weiß Gott genau.   14780
Ob Ritter oder Diener,
es scheint mir richtig
und bringt auch mir Ehre,
wenn ich jedem, der meinem Gemahl Marke
lieb oder verwandt ist,   14785
Ehre erweise.
Nun kehrt man das gegen mich.
Trotzdem will ich Euch nicht hassen,
weil sie alle lügen.
Was Ihr mir sagen wollt, Herr,   14790

daz saget mir, wan ich wil gân.
ine mag niht langer hie bestân.«

»Saeligiu vrouwe« sprach Tristan
»ine hân dâ keinen zwîvel an,
dâ ir's die volge haetet,   14795
irn spraechet unde taetet,
swaz tugend und êre waere.
nune lânt iuch lügenaere,
die iuch mit mir sus hânt bedâht
und uns undurften habent brâht   14800
ûz mînes hêrren hulden
mit michelen unschulden,
daz got vil wol erkennen sol.
saeligiu, nû bedenket wol,
tugenthaftiu küniginne,   14805
und nemet in iuwer sinne,
daz ich sô rehte unschuldic bin
wider iuch und wider in,
und râtet mînem hêrren daz,
sînen zorn und sînen haz,   14810
den er mir âne schulde treit,
daz er den durch sîne höfscheit
hele unde höfschlîche trage
niht langer wan dise ahte tage.
biz daz hab er und habet ouch ir   14815
die gebaerde her ze mir,
als ob ir mir genaedic sît.
so bereite ouch ich mich in der zît,
daz ich von hinnen kêre.
wir verliesen unser êre,   14820
der künec mîn hêrre und ir und ich.
ist daz ir alsus wider mich
gebâret, alse ich hinnen var,
sô sprechent unser vînde dar:
›entriuwen hie was eteswaz an.   14825

das sagt, denn ich will wieder gehen.
Ich kann hier nicht länger bleiben.«

»Holdselige Herrin«, antwortete Tristan,
»ich zweifle nicht,
daß, wenn Ihr dabei Unterstützung fändet,   14795
Ihr reden und tun würdet,
was Vornehmheit und Ehre gebieten.
Aber die Lügner gestatten es Euch nicht,
die Euch mit mir so in Verdacht gebracht
und uns grundlos geraubt haben   14800
die Gunst unseres Herrn
ohne jedes Verschulden unsererseits,
was Gott erkennen muß.
Bedenkt, herrliche
und vortreffliche Königin,   14805
und überlegt in Eurem Herzen,
daß ich völlig unschuldig bin
Euch und ihm gegenüber,
und ratet meinem Herrn,
seinen Zorn und Haß,   14810
den er grundlos gegen mich hegt,
um seiner feinen höfischen Erziehung willen
zu verbergen und mit Anstand zu tragen
nur noch die nächste Woche.
Bis dahin möge er und möget Ihr   14815
mir ein Verhalten entgegenbringen,
als ob Ihr mir gewogen wäret.
In dieser Zeit will ich mich darauf vorbereiten,
das Land zu verlassen.
Wir verlieren sonst unser Ansehen,   14820
der König, mein Herr, Ihr und ich.
Wenn Ihr Euch weiterhin so wie bisher gegen mich
verhaltet, bis ich wegfahre,
werden unsere Feinde darüber sagen:
›Wahrhaftig, da war etwas dran.   14825

nemt war, wie mîn hêr Tristan
gescheiden ist von hinnen
mit des küniges unminnen.‹«

»Mîn hêr Tristan« sprach Isôt
»ich lite sanfter den tôt,   14830
dan ich mînen hêrren baete,
daz er iht des durch mich taete,
daz hin ze iu waere gewant.
nu ist iu doch daz wol erkant,
daz er mir iezuo lange vrist   14835
durch iuch vil ungenaedic ist,
und wiste er unde waere im kunt,
daz ich bî iu ze dirre stunt
eine unde nahtes waere,
ich kaeme es in daz maere,   14840
daz er mir niemer mêre
erbüte liep noch êre.
ob ouch daz iemer sus geschiht,
entriuwen des enweiz ich niht
und wundert mich des starke,   14845
wâ von mîn hêrre Marke
an disen arcwân kaeme,
von wem er den rât naeme,
und ich mich doch noch nie enstuont,
als doch diu wîp vil schiere tuont,   14850
daz ir mir keine valscheit
mit gebaerden haetet vür geleit,
noch ich selbe hin z'iu nie
valsch noch üppekeit begie.
ine weiz, waz uns verrâten hât,   14855
wan unser beider dinc daz stât
übel unde erbermeclîche,
alse ez got der rîche
enzît bedenken müeze
und ez bezzere unde büeze.   14860

Seht, wie Herr Tristan
fortgegangen ist
in des Königs Ungnade.‹«

Isolde erwiderte: »Herr Tristan,
lieber würde ich sterben,   14830
als den König darum zu bitten,
um meinetwillen etwas zu tun,
das Euch angeht.
Ihr wißt doch,
daß er mir schon lange   14835
Euretwegen ungnädig ist,
und wenn er erführe,
daß ich bei Euch zu dieser Zeit
in der Nacht und allein bin,
käme ich dermaßen ins Gerede,   14840
daß er mir nie wieder
Freundlichkeit noch Ehre erwiese.
Ob das jemals geschehen wird,
weiß ich wahrhaftig nicht.
Ich frage mich sehr,   14845
wie Marke, mein Herr,
an diesen Verdacht geriet
und von wem er sich beeinflussen ließ.
Dabei habe ich doch nie bemerkt,
wie Frauen es ja schnell zu tun pflegen,   14850
daß Ihr Euch mit Falschheit
mir gegenüber benehmt,
und ich selbst habe auch nie
leichtfertig oder betrügerisch an Euch gehandelt.   14854
Ich weiß nicht, was uns in solchen Verruf gebracht haben
Aber unser beider Sache steht   [sollte.
schlecht und jämmerlich.
Der mächtige Gott
möge das beizeiten bedenken,
es ändern und bessern.   14860

Nu hêrre, nû gebietet mir.
ich wil gân, sô gât ouch ir!
iuwer swaere und iuwer arbeit,
daz wizze got, die sint mir leit.
ich haete schulde hin z'iu vil,   14865
der ich doch nû niht haben wil,
daz ich iu solte sîn gehaz.
mich erbarmet aber daz,
daz ir durch mich ze dirre zît
âne schulde sus beswaeret sît.   14870
durch daz wil ich ez übersehen,
und swenne der tac sol geschehen,
daz ir von hinnen müezet varn,
hêrre, sô müeze iuch got bewarn.
der himelischen künigîn   14875
der müezet ir bevolhen sîn!
iuwer bete und iuwer boteschaft
und wiste ich, ob diu keine craft
von mîme râte haete,
ich riete unde taete,   14880
swes sô ich mich versaehe,
dar an iu wol geschaehe.
nu vürhte ich aber sêre,
daz er mir'z verkêre.
swie sô ez aber dar umbe ergê,   14885
swie harte ez mir ze vâre stê,
ich wil iuch doch geniezen lân,
daz ir niht valsches habet getân
wider mînen hêrren unde mich.
swie mir gelinge, sô wirb ich   14890
iuwer bete, sô ich beste kan.«
»genâde vrouwe« sprach Tristan
»und swaz rede ir vindet dâ,
daz enbietet mir iesâ.
wirde aber ich ihtes gewar   14895
und lîhte alsô von hinnen var,

Nun, Herr, laßt mich.
Ich will gehen. Geht auch Ihr.
Euer Kummer und Euer Leid,
Gott weiß es, schmerzen auch mich.
Ich hätte gute Gründe gegen Euch,   14865
die ich jetzt jedoch aufgeben will,
Euch zu hassen.
Mich dauert nämlich,
daß Ihr um meinetwillen jetzt
ohne Verschulden so bekümmert seid.   14870
Deshalb will ich Euch verzeihen,
und wenn der Tag kommt,
an dem Ihr fortfahrt,
dann, Herr, möge Gott Euch schützen.
Der Himmelskönigin   14875
sollt Ihr befohlen sein.
Eure Bitte und Botschaft,
wenn ich wüßte, daß ihnen nützlich wäre
meine Unterstützung,
dann würde ich helfen und tun,   14880
wovon ich immer hoffen könnte,
daß es Euch förderlich ist.
Ich befürchte aber stark,
daß er es gegen mich verwenden wird.
Aber was immer daraus entstehen mag,   14885
wie gefährlich es für mich auch ist,
ich will Euch dafür belohnen,
daß Ihr nicht schlecht gehandelt habt
an meinem Herrn und mir.
Wie immer es mir glückt,   14890
ich will Eure Bitte vortragen, so gut ich kann.«
»Danke, Herrin«, sagte Tristan,
»und welche Antwort Ihr bekommt,
laßt mich sogleich wissen.
Wenn ich aber etwas bemerke   14895
und vielleicht fortgehe,

daz ich iuch nie mêre sehe,
swaz sô mir danne geschehe,
vil tugenthaftiu künigîn,
sô müezet ir gesegenet sîn   14900
von allem himelischem her!
wan got weiz wol, erde unde mer
diun getruogen nie sô reine wîp.
vrouwe, iuwer sêle und iuwer lîp,
iuwer êre und iuwer leben   14905
diu sîn iemer gote ergeben!«

Sus schieden sî sich under in.
diu küniginne diu gie hin
siuftende unde trûrende,
ameirend unde amûrende,   14910
mit tougenlîchem smerzen
ir lîbes unde ir herzen.
der trûraere Tristan
der gienc ouch trûrende dan
und weinende starke.   14915
der trûrige Marke,
der ûf dem boume dâ saz,
der betrûret aber daz
und gieng im rehte an sînen lîp,
daz er den neven und daz wîp   14920
ze arge haete bedâht.
und die in dar an haeten brâht,
die vervluochte er tûsent stunde
mit herzen und mit munde.
er verweiz ie genôte   14925
dem getwerge Melôte,
daz ez in haete betrogen
und ime sîn reine wîp belogen.
si stigen von dem boume nider
und riten an daz gejegede wider   14930
mit jâmer und mit leide.

ohne Euch noch einmal zu sehen,
was immer mir dann widerfährt,
herrliche Königin,
so möget Ihr gesegnet sein   14900
von allen himmlischen Heerscharen.
Denn Gott weiß, Erde und Meer
haben nie eine so untadelige Frau getragen.
Herrin, Eure Seele und Euer Leib,
Eure Ehre und Euer Leben   14905
seien ewig Gott befohlen!«

So schieden sie voneinander.
Die Königin ging fort
unter Seufzen und Trauern,
voller Liebeskummer,   14910
mit heimlichen Qualen
an Leib und Seele.
Tristan, der Trauernde,
ging auch traurig fort
und unter heftigem Schluchzen.   14915
Der traurige Marke,
der dort auf dem Baume saß,
bedauerte
und nahm sich sehr zu Herzen,
daß er den Neffen und seine Frau   14920
so schwer verdächtigt hatte.
Die ihn dazu verleitet hatten,
verwünschte er tausendmal
mit Herz und Mund.
Er schalt deswegen heftig   14925
den Zwerg Melot,
daß er ihn betrogen
und seine makellose Frau verleumdet habe.
Sie stiegen vom Baum herab
und ritten zur Jagd zurück   14930
unter Klagen und Betrübnis.

Marke unde Melôt beide
si haeten zweier hande leit.
Melôt durch die trügeheit,
die er begangen solte hân.   14935
Marke durch den arcwân,
daz er den neven und daz wîp
und allermeist sîn selbes lîp
sô haete beswaeret
und z'übele vermaeret   14940
über hof und über lant.

Des morgenes al zehant
hiez er den jegeren allen sagen,
daz sî beliben und vüeren jagen.
er selbe kêrte wider în.   14945
»saget an« sprach er »vrou künigîn,
wie habet ir vertriben sît
iuwer stunde und iuwer zît?«
»hêrre, mîn unmüezekeit
daz was undurftenez leit.   14950
sô was aber mîn vîre
diu harphe und diu lîre.«
»undurften leit?« sprach Marke dô
»waz was daz und wie was dem sô?«
Îsôt ersmierete unde sprach: 14955
»swie ez geschaehe, ez geschach
und geschiht ouch hiute und alle tage.
triure und üppeclîchiu clage
deist mîn und aller vrouwen site.
hie reine wir diu herze mite   14960
und liutern diu ougen.
wir nemen uns dicke tougen
ein michel leit von nihte
und lâzen'z ouch inrihte.«
alsus treip sî'z mit schimpfe hin.   14965
doch nam ez Marke in sînen sin
und marcte ez al gemeine,

Marke und Melot
litten unter zweierlei Kummer.
Melot wegen des Betrugs,
den er begangen haben sollte;   14935
Marke des Argwohns wegen,
womit er seinen Neffen und seine Frau
und am meisten sich selbst
so bekümmert
und in übles Gerede gebracht hatte   14940
bei Hofe und im Land.

Am nächsten Morgen gleich
ließ er allen Jägern sagen,
daß sie bleiben und weiterjagen sollten.
Er selbst kehrte wieder heim.   14945
»Sagt, königliche Herrin«, forschte er,
»wie habt Ihr indessen vertrieben
Eure Zeit?«
»Herr, meine Beschäftigung
war unnötiger Kummer,   14950
mein Vergnügen jedoch waren
Harfe und Leier.«
»Unnötiger Kummer?« fragte Marke da.
»Was war das, und wie kam es dazu?«
Isolde lächelte und antwortete: 14955
»Wie auch immer es geschah: es geschah,
und es geschieht heute und immer.
Trauer und grundlose Klage
ist meine und aller Frauen Art.
Damit reinigen wir unsere Herzen   14960
und reinigen unsere Augen.
Häufig bereiten wir uns heimlich
aus einer Nichtigkeit großen Kummer
und legen ihn alsbald wieder ab.«
So scherzte sie.   14965
Dennoch überlegte Marke alles
und merkte sich

ir wort und ouch ir meine.
»Nu vrouwe« sprach er »saget mir:
weiz ieman hinne oder wizzet ir,   14970
wie Tristandes dinc stê?
man seite mir, im waere wê,
do ich aller nâhest hinnen reit.«
»hêrre, iu wart ouch wâr geseit«
sprach aber diu küniginne.   14975
daz meinde sî zer minne.
si wiste wol sîn swaere,
daz diu von minnen waere.
der künec sprach aber dô vürbaz:
»waz wizzet ir, wer seite iu daz?«   14980
»ine weiz, wan alse ich waene
unde als mir Brangaene
von sîner siecheite
in kurzen zîten seite.
diu sach in gester an dem tage   14985
und enbôt mir, daz ich sîne clage
und sîn wort hin z'iu taete
und iuch durch got baete,
daz ir im niht sô sêre
gedaehtet an sîn êre   14990
und haetet iuwer mâze
an übelem gelâze
dise ahte tage doch wider in,
biz daz verrihtet er sich hin,
und lâzet in mit êren   14995
von iuwerm hove kêren
und von dem lande scheiden.
des gert er her z'uns beiden.«
und seite im alle sîne bete,
als er si bî dem brunnen tete   15000
und alse er selbe wol vernam,
wie ez umbe ir beider rede kam.

ihre Worte und deren Bedeutung.
Er fragte: »Nun, Herrin, sagt mir,
weiß jemand hier oder wißt Ihr,   14970
wie es Tristan geht?
Man sagte mir, er sei traurig gewesen,
als ich kürzlich fortritt.«
»Man hat Euch richtig unterrichtet, Herr«,
erwiderte die Königin.   14975
Das meinte sie im Hinblick auf die Liebe,
denn sie wußte, daß sein Kummer
von der Liebe herrührte.
Der König sprach weiter:
»Was wißt Ihr, und wer sagte es Euch?«   14980
»Ich weiß nur, was ich vermute
und was mir Brangäne
von seiner Krankheit
vor kurzem berichtete.
Sie sah ihn gestern bei Tage   14985
und richtete mir aus, daß ich seine Klage
und seine Worte Euch weitersagte
und Euch um Gottes willen bitten möge,
daß Ihr ihm nicht so heftig
seine Ehre absprechen   14990
und Euch mäßigen solltet
in Eurer Feindseligkeit
ihm gegenüber noch eine Woche lang,
bis er sich vorbereitet hat.
Laßt ihn dann in Ehren   14995
Euren Hof
und das Land verlassen.
Darum bittet er uns beide.«
Und sie wiederholte ihm die ganze Bitte,
wie Tristan sie bei der Quelle geäußert   15000
und wie Marke selbst mitgehört hatte
den Verlauf ihres Gesprächs.

Der künec sprach aber: »vrou künigîn,
unsaelic müeze er iemer sîn,
der mich dar an ie brâhte!   15005
daz ich in ie verdâhte,
daz ist mir inneclîche leit.
wan ich hân sîne unschuldekeit
in kurzen zîten wol vernomen.
ich bin es alles z'ende komen.   15010
und saeligiu künigîn,
als liep als ich iu süle sîn,
so sî der zorn an iuch verlân.
swaz ir getuot, daz sî getân.
nemet uns beide mich und in   15015
und leget ez under uns beiden hin.«
»hêrre, ine wil« sprach diu künigîn
»hie mite niht harte unmüezec sîn,
wan leite ich ez hiute nider,
ir griffet aber morgen wider   15020
an iuwern arcwân als ê.«
»nein zwâre vrouwe, niemermê.
ine wil im niemer mêre
gedenken an sîn êre
und iuch, vrou küniginne,   15025
umb ûzerlîche minne
iemer lâzen âne wân.«
diz gelübede wart dâ getân.
hie mite wart Tristan besant
unde der arcwân zehant   15030
gar hin geleit ze guote
mit lûterlîchem muote.
Îsôt wart aber Tristande
von hande ze hande
bevolhen wider in sîne pflege.   15035
der pflag ir aber alle wege
mit huote und mit râte.
si und diu kemenâte

Der König sagte wieder: »Königliche Herrin,
verwünscht sei derjenige,
der mich jemals dazu verleitete.   15005
Daß ich ihn jemals verdächtigte,
bedaure ich zutiefst.
Denn ich habe seine Unschuld
vor kurzem erfahren.
Ich habe alles ergründet.   15010
Liebliche Königin,
wenn Ihr mich liebt,
sollt Ihr den Streit entscheiden.
Was Ihr tut, soll geschehen.
Nehmt uns beide, ihn und mich,   15015
und legt den Zwist unter uns bei.«
Die Königin antwortete: »Nein, Herr,
damit will ich mich nicht belasten,
denn wenn ich ihn heute beilegte,
würdet Ihr morgen wieder   15020
Euren Argwohn aufgreifen wie zuvor.«
»Bestimmt nicht, Herrin, nie wieder.
Niemals wieder will ich
seine Ehre schmälern,
und ich will Euch, königliche Herrin,   15025
wegen äußerlicher Freundlichkeiten
fortan unverdächtigt lassen.«
Das schwor er ihr.
Dann wurde nach Tristan geschickt
und der Verdacht sogleich   15030
im guten beigelegt
aus reiner Überzeugung.
Isolde wurde Tristan
von Hand zu Hand
erneut in Obhut gegeben.   15035
Er kümmerte sich um sie in jeder Hinsicht
mit Schutz und Hilfe.
Sie und das Frauengemach

dien wâren niwan als er gebôt.
Tristan und sîn vrouwe Îsôt   15040
diu lebeten aber liebe unde wol.
ir beider wunne diu was vol.
sus was in aber ein wunschleben
nâch ir ungemüete geben,
swie kurz ez wernde waere,   15045
âne iteniuwe swaere.

taten nur, was er befahl.
Tristan und seine Herrin Isolde 15040
lebten wieder in Liebe und Freuden.
Ihr beider Glück war vollkommen.
Abermals war ihnen so ein herrliches Leben
nach all ihrem Kummer geschenkt,
wie kurz es auch währte, 15045
ohne erneutes Leid.

Ich spriche daz wol überlût,
daz keiner slahte nezzelcrût
nie wart sô bitter noch sô sûr
alse der sûre nâchgebûr,   15050
noch nie kein angest alsô grôz
alse der valsche hûsgenôz.
ich meine daz zer valscheit:
der vriunde vriundes bilde treit
und in dem herzen vînt ist,   15055
daz ist ein vreislîch mitewist.
wan der treit alle stunde
daz honec in dem munde,
daz eiter, dâ der angel lît.
dâ blaet der eiterîne nît   15060
dem vriunde misselinge
an iegelîchem dinge,
daz er gehoeret unde gesiht,
und enhüetet nieman vor im niht.
swer aber offenbâre   15065
dem vînde sîne vâre
ze schaden breitet unde leit,
daz enzel ich niht ze valscheit.
die wîle er vînt wesen wil,
die wîle enschadet er niht ze vil.   15070
swenne er sich heinlîche dar,
sô neme der man sîn selbes war.

Als tete Melôt und Marjodô.
si wâren aber Trístande dô
dicke und ze manegen zîten   15075
valschlîchen an der sîten.
si truogen in gelîche
mit valsche und mit âswîche

XXIV. Das Gottesurteil

Ich sage frei heraus,
daß kein Nesselkraut
jemals so brennend und scharf war
wie ein böswilliger Nachbar, 15050
und keine Bedrohung ist so groß
wie ein falscher Hausgenosse.
Mit Falschheit meine ich dies:
Wer dem Freunde Freundschaft vorgaukelt
und ihn doch im Herzen haßt, 15055
der ist ein verderblicher Genosse,
denn er hat immer
Honig im Munde,
aber Gift im Stachel.
Da erzeugt der giftige Neid 15060
dem Freunde Unglück
in jeder Angelegenheit,
die er sieht oder hört,
und niemand kann sich vor ihm schützen.
Wenn aber einer in aller Offenheit 15065
dem Gegner seine Fallen
zum Verderben vorbereitet und stellt,
dann betrachte ich das nicht als Falschheit.
Solange er sich als Gegner offenbart,
richtet er nicht viel Schaden an. 15070
Aber wenn er Freundschaft heuchelt,
sollte man sich in acht nehmen.

So taten es Melot und Marjodo.
Sie waren Tristan wieder
oft und häufig 15075
voller Falschheit zur Seite.
Sie dienten ihm beide
mit Betrug und Tücke

ir dienest und ir heinlîch an.
hie vor haete aber Tristan   15080
sîne warnunge ie genôte
und warnete ouch Îsôte.
»seht« sprach er »herzekünigîn,
nu hüetet iuwer unde mîn
an rede und an gebâre!   15085
wir sîn mit grôzer vâre
besetzet unde bevangen.
uns gânt zwêne eiterslangen
in tûben bilde, in süezem site
smeichende alle stunde mite.   15090
vor den habet iuwer sinne,
saeligiu küniginne!
wan swâ die hûsgenôze sint
g'antlützet alse der tûben kint
und alse des slangen kint gezagel,   15095
dâ sol man criuzen vür den hagel
und segenen vür den gaehen tôt.
saeligiu vrouwe, schoene Îsôt,
nu hüetet iuch genôte
vor dem slangen Melôte   15100
und vor dem hunde Marjodô!«
si beide wâren ouch alsô:
jener slange, dirre hunt.
wan si leiten z'aller stunt
den gelieben zwein ir vâre,   15105
an allem ir gebâre,
an iegelîchem gange
als hunt unde slange.
si triben vruo unde spâte
mit rüege und mit râte   15110
ir archeit wider Marken an,
biz daz er aber wider began
an sîner liebe wenken,
die gelieben aber bedenken

ihre Hilfe und ihre Freundschaft an.
Davor aber war Tristan   15080
stets sehr vorsichtig
und warnte auch Isolde.
»Seht«, sagte er, »Herzenskönigin,
achtet auf Euch und mich bei dem,
was Ihr sagt und tut.   15085
Wir sind von großen Gefahren
belagert und bedroht.
Zwei Giftschlangen
in Taubengestalt sind mit süßlichem Gehabe
und schmeichelnd immerzu um uns herum.   15090
Vor ihnen seid auf der Hut,
herrliche Königin!
Denn wo immer die Hausgenossen
aussehen wie Tauben
und wie Schlangenbrut geschwänzt sind,   15095
soll man sich vor dem Hagel
und vor plötzlichem Tod bekreuzigen.
Liebliche Herrin, schöne Isolde,
hütet Euch sorgfältig
vor der Schlange Melot   15100
und dem Hund Marjodo!«
So waren sie auch:
jener eine Schlange, dieser ein Hund.
Denn immerzu legten sie
den zwei Verliebten ihre Fallen,   15105
in ihrem ganzen Benehmen,
bei jeder ihrer Handlungen
wie Hund und Schlange.
Von früh bis spät übten sie
mit Vorwürfen und Vorschlägen   15110
ihre Bosheit gegenüber Marke,
bis er abermals begann,
in seiner Liebe schwankend zu werden,
die Liebenden zu verdächtigen,

und aber ir tougenheite   15115
lâge unde ursuoche leite.

In einem tage er z'âder liez,
als in sîn valscher rât gehiez,
und mit im Îsôt und Tristan.
diene wânden niht, daz in hier an   15120
dekeiner slahte swaere
vür gebreitet waere,
und nâmen keiner vâre war.
sus lac diu heinlîche schar
nâch gemelîcher sache   15125
den tac in ir gemache
âne schal und âne braht.
des anderen tages ze naht,
dô daz gesinde sich zerlie
und Marke slâfen gegie,   15130
done lac ze kemenâten,
als ez vor was gerâten,
nieman wan Marke unde Îsôt
und Tristan unde Melôt,
Brangaene und ein juncvrouwelîn.   15135
ouch wâren diu lieht unde ir schîn
durch den glast bevangen
under den umbehangen.
nu man zer mettînstunde
liuten begunde,   15140
Marke, der verdâhte man,
der leite sich al swîgende an
und hiez Melôten ûf stân
und mit im hin zer mettîn gân.
nu Marke von dem bette kam,   15145
Melôt sîn mel ze handen nam.
den estrîch er besaete,
ob ieman bî getraete
dem bette dar oder dan,

und ihren Heimlichkeiten abermals   15115
mit Fallen nachspürte.

Eines Tages ließ er sich zur Ader,
wie sie ihm heuchlerisch geraten hatten,
zusammen mit Tristan und Isolde.
Die vermuteten nicht, daß ihnen hierdurch   15120
irgendein Kummer
vorbereitet wurde,
und sie bemerkten keine Falle.
So lag die vertraute kleine Gruppe
aus Bequemlichkeit   15125
am Tag in der Kammer
in völliger Ruhe.
Am nächsten Tag abends,
als das Gefolge sich zerstreut hatte
und Marke schlafen gegangen war,   15130
da lagen in der Kammer,
wie es verabredet war,
nur noch Marke und Isolde,
Tristan und Melot,
sowie Brangäne und ein Mädchen des Gefolges.   15135
Auch waren die Lichter und ihr Schein
wegen ihrer Grelle verhüllt
von Vorhängen.
Als man zur Frühmesse
läutete,   15140
zog der argwöhnische Marke
sich schweigend an
und sagte Melot, er solle aufstehen
und mit ihm zur Mette gehen.
Als Marke das Bett verlassen hatte,   15145
nahm Melot Mehl
und bestreute den Fußboden,
damit, wenn jemand heranträte
an das Bett oder es verließe,

daz man in spurte ab oder an.   15150
hie mite giengen si zwêne hin.
ir andâht diu was under in
vil cleine an kein gebet gewant.
nu wart ouch Brangaene al zehant
der lâge bî dem mel gewar.   15155
si sleich ze Tristande dar,
si warnete in und kêrte wider
und leite sich dô wider nider.
diu lâge was Tristande
vil inneclîchen ande.   15160
sîn herze in sînem lîbe
daz wart nâch dem wîbe
volmüetic unde in trahte,
wie er dar komen mahte.
er tete diu gelîche wol,   15165
daz minne âne ougen wesen sol
und liebe keine vorhte hât,
dâ sî von erneste gât.
»owê!« gedâhte er wider sich
»got hêrre, wie gewirbe ich   15170
mit dirre veigen lâge?
nu stât mir disiu wâge
ze einem hôhen wette.«
er stuont ûf von dem bette
und nam allenthalben war,   15175
mit welhem liste er kaeme dar.
nu was sô vil ouch liehtes dâ,
daz er daz mel gesach iesâ.
nu dûhte in diu gelegenheit
ze einem sprunge ze breit.   15180
nu getorste er ouch dar niht gân.
iedoch muose er'z an daz lân,
daz dâ was waeger under den zwein.
er sazte sîne vüeze in ein
und trat vil vaste ze stete.   15185

man sein Kommen oder Gehen an der Spur erkennen könne.
Dann gingen die beiden fort. 15151
Ihre Andacht
galt nur wenig dem Gebet.
Brangäne bemerkte alsbald
die Falle mit dem Mehl. 15155
Sie schlich sich zu Tristan,
warnte ihn, kehrte dann wieder um
und legte sich abermals hin.
Dieser Hinterhalt war für Tristan
eine tiefe Kränkung. 15160
Sein Herz
war nach der Frau
begierig und in Gedanken,
wie er zu ihr gelangen könnte.
Er bestätigte das Sprichwort, 15165
daß Liebe ohne Augen ist
und Leidenschaft keine Furcht kennt,
wenn es ihr ernst ist.
»O weh!« dachte er bei sich.
»Gott und Herr, was soll ich tun 15170
in diesem verwünschten Hinterhalt?
Dieses Wagnis
hat einen hohen Einsatz.«
Er erhob sich von seinem Bett
und blickte sich suchend um, 15175
auf welche Art er hinüber käme.
Es war hell genug,
daß er dort das Mehl erkennen konnte.
Es schien ihm aber der Abstand
für einen Sprung zu weit. 15180
Andererseits wagte er auch nicht hinzugehen.
Trotzdem mußte er sich für die Möglichkeit entscheiden,
die vorteilhafter schien.
Er stellte seine Füße zusammen
und trat mächtig an. 15185

Tristan der minnen blinde tete
den poinder und die ritterschaft
ze harte über sîne craft.
er spranc hin an daz bette
und verlôs ouch an dem wette,   15190
wan ime sîn âder ûf brach,
daz ime sît michel ungemach
und leit begunde machen.
bette unde bettelachen
diu missevarte daz bluot,   15195
alse bluot von rehte tuot.
ez verwete wâ unde wâ.
vil harte unlange lag er dâ,
biz purper unde plîât,
bette unde bettewât   15200
mitalle wurden missevar.
aber sprang er wider alse dar
an sîn bette unde lac
in trahte unz an den liehten tac.

Nu Marke der kam schiere wider   15205
und wartet an den estrîch nider.
dâ nam er sîner lâge war
und wart dâ nihtes gewar.
und aber dô er hin kam
und an dem bette war genam,   15210
dô sach er bluot unde bluot.
daz beswaeret ime den muot.
»wie nû« sprach er »vrou künigîn,
waz sol dirre maere sîn?
von wannen kam diz bluot her an?«   15215
»mîn âder brast, dâ gieng ez van.
diu ist kûme iezuo verstanden.«
nu begunde er ouch Tristanden
durch sîne hende lâzen gân,
als ez in schimpfe waere getân.   15220

Dem durch Liebe blinden Tristan gingen
der Sprung und der Ansturm
über die Kräfte.
Er sprang zum Bett hinüber
und verlor das Spiel, 15190
denn seine Ader platzte auf,
die ihm später großen Kummer
und Schmerz bereiten sollte.
Bett und Bettuch
befleckte das Blut, 15195
wie Blut das tut.
Er machte überall Flecken.
Er lag erst kurze Zeit da,
bis der Purpur- und Seidenstoff,
das Bett und das Bettzeug 15200
überall besudelt waren.
Dann sprang er wieder zurück
in sein Bett und lag
in tiefen Gedanken bis zum Morgen.

Marke kam bald zurück 15205
und betrachtete den Fußboden.
Er prüfte seine Falle
und fand nichts.
Als er aber hinkam
und das Bett ansah, 15210
sah er überall Blut.
Das bekümmerte ihn.
»Wie«, fragte er, »königliche Frau,
was hat das zu bedeuten?
Wie kam dieses Blut hierher?« 15215
»Meine Ader platzte auf, daher kommt es.
Sie ist jetzt noch kaum gestillt.«
Dann wandte er sich Tristan zu,
um ihn zu untersuchen,
als ob es ein Scherz sei. 15220

»wol ûf« sprach er »hêr Tristan!«
und warf daz deckelachen dan.
er vant dâ bluot alse dort.
nu sweig er unde gesprach nie wort.
er liez in ligen und kêrte hin.   15225
sîne gedanke und sîn sin
die wurden swaere der van.
er dâhte und dâhte als ein der man,
dem ez ze cleinem liebe ertaget.
er haete ouch dâ vil nâch gejaget   15230
unz ûf sîn herzeclîchez leit.
iedoch ir beider tougenheit
unde der wâren geschiht
der enwiste er anders niht,
wan alse er an dem bluote sach.   15235
diu bewaerde diu was aber swach.
sîn zwîvel und sîn arcwân,
die er ê haete gar verlân,
ze den sô was er aber geweten.
wan er den estrîch umbetreten   15240
vor dem bette vunden haete,
dâ von wânde er untaete
von sînem neven âne sîn.
und wan er aber die künigîn
und sîn bette bluotic vant,   15245
dâ von bestuont in al zehant
sîn ungedanc und sîn unmuot,
alse den zwîvelhaften tuot.
mit disem zwîvel enwiste er war.
er wânde her, er wânde dar,   15250
ern wiste, waz er wolte
oder wes er waenen solte.
er haete zuo den stunden
an sînem bette vunden
diu schuldegen minnen spor   15255
und vant dekeinez dervor.

Er rief: »Auf, auf, Herr Tristan!«
und schlug die Bettdecke zurück.
Dort fand er ebenfalls Blut.
Da verstummte er und sagte kein Wort mehr.
Er ließ ihn liegen und wandte sich ab.   15225
Seine Gedanken und sein Gemüt
wurden bekümmert dadurch.
Er grübelte und grübelte wie einer,
dem ein trauriger Tag angebrochen ist.
Er war hitzig nachgejagt   15230
seinem schwersten Kummer.
Dennoch wußte er von den Heimlichkeiten der beiden
und von ihrer wahren Geschichte
nichts anderes als das,
was er dem Blut ansah.   15235
Aber dieser Beweis taugte wenig.
Sein Zweifel und sein Argwohn,
die er zuvor abgelegt hatte,
ergriffen nun wieder Besitz von ihm.
Weil er den Fußboden unberührt   15240
vor dem Bett gefunden hatte,
glaubte er von Vergehen
seinen Neffen frei.
Als er aber die Königin
und sein Bett voller Blut fand,   15245
befielen ihn dadurch sogleich
sein Verdacht und Zorn,
wie es Schwankenden stets ergeht.
Er wußte nicht wohin bei dieser Ungewißheit.
Er wandte sich hierhin und dorthin,   15250
er wußte nicht, was er wollte
und was er glauben sollte.
Er hatte da
in seinem Bett gefunden
die Spur schuldhafter Liebe,   15255
fand aber keine davor.

hie mite was ime diu wârheit
beidiu geheizen und verseit.
mit disen zwein was er betrogen.
disiu zwei, wâr unde gelogen,   15260
diu haete er beide in wâne
und was ouch beider âne.
ern wolte sî niht schuldic hân
und enwolte s'ouch niht schulde erlân.
diz was dem zwîvelaere   15265
ein nâhe gêndiu swaere.

Der verirrete Marke
alrêrste was er starke
bekumbert mit trahte,
mit wie getâner ahte   15270
er sich hier ûz berihtete
und disen wân beslihtete,
wie er der zwîvelbürde
ledec und âne würde,
wie er den hof braehte   15275
von der missedaehte,
die er treip ie genôte
von sînem wîbe Îsôte
und sînem neven Tristande.
sîne vürsten er besande,   15280
dar er sich triuwen versach,
und kündete in sîn ungemach
und seite in, wie diz maere
da ze hove ersprungen waere
und vorhte harte sêre   15285
sîner ê und sîner êre.
und jach, des in endûhte niht,
sît daz ir beider inziht
sô waere g'offenbaeret
und in daz lant vermaeret,   15290
daz er binamen der künigîn

Damit war ihm die Wahrheit
offenbart und verschlossen zugleich.
Mit diesen beiden war er betrogen.
Beides, Wahrheit und Lüge,   15260
vermutete er
und hatte doch beides nicht.
Er wollte ihnen die Schuld nicht geben,
sie ihnen aber auch nicht erlassen.
Das war dem Zweifelnden   15265
ein herzzerreißender Kummer.

Der verwirrte Marke
war nun erst recht tief
bedrückt mit Überlegungen,
wie   15270
er sich hier Gewißheit verschaffen
und seine Vermutungen beenden könnte:
wie er die Last der Ungewißheit
abwerfen könnte;
wie er den Hof abbrächte   15275
von dem Verdacht,
den er, Marke, selbst unausgesetzt hegte
gegen seine Frau Isolde
und Tristan, seinen Neffen.
Er ließ seine Fürsten kommen,   15280
auf deren Treue er rechnete,
und machte ihnen sein Unglück bekannt
und sagte ihnen, wie dieses Gerücht
bei Hofe entstanden sei
und wie sehr er fürchte   15285
um seine Ehe und sein Ansehen.
Und er erklärte (woran er nicht glaubte), daß er,
zumal der Vorwurf gegen die beiden
so öffentlich
und im ganzen Reich bekannt sei,   15290
mit der Königin gewiß

holt oder heinlîch wolte sîn,
sine behabete offenlîchen ê
wider in ir unschuld unde ir ê.
hier über suohte er ir aller rât,   15295
den zwîvel umbe ir missetât,
wie er den sô hin getaete,
als er es êre haete,
eintweder abe oder an.
Sîne vriunde und sîne man   15300
die gerieten ime zehant;
daz er ze Lunders z'Engelant
ein concîlje leite
und dâ der pfafheite,
den witzegen antisten,   15305
die gotes reht wol wisten,
sînen werren taete kunt.
daz concîlje daz wart sâ zestunt
ze Lunders besprochen
nâch der pfingestwochen   15310
ze ûzgêndem meien.
pfaffen unde leien
der kam zem tage ein michel craft
durch des küneges boteschaft,
als er gebat und ouch gebôt.   15315
nu dar kam Marke und kam Îsôt
bekumberet beide
mit vorhte und mit leide.
Îsôt diu vorhte sêre
verliesen lîp und êre.   15320
sô haete Marke michel leit,
sîne vröude und sîne werdekeit
daz er die swachen solde
an sînem wîbe Îsolde.

Nu Marke an daz concîlje gesaz,   15325
sînen lantvürsten clagete er daz,

keinen liebevollen oder vertrauten Umgang haben wollte,
ehe sie nicht in aller Öffentlichkeit bewiesen habe
vor ihnen ihre Unschuld und eheliche Treue.
Und er fragte sie alle um Rat, 15295
wie er den Zweifel über ihr Vergehen
so ausräumen könnte,
daß es seinem Ansehen entsprach,
so oder so.
Seine Freunde und Vasallen 15300
rieten ihm sogleich,
er solle in London in England
ein Konzil einberufen
und dort der Geistlichkeit,
den gelehrten Prälaten, 15305
die das Kirchenrecht genau kannten,
seine Sorge vortragen.
Das Konzil wurde sofort
nach London einberufen
für nach der Pfingstwoche, 15310
Ende Mai.
Geistliche und Laien
kamen zu der Versammlung in großer Menge
auf des Königs Ladung hin,
wie er bat und befahl. 15315
Auch Marke und Isolde kamen
beide dorthin, bedrückt
durch Angst und Kummer.
Isolde befürchtete,
Leben und Ehre zu verlieren. 15320
Marke dagegen war bekümmert,
daß er sein Glück und sein Ansehen
verringern sollte
in Isolde, seiner Frau.

Als Marke beim Konzil Platz genommen hatte, 15325
klagte er seinen Landesfürsten,

wie er beswaeret waere
mit disem lastermaere,
und bat si harte sêre
durch got und durch ir êre,   15330
ob sî mit ihte kunden,
daz s'ime hier über vunden
etslîchen den list oder den rât,
dâ mite er dirre missetât
râche unde gerihte naeme   15335
und ir ouch z'ende kaeme
eintweder abe oder an.
hier über sô redete manic man
in maneger wîse sînen muot,
einer übel, der ander guot,   15340
dirre sus und jener sô.
Ûf stuont der vürsten einer dô,
die bî dem râte wâren,
an witzen unde an jâren
ze guotem râte wol gestalt,   15345
des lîbes edelîch und alt,
beidiu grîse unde wîse.
der bischof von Thamîse
über sîne crucken leinde er sich.
»künec hêrre« sprach er »hoeret mich.   15350
ir habet uns her vür iuch besant,
uns vürsten hie von Engelant,
beidiu durch triuwe und durch rât,
als iuch des nôt ane gât.
der vürsten ich ouch einer bin,   15355
hêrre, ich hân ouch stat under in.
ouch bin ich in den tagen wol,
daz ich wol vür mich selben sol
beidiu tuon unde lân
und reden, swaz ich ze redene hân.   15360
ir iegelîch der rede vür sich.
hêrre, ich wil iu sagen vür mich

wie bekümmert er sei
durch dieses schändliche Gerücht,
und er bat sie inständig
bei Gott und ihrer Ehre,   15330
ob sie nicht etwas wüßten,
wodurch sie für ihn fänden
einen Ausweg oder Rat,
damit er dieses Vergehen
vergelten und gerecht bestrafen   15335
und ihm dadurch ein Ende machen könnte,
so oder so.
Dazu äußerten viele Männer
auf unterschiedliche Weise ihre Ansicht,
der eine schlecht, der andere gut,   15340
dieser so und jener anders.
Dann erhob sich einer der Fürsten,
die zum Rat gehörten.
Er war an Verstand und Alter
für klugen Rat gut geeignet,   15345
von vornehmem, bejahrtem Äußeren,
sowohl weißhaarig als auch erfahren.
Der Bischof von Themse
stützte sich auf seinen Krummstab
und sagte: »Herr und König, hört mich an.   15350
Ihr habt uns vor Euch versammelt,
uns Fürsten von England,
der Treue wegen und um unseren Rat zu hören,
dessen Ihr dringend bedürft.
Von diesen Fürsten bin ich einer,   15355
Herr, und ich habe meinen Platz unter ihnen.
Zudem bin ich in einem Alter,
in dem ich auf eigene Verantwortung
tun und lassen
und sagen kann, was ich zu sagen habe.   15360
Jeder von ihnen rede für sich.
Ich, Herr, will Euch meinerseits sagen,

mînen sin und mînen muot.
mîn sin dunke er iuch danne guot
und gevalle er iu, sô volget ir   15365
mînem râte unde mir.
mîn vrouwe und mîn hêr Tristan,
die waenet man z'undingen an
und sint an keiner wârheit
noch überkomen noch überseit,   15370
als ich die rede vernomen hân.
wie muget ir nû den argen wân
mit arge beslihten?
wie muget ir gerihten
über iuwern neven und iuwer wîp   15375
an ir êre oder an ir lîp,
sît man si niht ervunden hât
an keiner slahte missetât
noch niemer lîhte ervinden kan?
etswer seit Tristanden an   15380
dise schulde und dise inziht.
ern beredet es hin z'ime niht,
als er ze rehte solde.
sô bringet ouch Îsolde
lîht etswer ze maeren;   15385
ern mag es niht bewaeren.
Sît aber der hof ir missetât
sô harte in arcwâne hât,
sone sulet ir der künigîn
ze bette noch ze tische sîn   15390
geselleclîch unz an den tac,
ob s'ir unschulde erzeigen mac
sô wider iuch sô wider diu lant,
den dirre liument ist erkant
und diu in trîbent alle tage.   15395
wan leider sus getâner sage
der ist daz ôre vil bereit
zer lüge und zer wârheit.

was ich denke und glaube.
Wenn meine Ansicht Euch richtig erscheint
und gefällt, dann folgt   15365
meinem Ratschlag und mir.
Meine Herrin und Herrn Tristan
bezichtigt man schwerer Verfehlungen,
und doch sind sie noch durch keinen Beweis
überführt,   15370
wie ich gehört habe.
Wie könnt Ihr nun den schlimmen Verdacht
mit Bösem bereinigen?
Wie könnt Ihr Gericht halten
über Euren Neffen und Eure Frau,   15375
ihre Ehre und ihr Leben,
da man sie nicht ertappt hat
bei irgendeinem Vergehen
und es ihnen so leicht auch nicht wird beweisen können?
Irgend jemand klagt Tristan   15380
wegen dieser Schuld an,
er beweist sie ihm aber nicht,
wie er rechtens sollte.
Genauso bringt auch Isolde
irgend jemand leicht ins Gerede   15385
und kann den Beweis nicht erbringen.
Wenn aber der Hof sie des Verbrechens
so dringend verdächtigt,
dann sollt Ihr der Königin
weder im Bett noch bei Tisch   15390
verbunden sein bis zu dem Tag,
an dem sie ihre Unschuld beweisen kann
vor Euch und dem Volk,
das dieses Gerücht kennt
und es immer verbreitet.   15395
Denn unglücklicherweise ist solchem Gerede gegenüber
das Ohr sehr aufgeschlossen
für Lüge ebenso wie für die Wahrheit.

ez sî wâr oder gelogen,
swaz in den liument wirt gezogen,   15400
der inziht dâ heizet,
der quicket unde reizet
ie zer ergeren hant.
swie sô'z hier umbe sî gewant,
ez sî wâr oder niht,   15405
der liument und diu inziht
diu sint mit rede sô verre komen,
daz ir'z ze leide habet genomen
und ez der hof vür übel hât.
nu râte ich, hêrre, und ist mîn rât,   15410
mîn vrouwe diu künigîn
sît sî besprochen sol sîn
umbe solhe missewende,
daz man sî her besende
z'unser aller gegenwürte,   15415
iuwer ansprache, ir antwürte
daz man diu beide alsô verneme,
als ez dem hove wol gezeme.«

Der künec sprach: »hêrre, des volge ich.
diu rede und der rât dunket mich   15420
gevüege unde gevallesam.«
man besande Îsolde und si kam
zem concîlje in den palas.
nu daz si nider gesezzen was,
der bischof, der grîse,   15425
der wîse von Thamîse,
er tete als ime der künec gebôt.
er stuont ûf und sprach: »vrouwe Îsôt,
tugenthaftiu künigîn,
mîn rede sol iu niht swaere sîn.   15430
der künec mîn hêrre heizet mich
sîn wort hie sprechen, nû muoz ich
hin z'iu leisten sîn gebot.

Ob wahr oder gelogen,
was immer ins Gerede kommt,   15400
wenn man darin eine Schuld behauptet,
erregt und reizt es
immer zur schlimmeren Deutung.
Wie immer es hierum steht,
ob es nun wahr ist oder nicht,   15405
das Gerücht und die Beschuldigung
sind so verbreitet worden,
daß Ihr davon Schaden genommen habt
und der Hof es verübelt.
Nun rate ich, Herr, und das ist mein Vorschlag: 15410
Da meine Herrin, die Königin,
beschuldigt wird
solcher schändlichen Tat,
soll man sie herrufen
zu uns,   15415
damit man Eure Anklage und ihre Antworten
so hören kann,
wie es dem Hof zusteht.«

Der König antwortete: »Das will ich tun, Herr.
Der Vorschlag und Rat scheint mir   15420
angemessen und gut.«
Man rief Isolde, und sie kam
zu dem Konzil in den Palas.
Als sie sich gesetzt hatte,
tat der weißhaarige Bischof,   15425
der Weise von Themse,
was der König ihm befohlen hatte.
Er erhob sich und sagte: »Herrin Isolde,
vortreffliche Königin,
meine Rede soll Euch nicht bekümmern.   15430
Mein Herr, der König, befiehlt mir,
für ihn hier zu sprechen. Nun muß ich
Euch gegenüber seinem Befehl nachkommen.

nu bekenne ez aber got,
swaz iuwer wirde missezimet   15435
und iuwer reine lob benimet,
daz ich daz vil ungerne trage
beidiu ze liehte und ouch ze tage.
möhte ich es erlâzen sîn!
saeligiu, guotiu künigîn,   15440
iuwer hêrre und iuwer man
der heizet mich iuch sprechen an
umbe ein offenlîche inziht.
ine weiz noch er enweiz ez niht,
wâ von ez sî gerochen,   15445
wan daz ir sît besprochen
von hove und von lande
mit sînem neven Tristande.
ob got wil, vrouwe künigîn,
der untaete der sult ir sîn   15450
unschuldic und âne.
iedoch hât er'z in wâne
dâ von daz es der hof giht.
mîn hêrre selbe dern hât niht
an iu bevunden niuwan guot.   15455
von maeren, diu der hof tuot,
hât er den wân ûf iuch geleit,
niht von dekeiner wârheit.
durch daz sô sprichet er iuch an,
daz ez sîne vriunt und sîne man   15460
vernemen unde hoeren,
ob er hie mite zestoeren
disen liument unde dise lüge
mit unser aller râte müge.
nu dunket mich daz guot getân,   15465
daz ir im umbe den arcwân
rede gebet unde antwürte
z'unser aller gegenwürte.«

Gott aber soll wissen,
daß ich alles, was Eurer Würde abträglich ist   15435
und Euren tadellosen Ruhm trübt,
nur widerwillig befördere
ans Licht und an den Tag.
Wenn mir das erspart bliebe!
Liebliche, gute Königin,   15440
Euer Herr und Gemahl
läßt mich Euch anklagen
wegen einer öffentlichen Beschuldigung.
Ich und auch er wissen nicht,
wo sie herrührt,   15445
nur daß Ihr verdächtigt werdet
vom Hof und von der Öffentlichkeit
wegen seines Neffen Tristan.
Mit Gottes Willen, königliche Herrin,
sollt Ihr an diesem Vergehen   15450
unschuldig sein.
Jedoch verdächtigt Euch der König,
weil der Hof davon redet.
Mein Herr selbst hat an Euch
nur Gutes gefunden.   15455
Nur Gerüchte, die bei Hof umgehen,
haben seinen Argwohn auf Euch fallen lassen,
aber keine Beweise.
Deswegen klagt er Euch an,
damit seine Freunde und Vasallen   15460
es hören und vernehmen
und damit er dadurch
dieses Gerücht und diese Lüge
mit unser aller Hilfe zerstören kann.
Es erscheint mir nun gut,   15465
wenn Ihr ihm wegen dieses Verdachts
Rede und Antwort steht
in unser aller Gegenwart.«

Îsôt diu wol gesinne,
diu gesinne küniginne,   15470
dô ir ze sprechene geschach,
si stuont ûf selbe unde sprach:
»hêrre, hêr bischof,
dise lantbarûne unde der hof,
ir sult daz alle wizzen wol: 15475
swâ sô ich versprechen sol
mînes hêrren laster unde mich,
entriuwen daz verspriche ich
beidiu nû und alle stunt.
ir hêrren alle, mir ist wol kunt,   15480
daz mich disiu dörperheit
vor eime jâre ist an geseit
beide über hof und über lant.
iu ist aber allen wol erkant,
daz nieman alse saelic ist,   15485
der al der werlde und alle vrist
sô wol ze willen müge geleben,
im enwerde âlaster gegeben.
von danne enwundert mich es niht,
ob mir der rede ouch nôt geschiht.   15490
ine möhte niemer sîn verswigen,
ine müese werden bezigen
unvuoge und missewende,
durch daz ich bin ellende
und endarf hie niender vrâgen   15495
nâch vriunden noch nâch mâgen.
mir ist leider lützel ieman bî,
der mînes leides leidic sî.
ir alle und iuwer iegelîch,
ir sît arm oder rîch,   15500
ir geloubet vil gereite
mîner dörperheite.
wiste ich nu, waz getaete,
waz râtes hie zuo haete,

Die besonnene Isolde,
die kluge Königin,   15470
als sie reden sollte,
stand sie selbst auf und sagte:
»Herr, Herr Bischof,
die Barone und der Hof,
Ihr alle sollt dies wissen: 15475
Wann immer ich einstehen soll
für die Schande meines Gemahls und für mich,
dann will ich das gewiß tun
jetzt und immer.
Ihr Herren alle, mir ist durchaus bekannt,   15480
daß diese Gemeinheit
mir seit einem Jahr nachgesagt wird
bei Hofe und im Reich.
Ihr alle aber wißt genau,
daß niemand so glücklich ist,   15485
daß er der ganzen Welt und immer
so zu Gefallen lebt,
daß ihm nicht irgendein Makel angehängt wird.
Deshalb erstaunt es mich nicht,
daß auch mich Gerede in Bedrängnis bringt.   15490
Ich kann nicht ausgespart bleiben,
ich muß beschuldigt werden
solchen Vergehens und solcher Verfehlung,
denn ich bin fremd hier
und kann nirgendwo rufen   15495
nach Freunden und Verwandten.
Niemand ist hier,
der wegen meines Leides Schmerz empfindet.
Ihr alle und jeder von Euch,
arm oder reich,   15500
Ihr alle traut mir bereitwillig
diese Gemeinheit zu.
Wenn ich wüßte, was ich tun soll
und welche Lösung es gibt,

daz ich mîn unschulde   15505
an iuwer aller hulde
nâch mînes hêrren êren
wol möhte gekêren,
dâ haete ich guoten willen zuo.
waz râtet ir nu, daz ich tuo?   15510
swaz gerihtes man mir ûf geleit,
des bin ich gerne bereit,
daz iuwer aller arcwân
werde vürder getân
und aber noch michel mêre   15515
ze behabene die êre
mînes hêrren unde mîn.«

Der künec der sprach: »vrou künigîn,
hier an lâz ich ez wol gestân.
mac ich gerihte von iu hân,   15520
als ir uns habet vür geleit,
sô tuot es uns gewisheit.
gât her in alrihte,
vertriuwet daz gerihte
zem glüejenden îsen,   15525
als wir iuch hie bewîsen.«
diu küniginne tete alsô.
si vertriuwet ir gerihte dô,
als ir dâ wart besprochen,
nâch den selben sehs wochen   15530
in die stat ze Carliûne.
künec unde lantbarûne,
al daz concîlje schiet sich sâ.
Îsôt beleip al eine dâ
mit sorgen und mit leide.   15535
sorge unde leit diu beide
twungen si harte sêre.
sie sorgete umbe ir êre.
sô twanc si daz verholne leit,

daß ich meine Unschuld 15505
bei Euer aller Wohlwollen
dem Ansehen meines Herrn entsprechend
beweisen könnte,
dann wollte ich das gerne tun.
Wozu ratet Ihr? 15510
Welches Gerichtsverfahren man mir auferlegt,
ich bin mit Vergnügen dazu bereit,
damit Euer aller Verdacht
ausgeräumt werde
und um darüber hinaus 15515
das Ansehen
meines Gemahls und das meine zu erhalten.«

Der König antwortete: »Königliche Herrin,
damit lasse ich es bewenden.
Wenn ich Genugtuung von Euch bekommen kann, 15520
wie Ihr uns vorgeschlagen habt,
dann verbürgt Euch dafür.
Kommt gleich her
und vertraut Euch dem Gottesurteil
mit dem glühenden Eisen an, 15525
wie wir Euch hier anweisen werden.«
Die Königin tat dies.
Sie unterwarf sich dem Urteil,
das für sie festgesetzt wurde
in sechs Wochen 15530
in der Stadt Caerleon.
Der König und die Landbarone,
das ganze Konzil trennte sich dann.
Isolde blieb alleine zurück
mit Sorgen und Kummer. 15535
Sorge und Kummer
bedrückten sie sehr.
Sie sorgte sich um ihr Ansehen.
Der verborgene Kummer bedrückte sie,

daz s'ir unwârheit   15540
solte wârbaeren.
mit disen zwein swaeren
enwiste sî, waz ane gân.
si begunde ir swaere beide lân
an den genaedigen Crist,   15545
der gehülfic in den noeten ist.
dem bevalch si harte vaste
mit gebete und mit vaste
alle ir angest unde ir nôt.
in disen dingen haete Îsôt   15550
einen list ir herzen vür geleit
vil verre ûf gotes höfscheit.
si schreip unde sande
einen brief Tristande
und enbôt im, daz er kaeme,   15555
swâ er die vuoge naeme,
ze Carliûn des tages vruo,
sô sî dâ solte stôzen zuo,
und naeme ir an dem stade war.

Nu diz geschach. Tristan kam dar   15560
in pilgerînes waete.
sîn antlütze er haete
misseverwet unde geswellet,
lîp unde wât verstellet.
nu Marke und Îsôt kâmen,   15565
ir gelende dâ genâmen,
diu künigîn ersach in dâ
unde erkante in ouch iesâ.
und als daz schif an gestiez,
Îsôt gebôt unde hiez,   15570
ob der wallaere
als wol mugende waere
und sô vil crefte haete,
daz man in durch got baete,

daß sie ihren Betrug   15540
offenlegen sollte.
Mit diesen beiden Kümmernissen
wußte sie nicht, was sie anfangen sollte.
Sie befahl ihre beiden Sorgen
dem barmherzigen Christus,   15545
der in der Bedrängnis hilft.
Dem befahl sie inbrünstig
mit Gebet und Fasten
ihre ganze Furcht und Not.
In dieser Lage hatte Isolde   15550
eine List erdacht
im Vertrauen auf Gottes höfisches Wesen.
Sie schrieb und schickte
einen Brief an Tristan
und sagte ihm, er solle kommen,   15555
wenn er es irgend ermöglichen könne,
am Morgen nach Caerleon,
wo sie landen sollte,
und am Ufer nach ihr Ausschau halten.

Das geschah. Tristan kam dorthin   15560
im Gewand eines Pilgers.
Sein Gesicht hatte er
verfärbt und aufgedunsen,
sein Aussehen und seine Kleidung verändert.
Als Marke und Isolde ankamen   15565
und dort landeten,
sah die Königin ihn da
und erkannte ihn sofort.
Als das Schiff auf Grund stieß,
befahl Isolde,   15570
falls der Pilger
so stark wäre
und genug Kräfte hätte,
daß man ihn um Gottes willen darum bitte,

daz er si trüege hin abe   15575
von der schifbrucken in die habe.
sine wolte sich niht in den tagen
dekeinen ritter lâzen tragen.
sus riefen s'alle dar an:
»gât her nâher, saelic man,   15580
traget mîne vrouwen an den stat!«
er volgete, des man in bat.
sîne vrouwen die künigîn
die nam er an den arm sîn
und truoc si hin wider lant.   15585
Îsôt diu rûnde ime zehant,
swenne er ze lande kaeme,
daz er einen val dâ naeme
mit ir mitalle z'erden,
swelch rât sîn solte werden.   15590
er tete alsô. dô'r an den stat
und ûz hin an daz lant getrat,
der wallaere nider zer erden sanc
und viel als âne sînen danc,
daz sich der val alsô gewac,   15595
daz er der künigîn gelac
an ir arme und an ir sîten.
hie was unlangez bîten.
des gesindes kam ein michel schar
mit staben und mit stecken dar   15600
und wolten den wallaere
bereiten übeler maere.
»nein nein, lât stân!« sprach aber Îsôt
»ez tete dem wallaere nôt.
er ist âmehtic unde cranc   15605
und viel âne sînen danc.«

Nu seiten sî's ir sêre
beidiu genâde und êre
und lobeten s'in ir muote,

er möge sie hinübertragen   15575
von der Schiffsbrücke in den Hafen.
Sie wollte sich in diesen Tagen
von keinem Ritter tragen lassen.
Also riefen sie alle hinüber:
»Kommt näher, heiliger Mann,   15580
tragt meine Herrin zum Gestade!«
Er befolgte, worum man ihn bat.
Seine Herrin, die Königin,
nahm er auf seine Arme
und trug sie zum Land.   15585
Isolde flüsterte ihm schnell zu,
er solle, wenn er zum Strand komme,
dort niederstürzen
mit ihr zur Erde,
was immer ihm dadurch entstünde.   15590
Das tat er. Als er am Ufer
das Land betrat,
sank der Pilger zu Boden,
fiel wie unabsichtlich hin
und richtete den Sturz so ein,   15595
daß er der Königin lag
in den Armen und zur Seite.
Das dauerte nur kurz.
Aus dem Gefolge kam eine große Schar
mit Stangen und Stöcken,   15600
und wollten dem Pilger
übel mitspielen.
»Nein, laßt das«, sagte Isolde da,
»der Pilger konnte nicht anders.
Er ist schwach und krank   15605
und stürzte ohne Verschulden.«

Das trug ihr
großen Dank und Ehren ein,
und alle lobten sie im stillen,

daz sî sich mit unguote   15610
an dem armen niht enrach.
Îsôt dô smierende sprach:
»welch wunder waere ouch nû dar an,
ob dirre wallende man
mit mir wolte schimpfen?«   15615
diz begunden s'ir gelimpfen
ze tugenden und ze höfscheit.
ir êren wart dâ vil geseit
unde ir lobes von manegem man.
und Marke der sach allez an   15620
und hôrte diz unde daz.
Îsôt sprach aber dô vürbaz:
»nune weiz ich, waz sîn werden sol.
iuwer iegelîch der siht nu wol,
daz ich daz niht verrihten kan,   15625
daz âne Marken nie kein man
an mînen arm kaeme
noch daz nie man genaeme
sîn leger an mîner sîten.«
sus begunden si rîten   15630
trîbende ir schimpfmaere
von disem baltenaere
hin în ze Carliûne.
dâ was vil barûne,
pfaffen unde ritterschaft,   15635
gemeines volkes michel craft.
bischove und prêlâten,
die daz ambet tâten
und segenten daz gerihte,
die wâren ouch inrihte   15640
mit ir dinge bereit.
daz îsen daz was în geleit.
diu guote küniginne Îsolt
diu haete ir silber unde ir golt,
ir zierde und swaz si haete   15645

daß sie sich mit Strafe 15610
an dem Elenden nicht rächte.
Isolde sagte lächelnd:
»Wäre es denn jetzt nicht sehr verwunderlich,
wenn dieser Pilger
mit mir scherzen wollte?« 15615
Das rechneten sie
ihrer Bildung und feinen Gesinnung hoch an.
Über ihre Ehre wurde da viel gesprochen,
und viele rühmten sie.
Marke beobachtete das alles 15620
und hörte dies und das.
Isolde fuhr fort:
»Jetzt weiß ich nicht, was werden soll.
Jeder von Euch sieht nun wohl ein,
daß ich nicht beweisen kann, 15625
daß außer Marke niemals ein Mann
in meinen Armen lag
und daß keiner
mir zur Seite ruhte.
Damit ritten sie los, 15630
während sie ihre Scherze trieben
über diesen Pilger,
nach Caerleon.
Dort waren viele Barone,
Geistliche und Ritter 15635
und viel gemeines Volk.
Die Bischöfe und Prälaten,
die die Messe lasen
und das Gericht segneten,
waren bald 15640
mit ihren Vorbereitungen fertig.
Das Eisen wurde ins Feuer gelegt.
Die gute Königin Isolde
hatte ihr Silber und ihr Gold,
ihren Schmuck und was sie besaß 15645

an pferden unde an waete
gegeben durch gotes hulde,
daz got ir wâren schulde
an ir niht gedaehte
und sî z'ir êren braehte.   15650
hie mite was sî zem münster komen
und haete ir ambet vernomen
mit ineclîchem muote.
diu wîse, diu guote,
ir andâht diu was gotelîch.   15655
si truoc ze nâhest an ir lîch
ein herte hemede haerîn,
dar obe ein wullîn rockelîn
kurz und daz mê dan einer hant
ob ir enkelînen want.   15660
ir ermel wâren ûf gezogen
vaste unz an den ellenbogen.
arme unde vüeze wâren bar.
manec herze und ouge nam ir war
swâre unde erbermeclîche.   15665
ir gewandes unde ir lîche
des wart dâ dicke war genomen.
hie mite was ouch daz heiltuom komen,
ûf dem si sweren solde.
alsus hiez man Îsolde   15670
ir schulde an disen sünden
got unde der werlde künden.
nu haete Îsôt êre unde leben
vil verre an gotes güete ergeben.
si bôt ir herze unde ir hant   15675
vorhtlîche, als ez ir was gewant,
dem heiltuom unde dem eide.
hant unde herze beide
ergap si gotes segene
ze bewarne und ze pflegene.   15680

an Pferden und Kleidern
verschenkt, um Gottes Gunst zu gewinnen,
damit er ihre wirkliche Schuld
übersehen
und ihr Ansehen wiederherstellen möge.   15650
So war sie zum Münster gekommen
und hatte das Hochamt gehört
mit Inbrunst.
Die Kluge, die Gütige
war in frommer Andacht.   15655
Eng am Körper trug sie
ein rauhes häremes Hemd
und darüber ein wollenes Gewand,
das kurz war und mehr als eine Handbreit
oberhalb ihrer Knöchel endete.   15660
Ihre Ärmel waren aufgeschlagen
bis zum Ellenbogen.
Arme und Füße waren bloß.
Viele Augen und Herzen betrachteten sie
bekümmert und mitleidig.   15665
Ihr Gewand und ihr Aussehen
wurden immer wieder angeschaut.
Inzwischen wurde die Reliquie gebracht,
auf die sie schwören sollte.
So ließ man Isolde   15670
ihre Schuld an diesen Sünden
Gott und der Welt offenbaren.
Isolde hatte ihre Ehre und ihr Leben
völlig der Barmherzigkeit Gottes ergeben.
Ihr Herz und ihre Hand bot sie   15675
angstvoll, wie es ihr zukam,
der Reliquie und dem Schwur.
Hand und Herz
ergab sie der göttlichen Gnade
zum Schutz und zur Obhut.   15680

Nu wâren dâ genuoge
sô grôzer unvuoge,
daz sî der küniginne ir eit
vil gerne haeten ûf geleit
ze schaden und ze valle.   15685
diu bitter nîtgalle,
der truhsaeze Marjodô
der treib ez sus unde sô
und manege wîs z'ir schaden an.
dâ wider was aber dâ manic man   15690
der sich an ir êrte
und ez ir ze guote kêrte.
sus gie daz criegen under in
umbe ir eit her unde hin.
der was ir übel und dirre guot,   15695
als man ze solhen dingen tuot.
»künec hêrre« sprach diu künigîn
»mîn eit muoz doch gestellet sîn,
swaz ir dekeiner gesaget,
als iu gevellet unde behaget.   15700
von diu sô seht hie selbe zuo,
waz ich gespreche oder getuo,
ob ich ez iu mit eide
ze danke bescheide.
ir aller lêre der ist ze vil.   15705
vernemet, wie ich iu sweren wil:
daz mînes lîbes nie kein man
dekeine künde nie gewan
noch mir ze keinen zîten
weder ze arme noch ze sîten   15710
âne iuch nie lebende man gelac
wan der, vür den ich niene mac
gebieten eit noch lougen,
den ir mit iuwern ougen
mir sâhet an dem arme,   15715
der wallaere der arme.

Viele dort waren
von so großer Bosheit,
daß sie der Königin ihren Schwur
liebend gerne vorgeschrieben hätten
zu ihrem Nachteil und Verderben.   15685
Die bittere Galle des Neids,
der Truchseß Marjodo,
arbeitete so und so
und in jeder Weise auf ihren Nachteil hin.
Andererseits gab es aber viele,   15690
die sie mit feinem Anstand behandelten
und ihren Vorteil wünschten.
So ging der Streit unter ihnen
über ihren Schwur hin und her.
Dieser war ihr übel-, jener wohlgesonnen,   15695
wie das bei solchen Dingen geht.
Die Königin sagte: »Herr und König,
mein Schwur muß doch so festgelegt sein,
was immer sie sagen,
daß er Euch gefällt und zusagt.   15700
Urteilt deshalb selbst,
ob ich mit dem, was ich sage und tue,
den Eid
zu Eurer Zufriedenheit leiste.
Sie machen zu viele Vorschläge.   15705
Hört, was ich beschwören will:
daß niemals irgendein Mann meinen Körper
kennenlernte
und daß niemals
weder in meinen Armen noch an meiner Seite   15710
außer Euch ein lebender Mann gelegen hat,
abgesehen von jenem, für den ich nicht
schwören und den ich nicht abstreiten kann,
den Ihr mit eigenen Augen
in meinen Armen saht,   15715
dem armen Pilger.

so gehelfe mir mîn trehtîn
und al die heilegen, die der sîn,
ze saelden und ze heile
an disem urteile!   15720
hân ich es niht genuoc geseit,
hêrre, ich bezzer iu den eit,
als ir mir saget, sus oder sô.«

»Vrouwe« sprach der künec dô,
»es dunket mich genuoc hier an,   15725
alse ich mich's versinnen kan.
nu nemet daz îsen ûf die hant.
und alse ir uns habt vor benant,
als helfe iu got ze dirre nôt!«
»âmen!« sprach diu schoene Îsôt.   15730
in gotes namen greif si'z an
und truog ez, daz si niht verbran.
dâ wart wol g'offenbaeret
und al der werlt bewaeret,
daz der vil tugenthafte Crist   15735
wintschaffen alse ein ermel ist.
er vüeget unde suochet an,
dâ man'z an in gesuochen kan,
alse gevuoge und alse wol,
als er von allem rehte sol.   15740
erst allen herzen bereit,
ze durnehte und ze trügeheit.
ist ez ernest, ist ez spil,
er ist ie, swie sô man wil.
daz wart wol offenbâre schîn   15745
an der gevüegen künigîn.
die generte ir trügeheit
und ir gelüppeter eit,
der hin ze gote gelâzen was,
daz s'an ir êren genas.   15750
und wart aber dô starke

Gott der Herr möge mir verhelfen
und alle Heiligen, die es gibt,
zu meinem Glück und Heil
bei diesem Gottesurteil!   15720
Wenn es nicht ausreicht,
Herr, verbessere ich den Schwur,
wie Ihr mir auftragt, so oder so.«

Der König erwiderte: »Herrin,
es scheint mir ausreichend,   15725
soweit ich sehen kann.
Nehmt nun das Eisen in die Hand.
Und bei allem, was Ihr uns eben gesagt habt,
möge Euch Gott in dieser Bedrängnis beistehen.«
»Amen!« sagte die schöne Isolde.   15730
In Gottes Namen faßte sie es an
und trug es, ohne sich zu verbrennen.
Da wurde offenkundig
und der Welt bewiesen,
daß der allmächtige Christus   15735
nachgiebig wie ein Mantel im Wind ist.
Er schmiegt und paßt sich an,
wenn man ihn richtig zu bitten versteht,
so fügsam und gut,
wie er es mit allem Recht soll.   15740
Jedem ist er behilflich
bei Aufrichtigkeit wie bei Betrug.
Ob ernst oder im Spaß,
immer ist er so, wie man ihn sich wünscht.
Das wurde offensichtlich   15745
bei der geschickten Königin.
Sie wurde gerettet durch ihren Betrug
und ihren gefälschten Schwur,
den sie Gott leistete,
damit sie ihr Ansehen zurückgewinne.   15750
Erneut wurde sie sehr

von ir hêrren Marke
geminnet unde g'êret,
geprîset unde gehêret
von liute und von lande.   15755
swaz sô der künec erkande,
dar an ir herze was gewant,
daz was sîn wille zehant.
er bôt ir êre unde guot.
al sîn herze und al sîn muot   15760
diu wâren niwan an sî geleit
âne aller slahte valscheit.
sîn zwîvel und sîn arcwân
die wâren aber dô hin getân.

von Marke, ihrem Herrn,
geliebt und verehrt,
gerühmt und geschätzt
von Volk und Reich.   15755
Wann immer der König bemerkte,
daß ihr Herz an etwas hing,
war das sofort auch sein Wunsch.
Er überschüttete sie mit Ehren und Besitz.
Sein ganzes Herz und Denken   15760
waren nur auf sie gerichtet
ohne jeden Vorbehalt.
Sein Zweifel und sein Verdacht
waren abermals ausgeräumt.

Tristan, Îsolde cumpanjûn,   15765
dô er sî ze Carliûn
haete getragen an den stat
und geleistet dâ des sî'n gebat,
er vuor des selben mâles
von Engelant ze Swâles   15770
zem herzogen Gilâne.
der was dô wîbes âne
und was junc unde rîch,
vrî unde vrôlîch.
dem was er grôze willekomen.   15775
der haete ouch ê von ime vernomen
vil manlîcher dinge
und vil seltsaener linge.
der was vil harte sêre
vervlizzen an sîn êre,   15780
an sîne vröude, an sîn gemach.
an swelhem dinge er sich versach
daz sîn vröude waere,
des was er gevaere
und leite sînen vlîz dar an.   15785
wan der trûraere Tristan
der was ze allen stunden
mit gedanken gebunden,
mit trahte und mit triure
umbe sîn âventiure.   15790

Eines tages gevuogete daz,
daz Tristan bî Gilâne saz
in triure unde in trahte
und ersûfte ûzer ahte.
nû des wart Gilân gewar.   15795
er gebôt, daz man im braehte dar

XXV. Petitcrü

Nachdem Tristan, Isoldes Gefährte,   15765
sie in Caerleon
ans Ufer getragen
und ihre Bitte erfüllt hatte,
reiste er sogleich
von England nach Swales   15770
zum Herzog Gilan.
Der war noch unverheiratet,
jung und mächtig,
frei und lebenslustig.
Dem war er sehr willkommen.   15775
Gilan hatte vorher schon gehört
von Tristans kühnen Taten
und seinen einzigartigen Erfolgen.
Er war überaus
bedacht auf sein Ansehen,   15780
seine Freude und sein Vergnügen.
Bei allem, wovon er glaubte,
es könnte ihn erfreuen,
war er sehr eifrig
und bemühte sich emsig darum.   15785
Jedoch der trauernde Tristan
war stets
in Gedanken versunken,
in Grübeln und Brüten
über sein Schicksal.   15790

Eines Tages ergab es sich,
daß Tristan bei Gilan saß
mit trüben Gedanken
und unwillkürlich aufseufzte.
Das bemerkte Gilan.   15795
Er befahl, man solle ihm bringen

sîn hundelîn Petitcreiu,
sînes herzen spil von Avaliu
und sîner ougen gemach.
daz er gebôt, daz geschach.   15800
ein purper edel unde rîch,
vremede unde wunderlîch
al nâch des tisches mâze breit
wart vür in ûf den tisch geleit,
ein hundelîn dar ûf getragen.   15805
daz was gefeinet, hôrte ich sagen,
und wart dem herzogen gesant
ûz Avalûn, der feinen lant,
von einer gottinne
durch liebe und durch minne.   15810
daz was mit solher wîsheit
an den zwein dingen ûf geleit,
an der varwe und an der craft,
daz zunge nie sô redehaft
noch herze nie sô wîse wart,   15815
daz sîne schoene und sîn art
kunde beschrîben oder gesagen.
sîn varwe was in ein getragen
mit alsô vremedem liste,
daz nieman rehte wiste,   15820
von welher varwe ez waere.
ez was sô missehaere,
als man ez gegen der bruste an sach,
daz nieman anders niht enjach,
ezn waere wîzer danne snê,   15825
zen lanken grüener danne clê,
ein sîte rôter danne grân,
diu ander gelwer dan safrân.
unden gelîch lazûre,
obene was ein mixtûre   15830
gemischet alsô schône in ein,
daz sich ir aller dekein

sein Hündchen Petitcrü,
seine Herzensfreude aus Avalon
und das Glück seiner Augen.
Was er befahl, wurde getan. 15800
Ein vornehmes, kostbares Purpurtuch,
fremdartig und seltsam,
in der Größe zum Tisch passend,
wurde vor ihm auf den Tisch gelegt
und ein Hündchen darauf gesetzt. 15805
Das war bezaubernd, wie ich höre,
und dem Herzog geschickt worden
aus Avalon, dem Feenreich,
von einer Göttin
aus Zuneigung und Liebe. 15810
Es war mit solcher Kunstfertigkeit
ausgestattet
in Farbe und Zauberkraft,
daß eine Zunge niemals so beredt
und ein Herz nie so klug war, 15815
daß es seine Schönheit und sein Wesen hätte
beschreiben und erzählen können.
Seine Farbe ging ineinander über
auf so fremdartig-kunstvolle Weise,
daß niemand richtig wußte, 15820
welche Farbe es denn nun hatte.
Sein Fell schimmerte verschiedenfarbig.
Wenn man seine Brust ansah,
behauptete jeder nichts anderes, als daß
es weiß wie Schnee sei, 15825
an den Lenden grüner als Klee,
eine Seite röter als Scharlach,
die andere gelber als Safran.
An der Unterseite war es tiefblau,
oben waren die Farben 15830
so vollkommen vermischt,
daß keine von ihnen sich

üz vür daz andere dâ bôt.
dane was grüene noch rôt
noch wîz noch swarz noch gel noch blâ   15835
und doch ein teil ir aller dâ,
ich meine rehte purperbrûn.
daz vremede werc von Avalûn
sach man ez widerhaeres an,
sone wart nie kein sô wîse man,   15840
der sîne varwe erkande.
si was sô maneger hande
und sô gar irrebaere,
als dâ kein varwe waere.
im gienc umbe sîn cregelîn   15845
ein ketene, diu was guldîn.
dar an sô hienc ein schelle
sô süeze und sô helle,
dô ez sich rüeren began,
der trûraere Tristan   15850
daz er sîner âventiure
an sorge unde an triure
ledic und âne gesaz
unde des leides gar vergaz,
daz in durch Îsôte twanc.   15855
sô süeze was der schellen clanc,
daz sî nieman gehôrte,
sine benaeme im und zestôrte
sîne sorge und al sîn ungemach.

Tristan der hôrte unde sach   15860
daz wunderlîche wunder an.
hunt unde schellen er began
bemerken unde betrahten,
ietwederz sunder ahten,
den hunt und sîne vremede hût,   15865
die schellen unde ir süezen lût.
ir beider nam in wunder

in den Vordergrund drängte.
Es war nicht grün, nicht rot,
nicht weiß, nicht schwarz, nicht gelb, nicht blau,   15835
und doch ein bißchen von allem,
ich meine richtig purpurglänzend.
Wenn man dieses seltsame Geschöpf aus Avalon
gegen den Haarstrich ansah,
war keiner klug genug,   15840
seine Farbe zu erkennen.
Sie war so unterschiedlich
und unbestimmt
wie sonst keine Farbe.
Um seinen Hals hatte es   15845
ein Kettchen aus Gold.
An dem hing eine Glocke,
die so lieblich und klar war,
daß, als sie klingelte,
der bekümmerte Tristan,   15850
seiner Gedanken
an Sorge und Trauer
nicht achtend, dasaß,
und den Schmerz ganz vergaß,
der ihn Isoldes wegen bedrückte.   15855
Das Glöckchen klang so lieblich,
daß niemand es hören konnte,
ohne daß es ihm raubte und zerstörte
seinen Kummer und sein ganzes Leid.

Tristan sah und hörte   15860
das erstaunliche Wunder an.
Den Hund und das Glöckchen
besah und betrachtete er,
beachtete jedes für sich,
den Hund und sein seltsames Fell,   15865
die Glocke und ihren lieblichen Klang.
Beides erstaunte ihn sehr,

und dûhte in doch hier under
daz wunder umbe daz hundelîn
vil michel wunderlîcher sîn   15870
dan umbe den süezen schellen clanc,
der ime in sîn ôre sanc
und nam im sîne triure.
diz dûhte in âventiure,
daz er mit liehten ougen   15875
sîner ougen lougen
an allen disen varwen vant
und ime ir keiniu was bekant,
swie vil er ir genaeme war.
er greif gevuoclîche dar   15880
und streichete ez mit handen.
nu dûhte Tristanden,
dô er ez handelen began,
er griffe palmâtsîden an,
sô linde was ez über al.   15885
weder ez engrein noch enbal,
noch erzeigete ungebaerde nie,
swaz schimpfes man mit ime begie.
ouch enaz ez noch entranc niht,
als daz maere von im giht.   15890
Nu daz ez dannen wart getragen,
Tristandes trûren und sîn clagen
daz was aber vrisch als ê
und aber sô vil der triure mê,
daz er alle sîne trahte,   15895
die er gehaben mahte,
an die gedanke leite,
mit waz gevuocheite
oder mit welhen sinnen
er möhte gewinnen   15900
sîner vrouwen der künigîn
Petitcreiu daz hundelîn,
durch daz ir senede swaere

und er hielt dabei
das Wunder dieses Hündchens
für viel erstaunlicher   15870
als das des süßen Glockenklangs,
der in seinen Ohren sang
und ihm alle Trauer nahm.
Es erschien ihm wunderbar,
daß trotz scharfen Hinsehens   15875
seine Augen getäuscht wurden
mit all diesen Farben
und daß er keine erkennen konnte,
so genau er sie auch anschaute.
Er griff vorsichtig hin   15880
und streichelte es.
Tristan glaubte,
als er es anfaßte,
er fühle feine Seide,
so weich war es überall.   15885
Es knurrte und bellte nicht,
zeigte keinen Unwillen,
so sehr man auch mit ihm scherzte.
Es aß und trank auch nichts,
wie man von ihm erzählt.   15890
Als es fortgetragen worden war,
war Tristans Trauern und Klagen
wieder so stark wie vorher
und noch stärker insofern,
als er all seinen Scharfsinn,   15895
über den er verfügte,
auf die Überlegung richtete,
durch welchen glücklichen Umstand
und welche Idee
er bekommen könnte   15900
für seine Herrin, die Königin,
das Hündchen Petitcrü,
durch den ihr Liebesschmerz

al deste minner waere.
nune kunde er aber niht ersehen,   15905
wie'z iemer möhte geschehen
von bete oder von liste.
wan er daz vil wol wiste,
daz ez Gilân niht haete gegeben
âne eine vür sîn selbes leben   15910
umbe kein guot, daz er ie gesach.
diu trahte und daz ungemach
daz lag im in dem herzen ie
und entete doch diu gelîche nie.

Als uns diu wâre istôrje seit   15915
von Tristandes manheit,
sô was des selben mâles
dem lande ze Swâles
ein rise bî gesezzen,
hôchvertic und vermezzen,   15920
und haete ûf der rivâgen hûs
und hiez der Urgân li vilûs.
dem selben risen dem was Gilân
und sîn lant Swâles undertân
und solten ime den zins geben,   15925
daz er daz lantliut lieze leben
âne nôt und âne leit.
hie mite wart in den hof geseit,
Urgân der rise der waere komen
und haete vür sich genomen,   15930
daz sîn zins dâ solte sîn,
rinder, schâf unde swîn
und hiez daz vor im dannen jagen.
hie mite begunde ouch Gilân sagen
sînem vriunt Tristande maere,   15935
wie dirre zins waere
mit gewalte und mit archeit
von allerêrste ûf geleit.

vermindert würde.
Nun konnte er aber nicht sehen,   15905
wie er das schaffen könnte
durch Bitten oder Schlauheit.
Denn er wußte genau,
daß Gilan es nicht weggegeben hätte,
– außer für sein eigenes Leben –   15910
um nichts, das er gesehen hatte.
Diese Überlegungen und sein Kummer
lagen ihm immer auf der Seele,
aber er zeigte es nicht.

Wie uns die wahre Geschichte erzählt   15915
über Tristans kühne Taten,
so lebte damals
in der Nähe von Swales
eine Riese,
der war überheblich und vermessen.   15920
Er lebte am Flußufer
und hieß der zottige Urgan.
Diesem Riesen waren Gilan
und sein Land Swales untertan,
und sie mußten ihm Tribut zahlen,   15925
damit er die Bevölkerung leben ließe
ohne Gefahr und Leid.
Damals wurde bei Hofe gemeldet,
Urgan, der Riese, sei gekommen
und hätte sich genommen,   15930
was ihm als Zins zustand,
Rinder, Schafe und Schweine.
Die ließ er vor sich hertreiben.
Da erzählte Gilan
seinem Freunde Tristan,   15935
wie dieser Zins
auf Gewalt und Bosheit
von Anfang an gegründet sei.

»nu saget mir, hêrre« sprach Tristan
»ob ich iuch des benemen kan   15940
und iu gehilfe in kurzer zît,
daz ir des zinses ledic sît,
die wîle ir iemer sult geleben.
waz welt ir mir ze lône geben?«
»entriuwen hêrre« sprach Gilân   15945
»ich gibe iu gerne, swaz ich hân.«
Tristan sprach aber dô vürbaz:
»hêrre, vertriuwet ir mir daz,
mit swelher rede sô ich'z getuo,
sô hilfe ich iu binamen dar zuo,   15950
daz ir nâch kurzlîcher zît
Urgânes iemer ledic sît,
oder ich verliuse daz leben.«
»entriuwen hêrre, ich sol iu geben,
swes ir gemuotet« sprach Gilân;   15955
»swaz ir gebietet, deist getân.«
er bôt im triuwe unde hant.
Tristande wart zehant besant
sîn ors und ouch sîn îsen.
hie mite bat er sich wîsen   15960
hin, dâ des vâlandes barn
mit dem roube wider solte varn.

Tristan zehant gewîset wart
vil rehte ûf Urgânes vart
in einen harte wilden walt   15965
und stiez der an des risen gewalt
des endes, dâ der roup ie
über eine brucke wider gie.
roup unde rise die kâmen sâ.
nu was ouch Tristan vor in dâ   15970
und enlie den roup niht vürbaz gân.
nu daz der veige rise Urgân
werre an der brucke wart gewar,

Tristan fragte: »Sagt mir, Herr,
wenn ich Euch davon befreien kann   15940
und Euch in kurzer Zeit dazu verhelfe,
daß Ihr vom Zins erlöst seid
für den Rest Eures Lebens,
womit wollt Ihr mich dann belohnen?«
»Wahrlich, Herr«, antwortete Gilan,   15945
»ich gebe Euch gerne, was ich besitze.«
Tristan fuhr fort:
»Herr, wenn Ihr mir das versprecht,
wie auch immer ich es erreiche,
will ich Euch wahrlich dazu verhelfen,   15950
daß Ihr binnen kurzem
Urgan auf ewig loswerdet,
oder ich lasse mein Leben.«
»Ganz bestimmt, Herr, ich werde Euch geben,
wonach Ihr verlangt«, versprach Gilan,   15955
»was immer Ihr wünscht, wird getan.«
Er gelobte es ihm in die Hand.
Sofort ließ man kommen Tristans
Pferd und seine Rüstung.
Dann bat er, man möge ihm zeigen,   15960
wohin dieser Sohn des Teufels
mit seiner Beute gehen würde.

Tristan wurde sogleich
genau auf Urgans Weg gewiesen,
der in einen überaus wilden Wald führte,   15965
welcher an das Gebiet des Riesen grenzte,
wo er seine Beute immer
über eine Brücke führte.
Bald kam der Riese mit seiner Beute.
Tristan aber war vor ihnen da   15970
und ließ die Beute nicht weitergehen.
Als der verwünschte Riese Urgan
eine Störung an der Brücke bemerkte,

er kêrte unstetelîche dar
mit einer harte langen   15975
stehelînen stangen,
die truog er hôhe unde enbor.
nu er den ritter dâ vor
sô wol gewâfenden sach,
unwertlîch er im zuo sprach: 15980
»vriunt ûf dem orse, wer sît ir?
war umbe enlâzet ir mir
mîne habe niht über gân?
weiz got daz ir ez habet getân,
daz engât iu niuwan an daz leben   15985
oder aber ir müezet iuch ergeben.«
der ûf dem orse sprach zehant:
»vriunt, ich bin Tristan genant.
weistû's nu wol, nu vürhte ich
dîne stange unde dich   15990
niht eine halbe bône.
von diu sô var vil schône
und wizze et waerlîche daz:
dîn roup enkumet niht vürbaz,
als verre als ich'z erweren kan.«   15995
»jâ« sprach der rise »hêr Tristan,
ir waenet haben bestanden
Môrolden von Îrlanden,
mit dem ir iuwer vehte
mit grôzem unrehte   16000
umbe niht zesamene truoget
und in durch hôhvart sluoget.
ouch enist ez niht umbe mich gewant
als umbe jenen von Îrlant,
den ir mit schalle an kâmet   16005
und ime die schoenen nâmet,
die blüejenden Îsolde,
die er bereden wolde.
nein nein, diu rivâge ist mîn hûs

stürmte er heran
mit einer sehr langen   15 975
stählernen Stange,
die er hoch emporhielt.
Als er da vorne den Ritter
in voller Rüstung sah,
fragte er ihn verächtlich: 15 980
»Mein Bester da auf dem Pferd, wer seid Ihr?
Warum laßt Ihr mir
meinen Besitz nicht hinüber?
Bei Gott, daß Ihr das getan habt,
kostet Euch nicht weniger als das Leben,   15 985
oder Ihr müßt Euch ergeben.«
Der auf dem Pferd antwortete sofort:
»Mein Bester, ich heiße Tristan.
Laß dir verraten, ich fürchte mich
vor deiner Stange und dir   15 990
nicht die Spur.
Deshalb mach schnell, daß du wegkommst
und sei versichert,
deine Beute kommt hier nicht weiter,
sofern ich es verhindern kann.«   15 995
Der Riese erwiderte: »Ja, Herr Tristan,
Ihr rühmt Euch, daß Ihr besiegt habt
Morold von Irland,
mit dem Ihr Euren Kampf
aus großem Unrecht   16 000
und um nichts und wieder nichts angezettelt
und den Ihr aus Hochmut erschlagen habt.
Mit mir ist es auch nicht so
wie mit jenem Iren,
den Ihr verhöhntet   16 005
und dem Ihr die schöne Dame abnahmt,
die strahlende Isolde,
die er beanspruchte.
Nein, nein, dieses Flußufer ist mein Gebiet,

und heize ich Urgân li vilûs.   16010
wol balde von der strâzen!«

Hie mite begunde er mâzen
mit beiden sînen handen
die rihte wider Tristanden
einen wurf und einen swanc,   16015
der was grôz unde lanc.
dem haete er sîne mâze
an der seige und an dem lâze
rehte in der merke gegeben,
daz er Tristande an sîn leben   16020
solte sîn gegangen.
und alse er mit der stangen
hin z'ime begunde swenken,
Tristan begunde wenken.
und iedoch wancte er niht alsô,   16025
er enwürfe ime daz ors dô
vor den goffen gar enzwei.
der ungehiure rise erschrei
und rief Tristanden lachend an:
»sô gehelfe iu got, hêr Tristan!   16030
engâhet niht ze rîtene
geruochet mîn ze bîtene,
ob ich iuch müge ervlêhen,
daz ir mich mîn lantlêhen
mit genâden und mit êren   16035
vürbaz lâzet kêren!«
Tristan erbeizete an daz gras,
wan ime daz ors erslagen was.
und mit dem sper sô kêrte er her.
er stach Urgâne mit dem sper   16040
zem ougen eine wunden.
dâ was der veige vunden.
der ungehiure rise Urgân
er lie wol balde hine gân

und ich bin Urgan der Zottige.   16010
Geht schnellstens aus dem Weg!«

Hiermit zielte er
mit beiden Händen
geradewegs auf Tristan
einen Wurf und einen Schlag,   16015
der gewaltig und weit war.
Den hatte er
in Abwurf und Richtung
genau in der Absicht gezielt,
daß er Tristan das Leben   16020
nehmen sollte.
Als er mit der Stange
nach ihm warf,
wich Tristan aus.
Aber er wich nicht weit genug aus.   16025
Der Wurf spaltete ihm sein Pferd
vor der Kruppe in zwei Teile.
Der schreckliche Riese brüllte auf
und schrie Tristan lachend zu:
»Jetzt möge Gott Euch helfen, Herr Tristan!   16030
Reitet nicht weg,
wartet freundlicherweise auf mich,
damit ich Euch anflehen kann,
Ihr möget mich meinen Lehnszins
in Gnaden und allen Ehren   16035
weitertreiben lassen!«
Tristan sprang ins Gras herab,
denn sein Pferd war tot.
Er wandte sich mit dem Speer um
und stach Urgan damit   16040
ins Auge.
Da war der Verfluchte entscheidend getroffen.
Der wüste Riese Urgan
ritt schnell

des endes, dâ diu stange lac.   16045
nu er die hant dar nâch gewac,
nu haete ouch Tristan sîn sper
von ime geworfen und kam her
gerüeret mit dem swerte.
er traf in, alse er gerte.   16050
wan er sluoc ime die selben hant,
diu nâch der stange was gewant,
daz s'an der erden belac,
und gab im aber einen slac
zem schenkel unde kêrte dan.   16055
Urgân der schadehafte man
greif mit der linken hant dernider,
die stangen zucte er aber wider
und lief an sînen anden.
er jagete Tristanden   16060
under den boumen umbe
manege angestlîche crumbe.
Sus wart der vlôz alse grôz,
der von Urgânes wunden vlôz,
daz der vâlandes man   16065
vil sêre vürhten began,
im solte von dem bluote
an crefte unde an muote
in kurzen zîten abe gân.
er lie roup unde ritter stân   16070
und nam die hant, dâ er si vant,
und kêrte wider heim zehant
in sîne veste balde.

Tristan stuont in dem walde
bî sînem roube al eine.   16075
sîn angest was niht cleine,
daz Urgân lebende dannen was.
er saz nider ûf daz gras
gedenkende unde trahtende,

dahin, wo die Stange lag.   16045
Als er die Hand danach ausstreckte,
hatte Tristan schon seinen Speer
weggeworfen und kam
herangeeilt mit dem Schwert.
Er traf ihn, wie er es wollte,   16050
denn er hieb ihm die Hand ab,
die nach der Stange griff,
so daß sie zu Boden fiel.
Dann schlug er ihm noch einmal
in den Schenkel und sprang weg.   16055
Der verletzte Urgan
griff mit der linken Hand herab,
riß die Stange wieder an sich
und stürmte auf seinen Gegner zu.
Er jagte Tristan   16060
zwischen den Bäumen umher
in vielen gefährlichen Kehren.
Der Strom aber war so stark,
der aus Urgans Verletzung strömte,
daß der teuflische Mann   16065
sich zu fürchten begann,
er könnte mit dem Blut
Stärke und Kühnheit
schnell verlieren.
Er ließ seine Beute und den Ritter zurück,   16070
nahm, nachdem er sie gefunden hatte, seine Hand
und kehrte sofort um
zu seiner Festung in aller Eile.

Tristan stand im Wald
bei der Beute ganz allein.   16075
Er fürchtete sich sehr,
weil Urgan lebend entkommen war.
Er setzte sich ins Gras nieder
in tiefen Gedanken und Überlegungen.

in sînen sinnen ahtende,   16080
sît daz er sîner taete
keine bewaerde haete
wan eine den zins unde den roup,
sone trüege in niht vür umbe ein loup
sîn angest und sîn arbeit,   16085
die er dar an haete geleit,
und dâhte, im solte Gilân
sînes gelübedes abe gân,
als under in zwein was benant.
er kêrte ûf sînen wec zehant   16090
und lief vil ebene ûf dem spor,
als Urgân was geloufen vor
und dâ diu erde und daz gras
mit bluote hin geverwet was.
Nû er zem castêle kam,   16095
vil vlîzeclîche er war nam
Urgânes wâ unde wâ.
nune vand er weder in dâ
noch nieman, der ie leben gewan.
wan der versêrete man   16100
der haete, als uns daz maere seit,
sîne verlorne hant geleit
ûf einen tisch in sînem sal
und was er von der burc ze tal
den berc geloufen wurze graben,   16105
die er zen wunden solte haben,
an den er ouch wol wiste
die craft sîner geniste.
ouch haete er'z alsô vor bedâht,
haete er die hant zem arme brâht   16110
mit liste, den er wol kunde,
enzît und ê der stunde,
daz sî mitalle waere tôt,
er waere wol von dirre nôt
âne ouge mit der hant genesen.   16115

Er sann darüber nach,   16080
daß, weil er für seine Tat
keinen Beweis hatte
außer allein der Beute,
ihm ganz und gar nichts nützen würde
seine Angst und Mühe,   16085
die er darauf verwendet hatte.
Und er dachte daran, daß Gilan dann
sein Versprechen nicht einhalten würde,
wie es zwischen ihnen ausgemacht war.
Er machte sich sogleich auf den Weg   16090
und folgte beständig der Spur,
die Urgan zuvor entlanggelaufen war
und wo der Boden und das Gras
blutgefärbt waren.
Als er zu der Burg kam,   16095
suchte er eifrig
nach Urgan überall.
Aber er fand weder ihn dort
noch sonst irgendeinen Lebenden.
Der Verletzte nämlich   16100
hatte, wie die Geschichte erzählt,
seine abgehauene Hand
auf den Tisch im Saal gelegt
und war von der Burg
ins Tal gelaufen, um Kräuter auszugraben,   16105
die er auf die Wunden legen wollte
und in denen er wußte
die Heilkraft zu seiner Genesung.
Zudem hatte er sich überlegt,
wenn er die Hand mit dem Arm verband   16110
so kunstreich, wie er es beherrschte,
rechtzeitig und bevor
beide abstarben,
dann könnte er aus dieser Gefahr
zwar nicht das Auge, aber die Hand retten.   16115

nû ensolte des niht wesen,
wan Tristan der kam iesâ
unde ersach die hant dâ.
und alse er s'âne wer dâ vant,
er nam s'und kêrte dan zehant   16120
reht alse er ouch was komen dar.

Urgân kam wider und wart gewar,
daz er die hant haete verlorn.
ime was leide unde zorn.
sîn arzenîe warf er nider,   16125
er kêrte nâch Tristande wider.
der was hin über die brucke komen
und haete guote war genomen,
daz er nâch ime gerüeret kam.
des risen hant er balde nam,   16130
under einen ronen er si barc.
alrêrste was sîn angest starc
zuo dem ungehiuren man,
wan dâ enwas kein zwîvel an,
ezn müese ir eines tôt sîn: 16135
eintweder des risen oder sîn.
er kêrte gein der brucke her
unde begegente im mit dem sper.
daz stach er ûf in, daz ez brach.
und al zehant daz er gestach,   16140
sô was ouch der vertâne iesâ
Urgân mit sîner stangen dâ.
sô gîteclîche er ûf in sluoc:
wan daz der slac verre über truoc,
waere er von êre gewesen,   16145
ern waere niemer genesen.
nu half aber ime, daz er genas,
daz sîn Urgân sô girec was.
wan er was ime ze nâhe komen
und haete sînen swanc genomen   16150

Aber soweit sollte es nicht kommen,
denn Tristan kam gleich herein
und sah dort die Hand.
Und weil er sie unbewacht fand,
nahm er sie an sich und ging sofort weg,   16120
so wie er hingekommen war.

Urgan kehrte zurück und bemerkte,
daß er die Hand verloren hatte.
Das schmerzte und erzürnte ihn.
Er warf seine Medizin weg   16125
und wandte sich wieder Tristan zu.
Der hatte schon die Brücke überquert
und deutlich gehört,
daß er ihm nachrannte.
Er nahm schnell die Hand des Riesen   16130
und versteckte sie unter einem Baumstumpf.
Erst dann verspürte er große Angst
vor dem schrecklichen Mann,
denn zweifellos
mußte einer von ihnen jetzt sterben,   16135
entweder er oder der Riese.
Er wandte sich zur Brücke
und trat ihm mit dem Speer entgegen.
Er stach auf ihn ein, daß er zerbrach.
Und kaum hatte er das getan,   16140
war auch schon der verwünschte
Urgan mit seiner Stange zur Stelle.
Er schlug so wild nach ihm,
daß, wenn der Hieb nicht zu weit gezielt gewesen wäre,
er nur, wenn er ganz aus Erz gewesen wäre,   16145
überlebt hätte.
Aber bei seiner Rettung half ihm,
daß Urgan so wütend auf ihn war.
Der war nämlich zu nahe an ihn herangekommen
und hatte seinen Schlag geführt   16150

ze verre hinder ime hin dan.
ê dô der ungehiure man
die stangen haete wider gezogen,
dô haete im Tristan an erlogen
einen stich zem ougen.   16155
er stach im âne lougen
in sîn ander ouge einen stich.
hie mite sluoc Urgân umbe sich
als mit rehte ein blinder man.
er gieng ez sô mit slegen an,   16160
daz Tristan vlôch hin von im stân
und liez in slahende umbe gân
mit sîner linken hende.
sus kam, daz er dem ende
sô nâhen sînen trit genam,   16165
daz Tristan dar gerüeret kam
und leite an dise ritterschaft
alle sîne maht und sîne craft.
er ruorte snellîche hin,
mit beiden handen kêrte er in   16170
von der brucken an den val.
er stiez in obene hin ze tal,
daz der ungehiure last
an dem velse aller zebrast.

Hie mite nam aber Tristan,   16175
der sigesaelige man,
sîne hant und lie hine gân
und kam vil schiere, dâ Gilân
der herzoge gegen im reit.
dem was vil inneclîche leit,   16180
daz sich Tristan ie an genam
und ie ze disem kampfe kam.
wan ime gar ungedâht was,
daz er genaese, als er genas.
und alse er in zuo loufen sach,   16185

zu weit hinter ihn.
Bevor nun der schreckliche Mann
die Stange wieder an sich riß,
hatte ihn Tristan mit einer Finte
am Auge getroffen.   16155
Er versetzte ihm tatsächlich
einen Stich in sein anderes Auge.
Da schlug Urgan um sich
ganz wie es ein Blinder tut.
Er fing zu hauen an,   16160
daß Tristan in einige Entfernung auswich
und ihn, Hiebe verteilend, herumgehen ließ
mit seiner Linken.
So geschah es, daß Urgan an den Brückenrand
so nahe herantrat,   16165
daß Tristan herbeirannte
und in diese Tat
all seine Kraft und Stärke legte.
Er stürmte schnell herbei
und stieß ihn mit beiden Händen   16170
von der Brücke hinab.
Er ließ ihn von oben nach unten stürzen,
so daß der gewaltige Körper
an dem Felsen ganz zerschmettert wurde.

Danach nahm Tristan,   16175
der glückliche Sieger,
seine Hand und ritt fort
und traf bald auf Gilan,
den Herzog, der ihm entgegenritt.
Der bedauerte sehr,   16180
daß Tristan diesen Kampf übernommen hatte
und daß es je dazu gekommen war.
Denn er konnte sich nicht vorstellen,
daß er überleben würde, so wie er es wirklich tat.
Als er ihn herankommen sah,   16185

vrôlîchen er im zuo sprach:
»â bien venjanz, gentil Tristan!
saeliger man, nu saget an,
wie stât ez iu? sît ir gesunt?«
nu liez in Tristan sâ zestunt   16190
die tôten hant des risen sehen
und seite im, alse ez was geschehen,
sîn gelücke und sîne linge
an allem disem dinge.
des wart Gilân harte vrô.   16195
hin wider zer brucken riten si dô
und vunden, alse in was geseit,
nâch Tristandes wârheit
einen zervallenen man
und sâhen den ze wunder an.   16200
hie mite sô kêrten si hin.
den roup den triben sî vor in
vrôlîche wider in daz lant.
hie von wart michel schal zehant
ze Swâles in dem lande.   16205
man sagete dâ Tristande
prîs unde lop und êre.
der drîer wart nie mêre
in dem lande geseit
von eines mannes manheit.   16210

Nu Gilân unde Tristan,
der sigesaelige man,
hin wider ze hûse kâmen,
ze handen aber genâmen
ir gelücke unde ir maere,   16215
Tristan der wunderaere
der sprach zem herzogen zehant:
»herzoge hêrre, sît gemant
der triuwen unde der sicherheit,
als under uns wart ûf geleit   16220

sagte er erfreut zu ihm:
»Herzlich willkommen, lieber Tristan!
Sagt, Vortrefflicher,
wie steht's mit Euch? Seid Ihr wohlauf?«
Da ließ Tristan ihn sogleich 16190
die tote Hand des Riesen sehen
und berichtete ihm, was geschehen war,
von seinem Glück und seinem Erfolg
bei dem ganzen Unternehmen.
Darüber freute Gilan sich sehr. 16195
Sie ritten zur Brücke zurück
und fanden, wie ihnen vorhergesagt worden war,
nach Tristans wahrem Bericht
den zerschmetterten Mann
und bestaunten ihn wie ein Wunder. 16200
Dann kehrten sie um
und trieben die Beute vor sich her
fröhlich zurück nach Hause.
Davon wurde bald viel erzählt
in ganz Swales. 16205
Man erwies Tristan da
Ruhm, Lob und Ehre.
Von diesen dreien war noch niemals mehr
in einem Lande erwiesen worden
einem Mann für seine Tapferkeit. 16210

Als Gilan und Tristan,
der glückliche Sieger,
wieder nach Hause kamen
und wieder aufnahmen
die Erzählungen über ihr Glück, 16215
sagte der Wunder wirkende Tristan
alsbald zum Herzog:
»Herr Herzog, laßt Euch erinnern
an das Gelöbnis und das Versprechen,
wie wir es untereinander verabredet haben 16220

und alse ir lobetet wider mich.«
Gilân sprach: »hêrre, daz tuon ich
vil harte gerne. saget mir:
waz ist iu liep? wes muotet ir?«
»hêrre Gilân, ich muote iu,   16225
daz ir mir gebet Petitcreiu.«
Gilân sprach aber: »sô râte ich baz.«
Tristan sprach: »lât hoeren waz.«
»dâ lât ir mir daz hundelîn
und nemet die schoenen swester mîn   16230
und zuo z'ir halbez daz ich hân.«
»nein hêrre herzoge Gilân,
weset der triuwen gemant.
wan elliu rîche und elliu lant
diu naeme ich zwâre niht dervür,   16235
der mir ez lieze an mîne kür.
ich sluog Urgânen li viliu
durch niht wan durch Petitcreiu.«
»entriuwen mîn hêr Tristan,
lît iuwer wille baz hier an,   16240
dan alse ich iu hân vür geleit,
sô loese ich mîne wârheit
und leiste, swaz iu lieb ist.
ine wil niemer valsch noch list
gewenden noch getuon hie zuo.   16245
swie rehte ungerne ich'z tuo,
swaz ir gebietet, daz sol sîn.«
hie mite hiez er daz hundelîn
vür sich und vür Tristanden tragen.
»seht« sprach er »hêrre, ich wil iu sagen   16250
und wil iu sweren einen eit
ûf alle mîne saelekeit,
daz ich des niht gehaben kan
noch nie sô liebes niht gewan
âne mîn êre und mîn leben,   16255
ine wolte ez iu vil gerner geben

und das Ihr mir geschworen habt.«
Gilan erwiderte: »Herr, das will ich
mit Freuden tun. Sagt mir,
was wollt Ihr, wonach verlangt Ihr?«
»Herr Gilan, ich möchte gern,   16225
daß Ihr mir Petitcrü gebt.«
Gilan sagte jedoch: »Ich habe einen besseren Vorschlag.«
»Laßt ihn hören«, meinte Tristan.
»Laßt mir mein Hündchen
und nehmt meine schöne Schwester   16230
und mit ihr die Hälfte meines Besitzes.«
»Nein, Herr Herzog Gilan,
erinnnert Euch der Abmachung.
Denn alle Reiche und Länder
würde ich dafür nicht nehmen,   16235
wenn ich die Wahl hätte.
Ich habe Urgan den Zottigen erschlagen
nur wegen Petitcrü.«
»Wirklich, Herr Tristan,
Wenn Ihr lieber das hier wollt,   16240
als was ich Euch vorgeschlagen habe,
dann löse ich mein Versprechen ein
und tue, was Euch lieb ist.
Ich will weder Falschheit noch List
hierbei gebrauchen.   16245
Wie sehr es mich auch schmerzt,
was Ihr befehlt, soll geschehen.«
Damit ließ er das Hündchen
zu sich und zu Tristan bringen.
Er sagte: »Seht, Herr, ich will Euch sagen   16250
und beschwören
bei meinem ewigen Leben,
daß ich nichts habe
und nichts so liebe
– außer meiner Ehre und meinem Leben –,   16255
daß ich es Euch nicht lieber geben wollte

dan mînen hunt Petitcreiu.
nu nemet in hin und habet in iu.
got lâze in iu ze vröuden komen!
ir habet mir zwâre an ime benomen   16260
daz beste mîner ougen spil
und mînes herzen wunne vil.«

Tristan dô er daz hundelîn
gewan in die gewalt sîn,
ern haete waerlîche   16265
Rôme und elliu rîche,
elliu lant und elliu mer
derwider niht g'ahtet ein ber.
sîn herze dazn wart nie sô vrô
âne mit Îsolde alse dô.   16270
ze sîner heinlîche er gewan
von Gâles einen spilman
gevüegen unde wîsen.
den begunde er underwîsen
der vuoge unde der sinne,   16275
wie er'z der küniginne,
der schoenen Îsolde
z'ir vröuden bringen solde.
er verband ez dem Gâlotten
wîslîche in sîner rotten.   16280
er schreip brieve unde sande ir die
und enbôt ir, wâ unde wie
er ez durch si haete bejaget.
der spilman, alse im was gesaget
und alse er underwîset wart,   16285
alsô kêrte er ûf sîne vart
und kam alsô ze Tintajêl
in des küneges Markes castêl,
daz ime ûf sîner strâze nie
an keinen dingen missegie.   16290
Brangaenen die gesprach er,

als meinen Hund Petitcrü.
Nun aber nehmt und behaltet ihn.
Gott gewähre Euch Freude an ihm.
Wahrhaftig, mit ihm habt Ihr mir genommen   16260
das höchste Glück meiner Augen
und meines Herzens.«

Als Tristan das Hündchen
errungen hatte,
hätte er gewiß   16265
Rom und alle Reiche,
alle Länder und Meere
im Vergleich dazu für wertlos gehalten.
Niemals war er so froh
wie da, außer mit Isolde.   16270
Er zog ins Vertrauen
einen Spielmann aus Wales,
der geschickt war und klug.
Ihn unterwies er
in der passenden Weise,   16275
wie er das Hündchen der Königin,
der schönen Isolde,
zu ihrem Vergnügen übergeben sollte.
Er versteckte es dem Waliser
klug in dessen Rotte.   16280
Er schrieb Briefe und schickte sie ihr
und berichtete ihr, wie und wo
er es für sie errungen hatte.
Der Spielmann, wie es ihm aufgetragen
und gezeigt worden war,   16285
machte sich so auf den Weg
und kam auf diese Weise nach Tintajol
zu König Markes Schloß,
ohne daß ihm unterwegs
irgend etwas zugestoßen wäre.   16290
Er redete mit Brangäne

hunt unde brieve antwurte er der.
diu antwurte ez Îsôte.
Îsôt besach genôte
samet unde sunder   16295
daz wunderlîche wunder,
daz s'an dem hundelîne vant.
dem spilman gab sî zehant
ze lône und ze solde
zehen marc von golde.   16300
Si schreip unde sande
brieve unde enbôt Tristande
vlîzeclîchen unde starke,
daz ime ir hêrre Marke
holt unde willic waere   16305
noch hin z'im dirre maere
niemer war genaeme,
daz er binamen kaeme.
si haete ez allez hin geleit.

Tristan tete, alse im wart geseit.   16310
er kêrte wider heim zehant.
künec unde hof, liut unde lant
die buten im aber êre als ê.
êren dern wart ime nie mê
da ze hove erboten danne dô   16315
wan sô vil, daz im Marjodô
êre ûzerthalp des herzen bôt
und sîn gewete petit Melôt.
die sîne vînde ê wâren,
swaz êren ime die bâren,   16320
dâ was vil lützel êren bî.
hie sprechet alle, wie dem sî:
dâ diu samblanze geschiht,
weder ist ez êre oder niht?
ich spriche nein unde jâ.   16325
nein unde jâ sint beidiu dâ.

und übergab ihr die Briefe und den Hund.
Sie reichte beides an Isolde weiter.
Immer wieder betrachtete Isolde
insgesamt und im einzelnen   16295
das erstaunliche Wunder,
das der kleine Hund darstellte.
Dem Spielmann gab sie sogleich
als Gehalt und zur Belohnung
zehn Mark in Gold.   16300
Sie schrieb und schickte
Briefe an Tristan und sagte ihm
eindringlich und eingehend,
daß ihm Marke, ihr Herr,
gewogen und wohlgesonnen sei   16305
und ihm die Ereignisse
nicht mehr nachtrage.
Er solle unbedingt kommen.
Sie habe alles beigelegt.

Tristan tat, wie ihm gesagt war.   16310
Er kehrte sofort heim.
König und Hof, Volk und Land
hielten ihn in hohem Ansehen wie zuvor.
Niemals wurden ihm mehr Ehren
bei Hofe erwiesen als damals,   16315
abgesehen davon, daß ihm Marjodo
nur äußerliche Ehren erwies
wie auch sein Gefährte Klein Melot.
Die vormals seine Feinde gewesen waren,
was die ihm an Ehren erwiesen,   16320
hatte mit Ehre nichts zu tun.
Nun sagt alle, wie denn das sein könne:
Wo nur der äußere Anschein besteht,
ist das noch Ehre oder nicht?
Ich meine ja und nein.   16325
Nein und ja sind beide darin enthalten.

nein an jenem, der si birt,
jâ an disem, dem si wirt.
diu zwei sint beide an disen zwein,
man vindet dâ jâ unde nein.   16330
waz ist der rede nu mêre?
ez ist êre âne êre.

Nu seite Îsôt diu künigîn
ir hêrren umbe daz hundelîn,
ir muoter haete ez ir gesant,   16335
diu wîse künegîn von Îrlant,
und haete im heizen machen
von kostlîchen sachen,
von gesmîde und von golde,
als man ez wünschen solde,   16340
ein wunneclîchez hûselîn
und was im dâ gespreitet în
ein rîcher pfelle, ûf dem ez lac.
sus was ez naht unde tac
offenlîchen unde tougen   16345
Îsolde vor den ougen.
si haete die gewonheit,
swâ sô si was, swar sô si reit,
dane kam ez ûz ir ougen nie.
man vuorte ez oder truog ez ie,   16350
dâ sî'z mit ougen ane sach.
und entete daz durch dekein gemach.
si tete ez, als uns diz maere seit,
ze niuwenne ir senede leit
und ze liebe Tristande,   16355
der'z ir durch liebe sande.
sine haete kein gemach dervan.
ir senfte dern lac niht dar an.
Wan diu getriuwe künigîn
dâ mite daz ir daz hundelîn   16360
zem allerêrsten kam

Nein für den, der sie erweist.
Ja für den, dem sie erwiesen wird.
Beides ist in diesen beiden eingeschlossen,
man findet dort ja und nein.   16330
Was sonst soll man noch sagen?
Es ist Ehre ohne Ehre.

Die Königin Isolde erzählte
ihrem Herrn von dem Hündchen,
ihre Mutter hätte es ihr geschickt,   16335
die kluge Königin von Irland.
Sie ließ ihm anfertigen
aus kostbaren Materialien,
aus Geschmeide und Gold,
wie man es sich schöner nicht wünschen konnte,   16340
ein entzückendes Häuschen,
und darin war ihm ausgebreitet
eine prächtige Seidendecke, auf der es ruhte.
So war es Tag und Nacht,
allein oder in Gesellschaft,   16345
vor Isoldes Augen.
Sie gewöhnte sich an,
wo immer sie war, wohin immer sie ritt,
es nie aus dem Blick zu verlieren.
Immer führte oder trug man es mit,   16350
wo sie es anschauen konnte.
Sie ließ es aber nicht aus Bequemlichkeit tun.
Sie tat es, wie die Geschichte uns erzählt,
um ihren Liebeskummer zu erneuern
und aus Liebe zu Tristan,   16355
der es ihr aus Liebe geschickt hatte.
Sie selbst fand keine Ruhe dadurch,
und auch ihr Trost hing davon nicht ab.
Denn gleich nachdem die treue Königin
das Hündchen   16360
bekommen hatte

und sî die schellen vernam,
von der s'ir triure vergaz,
iesâ betrahtete si daz,
daz ir vriunt Tristan waere   16365
durch sî beladen mit swaere,
und gedâhte ouch iesâ wider sich:
»ohî ohî! und vröuwe ich mich,
wie tuon ich ungetriuwe sô?
war umbe wirde ich iemer vrô   16370
dekeine stunde und keine vrist,
die wîle er durch mich trûric ist,
der sîne vröude und sîn leben
durch mich ze triure hât gegeben?
wes mac ich mich gevröun âne in,   16375
des triure unde des vröude ich bin?
war umbe erlache ich iemer,
sît daz sîn herze niemer
dekein gemach gehaben kan,
mîn herze daz ensî dar an?   16380
ern hât niht lebenes niuwan mîn.
solt ich âne in nu lebende sîn
vrô unde vröudebaere
und daz er trûric waere?
nune welle got der guote,   16385
daz ich in mînem muote
iemer vröude âne in gehabe!«
hie mite brach sî die schellen abe
und lie die ketene dar an.
hie verlôs ouch diu schelle van   16390
al ir reht und al ir craft.
sine was nie mêre lûthaft
reht in ir tugende als ê.
man saget, daz si niemer mê
erlaschte noch zestôrte,   16395
swie vil man sî gehôrte,
dekeines herzen swaere.

und zum erstenmal das Glöckchen hörte,
das sie ihren Schmerz vergessen ließ,
dachte sie sogleich daran,
daß ihr Geliebter Tristan   16365
ihretwegen tief bekümmert wäre,
und sie überlegte sich:
»O weh, wenn ich mich freue,
wie kann ich Treulose das tun?
Wie kann ich jemals glücklich sein   16370
auch nur eine Stunde und einen Augenblick,
solange er um meinetwillen bedrückt ist,
der seine Freude und sein Leben
meinetwegen in Trauer verkehrt hat?
Wie kann ich mich freuen ohne ihn,   16375
dessen Freude und Kummer ich doch bin?
Wie kann ich jemals lachen,
wenn doch sein Herz niemals
Vergnügen empfinden kann,
solange nicht auch das meine dabei ist?   16380
Er hat kein Leben außer mir.
Soll ich dagegen ohne ihn leben
froh und heiter,
während er bekümmert ist?
Der gütige Gott möge verhindern,   16385
daß ich
jemals Freude ohne ihn empfinde!«
Damit brach sie das Glöckchen ab
und ließ die Kette dran.
Dadurch verlor das Glöckchen   16390
seine ganze Kraft und seinen Sinn.
Niemals wieder läutete es
ganz in seiner Art wie früher.
Man sagt, daß es nie wieder
auslöschte und zerstreute,   16395
so oft man es auch hörte,
irgendeinen Herzenskummer.

daz was Îsôte unmaere,
sine wolte doch niht vrô sîn.
diu getriuwe staete senedaerîn,   16400
diu haete ir vröude unde ir leben
sene unde Tristande ergeben.

Isolde war das gleichgültig.
Sie wollte ohnehin nicht glücklich sein.
Die aufrichtige und treue Liebende   16400
hatte ihr Glück und ihr Leben
dem Liebesschmerz und Tristan ergeben.

Aber haete Tristan unde Îsôt
überwunden ir sorge unde ir nôt
und wâren aber des hoves wol.   16405
der hof was aber ir êren vol.
ir beider lobes enwart niemê.
si wâren aber heinlîch als ê
ir beider hêrren Marke.
ouch hâlen sî sich starke.   16410
wan sô s'ir state under in zwein
niht wol mohten gehaben inein,
sô dûhte sî der wille guot,
der gelieben dicke sanfte tuot.
der trôst und der gedinge,   16415
wie man daz vollebringe,
dar an daz herze danne lît,
daz gibet dem herzen alle zît
lebende lust und blüende craft.
diz ist diu rehte trûtschaft,   16420
diz sint die besten sinne
an liebe und an der minne.
swâ man der tât niht haben müge,
dâ nâch als ez der minne tüge,
daz man ir gerne habe rât   16425
und neme den willen vür die tât.
swâ der gewisse wille sî,
dâ ensî diu guote state bî,
man sol gelangen stillen
mit dem gewissen willen.   16430
gespilen unde gesellen
die ensulen niemêr gewellen,
daz in diu state widerseit,
oder si wellent al ir leit.
sô man enmac, der danne wil,   16435

XXVI. Die Verbannung

Abermals hatten Tristan und Isolde
ihren Kummer und die Gefahr überwunden
und fühlten sich wieder bei Hofe wohl.   16405
Der Hof hielt sie wieder in hohem Ansehen.
Niemals wurden sie beide mehr gepriesen.
Wieder standen sie wie zuvor
ihrem Herrn, Marke, sehr nahe.
Auch verstellten sie sich sehr.   16410
Wenn sie keine Gelegenheit zu einem Treffen
ohne Gefahr finden konnten,
dann genügte ihnen schon der Wunsch dazu,
der Verliebte häufig beglückt.
Die Hoffnung und Zuversicht,   16415
daß man das in die Tat umsetzen könnte,
wonach das Herz sich sehnt,
verleiht dem Herzen stets
lebendige Freude und blühende Kraft.
Das ist die vollkommene Liebe,   16420
das ist das Beste
an Zuneigung und Liebe.
Wenn man nicht handeln kann,
wie es der Liebe förderlich wäre,
steht man bereitwillig davon zurück   16425
und nimmt den guten Willen für die Tat.
Wo der feste Wille ist,
eine gute Gelegenheit jedoch fehlt,
da soll man die Sehnsucht lindern
durch ebendiesen festen Willen.   16430
Verliebte
sollen niemals etwas wünschen,
wozu die Gelegenheit ihnen fehlt,
oder aber sie wünschen sich ihr Unglück.
Wenn man will, was man nicht kann,   16435

daz ist ein harte unwaege spil.
sô man wol müge, sô welle:
daz ist guot spilgevelle,
dane lît niht herzeleides an.
die gespiln Îsôt und Tristan   16440
sô sî der state niht mohten hân,
sô liezen sî die state gân
mit dem gemeinen willen hin.
der wille der sleich under in
lieplîchen unde suoze   16445
in micheler unmuoze.
gemeine liebe, gemeiner muot
die dûhten sî süeze unde guot.
die gelieben die hâlen
ir liebe z'allen mâlen   16450
vor dem hove und vor Marke
als verre und alse starke,
sô sî diu blinde liebe lie,
diu mit in beiden umbe gie.

Nu ist aber der minnen arcwân   16455
und sîn sâme alsô vertân:
swâ sô er hin geworfen wirt,
daz er diu wurzelîn gebirt,
dâ ist er alsô vrühtic,
sô biric und sô zühtic,   16460
die wîle er keine viuhte hât,
daz er dâ kûme zegât
und joch niemer mac zegân.
Der unmüezege arcwân
der begunde aber genôte   16465
an Tristande unde Îsôte
sînen wuocher bern unde spil.
dâ was der viuhte gâr ze vil
der süezen gebaerde,
an der man die bewaerde   16470

ist das ein unvorteilhaftes Spiel.
Man sollte sich wünschen, was man kann.
Das ist ein angenehmes Spiel,
das nicht mit Herzensqual verbunden ist.
Wenn die Verliebten Tristan und Isolde   16440
die richtige Gelegenheit nicht nutzen konnten,
ließen sie sie verstreichen
im Bewußtsein ihres gemeinsamen Willens.
Ihre Sehnsucht ging zwischen ihnen hin und her
lieblich und süß,   16445
mit unermüdlichem Eifer.
Gemeinsame Liebe, gemeinsames Wünschen,
das schien ihnen gut und angenehm.
Die Verliebten verbargen
ihre Liebe stets   16450
vor Marke und dem Hof
so ängstlich und so sehr,
wie die blinde Liebe es ihnen erlaubte,
die die beiden beherrschte.

Nun ist es aber mit dem Argwohn der Liebe   16455
und seinem Samen folgendermaßen:
Wo immer er hingeworfen wird
und kleine Wurzeln schlägt,
da ist er so fruchtbar,
so ergiebig und gedeiht so gut,   16460
solange er Feuchtigkeit findet,
daß er so gut wie nie verdirbt
und auch nicht verderben wird.
Der unermüdliche Argwohn
begann erneut, geschäftig   16465
an Tristan und Isolde
zu wuchern und sein übles Spiel zu treiben.
Es gab da zuviel Feuchtigkeit
an verliebten Gebärden,
denen man das Zeugnis   16470

der minne z'allen zîten sach.
er haete vil wâr, der dâ sprach:
swie man es hüetende sî,
si sint doch gerne ein ander bî,
daz ouge bî dem herzen,   16475
der vinger bî dem smerzen.
des herzen leitesterne
die schâchent vil gerne
dar, dar daz herze ist gewant.
ouch gât der vinger und diu hant   16480
vil dicke und ze maneger zît
des endes, dâ der smerze lît.
als tâten die gelieben ie.
sine mohten noch enkunden nie
durch keine ir angest verlân,   16485
sine bûweten den arcwân
mit manegem süezem blicke
vil ofte und alze dicke.
wan leider, alse ich iezuo las,
des herzen vriunt, daz ouge, was   16490
gewendet nâch dem herzen ie,
diu hant ie nâch dem smerzen gie.
si begunden dicke under in zwein
ir ougen unde ir herze in ein
mit blicken sô verstricken,   16495
daz sî sich ûz ir blicken
oft und ze manegen stunden
nie sô verrihten kunden,
Marke envünde ie dar inne
den balsemen der minne.   16500
durch daz er nam ir allez war.
sîn ouge daz stuont allez dar.
er sach vil dicke tougen
die wârheit in ir ougen
und anders aber an nihte   16505
niwan an ir gesihte.

der Liebe stets anmerkte.
Der hatte ganz recht, der da sagte:
Wie man sie auch behütet,
sie streben doch zueinander,
das Auge zum Herzen,   16475
der Finger zum Kummer.
Die Leitsterne des Herzens
verfolgen mit Vorliebe
das, wonach das Herz sich sehnt.
Auch der Finger und die Hand greifen   16480
sehr häufig
dahin, wo der Schmerz sitzt.
So war es seit jeher mit den Verliebten.
Sie konnten
bei all ihrer Vorsicht nicht verhindern,   16485
daß sie den Verdacht nährten
mit vielen verliebten Blicken
sehr häufig und allzuoft.
Denn unglücklicherweise, wie ich eben sagte,
war das Auge, der Freund des Herzens,   16490
stets auf das Herz gerichtet
und griff die Hand immer nach dem Schmerz.
Oft geschah es, daß sie untereinander
ihre Augen und Herzen zusammen
mit Blicken so verstrickten,   16495
daß sie sich aus ihren Blicken
häufig
nicht so schnell lösen konnten,
daß Marke nicht in ihnen gefunden hätte
den Balsam der Liebe.   16500
Dadurch merkte er alles.
Er beobachtete sie stets.
Oft sah er verstohlen
die Wahrheit in ihren Augen
und an nichts anderem   16505
als an ihrem Gesichtsausdruck.

daz was sô rehte minneclîch,
sô süeze und alsô senerîch,
daz ez im an sîn herze gie
und solhen zorn dâ von gevie,   16510
solhen nît und solhen haz,
daz er diz unde daz,
zwîvel unde arcwân
allez z'einer hant lie gân.
im haete leit unde zorn   16515
sinne unde mâze verlorn.
ez was sîner sinne ein tôt,
daz sîn herzeliep Îsôt
ieman solte meinen
mit triuwen wan in einen.   16520
wan ime was ie genôte
niht dinges vor Îsôte
und was ie dar an staete.
swaz zornes er haete,
sô was im ie sîn liebez wîp   16525
liep unde lieber dan sîn lîp.
swie liep si'm aber waere,
doch brâhte in disiu swaere
und diz vil tobelîche leit
in alsô grôze tobeheit,   16530
daz er sich es gâr bewac
und niwan an sîme zorne lac.
ern haete niht gegeben ein hâr,
waere ez gelogen oder wâr.

In disem blinden leide   16535
besande er si beide
vür den hof in den palas,
dâ al daz hovegesinde was.
z'Îsôte er offenlîche sprach,
daz al der hof hôrte unde sach: 16540
»mîn vrouwe Îsôt von Îrlant,

Der war so recht verliebt,
so zärtlich und sehnsuchtsvoll,
daß es ihm zu Herzen ging
und ihn so erboste, 16510
so eifersüchtig und zornig machte,
daß ihm
Zweifel und Verdacht
gleichgültig wurden.
Schmerz und Zorn hatten ihm 16515
Besinnung und Mäßigung geraubt.
Es lähmte seinen Verstand,
daß seine geliebte Isolde
jemanden lieben sollte
mit Hingebung außer ihm allein. 16520
Denn er schätzte
nichts höher als Isolde.
Daran hielt er stets fest.
Wie zornig er auch war,
seine geliebte Frau war ihm 16525
lieb und lieber als sein Leben.
Wie sehr er sie aber auch liebte,
brachte ihn doch dieser Kummer
und dieser rasende Schmerz
in solche Wut, 16530
daß er seine Zuneigung völlig vergaß
und einzig von seinem Zorn beherrscht wurde.
Es kümmerte ihn überhaupt nicht,
ob es gelogen war oder stimmte.

In seinem blinden Schmerz 16535
ließ er beide kommen
vor den Hof in den Palas,
wo das ganze Gefolge war.
Zu Isolde sagte er offen,
so daß der ganze Hof es sah und hörte: 16540
»Meine Herrin Isolde von Irland,

liut unde lande ist wol erkant,
wie sêre ir g'arcwaenet sît
nu lange und vor maneger zît
mit mînem neven Tristande.   16545
nu hân ich maneger hande
lâge unde list ûf iuch geleit,
ob ir iuch dirre tumpheit
durch mich woltet mâzen.
nune wellet ir'z niht lâzen.   16550
ine bin niht ein sô tumber man,
ine wizze und sehe iu daz wol an
offenlîche und tougen,
iuwer herze und iuwer ougen
daz diu sint z'allen stunden   16555
ûf mînen neven gebunden.
dem bietet unde erzeiget ir
süezer gebaerde danne mir.
bî der gebaerde erkenne ich mich,
daz er iu lieber ist dan ich.   16560
swaz ich mir huote genime
beidiu hin z'iu und hin ze ime,
dazn mac ze keinen staten gestân.
ez ist allez umbe niht getân,
swie vil ich es getrîbe.   16565
ich hân iuch an dem lîbe
sô dicke gesundert,
daz mich es iemer wundert,
daz ir sô lange und alle zît
des herzen sô gemeine sît.   16570
iuwer süeze blicke
hân ich gescheiden dicke
und enkan doch an iu beiden
der liebe niht gescheiden
und hân iu des ze vil vertragen.   16575
Nu wil ich iu daz ende sagen.
ine wil diz laster und diz leit,

Land und Leute wissen genau,
wie dringend Ihr verdächtigt werdet
schon seit langem
wegen meines Neffen Tristan. 16545
Ich habe Euch jetzt vielen
Fallen und Prüfungen ausgesetzt,
ob Ihr diese Torheit
um meinetwillen aufgeben würdet.
Ihr aber wollt es nicht lassen. 16550
Ich bin nicht so töricht,
daß ich nicht wüßte und Euch ansähe
in der Öffentlichkeit oder im stillen,
daß Euer Herz und Eure Augen
unentwegt 16555
nur auf meinen Neffen gerichtet sind.
Ihm erweist und zeigt Ihr
ein zärtlicheres Benehmen als mir.
An Eurem Verhalten merke ich,
daß Ihr ihn mehr liebt als mich. 16560
Wie immer ich bewache
Euch oder ihn,
es hilft mir nicht.
Es ist alles umsonst,
wie sehr ich mich auch bemühe. 16565
Ich habe Euch äußerlich
so oft voneinander getrennt,
daß ich sehr darüber verwundert bin,
daß Ihr so lange und stets
innerlich so eins seid. 16570
Eure zärtlichen Blicke
habe ich oft getrennt
und kann trotzdem an Euch beiden
die Liebe nicht trennen.
Das habe ich zu lange hingenommen. 16575
Jetzt will ich Euch meinen Entschluß mitteilen.
Ich will diese Schande und dieses Leid,

daz ir mir habet ûf geleit,
mit solhen arbeiten
mit iu nimêre leiten.   16580
ine lîde dirre unêre
nâch dirre zît nimêre.
ouch enwil ich mich durch dise geschiht
an iu sô sêre rechen niht,
als ich von rehte solte,   16585
ob ich mich rechen wolte.
neve Tristan, mîn vrouwe Îsôt:
daz ich iu beiden den tôt
oder iht herzeleides tuo,
dâ sît ir mir ze liep zuo,   16590
des ich doch vil ungerne gihe.
sît ich nu an iu beiden sihe,
daz ir ein ander alle zît
wider allem mînem willen sît
lieber dan ich iu beiden sî,   16595
sô weset ouch beide ein ander bî,
als iu ze muote gestê.
durch mîne vorhte lât nimê.
sît iuwer liebe sô grôz ist,
sone wil ich iuch nâch dirre vrist   16600
beswaeren noch betwingen
an keinen iuwern dingen.
nemet ein ander an die hant
und rûmet mir hof unde lant.
sol mir leit von iu geschehen,   16605
daz enwil ich hoeren noch sehen.
diu gemeinde under uns drîn
diu enmac niht langer gesîn.
ich wil iuch zwei derbî lân,
ich eine wil dervon gân,   16610
swie ich mich dervon geloese.
disiu gemeinde ist boese.
ich wil ir gerne haben rât.

das Ihr mir auferlegt habt,
mit solcher Mühsal
mit Euch nicht mehr fortführen. 16580
Diese Schmach will ich erleiden
von nun an nicht mehr.
Doch will ich mich deswegen
an Euch nicht so rächen,
wie ich es von Rechts wegen dürfte, 16585
wenn ich Rache nehmen wollte.
Neffe Tristan, meine Herrin Isolde,
Euch beiden das Leben zu nehmen
oder ein Leid zuzufügen,
liebe ich Euch zu sehr, 16590
was ich nur sehr widerwillig eingestehe.
Da ich Euch beiden nun anmerke,
daß Ihr einander stets
gegen meinen ausdrücklichen Willen mehr liebt
als mich 16595
sollt Ihr zwei auch beieinander sein,
so wie Ihr es wünscht.
Entsagt nicht aus Furcht vor mir.
Weil Eure Liebe so mächtig ist,
will ich Euch von nun an 16600
weder bekümmern noch nötigen
in Euren Angelegenheiten.
Nehmt Euch bei der Hand
und verlaßt den Hof und das Land.
Wenn ich schon Leid durch Euch erfahren soll, 16605
dann will ich das weder hören noch sehen.
Die Gemeinschaft zwischen uns dreien
kann nicht länger bestehen.
Ich will Euch beide dabei lassen
und allein weggehen, 16610
wie immer ich mich von Euch zu lösen vermag.
Diese Gemeinschaft ist schlecht.
Ich löse sie gerne auf.

der künec der wizzentlîche hât
an minnen cumpanîe,　　　　　　　　16615
deist michel dorperîe.
vart ir beidiu gote ergeben,
leitet liebe unde leben,
als iu ze muote gestê.
dirre cumpanîe wirt niemê!«　　　　16620

Nu diz ergie und diz geschach,
reht alse ez Marke vor gesprach.
Tristan und sîn vrouwe Îsôt
si nigen mit maezlîcher nôt,
mit küelem herzeleide　　　　　　　16625
dem künege ir hêrren beide,
dâ nâch der massenîe.
diu getriuwe cumpanîe
bîhanden sî sich viengen,
ûf den hof si giengen.　　　　　　　16630
Brangaenen ir gesellîn
die hiezen sî gesunde sîn
und bâten sî, daz sî belibe
und dâ ze hove die zît vertribe,
biz s'aber von in vernaeme,　　　　16635
wie in zwein ir dinc kaeme.
daz bevulhen s'ir vil starke.
Tristan nam zweinzic marke
von Îsolde golde
im selben unde Îsolde　　　　　　　16640
z'ir nôtdürfte und z'ir lîpnar.
dar zuo sô brâhte man im dar,
des er zer verte haete gert:
sîne harphen und sîn swert,
sîn pirsarmbrust und sîn horn.　　　16645
dâ zuo sô haete er ime erkorn
ûz sînen bracken einen
beidiu schoenen unde cleinen

Wenn ein König wissentlich
Teilhaber in der Liebe hat,   16615
so ist das äußerst unstandesgemäß.
Geht beide mit Gott!
Lebt und liebt Euch,
wie es Euch gefällt.
Diese Gemeinschaft ist zu Ende!«   16620

Es geschah,
ganz wie Marke es gesagt hatte.
Tristan und seine Herrin Isolde
verneigten sich mit mäßigem Kummer,
mit lauer Herzensqual   16625
beide vor dem König, ihrem Herrn,
und dann vor der Hofgesellschaft.
Die beiden treuen Gefährten
nahmen sich schnell bei der Hand
und gingen hinaus.   16630
Ihrer Freundin Brangäne
wünschten sie alles Gute
und baten sie, sie möge dableiben
und sich bei Hofe aufhalten,
bis sie wieder von ihnen hörte,   16635
wie es ihnen beiden erginge.
Das befahlen sie ihr eindringlich.
Tristan nahm zwanzig Mark
von Isoldes Gold
für sich und Isolde   16640
für das Notwendigste und zum Essen.
Darüber hinaus brachte man ihm,
was er für die Reise haben wollte:
seine Harfe und sein Schwert,
seine Jagd-Armbrust und sein Horn.   16645
Außerdem hatte er sich ausgesucht
von seinen Jagdhunden einen,
der schön und klein war

und was der Hiudan genant.
den nam er selbe an sîne hant.   16650
sîn gesinde bat er got bewarn
und hiez si wider ze lande varn
an sînen vater Rûâlen
wan eine Curvenâlen,
den behabete er an sîner schar.   16655
dem bôt er ouch die harphen dar.
daz armbrust er selbe nam,
daz horn unde den hunt alsam,
Hiudanen, niht Petitcreiu.
sus riten si dan von hove si driu.   16660

Brangaene diu reine
diu beleip alterseine
mit jâmer und mit triure.
diu trûrege âventiure
und daz vil leide scheiden   16665
von ir gevriunden beiden
daz gieng ir sô mit smerzen
und alsô gar ze herzen,
daz ez ein michel wunder was,
daz sî vor leide genas.   16670
ouch schieden jeniu beide
von ir mit manegem leide,
wan daz si sî dâ durch den list
eine kurzlîche vrist
tweln unde belîben hiezen   16675
und sî bî Marke liezen,
daz sî die suone von in zwein
wider Marken aber trüege in ein.

und Hüdan hieß.
Den nahm er selbst an die Hand.   16650
Sein Gefolge befahl er der Obhut Gottes
und befahl ihnen, wieder heimzufahren
zu seinem Vater Rual.
Nur Kurvenal
behielt er bei sich.   16655
Ihm gab er die Harfe.
Die Armbrust nahm er selbst,
das Horn und den Hund ebenfalls,
Hüdan, nicht Petitcrü.
So ritten sie zu dritt von Hofe fort.   16660

Die vortreffliche Brangäne
blieb allein zurück
mit Leid und Trauer.
Das betrübliche Ereignis
und der schmerzliche Abschied   16665
von ihren beiden Freunden
bedrückte sie so qualvoll
und ging ihr so zu Herzen,
daß es ein großes Wunder war,
daß sie diesen tiefen Kummer überlebte.   16670
Aber auch die beiden
trennten sich nur unter Schmerzen von ihr.
Nur sollte sie zu dem Zweck dort
noch ein Weilchen
bleiben   16675
und bei Marke aushalten,
damit sie eine Versöhnung der beiden
mit Marke erneut in die Wege leiten konnte.

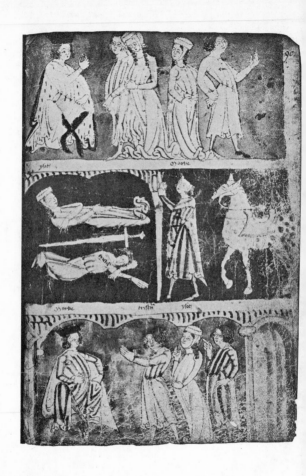

Waldleben: Verbannung, Minnegrotte, Rückkehr

Tristan und Isolde; Marke entdeckt die Liebenden

Sus kêrten sî driu under in
allez gegen der wilde hin
über walt und über heide
vil nâch zwô tageweide.
dâ wiste Tristan lange ê wol
in einem wilden berge ein hol,
daz haete er z'einen stunden
von âventiure vunden.
dô was er dâ geriten jagen
und haete in sîn wec dar getragen.
daz selbe hol was wîlent ê
under der heidenischen ê
vor Corinêis jâren,
dô risen dâ hêrren wâren,
gehouwen in den wilden berc.
dar inne haeten s'ir geberc,
so s'ir heinlîche wolten hân
und mit minnen umbe gân.
und swâ der einez vunden wart,
daz was mit êre bespart
und was der Minnen benant:
la fossiure a la gent amant,
daz kiut: der minnenden hol.
der name gehal dem dinge ouch wol.
ouch saget uns diz maere,
diu fossiure waere
sinewel, wît, hôch und ûfreht,
snêwîz, alumbe eben unde sleht.
daz gewelbe daz was obene
geslozzen wol ze lobene.
oben ûf dem slôze ein crône,
diu was vil harte schône
mit gesmîde gezieret,

16680

16685

16690

16695

16700

16705

16710

XXVII. Die Minnegrotte

So wandten die drei sich
geradewegs der Wildnis zu,   16680
durch Wald und über Heide,
fast zwei Tagereisen weit.
Dort kannte Tristan schon seit langem
in einem wilden Berge eine Höhle,
die er einmal   16685
aus Zufall gefunden hatte.
Er war dort zur Jagd geritten,
und sein Weg hatte ihn dorthin geführt.
Diese Grotte war früher
im heidnischen Zeitalter   16690
vor den Jahren des Korinäus,
als Riesen dort herrschten,
in den wilden Berg geschlagen worden.
Dort hatten sie eine Zuflucht,
wenn sie sich zurückziehen   16695
und der Liebe hingeben wollten.
Wo immer eine solche Grotte gefunden wurde,
wurde sie mit ehernen Türen verschlossen
und der Liebe geweiht:
La fossiure a la gent amant,   16700
das heißt: die Liebesgrotte.
Der Name paßte gut zu der Sache selbst.
Die Geschichte erzählt uns auch,
die Grotte sei
rund, weit, hoch und steil,   16705
schneeweiß, überall eben und glatt gewesen.
Das Gewölbe war oben
vortrefflich geschlossen.
Der Schlußstein war kronenförmig
und herrlich   16710
mit Schmiedearbeit verziert,

mit gimmen wol gewieret
und unden was der esterîch
glat unde lûter unde rîch,
von grüenem marmel alse gras.   16715
ein bette in mitten inne was
gesniten schône und reine
ûz cristallînem steine
hôch unde wît, wol ûf erhaben,
alumbe ergraben mit buochstaben,   16720
und seiten ouch die maere,
daz ez bemeinet waere
der gottinne Minne.
zer fossiure oben inne
dâ wâren cleiniu vensterlîn   16725
durch daz lieht gehouwen în,
diu lûhten dâ unde hie.
dâ man ûz und în gie,
dâ gienc ein tür êrîniu vür.
und ûzen stuonden obe der tür   16730
esterîcher linden drî
und obene keiniu mê derbî.
aber umbe und umbe hin ze tal
dâ stuonden boume âne zal,
die dem berge mit ir blate   16735
unt mit ir esten bâren schate.
und einhalp was ein pleine,
dâ vlôz ein fonteine,
ein vrischer küeler brunne,
durchlûter als diu sunne.   16740
dâ stuonden ouch drî linden obe,
schoene und ze lobelîchem lobe,
die schirmeten den brunnen
vor regene und vor sunnen.
liehte bluomen, grüene gras,   16745
mit den diu pleine erliuhtet was,
diu criegeten vil suoze in ein.

mit Edelsteinen ausgelegt.
Und unten der Boden war
glatt, rein und kostbar,
aus grünem Marmor, der wie Gras wirkte.   16715
In der Mitte stand ein Bett,
herrlich und rein
aus Kristall geschnitten,
hoch und breit, schön erhöht,
ringsum mit eingravierten Buchstaben,   16720
die besagten,
daß es geweiht sei
der Liebesgöttin.
Oben in der Grotte
waren kleine Fensterchen   16725
wegen des Lichts eingehauen,
die hier und da leuchteten.
Wo man eintrat und hinausging,
war eine eherne Tür.
Draußen oberhalb der Tür standen   16730
drei dichtbelaubte Linden
und weiter oben keine weiteren.
Ringsherum den Berg hinab
standen zahllose Bäume,
die dem Berg mit ihrem Laub   16735
und mit ihren Ästen Schatten spendeten.
Etwas abseits davon war eine Ebene,
da floß eine Quelle,
ein erfrischender kühler Brunnen,
hell wie die Sonne.   16740
Da standen auch drei Linden,
schön und feierlich,
die die Quelle beschirmten
vor Regen und Sonne.
Leuchtende Blumen, grünes Gras,   16745
durch die die Ebene erstrahlte,
wetteiferten lieblich miteinander.

ietwederez daz schein
daz ander an inwiderstrît.
ouch vant man dâ ze sîner zît   16750
daz schoene vogelgedoene.
daz gedoene was sô schoene
und schoener dâ dan anderswâ.
ouge und ôre haeten dâ
weide unde wunne beide,   16755
daz ouge sîne weide,
daz ôre sîne wunne.
dâ was schate unde sunne,
der luft und die winde
senfte unde linde.   16760
von disem berge und disem hol
sô was ein tageweide wol
velse âne gevilde
und wüeste unde wilde.
dar enwas dekein gelegenheit   16765
an wegen noch stîgen hin geleit.
doch enwas daz ungeverte
des endes nie sô herte,
Tristan enkêrte dar în,
er und sîn trûtgesellîn,   16770
und nâmen ir herberge
in dem velse und in dem berge.

Nu daz si sich geliezen nider,
sie sanden Curvenâlen wider,
daz er in den hof jaehe   16775
und swâ es nôt geschaehe,
daz Tristan und diu schoene Îsôt
mit jâmer und mit maneger nôt
hin wider z'Îrlande waeren,
ir unschulde offenbaeren   16780
wider liut und wider lant.
und daz er sich ouch al zehant

Jede von ihnen leuchtete
mit den anderen um die Wette.
Auch hörte man dort zu der Zeit   16750
reizenden Vogelsang.
Dieser Gesang war so herrlich
und schöner dort als anderswo.
Augen und Ohren hatten da
sowohl Weide als auch Wonne.   16755
Das Auge hatte seine Weide,
das Ohr seine Wonne.
Es gab Schatten und Sonne,
Luft und Wind
waren sanft und lind.   16760
Um diesen Berg und diese Grotte
gab es wohl eine Tagereise weit
nur Felsen und keine Felder,
nur Wüste und Wildnis.
Es war kein Zugang   16765
mit Weg und Steg angelegt.
Trotzdem war die Unwegsamkeit
dort nie so unüberwindlich,
daß Tristan sich nicht doch dorthin wandte
mit seiner Liebsten.   16770
Sie nahmen ihren Aufenthalt
in diesem Felsen und diesem Berg.

Als sie sich niedergelassen hatten,
schickten sie Kurvenal zurück,
damit er bei Hofe erzähle   16775
und überall, wo es nötig war,
daß Tristan und die schöne Isolde
unter Qualen und großem Schmerz
nach Irland gefahren seien,
um ihre Unschuld öffentlich zu beweisen   16780
vor Land und Leuten.
Und er sollte sich sogleich

da ze hove nider lieze,
swie in Brangaene hieze,
und mit durnehtekeite   16785
der durnehtigen seite,
ir beider vriundinne,
ir vriuntschaft unde ir minne.
und ervüere ouch, waz der maere
umbe Markes willen waere.   16790
ob er dekeinen argen rât
dekeiner arclîchen tât
ûf ir leben leite,
daz er in iesâ seite.
und daz er ouch genôte   16795
Tristanden unde Îsôte
in sîne trahte naeme
und ie dar wider kaeme
mit sô getânen maeren,
diu rât ze muote baeren,   16800
ie z'einem mâle in zweinzec tagen.
waz mac ich iu nu mê gesagen?
er leiste, daz man ime gebôt.
hie mite was Tristan unde Îsôt
in ein gezogen ze hûse   16805
in dirre wilden clûse.

Genuoge nimet hier under
virwitze unde wunder
und habent mit vrâge grôze nôt,
wie sich Tristan unde Îsôt,   16810
die zwêne geverten
in dirre wüeste ernerten.
des wil ich sî berihten,
ir virwitze beslihten.
si sâhen beide ein ander an,   16815
dâ generten sî sich van.
der wuocher, den daz ouge bar,

dort bei Hofe niederlassen,
wie Brangäne ihm auftragen würde,
und mit Nachdruck   16785
die Getreue,
ihre gemeinsame Freundin,
ihrer Freundschaft und Liebe versichern.
Zudem sollte er in Erfahrung bringen, wie
es um Markes Absichten stünde.   16790
Falls er einen bösen Plan
zu irgendeinem üblen Anschlag
auf ihr Leben faßte,
sollte er es ihnen sogleich mitteilen.
Er sollte auch angelegentlich   16795
Tristan und Isolde
in Gedanken behalten
und immer zu ihnen kommen
mit solchen Neuigkeiten,
die ihr Gemüt erleichterten,   16800
alle zwanzig Tage.
Was kann ich Euch mehr berichten?
Er tat, was man ihm auftrug.
Inzwischen hatten Tristan und Isolde
Wohnung bezogen   16805
in dieser wilden Klause.

Viele sind hierbei
neugierig und erstaunt
und möchten gar zu gerne wissen,
wie sich Tristan und Isolde,   16810
die beiden Liebenden,
in dieser Einöde ernährten.
Das will ich ihnen sagen
und ihre Neugier stillen.
Sie sahen einander an,   16815
davon lebten sie.
Die Ernte ihrer Augen

daz was ir zweier lîpnar.
si enâzen niht dar inne
wan muot unde minne.   16820
diu geliebe massenîe
diu was ir mangerîe
in maezlîchen sorgen.
si truogen verborgen
innerthalp der waete   16825
daz beste lîpgeraete,
daz man zer werlde gehaben kan.
daz truoc sich in vergebene an
und ie vrisch unde niuwe.
daz was diu reine triuwe;   16830
diu gebalsemete minne,
diu lîbe unde sinne
als inneclîche sanfte tuot,
diu herze vuoret unde muot.
diu was ir bestiu lîpnar.   16835
deiswâr si nâmen selten war
dekeiner spîse niuwan der,
von der daz herze sîne ger,
daz ouge sîne wunne nam
und ouch dem lîbe rehte kam.   16840
hie mite sô haeten sî genuoc.
in streich diu liebe, ir erbepfluoc,
niwan an iegelîchem trite
und z'iegelîchen stunden mite
und gab in alles des den rât,   16845
des man ze wunschlebene hât.
ouch muote sî daz cleine,
daz s'in der wüeste als eine
und âne liute solten sîn.
nu wes bedorften s'ouch dar în   16850
oder waz solt ieman zuo z'in dar?
si haeten eine gerade schar:
dane was niuwan ein und ein.

war ihrer beider Nahrung.
Sie aßen dort nichts
als Liebe und Verlangen. 16820
Die beiden Verliebten
machten sich über ihr Essen
keine Sorgen.
Sie trugen bei sich, verborgen
unter ihren Kleidern, 16825
die beste Nahrung,
die man auf der Welt haben kann.
Das stand ihnen unentgeltlich zur Verfügung
immer wieder frisch und neu.
Das war die unbedingte Treue, 16830
die balsamisch süße Liebe,
die Leib und Seele
so innig beglückt,
die Herz und Geist ernährt.
Das war ihre beste Speise. 16835
Tatsächlich erwogen sie niemals
andere Nahrung als diese,
aus der das Herz sein Verlangen,
das Auge seine Freude bezog
und die auch dem Körper guttat. 16840
Das genügte ihnen.
Die Liebe, ihr ererbtes Geschäft, blieb
bei jedem Schritt
und zu jeder Zeit bei ihnen.
Sie gab ihnen für alles die Mittel, 16845
die man zu einem herrlichen Leben braucht.
Auch bedrückte es sie nicht,
daß sie in der Wildnis allein
und ohne Menschen lebten.
Wessen hätten sie dort wohl auch bedurft, 16850
und was sollte jemand bei ihnen?
Sie bildeten eine gerade Zahl:
nur eins und eins.

haeten s'ieman zuo z'in zwein
an die geraden schar gelesen,   16855
sô waere ir ungerade gewesen
und waeren mit dem ungeraden
sêre überlestet und überladen.
ir zweier geselleschaft
diu was in zwein sô herehaft,   16860
daz der saelige Artûs
nie in dekeinem sînem hûs
sô grôze hôhgezît gewan,
dâ mêre ir lîbe lustes van
und wunne waere enstanden.   16865
man haete in allen landen
dekeine vröude vunden,
die sî zwei zuo den stunden
wolten haben gekouft dar în
umbe ein glesîn vingerlîn.   16870
swaz ieman kunde ertrahten,
ze wunschlebene g'ahten
in allen landen anderswâ,
daz haeten s'allez bî in dâ.
sine haeten umbe ein bezzer leben   16875
niht eine bône gegeben
wan eine umbe ir êre.
waz solte in ouch dâ mêre?
si haeten hof, si haeten rât,
dar an diu vröude elliu stât.   16880
ir staetez ingesinde
daz was diu grüene linde,
der schate und diu sunne,
diu riviere unde der brunne,
bluomen, gras, loup unde bluot,   16885
daz in den ougen sanfte tuot.
ir dienest was der vogele schal,
diu cleine reine nahtegal,
diu troschel unde daz merlîn

Wenn außer ihnen sich noch jemand
dem Paar zugesellt hätte,   16855
dann wäre ihre Zahl ungerade geworden
und sie wären durch den Überzähligen
sehr bekümmert und überlastet worden.
Ihre Gesellschaft
schien den beiden so zahlreich,   16860
daß der vortreffliche König Artus
niemals in irgendeiner seiner Burgen
ein so großes Fest hielt,
an dem sie mehr Vergnügen
und Freude gefunden hätten.   16865
Auf der ganzen Welt
gab es kein Glück,
das die beiden sich damals
dort hätten kaufen wollen
für ein gläsernes Ringlein.   16870
Was man sich nur ausdenken
und für ein herrliches Leben halten konnte
überall in der Welt,
das alles hatten sie dort bei sich.
Um ein noch besseres Leben hätten sie   16875
nicht auch nur einen Deut gegeben,
außer allein für ihre Ehre.
Was brauchten sie auch mehr?
Sie hatten dort ihren Hof, sie hatten alles,
wovon Glücklichsein abhängt.   16880
Ihr treues Gefolge
waren die grüne Linde,
der Schatten, die Sonne,
der Bach, die Quelle,
Blumen, Gras, Laub und Blüten,   16885
die das Auge erquicken.
Ihnen diente der Vogelsang,
die makellose kleine Nachtigall,
die Drossel, die Amsel

und ander waltvogelîn.   16890
diu zîse und der galander
die dienden wider ein ander
inwette unde inwiderstrît.
diz gesinde diende z'aller zît
ir ôren unde ir sinne.   16895
ir hôhzît was diu minne,
ir vröuden übergulde,
diu brâhte in durch ir hulde
des tages ze tûsent stunden
Artûses tavelrunden   16900
und alle ir massenîe dar.
waz solte in bezzer lîpnar
ze muote oder ze lîbe?
dâ was doch man bî wîbe,
sô was ouch wîp bî manne.   16905
wes bedorften si danne?
si haeten daz si solten,
und wâren dâ si wolten.

Nu trîbent aber genuoge
ir maere und ir unvuoge,   16910
des ich doch niht gevolgen wil.
si jehent, ze sus getânem spil
da gehoere ouch ander spîse zuo.
da enweiz ich rehte, weder ez tuo.
es dunket mich genuoc hier an.   16915
ist aber anders ieman,
der bezzeren lîprât
an disem lebene erkunnet hât,
der jehe, als er'z erkenne.
ich treib ouch eteswenne   16920
alsus getâne lebesite.
dô dûhte es mich genuoc dermite.

Nune sol iuch niht verdriezen,
ir enlât iu daz entsliezen,

und andere Waldvögel. 16890
Zeisig und Lerche
lagen miteinander
in Wettstreit.
Dieser Hofstaat diente beständig
ihren Ohren und Sinnen. 16895
Ihr Fest war die Liebe,
die höchste aller Freuden.
Sie bot ihnen in ihrer Dienstbarkeit
tausendmal am Tage
König Artus' Tafelrunde 16900
und ihr ganzes Gefolge dar.
Wozu brauchten sie bessere Nahrung
für Körper und Geist?
Dort war der Mann bei der Frau,
die Frau beim Manne. 16905
Was brauchten sie mehr?
Sie hatten, was sie brauchten,
und sie waren, wo sie sein wollten.

Viele jedoch erzählen
ungereimte Geschichten, 16910
denen ich mich aber nicht anschließen will.
Sie sagen, zu solcher Beschäftigung
müsse auch noch andere Nahrung treten.
Nun weiß ich nicht, ob das stimmt.
Mir scheint es zu genügen. 16915
Wenn aber jemand da ist,
der bessere Speise
in diesem Leben gefunden hat,
der rede, wie er's versteht.
Ich habe auch irgendwann einmal 16920
auf diese Weise gelebt.
Damals schien es mir ausreichend.

Es soll Euch jetzt nicht verstimmen,
wenn Ihr Euch erklären laßt,

durch welher slahte meine   16925
diu fossiure in dem steine
betihtet waere, als si was.
si was, als ich iezuo dâ las,
sinewel, wît, hôch und ûfreht,
snêwîz, alumbe eben unde sleht.   16930
diu sinewelle binnen
daz ist einvalte an minnen.
einvalte zimet der minne wol,
diu âne winkel wesen sol.
der winkel, der an minnen ist,   16935
daz ist âkust unde list.
diu wîte deist der minnen craft,
wan ir craft ist unendehaft.
diu hoehe deist der hôhe muot,
der sich ûf in diu wolken tuot.   16940
dem ist ouch nihtes ze vil,
die wîle er sich gehaben wil
hin ûf, dâ sich der tugende gôz
ze samene welbet an ein slôz.
so gevaelet ouch daz niemer,   16945
die tugende dien sîn iemer
gesteinet unde gewieret,
mit lobe alsô gezieret,
daz wir, die nidere sîn gemuot,
der muot sich allez nider tuot   16950
und an dem esterîche swebet,
der weder swebet noch enclebet,
wir kapfen allez wider berc
und schouwen oben an daz werc,
daz an ir tugenden dâ stât,   16955
daz von ir lobe her nider gât,
die ob uns in den wolken swebent
und uns ir schîn her nider gebent.
die kapfe wir ze wunder an.
hie wahsent uns die vedern van,   16960

aufgrund welcher Bedeutung 16925
die Höhle in dem Felsen
so gestaltet war, wie sie es war.
Sie war, wie ich schon sagte,
rund, weit, hoch und steil,
schneeweiß, überall eben und glatt. 16930
Die Rundung innen
bedeutet die Einfachheit der Liebe.
Einfachheit paßt gut zur Liebe,
die ohne Winkel sein soll.
Wenn Winkel an der Liebe sind, 16935
sind es Betrug und Tücke.
Die Weite bezeichnet die Kraft der Liebe,
denn ihre Kraft ist unbegrenzt.
Die Höhe steht für die Hochstimmung des Gemüts,
das sich in die Wolken emporhebt. 16940
Ihm ist nichts zu schwer,
solange es sich emporheben will,
dorthin, wo das Abbild der Vollkommenheit
sich zur Gipfelkrone aufwölbt.
So kann es denn nicht ausbleiben: 16945
Die Vollkommenheit ist stets
mit Edelsteinen geschmückt
und mit Lob so sehr verziert,
daß wir, die wir nicht hochgestimmt sind,
deren Gesinnung vollständig niedersinkt 16950
und am Boden liegt,
ohne aufzusteigen oder sich zu lösen,
daß wir alle emporblicken
und oben das Werk betrachten,
das durch ihre Vollkommenheit dort entstanden ist, 16955
das zu uns herabkommt zum Lobe derer,
die über uns in den Wolken schweben
und zu uns herabstrahlen;
sie staunen wir verzückt an.
Daraus wachsen uns die Flügel, 16960

von den der muot in vlücke wirt,
vliegende lob nâch tugenden birt.
Diu want was wîz, eben unde sleht.
daz ist der durnehte reht.
der wîze und ir einbaere schîn   16965
dern sol niht missemâlet sîn.
an ir sol ouch kein arcwân
weder bühel noch gruobe hân.
der marmelîne esterîch
der ist der staete gelîch   16970
an der grüene und an der veste.
diu meine ist ime diu beste
von varwe und von slehte.
diu staete sol ze rehte
ingrüene sîn reht alse gras,   16975
glat unde lûter alse glas.
Daz bette inmitten inne
der cristallînen minne,
daz was vil rehte ir namen benant.
er haete ir reht vil rehte erkant,   16980
der ir die cristallen sneit
z'ir legere und z'ir gelegenheit.
diu minne sol ouch cristallîn,
durchsihtic und durchlûter sîn.

Innen an der êrînen tür   16985
dâ giengen zwêne rigele vür.
ein valle was ouch innen
mit kündeclîchen sinnen
hin ûz geleitet durch die want,
aldâ s'ouch Tristan dâ vant.   16990
die meisterte ein heftelîn,
daz gie von ûzen dar în
und leite sî dar unde dan.
noch slôz noch slüzzel was dar an
und wil iu sagen umbe waz.   16995

mit denen der Sinn sich aufschwingt
und im Fluge die Vollkommenheit preist.
Die Wand war weiß, glatt und eben.
Das ist das Wesen der Lauterkeit.
Ihre ganz und gar weiße Helligkeit 16965
darf nicht durch Farben getrübt werden.
An ihr soll der Argwohn
weder Hügel noch Graben finden.
Der marmorne Fußboden
gleicht der Beständigkeit 16970
in seiner ewig grünen Festigkeit.
Diese Bedeutung paßt am besten zu ihm
wegen seiner Farbe und Art.
Die Beständigkeit muß wahrlich
so grün sein wie das Gras, 16975
so eben und klar wie Glas.
In der Mitte das Bett
der kristallenen Liebe
trug seinen Namen zu Recht.
Derjenige kannte ihre Eigenart ganz genau, 16980
der den Kristall zurechtschnitt
zu ihrer Bequemlichkeit und Pflege.
Die Liebe soll ja auch kristallklar,
durchsichtig und ganz lauter sein.

Innen an der ehernen Tür 16985
waren zwei Riegel angebracht.
Im Inneren war auch ein Schnappschloß
kunstvoll
durch die Wand verlegt,
wo Tristan es vorfand. 16990
Es wurde von einer Klinke betätigt,
die von außen hineinführte
und es öffnete und schloß.
Es gab dort weder Schloß noch Schlüssel,
und ich will Euch sagen, warum. 16995

dane was niht slôzes umbe daz:
swaz man gerüstes vür die tür
(ich meine ûzerhalp dervür)
ze rûme oder ze slôze leit,
daz tiutet allez valscheit.   17000
wan swer zer Minnen tür în gât,
den man von innen niht în lât,
daz enist der minnen niht gezalt,
wan daz ist valsch oder gewalt.
durch daz ist dâ der Minnen tor,   17005
diu êrîne tür vor,
die nieman kan gewinnen,
ern gewinne sî mit minnen.
ouch ist si durch daz êrîn,
daz kein gerüste müge gesîn   17010
weder von gewalte noch von craft,
von liste noch von meisterschaft,
von valscheite noch von lüge,
dâ mite man sî verscherten müge.
und innen ietweder rigel,   17015
ietweder minnen insigel
daz was zem andern gewant
ietwederhalben an der want.
und was der einez cêderîn,
daz ander helfenbeinîn.   17020
nu vernemet die tiute ir bêder:
daz eine insigel der cêder
daz meinet an der minne
die wîsheit und die sinne;
daz von dem helfenbeine   17025
die kiusche und die reine.
mit disen zwein insigelen,
mit disen reinen rigelen
sô ist der Minnen hûs bewart,
valsch unde gewalte vor bespart.   17030
Daz tougenlîche heftelîn,

Da war kein Schloß,
denn was für Vorrichtungen man auch an der Tür
(ich meine außerhalb)
zum Öffnen oder Schließen anbringt,
es bedeutet doch alles Falschheit.   17000
Denn wenn einer das Tor der Liebe durchschreitet,
ohne daß man ihn von innen einläßt,
dann gilt das nicht als Liebe,
sondern es ist Falschheit und Gewalt.
Deswegen ist dort das Tor der Liebe,   17005
die eherne Pforte davor,
die niemand überwinden kann,
es sei denn aus Liebe.
Sie ist auch deshalb aus Erz,
damit es kein Gerät geben könne,   17010
womit man sie, durch Gewalt oder Kraft,
durch Schlauheit oder Können,
durch Betrug oder Lüge,
etwa beschädigen könnte.
Im Inneren die beiden Riegel,   17015
jeder von ihnen ein Siegel der Liebe,
waren einander zugewandt
von beiden Seiten der Wand.
Der eine war aus Zedernholz.
der andere aus Elfenbein.   17020
Hört nun ihre Auslegung:
Das Zedernsiegel
bedeutet in der Liebe
die Weisheit und den Verstand,
das aus Elfenbein   17025
Keuschheit und Reinheit.
Mit diesen beiden Siegeln,
mit diesen makellosen Riegeln
ist das Haus der Liebe geschützt
und der Falschheit und Gewalt versperrt.   17030
Die verborgene Klinke,

daz von ûzen hin în
zer vallen was geleitet hin,
daz was ein spinele von zin.
diu valle was von golde,   17035
als sî ze rehte solde.
valle unde haft, diz unde daz,
diu enmohten beidiu niemer baz
an ir eigenschaft sîn brâht.
daz zin daz ist diu guote andâht   17040
ze tougenlîchem dinge.
daz golt daz ist diu linge.
zin unde golt sint wol hier an.
sîn andâht mag ein ieclîch man
nâch sînem willen leiten,   17045
smalen oder breiten,
kürzen oder lengen,
vrîen oder twengen
sus oder sô, her oder hin
mit lîhter arbeit alse zin   17050
und ist dâ lützel schaden an.
swer aber mit rehter güete kan
ze minnen wesen gedanchaft,
den treit binamen dirre haft
von zine, dem swachen dinge,   17055
ze guldîner linge
und ze lieber âventiure.

Obene in die fossiure
dâ wâren niwan driu vensterlîn
schône unde tougenlîchen în   17060
gehouwen durch den ganzen stein,
dâ diu sunne hin în schein.
der einez ist diu güete,
daz ander diemüete,
daz dritte zuht. ze disen drîn   17065
dâ lachet în der süeze schîn,

die von außen
zu dem Schnappschloß führte,
war eine zinnerne Stange,
das Schloß selbst war aus Gold,   17035
wie es ihm zukam.
Schloß und Klinke
hätten beide niemals besser
in ihrer Eigenheit betont werden können.
Das Zinn versinnbildlicht das ständige Streben   17040
nach dem Geheimnis der Liebe.
Das Gold bezeichnet die Erfüllung.
Zinn und Gold passen hier sehr gut.
Jeder kann sein Streben
nach seinem Willen gestalten,   17045
verengen und verbreitern,
verkürzen oder verlängern,
befreien oder einzwängen,
so oder so, hin oder her,
ohne große Mühe, so wie Zinn,   17050
und es schadet nicht.
Wer aber in der richtigen Weise
nach der Liebe streben kann,
den führt gewiß diese Klinke
aus Zinn, dem wertlosen Metall,   17055
zu goldenem Erfolg
und angenehmem Erlebnis.

Oben in der Grotte
waren nur drei kleine Fenster
schön und verborgen   17060
durch das Gestein gehauen worden,
durch welche die Sonne hereinschien.
Das eine war die Güte,
das andere die Demut
und das dritte vornehmes Betragen. Durch diese drei 17065
lachte der Sonnenschein,

diu saelige gleste,
êre, aller liehte beste
und erliuhet die fossiure
werltlîcher âventiure.   17070
ouch hât ez guote meine,
daz diu fossiure als eine
in dirre wüesten wilde lac,
daz man dem wol gelîchen mac,
daz minne und ir gelegenheit   17075
niht ûf die strâze sint geleit
noch an dekein gevilde.
si lôschet in der wilde,
z'ir clûse ist daz geverte
arbeitsam unde herte.   17080
die berge ligent dar umbe
in maneger swaeren crumbe
verirret hin unde wider.
die stîge sint ûf unde nider
uns marteraeren allen   17085
mit velsen sô vervallen,
wir engân dem pfade vil rehte mite,
verstôze wir an eime trite,
wir enkomen niemer mêre
ze guoter widerkêre.   17090
swer aber sô saelic mac gesîn,
daz er zer wilde kumet hin în,
der selbe hât sîn arbeit
vil saeleclîchen an geleit.
der vindet dâ des herzen spil.   17095
swaz sô daz ôre hoeren wil
und swaz dem ougen lieben sol,
des alles ist diu wilde vol.
sô waere er ungern anderswâ.

Diz weiz ich wol, wan ich was dâ.   17100
ich hân ouch in der wilde

der beglückende Glanz herein:
die Ehre, das strahlendste Licht,
und erleuchtete diese Höhle
weltlichen Glücks.   17070
Es hat auch seinen guten Sinn,
daß die Grotte einsam
in dieser wüsten Wildnis lag.
Damit kann man durchaus vergleichen,
daß die Liebe und ihre Gegebenheiten   17075
nicht auf der Straße liegen
oder irgendwo auf dem freien Felde.
Sie liegt verborgen in der Wildnis;
zu ihrer Höhle ist der Weg
mühselig und schwer.   17080
Die Berge liegen um sie herum
in vielen steilen Krümmungen,
hier und da verstreut.
Die Wege hinauf und hinunter sind
für uns Leidende alle   17085
mit Felsbrocken so versperrt,
daß, wenn wir dem Weg nicht genau folgen,
wenn wir einen einzigen falschen Tritt tun,
wir niemals wieder
glücklich zurückkehren.   17090
Wer jedoch so glücklich ist,
daß er in diese Wildnis gelangt,
der hat seine Mühe
glückbringend eingesetzt
und findet dort seines Herzens Freude.   17095
Was immer das Ohr hören will
und das Auge ergötzt,
von alldem ist diese Wildnis voll.
Dann möchte er gar nicht woanders sein.

Das weiß ich genau, denn ich war dort.   17100
Auch ich bin in der Wildnis

dem vogele unde dem wilde,
dem hirze unde dem tiere
über manege waltriviere
gevolget unde nâch gezogen   17105
und aber die stunde alsô betrogen,
daz ich den bast noch nie gesach.
mîn arbeit und mîn ungemach
daz was âne âventiure.
ich vant an der fossiure   17110
den haft und sach die vallen.
ich bin ze der cristallen
ouch under stunden geweten.
ich hân den reien getreten
dicke dar und ofte dan.   17115
ine geruowet aber nie dar an.
und aber den esterîch dâ bî,
swie herte marmelîn er sî,
den hân ich sô mit triten zebert:
haete in diu grüene niht ernert,   17120
an der sîn meistiu tugent lît,
von der er wahset alle zît,
man spurte wol dar inne
diu wâren spor der minne.
ouch hân ich an die liehten want   17125
mîner ougen weide vil gewant
und hân mich oben an daz gôz,
an daz gewelbe und an daz slôz
mit blicken vil gevlizzen,
mîner ougen vil verslizzen   17130
an der gezierde dar obe,
diu sô gestirnet ist mit lobe.
diu sunnebernde vensterlîn,
diu habent mir in daz herze mîn
ir gleste dicke gesant.   17135
ich hân die fossiure erkant

den Vögeln und den Tieren des Waldes,
dem Hirsch und dem Reh,
durch viele Waldgegenden
gefolgt und nachgegangen,   17105
habe jedoch meine Zeit vergeudet
und niemals etwas erlegt.
Meine Mühen und Anstrengungen
waren glücklos.
Ich fand bei der Höhle   17110
die Klinke und sah das Schnappschloß.
Ich bin auch zu dem Kristall
bisweilen gegangen.
Tanzend bin ich oft gesprungen
dorthin und wieder fort.   17115
Niemals aber habe ich darauf geruht.
Aber den Boden in der Nähe,
aus wie hartem Marmor er auch war,
den habe ich so zertreten,
daß, wenn ihn seine grüne Farbe nicht geschützt hätte,   17120
die sein größter Vorzug ist
und durch die er stets wächst,
man auf ihm wohl wahrnehmen könnte
die Spur der wahrhaftigen Liebe.
Auch habe ich an der strahlend hellen Wand   17125
häufig meine Augen geweidet.
Oft habe ich an die Gewölbekrone,
die Kuppel und den Schlußstein
aufmerksam meine Blicke geheftet
und meine Augen abgenutzt   17130
an dem Schmuck dort oben,
der so mit Lob besternt ist.
Die sonnenspendenden Fensterchen
haben mir in mein Herz
oft ihren Glanz gesandt.   17135
Ich kenne diese Grotte

sît mînen eilif jâren ie
und enkam ze Curnewâle nie.

Diu getriuwe massenîe,
Tristan und sîn amîe   17140
si haeten in der wilde
ze walde und ze gevilde
ir muoze und ir unmuoze
besetzet harte suoze.
si wâren z'allen zîten   17145
ein ander an der sîten.
des morgens in dem touwe
sô slichen sî zer ouwe,
dâ beide bluomen unde gras
mit dem touwe erküelet was.   17150
diu küele prâerîe
was danne ir banekîe.
dâ giengen sî her unde hin
ir maere sagende under in
und loseten mit dem gange   17155
dem süezen vogelsange.
sô danne nâmen s'einen swanc,
hin dâ der küele brunne clanc,
und loseten sînem clange,
sînem sliche und sînem gange.   17160
dâ er hin ûf die plaine gie,
da gesâzen sî durch ruowen ie,
dâ loseten sî dem duzze
und warteten dem vluzze
und was daz aber ir wunne.   17165
Als aber diu liehte sunne
ûf begunde stîgen,
diu hitze nider sîgen,
sô giengen sî zer linden
nâch den linden winden,   17170
diu bar in aber danne lust

schon seit meinem elften Lebensjahr
und war trotzdem nie in Cornwall.

Die getreue Gesellschaft,
Tristan und seine Liebste,   17140
hatte in der Wildnis
der Wälder und Felder
ihre Zeiten der Ruhe und Arbeit
sehr angenehm eingerichtet:
Stets waren sie   17145
einander zur Seite.
Morgens im Tau
lustwandelten sie zur Aue,
wo die Blumen und das Gras
vom Tau gekühlt waren.   17150
Die kühle Wiese
diente ihnen dann zur Erholung.
Dort gingen sie auf und ab,
redeten dabei miteinander
und lauschten beim Gehen   17155
dem lieblichen Vogelsang.
Dann wandten sie sich um,
dorthin, wo die kühle Quelle rauschte,
und sie lauschten ihrem Rauschen,
ihrem Plätschern und Fließen.   17160
Dort, wo sie zur Ebene hinaustrat,
setzten sie sich immer zum Ausruhen hin.
Dort hörten sie ihrem Rauschen zu,
beobachteten ihr Strömen
und freuten sich immer wieder daran.   17165
Wenn dann die strahlende Sonne
zu steigen begann
und die Hitze sich senkte,
gingen sie zu den Linden
wegen deren sanfter Lüfte.   17170
Die schenkten ihnen dann Vergnügen

ûzen und innerthalp der brust.
si ervröuweten ouge unde sin.
diu süeze linde süezet in
luft unde schate mit ir blate.   17175
die winde wâren von ir schate
süeze, linde, küele.
der linden gestüele
daz was von bluomen und von grase
der baz gemâlete wase,   17180
den ie linde gewan.
dâ sâzen sî z'ein ander an
die getriuwen senedaere
und triben ir senemaere
von den, die vor ir jâren   17185
von sene verdorben wâren.
si beredeten unde besageten,
si betrûreten unde beclageten,
daz Villîse von Trâze,
daz der armen Canâze   17190
in der minnen namen geschach;
daz Biblîse ir herze brach
durch ir bruoder minne;
daz ez der küniginne
von Tîre und von Sidône,   17195
der seneden Didône
durch sene sô jaemerlîche ergie.
mit solhen maeren wâren s'ie
unmüezic eteswenne.

Sô s'aber der maere denne   17200
vergezzen wolten under in,
sô slichen s'in ir clûse hin
und nâmen aber ze handen,
dar an s'ir lust erkanden,
und liezen danne clingen   17205
ir harphen unde ir singen

für Leib und Seele.
Sie ergötzten ihnen Augen und Geist.
Die liebliche Linde versüßte ihnen
mit ihren Blättern die Luft und den Schatten.   17175
Durch ihren Schatten waren die Winde
lieblich, sanft und kühl.
Die Ruhebank der Linde
bestand aus Blumen und Gras,
der am schönsten gemalte Rasen,   17180
den jemals eine Linde hatte.
Dort saßen sie aneinandergeschmiegt,
die treuen Liebenden,
und erzählten sich von sehnsüchtiger Liebe
derer, die vor ihrer Zeit   17185
aus Liebe gestorben waren.
Sie redeten und erzählten,
sie trauerten und klagten über das,
was Phyllis von Thrakien
und was der armen Kanake   17190
und was ihnen im Namen der Liebe geschah;
wie das Herz der Byblis brach
aus Liebe zu ihrem Bruder;
wie es der Königin
von Tyrus und Sidon,   17195
der liebeskranken Dido,
wegen ihrer Sehnsucht so schlimm erging.
Mit solchen Geschichten waren sie stets
sehr beschäftigt.

Wenn sie aber diese Erzählungen   17200
vergessen wollten,
dann gingen sie in ihre Höhle
und nahmen wieder auf,
woran sie, wie sie wußten, Vergnügen hatten.
Dann ließen sie erklingen   17205
ihr Harfenspiel und ihren Gesang

senelîchen unde suoze.
si wehselten unmuoze
mit handen und mit zungen.
si harpheten, si sungen   17210
leiche unde noten der minne.
si wandelten dar inne
ir wunnenspil, swie sî gezam.
sweder ir die harphen genam,
sô was des anderen site,   17215
daz ez diu notelîn dermite
suoze unde senelîche sanc.
ouch lûtete ietweder clanc
der harphen unde der zungen,
sô s'in ein ander clungen,   17220
sô suoze dar inne,
als ez der süezen Minne
wol z'einer clûse wart benant:
la fossiure a la gent amant.
swaz aber von der fossiure   17225
von alter âventiure
vor hin ie was bemaeret,
daz wart an in bewaeret.
diu wâre wirtinne
diu haete sich dar inne   17230
alrêrste an ir spil verlân.
swaz ê dar inne ie wart getân
von kurzewîle oder von spil,
dazn lief niht ze disem zil.
ezn was niht von meine   17235
sô lûter noch sô reine,
als ir spil was under in.
si triben der minne ir stunde hin
sô wol sô nie gelieben baz.
sine tâten niht wan allez daz,   17240
dâ sî daz herze zuo getruoc.
Der kurzewîle was genuoc,

auf sehnsuchtsvolle und anmutige Weise.
Abwechselnd benutzten sie bei ihrer Beschäftigung
Hände und Stimmen.
Sie harften und sangen   17210
Lieder und Melodien über die Liebe.
Sie tauschten dabei
ihr Vergnügen aus, wie es ihnen zusagte.
Wenn einer von ihnen die Harfe spielte,
war es des anderen Gewohnheit,   17215
die Melodie dazu
zart und sehnsuchtsvoll zu singen.
Auch erscholl der Klang
von Harfe und Gesang,
wenn sie zusammenklangen,   17220
dort so lieblich,
daß die Grotte der lieblichen Liebe
mit Recht als Zuflucht geweiht war
als *La fossiure a la gent amant.*
Und was auch immer von dieser Grotte   17225
von alten Begebenheiten
zuvor erzählt worden war,
das erwies sich jetzt an ihnen.
Ihre wahre Herrin
hatte sich dort drin   17230
erst jetzt ihrer Beschäftigung hingegeben.
Was ihr zuvor dort dargebracht wurde
an Zeitvertreib oder Spielen,
war nicht dasselbe.
Es war in seiner Bedeutung   17235
nicht so lauter und makellos
wie das Liebesspiel der beiden.
Sie verbrachten mit der Liebe ihre Zeit,
wie Liebende es niemals besser taten.
Sie taten nur das,   17240
wozu ihr Herz sie trieb.
Sie hatten viele Beschäftigungen,

der s'in dem tage begunden.
si riten under stunden,
sô si des geluste,   17245
mit dem armbruste
pirsen in die wilde
nâch vogelen und nâch wilde
unde ouch z'eteslîchen tagen
nâch dem rôten wilde jagen   17250
mit Hiudane ir hunde,
der dannoch niene kunde
unlûtes loufen sus noch sô.
in haete Tristan aber dô
gelêret harte schiere   17255
nâch dem hirze und nâch dem tiere,
nâch aller slahte wilde
durch walt und durch gevilde
ze wunsche loufen ûf der vart,
sô daz er niemer lût wart.   17260
mit dem vertriben si manegen tac,
niht durch dekeinen den bejac,
der an solhen dingen lît,
niuwan durch die kurzen zît,
die man hie mite haben sol.   17265
si üebeten, daz weiz ich wol,
den bracken unde daz armbrust
mê durch ir herzen gelust
und durch ir banekîe
danne durch mangerîe.   17270
ir geschepfede unde ir pflege
was alle zît und alle wege
niht anders wan des sî gezam
und in ze muote rehte kam.

denen sie tagsüber nachgingen.
Bisweilen ritten sie,
wenn sie Lust dazu verspürten,   17245
mit der Armbrust
auf Jagd in die Wildnis,
nach Vögeln und Wild.
An vielen Tagen gingen sie auch
auf die Rotwildjagd   17250
mit ihrem Hunde Hüdan,
der damals noch nicht
laufen konnte, ohne so oder so Laut zu geben.
Tristan hatte ihm jedoch
schon bald beigebracht,   17255
Hirschen und Rehen
und allen Wildsorten
durch den Wald und durch Gefilde
vortrefflich auf der Fährte zu folgen,
ohne Laut zu geben.   17260
So verbrachten sie viele Tage,
nicht wegen der Jagdbeute,
die man dadurch erringt,
sondern nur wegen der Kurzweil,
die man dabei hat.   17265
Sie trieben, wie ich genau weiß,
die Jagd mit Hund und Armbrust
mehr wegen des Vergnügens
und ihrer Belustigung
als wegen der Nahrung.   17270
Ihre Beschäftigungen und Handlungen
waren immer und durchweg
nichts anderes, als was ihnen anstand
und wonach es sie verlangte.

Under diu dô diz geschach,   17275
sô haete ie michel ungemach
der trûrige Marke.
er trûrete starke
umbe sîn êre und umbe sîn wîp.
im begunde muot unde lîp   17280
von tage ze tage swaeren,
êre unde guot unmaeren.
sus gereit er in den selben tagen
in disen selben walt jagen
und mê durch sîne triure   17285
dan durch kein âventiure.
nu sî zem walde kâmen,
die jegere ir hunde nâmen
und vunden eine trünne stân.
dâ begunden s'în ze ruore lân.   17290
und an der selben stunde
so geschieden die hunde
einen vremeden hirz hin dane,
der was reht alse ein ors gemane,
starc unde michel unde blanc,   17295
daz gehürne cleine unde unlanc,
vil kûme wider entworfen,
als er ez hin geworfen
haete in unlanger zîte.
den jageten sî ze strîte   17300
und mit gewalte under in
unz vaste vür den âbent hin.
dô verstiezen s'an der vart,
alsô daz in der hirz entwart
und sîne vluht hin wider genam,   17305
von dannen er ouch dar kam,
hin dâ diu fossiure was.

XXVIII. Entdeckung und Versöhnung

Während alldessen   17275
hatte stets großen Kummer
der traurige König Marke.
Er trauerte sehr
um sein Ansehen und seine Frau.
Körperlich und geistig   17280
wurde er von Tag zu Tag bedrückter.
Ansehen und Besitz wurden ihm immer gleichgültiger.
So ritt er in diesen Tagen
in eben jenen Wald zur Jagd,
mehr aus Traurigkeit   17285
als zum Vergnügen.
Als sie in den Wald kamen,
nahmen die Jäger ihre Hunde
und störten ein Rudel Wild auf.
Da ließen sie die Meute los.   17290
Sogleich
trennten die Hunde
einen wunderbaren Hirsch von den übrigen.
Er hatte eine Mähne genau wie ein Pferd,
war stark und groß und weiß,   17295
mit kleinem, kurzem Geweih,
kaum nachgewachsen,
als ob er es abgeworfen hätte
erst vor kurzem.
Den jagten sie um die Wette   17300
und mit aller Kraft gemeinsam,
bis es Abend wurde.
Da verloren sie seine Fährte,
so daß der Hirsch entkam
und dorthin flüchtete,   17305
woher er gekommen war,
auf die Grotte zu.

al dar gevlôch er unde genas.
nu muote Marken sêre,
die jegere michel mêre,   17310
daz in zem hirze alsô geschach,
dô man in alse vremeden sach
beide an der varwe und an der mane.
si haeten alle unmuot dâvane.
hie mite lâsen s'ir hunde wider   17315
und liezen sich die naht dâ nider,
wan in was allen ruowe nôt.
nu haete ouch Tristan unde Îsôt
den tac allen wol vernomen
den schal, der in den walt was komen   17320
von gehürne und ouch von hunden
und dâhten an den stunden,
daz ez niuwan Marke waere.
des wart ir herze swaere.
ir beider angest was iesâ,   17325
si waeren ime vermaeret dâ.

Des anderen tages vruo
nu vuor der jegermeister zuo,
ê danne er kür daz morgenrôt.
sînen undertânen er gebôt,   17330
daz sî dâ wol betageten
und danne nâch im jageten.
an ein leitseil er nam
einen bracken, der im rehte kam,
und brâhte den reht ûf die vart.   17335
der leite in allez hinewart
über manic ungeverte,
über velse und über herte,
über dürre und über gras,
dâ ime der hirz des nahtes was   17340
gestrichen unde gevlohen vor.
dem volgete er reht ûf dem spor,

Dorthin floh er und rettete sich.
Marke war sehr verstimmt
und die Jäger noch mehr,   17310
daß es ihnen mit diesem Hirsch so ergangen war,
den man so einzigartig gefunden hatte
nach Farbe und Mähne.
Sie alle ärgerten sich darüber.
Sie sammelten ihre Hunde wieder   17315
und lagerten sich zur Nacht,
denn sie alle brauchten Ruhe.
Auch Tristan und Isolde hatten
tagsüber deutlich gehört
den Lärm, der in den Wald gekommen war,   17320
von Hörnern und Jagdhunden.
Sie dachten sofort,
daß es nur Marke sein könnte.
Das bekümmerte sie sehr.
Beide fürchteten sogleich,   17325
sie seien verraten worden.

Am nächsten Morgen
machte sich der Jägermeister auf
noch vor dem Morgenrot.
Seinen Gehilfen befahl er,   17330
daß sie dort den Tag abwarten
und ihm dann eilig folgen sollten.
An ein Leitseil nahm er
einen Hund, der ihm geeignet erschien,
und setzte ihn auf die Fährte.   17335
Der Hund führte ihn gleich vorwärts
über viele Hindernisse,
über Felsen und Gestein,
über dürre Felder und Wiesen,
wo in der Nacht zuvor der Hirsch   17340
gelaufen und geflohen war.
Dessen Spur folgte er genau,

biz daz diu enge ein ende nam
und diu sunne wol ûf kam.
dô was er zer fontaine   17345
ûf Tristandes plaine.

Des selben morgens was Tristan
und sîn gespil geslichen dan
bihanden gevangen
und kâmen hin gegangen   17350
vil vruo und in dem touwe
ûf die gebluoten ouwe
und ûf daz wunneclîche tal.
galander unde nahtegal
die begunden organieren,   17355
ir gesinde salûieren.
si gruozten ie genôte
Tristanden unde Îsôte.
diu wilden waltvogelîn
hiezen sî willekomen sîn   17360
vil suoze in ir latîne.
mangem süezem vogelîne
dem wâren sî dâ willekomen.
si haeten sich alle an genomen
eine wunneclîche unmuoze   17365
den gelieben zwein ze gruoze.
si sungen von dem rîse
ir wunne bernde wîse
in maneger anderunge.
dâ was manc süeziu zunge,   17370
diu dâ schantoit und discantoit
ir schanzûne und ir refloit
den gelieben z'einer wunne.
si enpfie der küele brunne,
der gegen ir ougen schône enspranc   17375
und schôner in ir ôren clanc
und rûnende allez gegen in gie

bis der Talkessel aufhörte
und die Sonne aufging.
Da war er bei der Quelle   17345
in Tristans Ebene.

Am selben Morgen waren auch Tristan
und seine Gefährtin fortgegangen.
Sie hielten sich bei den Händen
und kamen   17350
sehr früh und beim Morgentau
zu der blühenden Wiese
und in das liebliche Tal.
Lerche und Nachtigall
begannen zu singen   17355
und ihre Freunde zu begrüßen.
Sie begrüßten immer wieder
Tristan und Isolde.
Die wilden Waldvögelchen
hießen sie willkommen   17360
höchst lieblich in ihrem Latein.
Vielen der anmutigen kleinen Vögel
waren sie da willkommen.
Sie alle gaben sich
süße Mühe,   17365
die beiden Verliebten zu begrüßen.
Sie sangen von den Zweigen
ihre beglückenden Melodien
in vielen Variationen.
Viele anmutige Zungen gab es da,   17370
die sangen mehrstimmig
ihre Lieder und Refraingesänge
zur Freude der beiden Liebenden.
Die kühle Quelle empfing sie,
die vor ihren Augen lieblich entsprang   17375
und noch lieblicher in ihren Ohren klang.
Murmelnd floß sie ihnen geradewegs entgegen

und sî mit sîner rûne enpfie.
er rûnete suoze
den gelieben ze gruoze.   17380
si gruozten ouch die linden
mit ir vil süezen winden.
die vröuten s'ûze und innen
an ôren unde an sinnen.
der boume flôrîe,   17385
diu liehte prâerîe,
die bluomen, daz ingrüene gras
und allez daz dâ blüende was,
daz lachete allez gegen in.
ouch gruozte sî her unde hin   17390
der tou mit sîner süeze,
der küelete in ir vüeze
und was ir herzen gemach.
und alse des genuoc geschach,
si slichen wider in ir stein   17395
und wurden under in in ein,
wie sî der zît getaeten.
wan sî des angest haeten
und vorhten, alse ez ouch ergie,
daz eteswer und eteswie   17400
dar von den hunden kaeme,
ir tougen dâ vernaeme.
hier über vant Tristan einen sin,
dar an gevielen s'under in.
si giengen an ir bette wider   17405
und leiten sich dâ wider nider
von ein ander wol hin dan
reht alse man unde man,
niht alse man unde wîp.
dâ lac lîp unde lîp   17410
in vremeder gelegenheit.
ouch haete Tristan geleit
sîn swert bar enzwischen sî.

und empfing sie mit ihrem Murmeln.
Sie plätscherte lieblich
den Verliebten zum Gruß. 17380
Sie begrüßten auch die Linden
und ihre sanften Winde.
Die ergötzten sie an Leib und Seele,
an Ohren und Gemüt.
Die Blüten der Bäume, 17385
die leuchtende Wiese,
die Blumen, das saftig grüne Gras
und alles, was dort blühte,
lachte ihnen entgegen.
Darüber hinaus begrüßte sie 17390
der angenehme Tau,
er kühlte ihre Füße
und erquickte ihre Herzen.
Als das ausreichend geschehen war,
gingen sie wieder in ihre Grotte 17395
und berieten sich,
was sie in ihrer Lage tun sollten.
Denn sie hatten Angst
und fürchteten sich, wie es dann auch geschah,
daß irgend jemand irgendwie 17400
durch die Hunde dorthin gelangte
und ihr Versteck entdeckte.
Da fand Tristan einen Ausweg,
auf den sie sich einigten.
Sie gingen wieder zu ihrem Bett 17405
und legten sich dort nieder,
voneinander entfernt,
ganz so wie zwei Männer,
aber nicht wie Mann und Frau.
Da lagen die beiden Körper 17410
in ungewohnter Lage.
Zudem hatte Tristan gelegt
sein bloßes Schwert zwischen sie.

hin dan lac er, her dan lac sî.
si lâgen sunder, ein und ein.   17415
alsus entsliefen s'under in zwein.

Der jeger, von dem ich nu las,
der zuo dem brunnen komen was,
der spurte in dem touwe,
dâ Tristan und sîn vrouwe   17420
vor ime geslichen wâren hin.
hie mite sô kam er an den sin,
ez waere niwan des hirzes trat.
er erbeizete und trat ûf den pfat
und volgete dem selben spor,   17425
daz s'ime haeten getreten vor
biz hin an der fossiuren tür.
dâ giengen zwêne rigele vür.
ern mohte dâ niht vürbaz komen.
nu ime der wec dâ was benomen,   17430
er versuohte ez an die crumbe
und gienc alumbe und umbe
und vant von âventiure
obene an der fossiure
ein tougenlîchez vensterlîn.   17435
dâ luogete er mit vorhten în
und gesach zehant dar inne
daz gesinde der minne:
niwan ein wîp und einen man.
die sach er ouch ze wunder an.   17440
wan in dûhte an dem wîbe,
daz nie von wîbes lîbe
kein crêatiure als ûz erkorn
ze dirre werlde würde geborn.
iedoch sach er unlange dar.   17445
wan iesâ dô er wart gewar,
daz daz swert sô bar dâ lac,
er tete sich dannen unde erschrac.

Auf der einen Seite lag er, auf der anderen sie.
Sie lagen getrennt, jeder für sich.   17415
So schliefen sie beide ein.

Der Jäger, von dem ich gerade sprach,
der zu der Quelle gekommen war,
fand im Tau die Spur,
wo Tristan und seine Herrin   17420
vor ihm entlanggegangen waren.
Da kam ihm der Einfall,
das könnte nur die Fährte des Hirschen sein.
Er saß ab und ging den Pfad entlang
und folgte dieser Spur,   17425
die sie vor ihm getreten hatten,
bis hin zu der Tür der Grotte.
Die war durch zwei Riegel versperrt,
und er konnte dort nicht weiterkommen.
Weil ihm dieser Weg verstellt war,   17430
versuchte er einen Umweg,
ging überall herum
und fand durch Zufall
oben an der Grotte
ein verborgenes Fenster.   17435
Da schaute er ängstlich hinein
und erblickte im Inneren sogleich
das Gefolge der Liebe:
nur eine Frau und einen Mann.
Er sah sie staunend an.   17440
Von der Frau glaubte er,
daß niemals eine Frau
ein so auserlesenes Geschöpf
auf der Welt geboren hätte.
Aber er starrte sie nicht lange an,   17445
denn alsbald entdeckte er,
daß das Schwert so bloß dalag.
Er fuhr erschrocken zurück.

ez dûhte in angestbaere.
er dâhte, daz ez waere   17450
etswaz von wilden dingen.
diz begunde im vorhte bringen.
er kêrte den vels wider nider
und reit hin gegen den hunden wider.

Nu haete sich ouch Marke   17455
vor den jegeren starke
ûf sîner verte vür genomen
und was îlende ûf in komen.
»seht« sprach der wildenaere
»künec hêrre, ich sage iu maere: 17460
ich hân an disen stunden
schoene âventiure vunden.«
»sag an, waz âventiure?«
»eine minnen fossiure.«
»wâ vünde dû die oder wie?«   17465
»hêrre, in dirre wilde alhie.«
»in dirre wüesten wilde?« »jâ.«
»ist aber ieman lebender dâ?«
»jâ hêrre, dâ ist inne
ein man und ein gotinne.   17470
diu ligent an einem bette
und slâfent alse inwette.
der man ist alse ein ander man.
mîn zwîvel ist aber dar an,
sîn geslâfe dâ bî   17475
daz der ein mensche sî.
der ist schoener danne ein feine.
von vleische noch von beine
enkunde niht gewerden
sô schoenes ûf der erden.   17480
und ine weiz durch welhen sin,
ein swert daz lît dâ zwischen in
schoene unde lûter unde bar.«

Es ängstigte ihn.
Er dachte, es ginge   17450
mit unheimlichen Dingen zu.
Das flößte ihm Furcht ein.
Er stieg von dem Felsen herab
und ritt wieder zu den Hunden zurück.

Inzwischen war auch Marke   17455
noch vor den Jägern eifrig
seiner Spur gefolgt
und eilte ihm entgegen.
Der Jäger sagte: »Seht,
königlicher Herr, ich sage Euch,   17460
ich habe eben
ein herrliches Wunder entdeckt.«
»Was für ein Wunder, sag?«
»Eine Liebesgrotte.«
»Wo hast du sie gefunden und wie?«   17465
»In dieser Wildnis hier, Herr.«
»In dieser tiefen Wildnis?« »Ja.«
»Lebt jemand dort?«
»Ja, Herr, im Inneren sind
ein Mann und eine Göttin.   17470
Sie liegen auf einem Bett
und schlafen wie um die Wette.
Der Mann sieht aus wie ein gewöhnlicher Mann.
Aber ich bezweifle,
ob seine Schlafgefährtin   17475
auch ein Mensch ist.
Sie ist schöner als eine Fee.
Aus Fleisch und Knochen
kann es nicht geben
etwas so Schönes auf der Erde.   17480
Ich weiß auch nicht, weshalb
ein Schwert zwischen ihnen liegt,
glänzend, hell und bloß.«

der künic sprach: »wîse mich dar!«
Der jegermeister vuorte in dan   17485
die wilde wider ûf sîne ban
biz hin dâ er erbeizet was.
der künec erbeizete ûf daz gras
und streich ûf an sînen pfat.
der jeger der habete an der stat.   17490
nu Marke der kam hin zer tür.
er lie si stân und kêrte vür
und ûzen an dem steine
und an des steines cleine
dâ nam er manege kêre   17495
nâch des jegeres lêre
und vant ouch er ein vensterlîn.
er lie sîn ouge dar în
nâch liebe und nâch leide.
diu sach er ouch dâ beide   17500
in der cristallen ligen enbor
und sliefen dannoch als dâ vor.
er vant si, alse ouch jener vant,
wol von ein ander gewant,
daz eine her, daz ander hin,   17505
daz bare swert enzwischen in.
er erkante neven unde wîp.
sîn herze in ime und al sîn lîp
erkaltete vor leide
und ouch vor liebe beide.   17510
diu verre gelegenheit
diu was im liep unde leit.
liep meine ich von dem wâne,
si waeren valsches âne.
leit meine ich, daz er sich versach.   17515
in sînem herzen er sprach:
»genaedeclîcher trehtîn,
waz mag an disen dingen sîn?
ist iht des under disen geschehen,

Der König sagte: »Führ mich hin!«
Der Jägermeister führte ihn   17485
den Weg zurück in die Wildnis
bis zu der Stelle, wo er abgesessen war.
Der König stieg vom Pferd
und folgte zu Fuß seiner Spur.
Der Jäger blieb dort stehen.   17490
Marke kam zu der Tür.
Er ließ sie und wandte sich ab.
Außen an dem Felsen
und an dessen Spitze
folgte er vielen Biegungen,   17495
wie der Jäger ihm gesagt hatte,
und fand schließlich das kleine Fenster.
Er blickte hinein
zu seiner Freude und seinem Schmerz.
Beide sah er dort   17500
auf dem Kristallbett liegen
und wie vorher schlafen.
Er fand sie, wie der Jäger sie schon gefunden,
voneinander abgewandt,
einer in diese, der andere in jene Richtung,   17505
das bloße Schwert zwischen ihnen.
Er erkannte seinen Neffen und seine Frau.
Sein Körper und sein Herz im Inneren
gefroren vor Schmerz
und auch vor Glück.   17510
Daß sie so getrennt lagen,
freute und betrübte ihn.
›Freute‹ meine ich, weil er glaubte,
sie wären ohne Falsch.
›Betrübte‹ meine ich, weil er sie verdächtigt hatte.   17515
Er sagte in seinem Herzen:
»Gnädiger Gott,
was kann das bedeuten?
Wenn irgend etwas zwischen ihnen geschehen ist,

des ich mich lange hân versehen,   17520
wie ligent s'alsus danne?
wîp sol doch liebem manne
under armen z'allen zîten
cleben an der sîten.
wie ligent dise gelieben sô?«   17525
wider sich sô sprach er aber dô:
»ist noch an disen dingen iht?
weder ist hie schulde oder niht?«
hie mite was aber der zwîvel dâ.
»schulde?« sprach er »triuwen jâ.«   17530
»schulde?« sprach er »triuwen nein.«

Diz treib er an mit disen zwein,
biz aber der wegelôse man
Marke zwîvelen began
umbe ir zweier minne.   17535
Minne diu süenaerinne
diu kam dâ zuo geslichen,
gestreichet unde gestrichen
ze wunderlîchem vlîze.
si truoc ûf daz wîze   17540
geverwet under ougen
daz guldîne lougen,
ir allerbeste varwe: nein.
daz wort daz lûhte unde schein
dem künege in sîn herze.   17545
der ander sîn smerze,
daz wort, daz ungenaeme jâ
daz ensach Marke niender dâ.
daz was mitalle hin getân,
dane was zwîvel noch wân.   17550
der minnen übergulde,
diu guldîne unschulde,
diu zôch im ougen unde sin
mit ir gespenstikeite hin,
hin dâ der ôsterlîche tac   17555

wie ich lange geargwöhnt habe,   17520
warum liegen sie dann so?
Die Frau soll sich dem geliebten Mann doch
stets in die Arme und
an die Seite schmiegen.
Warum liegen diese beiden Liebenden so?«   17525
Zu sich selbst fuhr er fort:
»Ist trotzdem etwas dran?
Liegt hier Schuld vor oder nicht?«
Damit erwachten erneut die Zweifel:
»Schuld?« sagte er. »Gewiß ja.«   17530
»Schuld?« widersprach er. »Gewiß nicht.«

Zwischen diesen beiden Möglichkeiten schwankte er,
bis abermals der ratlose Mann,
Marke, zu zweifeln begann
an ihrer Liebe.   17535
Die Liebe, die Versöhnerin,
kam sachte herbei,
aufgemacht und geputzt
auf erstaunliche Weise.
Sie hatte das Weiß   17540
ihres Gesichts überfärbt
mit der goldenen Täuschung,
ihrer besten Farbe: ›Nein‹.
Das Wort strahlte und glänzte
dem König ins Herz.   17545
Das andere, seinen Schmerz,
das widrige Wort ›Ja‹,
sah Marke nicht mehr.
Das war alles verschwunden,
Zweifel und Verdacht waren ausgeräumt.   17550
Die Übergoldung der Liebe,
die goldene Unschuld,
zog ihm Augen und Verstand
durch ihre Verführung fort,
dorthin, wo der österliche Tag   17555

aller sîner vröude lac.
er schouwete ie genôte
sînes herzen wunne Îsôte,
diun gedûhte in ouch dâ vor und ê
nie sô rehte schoene mê.   17560
ine weiz von welher arbeit
diz maere spellet unde seit,
von der si erhitzet solte sîn,
und lûhte ir varwe unde ir schîn
als suoze und alse lôse   17565
als ein gemischet rôse
hin ûf allez wider den man.
ir munt der viurete unde bran
rehte alse ein glüejender kol.
jâ ich erkenne mich nu wol,   17570
waz dirre arbeite was.
Îsôt was, alse ich iezuo las,
des morgens in dem touwe
geslichen zuo der ouwe
und was dâ von enbrunnen.   17575
sô gieng ouch von der sunnen
ein cleinez straemelîn dar în,
daz gleste ir ûf ir hiufelîn,
ûf ir kinne und ûf ir munt.
zwô schoene haeten an der stunt   17580
ein spil gemachet under in zwein.
dâ schein lieht unde lieht in ein.
Diu sunne und diu sunne
die haeten eine wunne
und eine hôhzît dar geleit   17585
Îsôte z'einer saelekeit.
ir kinne, ir munt, ir varwe, ir lîch
daz was sô rehte wunneclîch,
sô lieplîch und sô muotsam,
daz ir Marken gezam.   17590
in gelangete unde geluste,

all seiner Freude lag.
Er betrachtete immer wieder
das Glück seines Herzens, Isolde,
die ihm zuvor niemals erschienen war
so bildschön.   17560
Ich weiß nicht, von welcher Mühe
diese Geschichte erzählt und redet,
durch die sie so erhitzt war,
daß ihre Gesichtsfarbe und ganze Gestalt strahlte
so lieblich und anmutig   17565
wie eine mehrfarbige Rose
geradewegs zu dem Manne hinauf.
Ihr Mund leuchtete und brannte
wie glühende Kohle.
Ja, nun fällt mir ein,   17570
welche Anstrengung das war.
Isolde war, wie ich eben erwähnte,
am Morgen durch den Tau
zu der Wiese geschritten
und erglühte deshalb so.   17575
Von der Sonne drang
ein kleiner Strahl ins Innere
und glänzte auf ihrer Wange,
ihrem Kinn und Mund.
Zwei Schönheiten spielten da   17580
miteinander.
Zwei Lichter strahlten dort gemeinsam.
Die eine und die andere Sonne
hatten ein Vergnügen
und ein Fest dort vorbereitet   17585
zu Isoldes Preis.
Ihr Kinn, ihr Mund, ihr Aussehen, ihre Gestalt,
das alles war so beglückend,
so anmutig und lieblich,
daß Marke ihr erlag.   17590
Er sehnte und wünschte sich,

daz er si gerne kuste.
Minne diu warf ir vlammen an,
Minne envlammete den man
mit der schoene ir lîbes.   17595
diu schoene des wîbes
diu spuon im sîne sinne
z'ir lîbe und z'ir minne.
sîn ouge stuont im allez dar.
er nam vil inneclîche war,   17600
wie schône ir ûz der waete schein
ir kele unde ir brustbein,
ir arme unde ir hende.
si haete âne gebende
ein schapel ûfe von clê.   17605
sine gedûhte ir hêrren nie mê
sô lustic und sô lustsam.
nu er der sunnen war genam,
diu von obene durch den stein
ûf ir antlütze schein,   17610
er vorhte, ez waere ir an ir lîch
schade unde schedelîch.
er nam gras, bluomen unde loup,
daz venster er dermite verschoup
und bôt der schoenen sînen segen.   17615
er bat ir got den guoten pflegen
und schiet er weinende dan.
alse ein trûreger man
kêrte er ze sînen hunden wider.
er leite sîn gejegede nider.   17620
er hiez an den stunden
die jegere mit den hunden
wider ze hûse kêren hin.
daz tete er aber durch den sin,
daz nieman anders kaeme dar,   17625
der ir dâ würde gewar.

sie küssen zu können.
Die Liebe entfachte ihr Feuer,
sie entflammte den Mann
mit der Schönheit ihres Körpers.　　　　　　　17595
Die Schönheit der Frau
verlockte seine Sinne
zu ihrem Körper und zu liebender Leidenschaft für sie.
Er blickte sie gebannt an.
Bewegt sah er,　　　　　　　　　　　　　　17600
wie herrlich aus ihren Gewändern leuchtete
ihr Hals und ihre Brust,
ihre Arme und Hände.
Sie trug anstelle eines Kopfputzes
einen Kranz von Klee auf dem Haar.　　　　　　17605
Niemals war sie ihrem Herrn erschienen
so lieblich und reizvoll.
Als er die Sonne bemerkte,
die von oben durch den Felsen
auf ihr Gesicht schien,　　　　　　　　　　　17610
befürchtete er, es könnte ihr
abträglich sein und schaden.
Er nahm Gras, Blumen und Blätter,
verstopfte damit die Öffnung
und segnete die Schöne.　　　　　　　　　　　17615
Er bat den barmherzigen Gott, sie zu schützen,
und ging weinend fort.
In tiefer Trauer
kam er wieder zu den Hunden zurück.
Er brach seine Jagd ab.　　　　　　　　　　　17620
Sogleich ließ er
die Jäger mit den Hunden
nach Hause zurückkehren.
Das tat er nur deshalb,
damit niemand anders dorthin käme　　　　　　17625
und sie bemerkte.

So schiere was der künec niht dan,
Îsôt erwachete und Tristan.
nu sî begunden umbe sehen
und nâch dem sunnen schîne spehen,   17630
done schein diu sunne niht dar în
niwan durch zwei vensterlîn.
nu nâmen sî des dritten war
und alse in daz niht liehtes bar,
des wunderte si sêre.   17635
nune biten s'ouch nimêre.
si stuonden ûf beide under ein
und giengen ûzen an den stein.
loup unde bluomen unde gras,
daz vor dem vensterlîne was,   17640
daz selbe vunden s'ouch zehant.
ouch spurten sî zwei durch den sant
ûf der fossiure unde dervor
mannes trite und mannes spor
beidiu dar unde dan.   17645
dâ erschrâken si van
und ervorhten ez starke.
si dâhten sâ, daz Marke
eteswie waere komen dar
und waere ir worden gewar.   17650
der wân der was in vür geleit.
dekeine gewisheit
die enhaeten si dar an niht.
doch was ir meistiu zuoversiht,
swer sî dâ haete vunden,   17655
daz er si zuo den stunden
sô von ein ander gewant
und in der wîse ligende vant.

Kaum war der König fort,
erwachten Tristan und Isolde.
Sie schauten sich um
und suchten nach dem Sonnenschein,   17630
aber die Sonne schien da
nur durch zwei Fensterchen herein.
Sie sahen das dritte an,
und als das ihnen kein Licht schenkte,
waren sie sehr verwundert.   17635
Sie zögerten nicht länger.
Sie standen beide gemeinsam auf
und gingen zur Außenseite des Felsens.
Blätter, Blumen und Gras,
die vor dem Fenster lagen,   17640
fanden sie sogleich.
Auch spürten sie in dem Sand
über der Höhle und davor
Fußabdrücke und die Fährte eines Mannes auf,
die zur Grotte hinführten und wieder fort.   17645
Das erschreckte sie
und ängstigte sie sehr.
Sie dachten sofort, daß Marke
irgendwie dorthin gekommen wäre
und sie bemerkt hätte.   17650
Das stellten sie sich vor.
Gewißheit darüber
hatten sie nicht.
Ihr größter Trost war aber,
daß, wer auch immer sie gefunden hatte,   17655
sie zu dem Zeitpunkt
voneinander abgekehrt
und auf diese Weise liegend fand.

Der künec iesâ besande
ze hove und in dem lande   17660
sînen rât und sîne mâge
durch rât und durch râtvrâge.
er seite in unde tete in kunt,
als ich iu seite an dirre stunt,
wie er si vunden haete,   17665
und jach, daz er untaete
von Tristande unde Îsolde
niemer gelouben wolde.
sîn rât enstuont sich al zehant,
wie sîn wille was gewant   17670
und daz sîn rede sô was getân,
daz er si wider wolte hân.
si rieten, als die wîsen tuont,
dâ nâch als ime daz herze stuont
und alse er selbe wolde: 17675
daz er sîn wîp Îsolde
und sînen neven besande,
sît er dâ niht erkande,
daz wider den êren waere,
und niemer boeser maere   17680
von in genaeme keine war.
Man besande Curvenâlen dar
und wart der hin z'in beiden
z'einem boten bescheiden,
wan er ir dinc erkande.   17685
der künec enbôt Tristande
und ouch der küniginne
sîne hulde und sîne minne
und daz si wider kaemen
und niemer war genaemen   17690
dekeines arges wider in.

XXIX. Rückkehr und Trennung

Der König rief sofort
bei Hofe und im Reich   17660
seinen Rat und seine Verwandten zusammen,
um zu beraten und ihre Meinung zu hören.
Er sagte und berichtete ihnen,
wie ich Euch eben erklärt habe,
wie er sie aufgefunden hätte,   17665
und er sagte, daß er ein Vergehen
von Tristan und Isolde
von nun an nie mehr vermuten wollte.
Der Rat sah sofort ein,
was seine Absicht war   17670
und daß seine Rede darauf zielte,
sie wieder bei sich zu haben.
Sie rieten ihm also nach Art der Erfahrenen
zu allem, was sein Herz beabsichtigte
und was er selbst wollte: 17675
daß er seine Frau Isolde
und seinen Neffen kommen lassen sollte,
weil er von nichts wußte,
was seinem Ansehen entgegenstünde,
und daß er nie wieder üblen Gerüchten   17680
über sie glauben sollte.
Man rief Kurvenal herbei,
und er wurde zu den beiden
als Bote entsandt,
weil er die Umstände kannte.   17685
Der König versicherte Tristan
und auch die Königin
seiner Gunst und Liebe.
Sie sollten wiederkommen
und nicht mehr hegen   17690
irgendwelchen Groll gegen ihn.

Curvenal der kêrte hin
und seite in beiden Markes muot.
daz dûhte die gelieben guot
und wurden in ir herzen vrô.   17695
die vröude haeten s'aber dô
vil harter unde mêre
durch got und durch ir êre
dan durch iht anders, daz ie wart.
si kêrten wider ûf ir vart   17700
an ir hêrschaft als ê.
sine wurden aber niemer mê
in allen ir jâren
sô heinlîch, sô s'ê wâren,
nochn gewunnen nie z'ir vröuden sît   17705
sô guote state sô vor der zît.
iedoch was aber Marke,
hof unde gesinde starke
gevlizzen an ir êre.
sine wâren aber nie mêre   17710
vrîlîch und offenbaere.
Marke der zwîvelaere
gebôt und bat genôte
Tristanden unde Îsôte,
daz sî durch got und ouch durch in   17715
ir vuoge haeten under in
und die vil süezen stricke
ir inneclîchen blicke
vermiten und verbaeren
und niht sô heinlîch waeren   17720
noch sô gemeine ir rede als ê.
diz gebot tet den gelieben wê.

Marke der was aber dô vrô.
ze vröuden haete er aber dô
an sînem wîbe Îsolde,   17725
swaz sô sîn herze wolde,

Kurvenal ging hin
und berichtete ihnen von Markes Wunsch.
Den Verliebten schien das herrlich,
und es freute sie von Herzen.   17695
Diese Freude empfanden sie da
stärker und mehr
Gott und ihrer Ehre wegen
als wegen etwas anderem.
Sie kehrten wieder   17700
zu ihrem herrlichen Leben zurück wie zuvor.
Niemals aber wurden sie
in ihrem ganzen Leben
wieder so vertraut, wie sie es vorher waren,
noch auch fanden sie zu ihrem Glück seitdem   17705
so gute Gelegenheit wie zuvor.
Andererseits waren Marke,
der Hof und der Hofstaat eifrig
um ihre Ehre bemüht.
Trotzdem waren sie nie mehr   17710
freimütig und offen.
Marke, der noch immer zweifelte,
befahl ihnen und bat sie dringlich,
daß Tristan und Isolde sich
Gott und ihm zuliebe   17715
schicklich verhalten
und die lieblichen Stricke
ihrer schmachtenden Blicke
unterlassen und vermeiden sollten.
Auch möchten sie nicht so heimlich   17720
und so vertraut miteinander reden.
Dieser Befehl schmerzte die Verliebten sehr.

Marke war wieder glücklich.
Zu seiner Freude hatte er abermals
an seiner Frau Isolde,   17725
was sein Herz begehrte,

niht z'êren, wan ze lîbe.
ern haete an sînem wîbe
noch minne noch meine
noch al der êren keine,   17730
die got ie gewerden liez,
wan daz s'in sînem namen hiez
ein vrouwe unde ein künigîn
dâ, dâ er künic solte sîn.
diz nam er allez vür guot   17735
und truog ir allez holden muot,
als er ir vil liep waere.
diz was diu alwaere,
diu herzelôse blintheit,
von der ein sprichwort dâ seit: 17740
»diu blintheit der minne
diu blendet ûze und inne.«
si blendet ougen unde sin.
daz sî wol sehent under in,
des enwellent sî niht sehen.   17745
alsô was Marke geschehen.
der wiste ez wârez alse den tôt
und sach wol, daz sîn wîp Îsôt
ir herzen unde ir sinne
an Tristandes minne   17750
mitalle was vervlizzen,
und enwolte es doch niht wizzen.
wem mac man nû die schulde geben
umbe daz êrlôse leben,
daz er sus mit ir haete?   17755
wan zwâre er missetaete,
der ez Îsôte seite
ze keiner trügeheite.
weder sî entrouc in noch Tristan.
er sach ez doch mit ougen an   17760
und wiste es ungesehen genuoc,
daz s'ime dekeine liebe truoc

wenn nicht an Ehre, so doch körperlich.
Er besaß in seiner Frau
keine Liebe noch Zuneigung
und auch keine jener ehrenvollen Vorzüge,   17730
die Gott jemals schuf,
außer daß sie wegen seines Ranges genannt wurde
›Herrin‹ und ›Königin‹
dort, wo er rechtmäßig als König herrschte.
Das alles nahm er hin   17735
und behandelte sie stets mit großer Zuneigung,
als ob sie ihn liebte.
Hier war jene törichte,
empfindungslose Blindheit,
von der ein Sprichwort sagt: 17740
»Die Blindheit der Liebe
macht außen und innen blind.«
Sie verblendet Augen und Verstand.
Was sie genau sehen,
wollen sie nicht sehen.   17745
So war es auch mit Marke.
Er wußte todsicher
und sah genau, daß Isolde, seine Frau,
mit Leib und Seele
in der Liebe zu Tristan   17750
völlig aufging.
Und doch wollte er es nicht wahrhaben.
Wem kann man nun die Schuld geben
an dem ehrlosen Leben,
das er so mit ihr führte?   17755
Denn gewiß täte der Unrecht,
der es Isolde vorwürfe
als Betrug.
Weder sie betrog ihn noch Tristan.
Er sah es doch mit eigenen Augen   17760
und wußte es auch, ohne es zu sehen,
daß sie ihn nicht liebte.

und was si'm doch liep über daz.
»war umbe, hêrre, und umbe waz
truog er ir inneclîchen muot?«   17765
dar umbe ez hiute maneger tuot:
geluste unde gelange
der lîdet vil ange,
daz ime ze lîdene geschiht.
Ahî, waz man ir noch hiute siht   17770
der Marke und der Îsolde,
ob man'z bereden solde,
die blinder oder alse blint
ir herzen unde ir ougen sint!
irn ist niht dekeiner,   17775
ir ist maniger und einer
an blintheit sô vervlizzen,
ern wil des niht gewizzen,
daz ime lît an den ougen,
und hât daz vür ein lougen,   17780
daz er wol weiz und daz er siht.
wer mac im dirre blintheit iht?
welle wir den billîch schouwen,
sone sulen wir den vrouwen
dekeine schulde geben hier an.   17785
si sint unschuldic wider die man,
sô sî si mit ougen sehen lânt,
swaz sî gewerbent oder begânt.
swâ man die schulde gesiht,
da enist man von dem wîbe niht   17790
weder überkerget noch betrogen.
dâ hât geluste gezogen
den nacken vür diu ougen.
gelange der ist daz lougen,
daz al der werlde und alle zît   17795
in wol gesehenden ougen lît.
swaz man von blintheit geseit,
sone blendet dekein blintheit

Und trotzdem liebte er sie.
»Warum, Herr, und weshalb
liebte er sie so innig?«   17765
Weswegen es noch heute viele tun:
Begierde und Verlangen
lassen den sehr leiden,
der an ihnen leiden muß.
Ach, wie viele von ihnen sieht man noch heute,   17770
wie viele Markes und Isoldes,
wenn man denn davon reden darf,
die genauso blind oder noch blinder
an Verstand und Augen sind!
Es gibt von ihnen nicht den einen oder anderen,   17775
sondern viele,
die so mit Blindheit geschlagen sind,
daß sie nicht wissen wollen,
was vor ihren Augen geschieht,
und daß sie das für Täuschung halten,   17780
was sie doch genau sehen und wissen.
Wer ist an ihrer Blindheit schuld?
Wenn wir es gerecht betrachten,
dürfen wir den Damen
daran keine Schuld geben.   17785
Sie sind ihren Männern gegenüber unschuldig,
wenn sie sie genau sehen lassen,
was sie tun und treiben.
Wo man das Vergehen deutlich erkennen kann,
wird der Mann von seiner Frau   17790
nicht überlistet oder betrogen.
Da hat Begierde
die Augen nach hinten verdreht.
Verlangen ist die Täuschung,
die der Welt immerzu   17795
in scharfblickenden Augen liegt.
Was man auch von Blindheit erzählt,
keine Blindheit blendet

als anclîch unde als ange
so geluste unde gelange.   17800
swie wir'z verswîgende sîn,
ez ist doch wâr ein wortelîn:
»schoene daz ist hoene.«
diu wunderlîche schoene
der blüejenden Îsôte   17805
diu blante ie genôte
Marken ûze und innen
an ougen unde an sinnen.
ern kunde niht an ir gesehen,
des er ir z'arge wolte jehen.   17810
und swaz er an ir weste,
daz was daz allerbeste.
daz aber diu rede beslozzen sî:
er was ir alse gerne bî,
daz er ez allez übersach,   17815
swaz leides ime von ir geschach.

Swaz in dem herzen alle zît
versigelt unde beslozzen lît,
deist müelîch ze verberne.
man üebet vil gerne,   17820
daz die gedanken anget.
daz ouge daz hanget
vil gerne an sîner weide.
herze und ouge beide
diu weident vil oft an die vart,   17825
an der ir beider vröude ie wart.
und swer in daz spil leiden wil,
weiz got der liebet in daz spil.
sô man s'ie harter dannen nimet,   17830
sô sî des spiles ie mê gezimet
und sô s'ie harter clebent an.
alsam tet Îsôt und Tristan.
al zehant dô daz geschach,

so vollständig und schrecklich
wie Begierde und Verlangen.   17800
So sehr wir es auch verschweigen,
so ist das Wort doch wahr:
»Schönheit ist Gefahr.«
Die wundervolle Schönheit
der strahlenden Isolde   17805
blendete völlig
den König Marke innen und außen,
an Augen und Verstand.
Er konnte ihr nichts anmerken,
was er ihr hätte vorwerfen wollen.   17810
Was er von ihr wußte,
war nur das Allerbeste.
Um dies aber abzuschließen:
Er war so gerne bei ihr,
daß er über alles hinwegsah,   17815
was er durch sie erlitt.

Was im Herzen stets
versiegelt und verschlossen liegt,
das ist nicht so leicht zu verbergen.
Wir streben mit aller Macht zu verwirklichen,   17820
was uns in Gedanken bedrängt.
Das Auge begehrt zu sehen,
was ihm große Freude macht.
Herz und Augen
weiden sich oft dort,   17825
wo sie beide schon zuvor Ergötzung fanden.
Und wer ihnen dieses Vergnügen verleiden will,
macht es ihnen – weiß Gott! – nur lieber.
Je strenger man es ihnen vorenthält,
desto mehr gefällt ihnen das Spiel   17830
und desto fester hängen sie daran.
So ging es auch Tristan und Isolde.
Gleich nachdem es geschah,

daz in ir wunne und ir gemach
sô mit der huote vor bespart   17835
sô mit verbote benomen wart,
dô was in ande und ange.
der gespenstige gelange
der tete in allerêrste wê,
wê unde maneges wirs dan ê.   17840
in was dô zuo z'ein ander
vil anger und vil ander,
dan in dâ vor ie würde.
diu bercswaere bürde
der verwâzenen huote   17845
diu lac in in ir muote
swaere alse ein blîgîner berc.
diu huote daz vertâne antwerc,
diu vîndin der minne,
diu nam in alle ir sinne.   17850
und aber binamen Îsôte
der was ande unde nôte.
Tristandes vremede was ir tôt.
sô ir ir hêrre ie mê verbôt
die heinlîche wider in,   17855
sô ir gedanke unde ir sin
ie harter an in was begraben.
diz muoz man ouch an huote haben:
diu huote vuoret unde birt,
dâ man si vuorende wirt,   17860
niwan den hagen unde den dorn.
daz ist der angende zorn,
der lop und êre sêret
und manic wîp entêret,
diu vil gerne êre haete,   17865
ob man ir rehte taete.
als man ir danne unrehte tuot,
sô swâret ir êre unde muot.
sus verkêret sî diu huote

daß ihre Freude und ihr Glück
durch Bewachung verhindert   17835
und mit Verboten geraubt wurde,
schmerzte und bedrückte sie das.
Die verführerische Begierde
quälte sie jetzt erst richtig,
viel schlimmer als vorher.   17840
Es zog sie zueinander
viel drängender und heftiger
als jemals vorher.
Die bergesschwere Last
der verwünschten Bewachung   17845
lag auf ihrem Gemüt
so schwer wie ein bleierner Berg.
Die Bewachung, diese verfluchte Einrichtung,
die Widersacherin der Liebe,
raubte ihnen alle Sinne.   17850
Vor allem Isolde
war in arger Bedrängnis.
Die Trennung von Tristan war ihr Tod.
Je mehr ihr Herr ihr untersagte
alle Vertrautheit mit ihm,   17855
desto mehr waren ihre Gedanken und Sinne
ihm zugewandt.
Auch dieses muß man über die Bewachung sagen:
Sie nährt und trägt,
wo man sie nährt,   17860
nur Stacheln und Dornen.
Das ist der empörte Zorn,
der Ruhm und Ansehen angreift
und viele Frauen entehrt,
die ihre Ehre sehr gerne behalten hätten,   17865
wenn man gerecht mit ihnen verfahren wäre.
Wenn man ihnen Unrecht tut,
verdirbt das ihre Ehre und ihren Willen dazu.
So verändert die Bewachung sie

an êren unde an muote. 17870
und doch swar manz getrîbe,
huote ist verlorn an wîbe,
dar umbe daz dekein man
der übelen niht gehüeten kan.
der guoten darf man hüeten niht, 17875
sie hüetet selbe, als man giht.
und swer ir hüetet über daz,
entriuwen der ist ir gehaz.
der wil daz wîp verkêren
an lîbe und an den êren 17880
und waetlîch alsô sêre,
daz sî sich niemer mêre
sô verrihtet an ir site,
irn hafte iemer eteswaz mite
des, daz der hagen hât getragen. 17885
wan iesâ sô der sûre hagen
in alsô süezem grunde
gewurzet z'einer stunde,
man wüestet in unsanfter dâ
dan in der dürre und anderswâ. 17890
ich weiz wol, daz der guote muot,
der dem sô lange unrehte tuot,
biz er mit übele unvrühtic wirt,
daz der noch erger übel birt,
dan der ie übel ist gewesen. 17895
deist wâr, wan daz hân ich gelesen.
durch daz sô sol ein wîse man
oder swer dem wîbe ir êren gan,
wider ir guotem muote
dekeine ander huote 17900
z'ir tougenheite kêren
wan wîsen unde lêren,
zarten unde güeten.
dâ mite sol er ir hüeten.
und wizze waerlîche daz: 17905

an Ehre und Wollen.   17870
Und wo man es trotzdem tut,
ist jede Bewachung sinnlos bei einer Frau,
weil kein Mann
eine böse Frau bewachen kann.
Die gute aber braucht keine Bewachung;   17875
sie wacht über sich selbst, wie man sagt.
Und wer sie dabei bewacht,
den haßt sie ganz gewiß.
Der wird die Frau verderben
an Körper und Ehrgefühl   17880
und wahrscheinlich so sehr,
daß sie sich nie wieder
an die Regeln des Anstands hält,
ohne daß etwas an ihr bleibt
von dem, was dieser Dornbusch hervorgebracht hat. 17885
Denn sobald der stechende Dornbusch
in so fruchtbarer Erde
einmal Wurzeln geschlagen hat,
kann man ihn dort schwerer ausrotten
als auf dürrem Boden oder anderswo.   17890
Ich weiß genau, daß die gute Absicht,
wenn man ihr so lange Unrecht zufügt,
bis sie üble Früchte trägt,
noch viel größeres Übel hervorbringt
als die, die schon immer schlecht war.   17895
Das ist wahr, denn ich habe es gelesen.
Deshalb soll ein kluger Mann
oder einer, der der Frau ihr Ansehen gönnt,
ihrer guten Absicht
keine andere Bewachung   17900
bei ihren Heimlichkeiten angedeihen lassen
als Ratschlag und Belehrung,
Zärtlichkeit und Güte.
Damit soll er über sie wachen
und sich versichern lassen,   17905

ern gehüetet niemer baz.
wan sî sî übel oder guot,
der ir ze dicke unrehte tuot,
si gevâhet lîhte ein muotelîn,
des man gerne âne wolte sîn.   17910
jâ sol ein ieclîch biderbe man
und der ie mannes muot gewan,
getrûwen sînem wîbe
und ouch sîn selbes lîbe,
daz s'aller slahte unmâze   17915
durch sîne liebe lâze.
swie dicke man es beginne,
dem wîbe enmac ir minne
nieman ûz ertwingen
mit übelîchen dingen.   17920
man leschet minne wol dermite.
huote ist ein übel minnen site.
si quicket schedelîchen zorn.
daz wîp ist gâr dermite verlorn.

Der ouch verbieten möhte lân,   17925
ich waene, ez waere wol getân.
daz birt an wîben manegen spot.
man tuot der manegez durch verbot,
daz man ez gâr verbaere,
ob ez unverboten waere.   17930
der selbe distel unde der dorn
weiz got der ist in an geborn.
die vrouwen, die der arte sint,
die sint ir muoter Êven kint.
diu brach daz êrste verbot.   17935
ir erloubete unser hêrre got
obez, bluomen unde gras,
swaz in dem paradîse was,
daz sî dâ mite taete,
swie sô si willen haete.   17940

daß er besser gar nicht über sie wachen kann.
Denn ob sie nun böse ist oder gut,
wenn man ihr zu häufig Unrecht zufügt,
kann sie vielleicht eigensinnig werden,
was man liebend gerne verhindern möchte.   17910
Ja, jeder aufrechte Mann
und jeder, der es werden will,
sollte seiner Frau vertrauen
und sich selbst,
daß sie alles Ungehörige   17915
aus Liebe zu ihm unterlasse.
Wie man es auch versuchen mag,
der Frau kann ihre Liebe
niemand abzwingen
mit üblen Mitteln.   17920
Allenfalls erstickt man die Liebe dadurch.
Bewachung ist ein schlechter Liebesbrauch.
Sie weckt schädlichen Zorn.
Die Frau wird damit ganz verdorben.

Wer alle Verbote unterließe,   17925
der handelte gut, glaube ich.
Es bringt den Frauen nur große Schande.
Viele tun gerade wegen des Verbots,
was sie ganz ließen,
wenn es nicht verboten wäre.   17930
Diese Distel und dieser Dorn
sind ihnen, weiß Gott, angeboren.
Damen von dieser Wesensart
sind Kinder ihrer Mutter Eva.
Sie brach das erste Verbot.   17935
Unser Herrgott erlaubte ihr,
mit Früchten, Blumen und Gras,
was immer im Paradiese war,
zu tun,
was sie wünschte.   17940

wan einez daz er ir verbôt
an ir leben und an ir tôt.
die pfaffen sagent uns maere,
daz ez diu vîge waere.
daz brach si und brach gotes gebot   17945
und verlôs sich selben unde got.
ez ist ouch noch mîn vester wân:
Êve enhaete ez nie getân
und enwaere ez ir verboten nie.
ir êrste werc, daz s'ie begie,   17950
dar an sô bûwete s'ir art
und tete, daz ir verboten wart.
swer sich aber der dinge enstât,
sô haete es Êve guoten rât
umbe daz obez daz eine.   17955
si haete doch gemeine
diu anderen alle
nâch allem ir gevalle
und enwolte ir keinez niuwan daz,
dar an s'ouch alle ir êre gaz.   17960
sus sint ez allez Êven kint,
die nâch der Êven g'êvet sint.
hî, der verbieten künde,
waz er der Êven vünde
noch hiutes tages, die durch verbot   17965
sich selben liezen unde got!
und sît in daz von arte kumet
und ez diu natiure an in vrumet,
diu sich es danne enthaben kan,
dâ lît vil lobes und êren an.   17970
wan swelh wîp tugendet wider ir art,
diu gerne wider ir art bewart
ir lop, ir êre unde ir lîp,
diu ist niwan mit namen ein wîp
und ist ein man mit muote.   17975
der sol man ouch ze guote,

Eines aber verbot er ihr
bei Todesstrafe.
Die Priester sagen uns,
es sei die Feige gewesen.
Die pflückte sie und brach damit Gottes Gebot   17945
und verlor sich selbst und Gott.
Es ist meine feste Überzeugung:
Eva hätte es gewiß nicht getan,
wenn es ihr nie verboten worden wäre.
Mit dieser ersten Tat, die sie je beging,   17950
zeigte sie ihr Wesen
und tat, was sie nicht durfte.
Wenn man sich die Sache aber überlegt,
hätte Eva durchaus verzichten können
auf diese eine Frucht.   17955
Sie hatte schließlich
all die anderen
nach ihrem Belieben
und wollte davon doch keine außer der einen,
mit der sie dann auch ihre ganze Ehre verschlang.   17960
So sind sie alle Evas Töchter,
die nach Eva geartet sind.
Ja, wer noch verbieten könnte,
wie viele Evas würde der finden
noch heute, die wegen des Verbotes   17965
sich selbst aufgäben und Gott!
Und weil es von ihrer Wesensart herrührt
und die Natur es an ihnen bewirkt,
verdienen jene, die sich enthalten können,
hohes Lob und Ansehen.   17970
Denn wenn eine Frau gegen ihre Wesensart tugendhaft ist
und gegen ihre Anlage freudig bewahrt
ihren Ruf, ihr Ansehen und ihre Persönlichkeit,
dann ist sie nur noch mit Namen eine Frau,
in ihrer Einstellung aber ein Mann.   17975
Die soll man im guten,

ze lobe unde z'êren
alle ir sache kêren.
swâ sô daz wîp ir wîpheit
unde ir herze von ir leit   17980
und herzet sich mit manne,
dâ honiget diu tanne,
dâ balsemet der scherlinc,
der nezzelen ursprinc
der rôset ob der erden.   17985

Waz mac ouch iemer werden
sô reines an dem wîbe,
sô daz si wider ir lîbe
mit ir êren vehte
nâch ietweders rehte   17990
des lîbes unde der êren!
si sol den kampf sô kêren,
daz sî den beiden rehte tuo
und sehe ietwederm alsô zuo,
daz daz ander dâ bî   17995
von ir iht versûmet sî.
ezn ist niht ein biderbe wîp,
diu ir êre durch ir lîp,
ir lîp durch ir êre lât,
sô guote state sô sî des hât,   18000
daz sî si beidiu behabe.
engê noch dem noch disem abe,
behalte sî beide
mit liebe und mit leide,
swie sô si'z ane gevalle.   18005
weiz got si müezen alle
stîgen in ir werdekeit
mit micheler arbeit.
bevelhe unde lâze
ir leben an die mâze.   18010
dâ besetze ir sinne mite,

mit Lob und Ehrerbietung
in allem beurteilen.
Wenn eine Frau ihr weibliches Naturell
und ihre Veranlagung ablegt   17980
und die des Mannes annimmt,
dann gibt die Tanne Honig
und der Schierling Balsam,
und die Wurzeln der Brennesseln
lassen über der Erde Rosen erblühen.   17985

Was kann es jemals
Vollkommeneres geben an einer Frau,
als wenn sie gegen ihren Körper
mit Hilfe ihres Ehrgefühls streitet,
um jedem gerecht zu werden: 17990
dem Körper und der Ehre.
Sie muß diesen Kampf so führen,
daß sie beiden ihr Recht zugesteht
und jedes von beiden so einrichtet,
daß das jeweils andere dabei   17995
nicht von ihr vernachlässigt wird.
Das ist keine rechtschaffene Frau,
die ihre Ehre wegen ihres Körpers,
ihren Körper wegen ihrer Ehre benachteiligt,
wenn die Gelegenheit so günstig ist,   18000
beides zu behalten.
Sie soll weder das eine noch das andere aufgeben,
sondern beides bewahren
in Freude und Schmerz,
wie es sich ergibt.   18005
Weiß Gott, so können alle
an Würde gewinnen
durch große Mühsal.
Sie soll anbefehlen und widmen
ihr Leben dem rechten Maß.   18010
Damit beschäftige sie ihre Gedanken,

dâ ziere mite lîp unde site.
mâze diu hêre
diu hêret lîp und êre.
Ezn ist al der dinge kein,   18015
der ie diu sunne beschein,
sô rehte saelic sô daz wîp,
diu ir leben unde ir lîp
an die mâze verlât,
sich selben rehte liebe hât.   18020
und al die wîle und al die vrist,
daz sî ir selber liep ist,
sô ist der billîch ouch derbî,
daz s'al der werlde liep sî.
ein wîp, diu wider ir lîbe tuot,   18025
diu sô gesetzet ir muot,
daz sî ir selber ist gehaz,
wer sol die minnen über daz?
diu selbe ir lîp unmaeret
und daz der werlt bewaeret,   18030
waz liebe oder waz êren
sol ieman an die kêren?
man leschet gelangen,
sô der beginnet angen,
und wil daz namelôse leben   18035
dem gehêreten namen geben.
nein nein, ezn ist niht minne,
ez ist ir aehtaerinne,
diu smaehe, diu boese,
diu boese geteloese!   18040
diu enwirdet wîbes namen niht,
alse ein wârez sprichwort giht:
»diu manegem minne sinnet,
diu ist manegem ungeminnet.«
diu gerne dâ nâch sinne,   18045
daz s'al diu werlde minne,
diu minne sich selben vor,

damit schmücke sie sich und ihr Verhalten.
Die edle Mäßigung
adelt Person und Ansehen.
Nichts,   18015
was jemals die Sonne beschien,
ist so beglückend wie die Frau,
die sich und ihr Leben
dem rechten Maß unterordnet,
die sich selbst richtig achtet.   18020
Solange
sie sich selbst achtet,
ergibt es sich notwendig,
daß alle Welt sie achtet.
Eine Frau, die gegen sich selbst handelt,   18025
die darauf aus ist,
sich selbst zu hassen,
wer soll die trotzdem lieben?
Die sich selbst zuwider ist
und das aller Welt zeigt,   18030
welche Liebe und Ehre
soll man der geben?
Man stillt seine Begierde,
sobald sie einsetzt,
und will solch bedeutungslosem Treiben   18035
den vornehmen Namen geben.
Aber nein, das ist nicht Liebe.
Es ist ihre Gegnerin,
die verächtliche, die gemeine,
die nichtswürdige Zügellosigkeit.   18040
Die ehrt die Frauen nicht,
wie ein wahres Sprichwort sagt:
»Diejenige, die viele lieben möchte,
wird von vielen nicht geliebt.«
Die Frau, die danach strebt,   18045
von allen geliebt zu werden,
soll sich zunächst selbst lieben

zeige al der werlde ir minnen spor.
sint ez durnehte minnen trite,
elliu diu werlt diu minnet mite.   18050

Ein wîp, diu ir wîpheit
wider ir selber liebe treit
der werlde zuo gevalle,
die sol diu werlt alle
wirden unde schoenen,   18055
blüemen unde croenen
mit tegelîchen êren,
ir êre mit ir mêren.
an swen ouch diu genendet,
an den si gar gewendet   18060
ir lîp unde ir sinne,
ir meine und ir minne,
der wart saelic ie geborn,
der ist geborn unde erkorn
ze lebenden saelden alle wîs,   18065
der hât daz lebende paradîs
in sînem herzen begraben.
der endarf dekeine sorge haben,
daz in der hagen iht ange,
so'r nâch den bluomen lange;   18070
daz in der dorn iht steche,
sô er die rôsen breche.
dâ enist der hagen noch der dorn.
dâ enhât der distelîne zorn
mitalle niht ze tuone.   18075
diu rôsîne suone
diu hât ez allez ûz geslagen:
dorn unde distel unde hagen.
in disem paradîse
dâ enspringet an dem rîse,   18080
engruonet noch enwahset niht,
wan daz daz ouge gerne siht.

und allen die Zeichen ihrer Liebe vorweisen.
Wenn es die echte Spur der Liebe ist,
wird alle Welt sie auch lieben.   18050

Eine Frau, die ihre Wesensart
sich selbst gegenüber hochschätzt,
um der Welt zu gefallen,
soll von der Welt
geehrt und gerühmt werden.   18055
Alle Menschen sollten sie schmücken und bekränzen
mit täglich neuen Ehrungen
und so mit dem ihren auch ihr eigenes Ansehen steigern.
Wem sie sich zuwendet,
wem sie vollständig schenkt   18060
sich selbst und ihr Herz,
ihr Gefühl und ihre Liebe,
der ist zum Glücklichsein geboren,
der ist von Geburt an auserwählt
zu ewiger Seligkeit,   18065
der trägt das Paradies auf Erden
in seinem Herzen.
Der muß nicht fürchten,
daß die Stacheln ihn verletzen,
wenn er nach den Blumen greift,   18070
oder daß die Dornen ihn stechen,
wenn er die Rosen pflücken will.
Dort gibt es weder Stacheln noch Dornen.
Der Zorn, der wie Disteln brennt,
hat dort überhaupt nichts zu schaffen.   18075
Die rosengleiche Versöhnung
hat dort alles ausgerottet,
Dornen, Disteln und Stacheln.
In diesem Paradies
entsprießt dem Zweige,   18080
ergrünt und wächst nichts,
als was das Auge erfreut.

ez ist gar in blüete
von wîplîcher güete.
da enist niht obezes inne   18085
wan triuwe unde minne,
êre unde werltlîcher prîs.
Ahî, ein sô getân pardîs,
daz alsô vröudebaere
und sô gemeiet waere,   18090
dâ möhte ein saeliger man
sînes herzen saelde vinden an
und sîner ougen wunne sehen.
waz waere ouch dem iht wirs geschehen
dan Tristande unde Îsôlde?   18095
der mir es gevolgen wolde,
ern dörfte niht sîn leben geben
umbe keines Tristandes leben.
wan zwâre ein rehte tuonde wîp
an swen diu lât êre unde lîp   18100
und sich der beider dar bewiget,
hî, wie si des von herzen pfliget!
wie hât si'n in sô süezer pflege!
wie rûmet s'alle sîne wege
vor distel und vor dorne,   18105
vor allem senedem zorne!
wie vrîet sî'n vor herzenôt,
sô wol sô nie dekein Îsôt
dekeinen ir Tristanden baz.
und hân ez ouch binamen vür daz: 18110
der suohte, alse er solde,
ez lebeten noch Îsolde,
an den man ez gar vünde,
daz man gesuochen künde.

Nu suln wir wider zer huote komen.   18115
den gelieben, alse ir habet vernomen,
Îsolde und Tristande

Es erblüht überall
von weiblicher Vollkommenheit.
Dort gibt es keine Früchte   18085
als Treue und Liebe,
Ansehen und Anerkennung auf Erden.
Ja, in einem solchen Paradies,
das so freudenreich
und so maiengleich ist,   18090
könnte ein glücklicher Mann
das Glück seines Herzens finden
und die Wonne seiner Augen sehen.
Wo würde es ihm schlechter ergehen
als Tristan und Isolde?   18095
Wer mir hier zustimmt,
der brauchte sein Leben nicht hinzugeben
für Tristans Leben.
Denn, wahrlich, wem eine rechtschaffene Frau
sich selbst und ihre Ehre hingibt   18100
und sich mit beidem für ihn entscheidet,
ach, mit welchen Freuden gewährt sie es!
Mit welcher Zärtlichkeit umsorgt sie ihn!
Wie befreit sie all seine Wege
von Disteln und Dornen,   18105
von allen Anfechtungen der Liebe.
Wie befreit sie ihn von Herzensqual,
so gut wie niemals irgendeine Isolde
ihren Tristan.
Ich bin fest überzeugt,   18110
daß, wenn man richtig sucht,
noch viele Isolden leben,
an denen man all das finden würde,
was man suchen kann.

Wir wollen jetzt zur Bewachung zurückkommen.   18115
Den Liebenden, wie ihr gehört habt,
Isolde und Tristan,

den was diu huote als ande,
verbot daz tete in alse wê,
daz s'alsô vlîzeclîchen ê   18120
z'ir state nie gedâhten,
biz sî'z ouch vollebrâhten
nâch allem ir leide.
si gewunnen es beide
leit unde tôtlîche clage.   18125
ez was an einem mitten tage
und schein diu sunne sêre,
leider ûf ir êre.
zweier hande sunnen schîn
der gleste der künigîn   18130
in ir herze und in ir sinne:
diu sunne und diu minne.
der senede muot, diu heize zît
diu muoten sî inwiderstrît.
sus wolte sî dem strîte,   18135
dem muote unde der zîte
mit einem liste entwichen sîn
und viel inmitten dar în.
si begunde in ir boumgarten
ir gelegenheite warten.   18140
si suohte zuo z'ir state schate,
schate, der ir zuo z'ir state
schirm unde helfe baere,
dâ küele und eine waere.
und al zehant daz sî den vant,   18145
si hiez ein bette dar zehant
rîlîche und schône machen.
kulter und lîlachen,
purper unde plîât,
küniclîcher bettewât   18150
wart über daz bette vil geleit.
nu daz daz bette was bereit,
sô'z iemer beste kunde,

war diese Bewachung sehr schmerzlich.
Das Verbot quälte sie so sehr,
daß sie vorher so eifrig   18120
nie auf eine Gelegenheit gesonnen hatten,
bis sie sich doch trafen
nach all ihrem Schmerz.
Das brachte ihnen beiden
Kummer und tödliches Leid.   18125
Es war an einem Mittag,
und die Sonne schien heiß,
unglücklicherweise auf ihre Ehre.
Zweierlei Sonnenschein
strahlte der Königin   18130
in ihr Herz und Gemüt:
die Sonne und die Liebe.
Sehnsucht und Hitze
plagten sie um die Wette.
Da wollte sie diesem Streit   18135
zwischen ihrer Stimmung und dem Zeitpunkt
mit einer List entkommen
– und stürzte tief in Schwierigkeiten.
Sie suchte im Garten
nach einer Gelegenheit.   18140
Sie suchte einen Schatten, der ihrem Vorhaben günstig war:
Schatten, der ihr bei ihrem Plan
Schutz und Hilfe bot,
wo sie Kühle und Einsamkeit fand.
Gleich nachdem sie den gefunden hatte,   18145
ließ sie da sofort ein Bett
prächtig und schön herrichten.
Polster und Laken,
Purpur und Seide,
fürstliches Bettzeug   18150
wurde reichlich über das Bett gebreitet.
Als das Lager bereitet war,
so gut sie es nur konnte,

dô leite sich diu blunde
in ir hemede dar an.   18155
die juncvrouwen hiez si dan
entwîchen al gemeine
niwan Brangaenen eine.
nu was Tristande ein bote getân,
daz er'z durch niht solte lân,   18160
ern spraeche Îsôte sâ ze stete.
nu tete er rehte als Âdam tete.
daz obez, daz ime sîn Êve bôt,
daz nam er und az mit ir den tôt.
er kam und gie Brangaene hin   18165
zen vrouwen und saz nider zuo z'in
mit angestlîcher swaere.
si hiez die kameraere
alle die tür besliezen
und nieman ouch în liezen,   18170
si selbe enhieze in în lân.
die tür die wurden zuo getân.
und als Brangaene nider gesaz,
nû bedâhte si daz
und betrûrete ez in ir muote,   18175
daz vorhte noch huote
an ir vrouwen niht vervie.

Binnen disen trahten gie
der kameraere einer vür die tür
und was sô schiere nie dervür,   18180
der künec engienge gegen im în
und vrâgete nâch der künigîn
vil harte unmüezeclîche.
nu sprach ir iegelîche:
»si slâfet, hêrre, ich waene.«   18185
diu verdâhte Brangaene,
diu arme erschrac unde gesweic,
ir houbet ûf ir ahsel seic,

legte die blonde Isolde sich
im Hemde darauf.   18155
Ihre Hofdamen ließ sie dann
alle fortgehen
außer Brangäne.
Dann wurde Tristan eine Botschaft geschickt,
er solle um keinen Preis versäumen,   18160
mit Isolde dort sogleich zu sprechen.
Er handelte genauso wie Adam.
Die Frucht, die seine Eva ihm anbot,
nahm er und aß mit ihr den Tod.
Er kam, und Brangäne ging   18165
zu den anderen Damen und setzte sich zu ihnen
mit angstvoller Beklemmung.
Sie befahl den Kämmerern,
alle Türen zu schließen
und niemanden einzulassen,   18170
wenn sie selbst es nicht gestattete.
Die Türen wurden geschlossen.
Und als Brangäne sich gesetzt hatte,
überlegte sie
und betrauerte bei sich,   18175
daß weder Furcht noch Bewachung
bei ihrer Herrin Erfolg hatten.

Während sie darüber grübelte,
trat einer der Kämmerer vor die Tür
und war kaum draußen,   18180
als der König an ihm vorbei hereinkam
und nach der Königin fragte
mit erregter Hast.
Jede der Frauen antwortete:
»Ich glaube, sie schläft, Herr.«   18185
Brangäne, die tief in Gedanken versunken war,
die Arme erschrak und schwieg.
Ihr Kopf sank ihr auf die Schulter,

hende unde herze enpfielen ir.
der künec sprach aber: »nu saget mir,   18190
wâ slâfet sî diu künigîn?«
si wîsten in zem garten în.
und Marke kêrte hin zehant,
dâ er sîn herzeleit dâ vant.
wîp unde neven die vander   18195
mit armen zuo z'ein ander
gevlohten nâhe und ange,
ir wange an sînem wange,
ir munt an sînem munde.
swaz er gesehen kunde,   18200
daz in diu decke sehen lie,
daz vür daz deckelachen gie
zuo dem oberen ende:
ir arme unde ir hende,
ir ahsel unde ir brustbein   18205
diu wâren alsô nâhe in ein
getwungen unde geslozzen:
und waere ein werc gegozzen
von êre oder von golde,
ezn dorfte noch ensolde   18210
niemer baz gevüeget sîn.
Tristan und diu künigîn
die sliefen harte suoze,
ine weiz nâch waz unmuoze.

Der künec dô der sîn ungemach   18215
als offenbaerlîche ersach,
dô was im êrste vür geleit
sîn endeclîchez herzeleit.
er was aber ein verrihter man.
wân unde zwîvel was dô dan,   18220
sîn altiu überleste.
ern wânde niht, er weste.
des er dâ vor ie haete gert,

ihre Hände und ihr Herz versagten ihren Dienst.
Der König fuhr fort: »Dann sagt mir,   18190
wo die Königin schläft.«
Sie wiesen ihn in den Garten.
Marke ging sogleich hin,
dorthin, wo er seinen Herzenskummer fand.
Er fand Neffen und Frau   18195
mit den Armen einander
fest und eng verflochten,
ihre Wange an seiner,
ihr Mund an seinem.
Alles, was er sehen konnte,   18200
was die Bettdecke ihn sehen ließ,
was aus dem Bettlaken hervorschaute
am oberen Ende,
ihre Arme und Hände,
ihre Schultern und Brust,   18205
die waren so eng
zusammengedrängt und aneinandergeschmiegt,
daß, selbst wenn ein Kunstwerk gegossen würde
aus Erz oder Gold,
es auch dann nicht   18210
besser gefügt sein würde und könnte.
Tristan und die Königin
schliefen ganz friedlich,
ich weiß nicht, nach welcher Beschäftigung.

Als der König sein Unglück   18215
so offenbar sah,
da ergriff ihn erst
sein unendlicher Herzenskummer.
Wieder hatte er Gewißheit.
Argwohn und Zweifel waren dahin,   18220
seine alte Seelenbürde.
Er verdächtigte nicht mehr, er wußte.
Wonach er vorher immer gestrebt hatte,

des was er alles dô gewert.
entriuwen ez ist aber mîn wân,   18225
im haete dô vil baz getân
ein waenen danne ein wizzen.
des er ie was gevlizzen
ze komene von der zwîvelnôt,
dar an was dô sîn lebender tôt.   18230
sus gieng er swîgende dan.
sînen rât und sîne man
die nam er sunder dort hin.
er huob ûf unde seite in,
daz ime gesaget waere   18235
vür ein wârez maere,
daz Tristan und diu künigîn
bî ein ander solten sîn,
daz s'alle mit im giengen dar
und naemen umbe si beidiu war,   18240
ob man si alsô vünde dâ,
daz man im von in beiden sâ
reht unde gerihte taete,
alsô daz lantreht haete.

Nu enwas ouch daz sô schiere nie,   18245
daz Marke von dem bette gie
und harte unverre was dervan,
sô daz erwachet ouch Tristan
und sach in von dem bette gân.
»â« sprach er, »waz habt ir getân,   18250
getriuwe Brangaene!
weiz got Brangaene, ich waene,
diz slâfen gât uns an den lîp.
Îsôt wachet, armez wîp!
wachet, herzekünigîn!   18255
ich waene, wir verrâten sîn.«
»verrâten?« sprach si »hêrre, wie?«
»mîn hêrre der stuont ob uns hie.

das war ihm jetzt zuteil geworden.
Ich glaube aber ganz gewiß,   18225
daß ihm viel besser getan hätte
sein Verdacht als seine Gewißheit.
Worum er sich immer bemüht hatte,
um die Qual des Zweifelns abzuschütteln,
das brachte ihm jetzt den lebenden Tod.   18230
Schweigend ging er fort.
Seinen Kronrat und seine Vasallen
rief er gesondert zusammen.
Er fing an und sagte ihnen,
daß ihm berichtet worden sei   18235
als Wahrheit,
Tristan und die Königin
seien beieinander.
Sie alle sollten mit ihm hingehen
und nach ihnen schauen.   18240
Und wenn man sie dort so fände,
sollte man ihm wegen der beiden
Sühne und Genugtuung verschaffen,
wie das Landrecht es vorsähe.

Kaum   18245
war Marke von dem Bett fortgegangen
und hatte sich nur wenig entfernt,
erwachte auch Tristan
und sah ihn weggehen.
»Ach«, rief er, »was habt Ihr getan,   18250
treue Brangäne!
Weiß Gott, Brangäne, ich fürchte,
dieses Schlafen kostet uns das Leben.
Isolde, wacht auf, arme Frau!
Wacht auf, Herzenskönigin!   18255
Ich fürchte, wir sind verraten.«
»Verraten, Herr?« sagte sie. »Wie denn?«
»Mein Herr stand eben über uns.«

er sach uns beide und ich sach in.
er gât von uns iezuo dâ hin   18260
und weiz binamen alsô wol,
sô daz ich ersterben sol.
er wil ze disen dingen
helfe unde geziuge bringen.
er wirbet unseren tôt.   18265
herzevrouwe, schoene Îsôt,
nu müeze wir uns scheiden
sô waetlîch, daz uns beiden
sô guotiu state niemer mê
ze vröuden widervert als ê.   18270
nu nemet in iuwer sinne,
wie lûterlîche minne
wir haben geleitet unze her,
und sehet, daz diu noch staete wer.
lât mich ûz iuwerm herzen niht!   18275
wan swaz dem mînem geschiht,
dar ûz enkomet ir niemer.
Îsôt diu muoz iemer
in Tristandes herzen sîn.
nu sehet, herzevriundîn,   18280
daz mir vremede unde verre
iemer hin z'iu gewerre!
vergezzet mîn durch keine nôt.
dûze amîe, bêle Îsôt,
gebietet mir und küsset mich!«   18285

Si trat ein lützel hinder sich,
siuftende sprach si wider in:
»hêrre, unser herze und unser sin
diu sint dar zuo ze lange,
ze anclîch und ze ange   18290
an ein ander vervlizzen,
daz s'iemer suln gewizzen,
waz under in vergezzen sî.

Er sah uns beide, und ich sah ihn.
Gerade ist er von uns fortgegangen,   18260
und ich weiß genau,
daß ich nun sterben muß.
Er will dazu
Helfer und Zeugen bringen.
Er ist auf unseren Tod aus.   18265
Liebste Herrin, schöne Isolde,
wir müssen uns jetzt trennen,
weil uns beiden sich wohl
niemals wieder eine Gelegenheit
zum Glücklichsein wie vorher bieten wird.   18270
Behaltet im Gedächtnis,
wie lauter die Liebe war,
die uns bisher verbunden hat,
und sorgt, daß sie so bleibt.
Behaltet mich in Eurem Herzen!   18275
Denn was immer mit meinem geschieht,
Ihr werdet ewig darin bleiben.
Isolde soll immer
in Tristans Herz wohnen.
Achtet darauf, geliebte Freundin,   18280
daß die Entfernung und die Fremde
mir bei Euch nicht schade!
Vergeßt mich auch nicht in der schlimmsten Not!
Süße Geliebte, schöne Isolde,
laßt mich gehen und küßt mich!«   18285

Sie wich ein wenig zurück
und sagte seufzend zu ihm:
»Herr, unsere Herzen und Gemüter
sind schon zu lange,
zu eng und innig   18290
miteinander verbunden,
als daß sie jemals erfahren können,
was ihnen ›vergessen‹ bedeutet.

ir sît mir verre oder bî,
so ensol doch in dem herzen mîn   18295
niht lebenes noch niht lebendes sîn
wan Tristan, mîn lîp und mîn leben.
hêrre, ich hân iu nu lange ergeben
beidiu leben unde lîp.
nu sehet, daz mich kein lebende wîp   18300
iemer von iu gescheide,
wir ensîn iemer beide
der liebe unde der triuwe
staete unde niuwe,
diu lange und alse lange vrist   18305
sô reine an uns gewesen ist.
und nemet hie diz vingerlîn.
daz lât ein urkünde sîn
der triuwen unde der minne.
ob ir dekeine sinne   18310
iemer dâ zuo gewinnet,
daz ir âne mich iht minnet,
daz ir gedenket derbî,
wie mînem herzen iezuo sî.
gedenket an diz scheiden,   18315
wie nâhen ez uns beiden
ze herzen und ze lîbe lît.
gedenket maneger swaeren zît,
die ich durch iuch erliten hân,
und lât iu nieman nâher gân   18320
dan Îsolde, iuwer vriundîn!
durch nieman sô vergezzet mîn.
wir zwei wir haben liep unde leit
mit solher gesellekeit
her unz an dise stunde brâht;   18325
wir suln die selben andâht
billîche leiten ûf den tôt.
hêrre, ez ist allez âne nôt,
daz ich iuch alse verre mane.

Ob Ihr mir fern oder bei mir seid,
in meinem Herzen soll trotzdem   18295
kein Leben und nichts Lebendes sein
außer Tristan, meinem Leib und Leben.
Herr, Euch habe ich schon seit langem anvertraut
meinen Leib und mein Leben.
Sorgt, daß keine andere Frau   18300
Euch je von mir trenne.
Dann werden wir stets
unsere Liebe und Treue
zuverlässig und immer neu erhalten,
die so lange   18305
so vollkommen zwischen uns gewesen sind.
Nehmt diesen Ring.
Er soll für Euch ein Zeugnis sein
meiner Treue und Liebe.
Wenn Ihr Euch   18310
jemals dazu entschließt,
eine andere zu lieben,
soll er Euch daran erinnern,
wie es jetzt um mein Herz steht.
Denkt an diese Trennung,   18315
wie sehr sie uns beide
seelisch und körperlich schmerzt.
Denkt an die vielen traurigen Stunden,
die ich um Euretwillen erduldet habe,
und laßt niemanden Eurem Herzen näher kommen   18320
als Isolde, Eure Liebste.
Vergeßt mich niemals um einer anderen willen.
Wir beide haben Freude und Schmerz
so gemeinschaftlich
bis zu diesem Augenblick getragen.   18325
Dieses Andenken müssen wir,
wie es sich gehört, bis zum Tode bewahren.
Herr, es ist überflüssig,
daß ich Euch so dringend mahne.

wart Îsôt ie mit Tristane   18330
ein herze unde ein triuwe,
sô ist ez iemer niuwe,
sô muoz ez iemer staete wern.
doch wil ich einer bete gern:
swelch enden landes ir gevart,   18335
daz ir iuch, mînen lîp, bewart.
wan swenne ich des verweiset bin,
sô bin ich, iuwer lîp, dâ hin.
mir, iuwerm lîbe, dem wil ich
durch iuwern willen, niht durch mich,   18340
vlîz unde schoene huote geben.
wan iuwer lîp und iuwer leben,
daz weiz ich wol, daz lît an mir.
ein lîp, ein leben daz sîn wir.
nu bedenket ie genôte   18345
mich, iuwern lîp, Îsôte.
lât mich an iu mîn leben sehen,
sô'z iemer schierest müge geschehen,
und sehet ouch ir daz iure an mir.
unser beider leben daz leitet ir.   18350
nu gât her und küsset mich.
Tristan und Îsôt, ir und ich,
wir zwei sîn iemer beide
ein dinc âne underscheide.
dirre kus sol ein insigel sîn   18355
daz ich iuwer unde ir mîn
belîben staete unz an den tôt,
niwan ein Tristan und ein Îsôt.«

Nu daz diu rede versigelt wart,
Tristan der kêrte ûf sîne vart   18360
mit jâmer und mit maneger nôt.
sîn lîp, sîn ander leben, Îsôt
beleip mit manegem leide.
die spilgesellen beide

Wenn Isolde mit Tristan jemals war   18330
ein Herz und *ein* Vertrauen,
dann bleibt das ewig so,
dann hält das für immer.
Doch bitte ich um eines:
Wohin auf der Welt Ihr fahrt,   18335
erhaltet Euer Leben, das mein Leben ist.
Denn wenn ich daran verwaist bin,
muß ich, Euer Leben, sterben.
Mich selbst, Euer Leben, will ich
um Euret-, nicht um meinetwillen   18340
sorgfältig und gut beschützen.
Denn Ihr und Euer Leben,
das weiß ich genau, liegt in meiner Hand.
Wir sind *ein* Leib und *ein* Leben.
Denkt unablässig an mich,   18345
Euer Leben, an Isolde.
Laßt mich in Euch mein Leben sehen,
so gut es nur geht,
und seht Ihr auch das Eure in mir.
Unser beider Leben liegt in Eurer Hand.   18350
Nun kommt und küßt mich.
Tristan und Isolde, Ihr und ich,
wir beide sind auf ewig
ein Wesen ohne jeden Unterschied.
Dieser Kuß möge besiegeln,   18355
daß ich Euer bin und Ihr mein seid,
treu bis in den Tod,
nur *ein* Tristan und *eine* Isolde.«

Als sie diese Worte besiegelt hatten,
ging Tristan fort   18360
unter Schmerzen und großem Kummer.
Sein Selbst, sein zweites Leben, Isolde
blieb in großem Jammer zurück.
Die beiden Liebenden

dien geschieden sich ê mâles nie   18365
mit solher marter alse hie.
hie mite was ouch der künic komen
und haete ein her ze sich genomen
von sînem hoverâte.
si kâmen aber ze spâte.   18370
si vunden niwan Îsôte.
diu lag ouch ie genôte
in trahten an ir bette als ê.
nu daz der künec dâ nieman mê
wan eine sîne Îsôte vant,   18375
sîn rât der nam in al zehant
und vuorte in sunder dort hin dan.
»hêrre« sprachen si »hier an
missetuot ir harte sêre,
iuwer wîp und iuwer êre   18380
daz ir diu ze alsô maneger zît
ziehende unde zogende sît
ze lasterlîcher inziht
gar âne nôt und umbe niht.
ir hazzet êre unde wîp   18385
und almeist iuwer selbes lîp.
wie muget ir iemer werden vrô,
die wîle ir iuwer vröude alsô
an iuwerm wîbe swachet
und sî ze spelle machet   18390
über hof und über lant
und habet an ir noch niht erkant,
daz wider ir êren müge gesîn?
waz wîzet ir der künigîn?
war umbe velschet ir die,   18395
diu nie valsch wider iuch begie?
hêrre, durch iuwer êre
getuot ez niemer mêre.
vermîdet sus getânen spot
durch iuch selben und durch got!«   18400

hatten sich vorher niemals getrennt　　　　　　　18365
unter solchen Qualen wie hier.
Inzwischen kam auch der König zurück
und brachte mit sich eine Schar
seiner Hofräte.
Aber sie kamen zu spät.　　　　　　　　　　　　18370
Sie fanden nur Isolde.
Sie lag tief
in Gedanken auf dem Bette wie vorher.
Als der König dort niemanden
außer allein Isolde vorfand,　　　　　　　　　　18375
nahm sein Kronrat ihn sogleich
und führte ihn beiseite.
»Herr«, sagten sie, »hier
tut Ihr Unrecht,
daß Ihr Eure Frau und Eure Ehre　　　　　　　18380
so häufig
mal so und mal so beschuldigt
so schändlicher Verbrechen
ohne Grund und um nichts.
Ihr haßt Euer Ansehen und Eure Frau　　　　　18385
und am meisten Euch selbst.
Wie könnt Ihr jemals glücklich werden,
wenn Ihr Euer Glück so
an Eurer Frau schändet,
sie ins Gerede bringt　　　　　　　　　　　　18390
bei Hofe und im Lande
und doch nichts an ihr entdeckt habt,
das ihrem Ansehen abträglich wäre?
Wessen beschuldigt Ihr die Königin?
Warum verleumdet Ihr die,　　　　　　　　　18395
die niemals falsch gegen Euch war?
Herr, um Eurer Ehre willen,
tut das nie wieder!
Vermeidet solche Schande
um Gottes und um Euretwillen!«　　　　　　　18400

sus nâmen s'in mit rede dervan,
daz er in volgen begann
und aber sînen zorn lie
und ungerochen dannen gie.

Mit diesen Worten brachten sie ihn so weit,
daß er ihrem Rat folgte,
seinen Zorn abermals unterdrückte
und wegging, ohne Rache genommen zu haben.

Tristan zen herbergen kam.   18405
sîn ingesinde er allez nam
unde zogete sich mit in
wol balde gein der habe hin.
daz êrste schif, daz er dâ vant,
dar în sô kêrte er al zehant   18410
und vuor ze Normandîe,
er und sîn massenîe.
nu was er aber unlange dâ,
wan sîn gemüete riet im sâ,
daz er eteswie suohte ein leben,   18415
daz ime lîbunge kunde geben
und trôst ze sîner triure.
hie merket âventiure:
Tristan vlôch arbeit unde leit
und suohte leit und arbeit;   18420
er vlôch Marken unde den tôt
und suohte tôtlîche nôt,
diu in in dem herzen tôte:
diu vremede von Îsôte.
waz half, daz er den tôt dort vlôch   18425
und hie dem tôde mite zôch?
waz half, daz er der quâle
entweich von Curnewâle
und s'ime doch ûf dem rucke lac
alle zît naht unde tac?   18430
dem wîbe nerte er daz leben
und was dem lebene vergeben
niuwan mit dem wîbe.
ze lebene und ze lîbe
enwas niht lebendes sîn tôt   18435
niwan sîn beste leben, Îsôt.
sus twang in tôt unde tôt.

XXX. Isolde Weißhand

Tristan kam zu den Unterkünften.   18405
Er sammelte sein ganzes Gefolge
und begab sich mit ihnen
alsbald zum Hafen.
Mit dem ersten Schiff, das er fand,
fuhr er sogleich fort   18410
und segelte in die Normandie
mit den Seinen.
Dort blieb er aber nicht lange,
denn er hatte das Bedürfnis,
ein Leben zu suchen,   18415
das ihm Ruhe geben konnte
und Trost in seinem Schmerz.
Beachtet den seltsamen Umstand:
Tristan floh vor Mühe und Kummer
und suchte trotzdem Kummer und Mühe.   18420
Er floh vor Marke und dem Tod
und suchte trotzdem tödliche Drangsal,
die ihn im Herzen tötete:
die Trennung von Isolde.
Was half es, daß er dem Tode dort entfloh   18425
und ihm hier folgte?
Was half es, daß er der Seelenqual
in Cornwall entkam
und er sie nun trotzdem auf dem Rücken trug
unentwegt Tag und Nacht?   18430
Um der Frau willen rettete er sein Leben,
aber dieses Leben war ihm vergiftet
nur durch diese Frau.
Für Leib und Seele
war nichts Lebendes sein Tod,   18435
außer seinem besten Leben, Isolde.
So bedrängten ihn der eine und der andere Tod.

nu gedâhte er, solte im disiu nôt
iemer ûf der erden
sô tragebaere werden,   18440
daz er ir möhte genesen,
daz müese an ritterschefte wesen.
Nu was ein lantmaere,
daz grôz urliuge waere
z'Almânje in dem lande.   18445
diz seite man Tristande.
sus kêrte er wider Schampânje
dannen her z'Almânje.
hie diente er alsô schône
dem zepter unde der crône,   18450
daz roemesch rîche nie gewan
under sînem vanen einen man,
der ie würde alsô sagehaft
von manlîcher ritterschaft.
gelückes unde linge   18455
an manlîchem dinge
und âventiure erwarp er vil,
der ich aller niht gewehenen wil.
wan solte ich alle sîne tât,
die man von ime geschriben hât,   18460
rechen al besunder,
des maeres würde ein wunder.
die fabelen, die hier under sint,
die sol ich werfen an den wint.
mir ist doch mit der wârheit   18465
ein michel arbeit ûf geleit.

Tristandes leben und sîn tôt,
sîn lebender tôt, diu blunde Îsôt,
der was wê und ande.
des tages dô sî Tristande   18470
und sînem kiele nâch sach,
daz ir daz herze dô niht brach,

Da dachte er, wenn diese Qualen ihm
jemals auf Erden
so erträglich werden sollten,   18440
daß er sie überleben könnte,
dann müsse das durch ritterliche Taten geschehen.
Da verbreitete sich überall die Nachricht,
daß es einen großen Krieg gäbe
in Deutschland.   18445
Das erzählte man Tristan.
Da wandte er sich nach der Champagne
und von dort nach Deutschland.
Da diente er so tapfer
dem Zepter und der Krone,   18450
daß das Römische Reich niemals hatte
unter seiner Fahne einen Mann,
der jemals so berühmt wurde
wegen seiner ritterlichen Kühnheit.
Glück und Erfolge   18455
bei seinen Heldentaten
und Kriegsunternehmungen errang er viele,
die ich nicht alle aufzählen will.
Denn wenn ich all seine Taten,
die man ihm zugeschrieben hat,   18460
im einzelnen wiedergeben sollte,
dann würde dies eine erstaunliche Geschichte.
Die erfundenen Geschichten, die darunter sind,
will ich unbeachtet lassen.
Schon mit der wahren Erzählung ist mir   18465
eine mühevolle Arbeit aufgebürdet.

Tristans Leben und sein Tod,
sein lebender Tod, die blonde Isolde,
war traurig und schmerzerfüllt.
Wenn ihr an dem Tage, an dem sie Tristan   18470
und seinem Schiff nachsah,
nicht das Herz brach,

daz schuof daz, daz er lebende was.
sîn leben half ir, daz sî genas.
sine mohte leben noch sterben   18475
âne in niht erwerben.
tôt unde leben haet ir vergeben.
sine mohte sterben noch geleben.
daz lieht ir liehten ougen
daz nam sîn selbes lougen   18480
oft und ze maneger stunde.
ir zunge in ir munde
diu gesweic ir dicke zuo der nôt.
dane was weder leben noch tôt
und wâren doch dâ beide.   18485
si wâren aber von leide
ir rehtes alsô rehtelôs,
daz sî dewederez dâ kôs.
dô sî den segel vliegen sach,
ir herze wider sich selben sprach: 18490
»ôwî ôwî, mîn hêr Tristan,
nu clebet iu mîn herze allez an,
nu ziehent iu mîn ougen nâch
und ist iu von mir harte gâch.
wie gâhet ir alsus von mir?   18495
nu weiz ich doch vil wol, daz ir
von iuwerm lebene ziehet,
swenne ir Îsolde vliehet.
wan iuwer leben daz bin ich.
iht mêre muget ir âne mich   18500
iemer geleben keinen tac,
dan ich âne iuch geleben mac.
unser lîp und unser leben
diu sint sô sêre in ein geweben,
sô gar verstricket under in,   18505
daz ir mîn leben vüeret hin
und lâzet mir daz iuwer hie.
zwei leben diu enwurden nie

dann nur, weil er lebte.
Sein Leben half ihr überleben.
Sie konnte weder leben noch sterben   18475
ohne ihn.
Tod und Leben waren ihr vergiftet.
Sie konnte weder sterben noch weiterleben.
Das Leuchten ihrer hellen Augen
verlosch   18480
immer wieder.
Die Zunge in ihrem Munde
verstummte ihr häufig in dieser Bedrängnis.
Für sie gab es weder Leben noch Tod,
und doch waren beide da.   18485
Durch den Schmerz aber
hatten sie ihre Wirkkraft so sehr verloren,
daß sie keins von beiden wahrnahm.
Als sie das Segel fliegen sah,
sagte sie in ihrem Herzen: 18490
»O weh, Herr Tristan!
Mein ganzes Herz hängt an Euch,
meine Augen ziehen mit Euch mit,
und Ihr eilt so schnell von mir fort!
Warum verlaßt Ihr mich so eilig?   18495
Ich weiß doch ganz genau, daß Ihr
Euer Leben verlaßt,
wenn Ihr Isolde flieht.
Denn ich bin Euer Leben.
Ihr könnt ohne mich   18500
nicht einen Tag länger leben,
als ich es ohne Euch kann.
Unser Selbst und unser Leben
sind so fest ineinander verwoben,
so völlig miteinander verknüpft,   18505
daß Ihr mein Leben mit Euch wegführt
und mir das Eure hier zurücklaßt.
Noch nie wurden zwei Leben

alsus gemischet under ein.
wir zwei wir tragen under uns zwein   18510
tôt unde leben ein ander an.
wan unser enwederez enkan
ze rehte sterben noch geleben,
ezn müeze ime daz ander geben.
hie mite enist diu arme Îsôt   18515
noch lebende noch rehte tôt.
ine kan weder dar noch dan.
Nu hêrre, mîn hêr Tristan,
sît daz ir mit mir alle zît
ein lîp unde ein leben sît,   18520
sô sult ir mir ouch lêre geben,
daz ich behabe lîp unde leben
iu z'aller êrste, dâ nâch mir.
nu lêret an! wes swîget ir?
uns waere guoter lêre nôt.   18525
waz rede ich sinnelôse Îsôt?
Tristandes zunge und mîn sin
diu varnt dort mit ein ander hin.
Îsôte lîp, Îsôte leben
diu sint bevolhen unde ergeben   18530
den segeln unde den winden.
wâ mag ich mich nu vinden?
wâ mac ich mich nu suochen, wâ?
nu bin ich hie und bin ouch dâ
und enbin doch weder dâ noch hie.   18535
wer wart ouch sus verirret ie?
wer wart ie sus zerteilet mê?
ich sihe mich dort ûf jenem sê
und bin hie an dem lande.
ich var dort mit Tristande   18540
und sitze hie bî Marke.
und criegent an mir starke
beidiu tôt unde leben.
mit disen zwein ist mir vergeben.

so fest miteinander verbunden.
Wir tragen beide gemeinsam   18510
Tod und Leben füreinander.
Denn keiner von uns kann
recht sterben oder leben,
wenn der andere es ihm nicht ermöglicht.
Also ist die arme Isolde   18515
weder lebendig noch auch richtig tot.
Ich kann weder hin noch her.
Nun, Tristan, mein Herr,
weil Ihr mit mir auf ewig
ein Leib und Leben seid,   18520
sollt Ihr mir nun sagen,
wie ich Leib und Leben bewahren kann,
zunächst für Euch, dann auch für mich.
Nun fangt an zu lehren! Warum schweigt Ihr?
Wir brauchen dringend guten Rat.   18525
Was rede ich unverständige Isolde da?
Tristans Zunge und mein Verstand
fahren dort gemeinsam fort.
Isoldes Leib und Leben
sind befohlen und ausgeliefert   18530
den Segeln und dem Wind.
Wo kann ich mich nun finden?
Wo kann ich mich nun suchen, wo?
Jetzt bin ich hier und dort
und bin trotzdem weder dort noch hier.   18535
Wer war jemals so verwirrt?
Wer war jemals so zerrissen?
Ich sehe mich dort auf dem Meer
und bin doch hier an Land.
Ich segle dort mit Tristan   18540
und sitze doch hier bei Marke.
Und in mir kämpfen heftig
Tod und Leben.
Von diesen beiden bin ich vergiftet.

ich stürbe gerne, möhte ich.   18545
nûne lâzet er mich,
an dem mîn leben behalten ist.
nune mag ich ouch ze dirre vrist
weder mir noch ime geleben wol,
sît daz ich âne in leben sol.   18550
er lât mich hie und vert er hin
und weiz wol, daz ich âne in bin
reht innerthalp des herzen tôt.
Weiz got diz rede ich âne nôt.
mîn leit ist doch gemeine,   18555
ine trage ez niht al eine.
es ist sîn alse vil sô mîn,
und waene es ist noch mêre sîn.
sîn jâmer und sîn pîne
diust groezer dan diu mîne.   18560
daz scheiden, daz er von mir tuot,
beswaeret mir daz mînen muot,
ez swaeret noch den sînen mê.
tuot mir daz in dem herzen wê,
daz ich sîn hie bî mir enbir,   18565
ez tuot im noch wirs danne mir.
clage ich in, sô claget er mich.
und claget er niht billîche als ich.
ich wil mir wol ze rehte sagen,
daz ich mir trûren unde clagen   18570
billîche nâch Tristande nime.
wan mîn leben daz lît an ime.
dâ wider sô lît an mir sîn tôt.
durch daz sô claget er âne nôt.
er mac vil gerne von mir varn,   18575
sîn êre und sînen lîp bewarn.
wan solte er lange bî mir wesen,
sone kunde er niemer genesen.
durch daz sol ich sîn haben rât.
swie rehte nâhen ez mir gât,   18580

Mit Freuden würde ich sterben, wenn ich könnte.   18545
Aber er läßt mich nicht,
von dem mein Leben abhängt.
Ich kann aber jetzt
weder für ihn noch für mich angemessen leben,
weil ich ohne ihn leben muß.   18550
Er läßt mich hier zurück und fährt davon
und weiß genau, daß ich ohne ihn
tief in meinem Herzen tot bin.
Gott weiß, daß ich dies grundlos sage.
Mein Kummer ist geteilt,   18555
ich trage ihn nicht allein.
Es ist seiner so gut wie meiner
und vielleicht sogar noch mehr.
Sein Jammer und sein Schmerz
sind größer als meiner.   18560
Der Abschied, den er von mir nimmt,
bekümmert zwar mein Gemüt,
aber seines noch mehr.
Wenn es mich im Herzen schmerzt,
daß ich ihn hier bei mir entbehre,   18565
so schmerzt es ihn noch viel mehr.
Beklage ich ihn, so klagt er um mich,
aber er klagt mit weniger gutem Grund als ich.
Ich kann mit Recht behaupten,
daß mein Trauern und Klagen   18570
um Tristan berechtigt ist,
denn mein Leben hängt von ihm ab.
Andererseits liegt sein Tod bei mir.
Deshalb klagt er grundlos.
Mit Freuden lasse ich ihn von mir wegfahren,   18575
sein Ansehen und sein Leben zu erhalten.
Denn wenn er länger bei mir bliebe,
gäbe es für ihn keine Rettung.
Deswegen muß ich ihn entbehren.
Wie sehr es mich auch bedrückt,   18580

ern sol durch den willen mîn
sîn selbes niht in sorgen sîn.
mit swelher nôt ich sîn enber,
mir ist doch lieber vil, daz er
gesundes lîbes von mir sî,   18585
dan er mir alsô waere bî,
daz ich mich des versaehe,
daz im schade bî mir geschaehe.
wan weizgot swer ze sînem vromen
mit sînes vriundes schaden wil komen,   18590
der treit im cleine minne.
swaz schaden ich sîn gewinne,
ich wil Tristandes vriundîn
gern âne sînen schaden sîn.
daz ime sîn dinc ze liebe ergê,   18595
ine ruoche und ist mir iemer wê.
ich wil mich gerne twingen
an allen mînen dingen,
daz ich mîn unde sîn entwese,
durch daz er mir und ime genese.«   18600

Dô Tristan, alse ich iezuo las,
z'Almânje gewas
ein halp jâr oder mêre,
nu belanget in vil sêre
hin wider in die künde,   18605
daz er eteswaz bevünde,
waz der lantmaere
von sîner vrouwen waere.
in sînem muote er sich beriet,
daz er von Almânje schiet   18610
und aber sîne reise nam
dâ hin, von dannen er dar kam,
hin wider ze Normandîe,
dannen ze Parmenîe
hin ze Rûâles kinden.   18615

er soll um meinetwillen
nicht um sich fürchten müssen.
Zwar vermisse ich ihn unter Qualen,
aber mir ist trotzdem lieber, daß er
in voller Gesundheit weit weg ist von mir,   18585
als wenn er bei mir wäre
und ich in dauernder Furcht schwebte,
daß ihm bei mir ein Leid geschieht.
Denn, weiß Gott, wer seinen Nutzen
mit dem Nachteil des Freundes erkauft,   18590
der liebt ihn nicht.
Welchen Nachteil es mir auch einbringen wird,
ich will Tristans Liebste sein,
ohne daß es ihm schadet.
Wenn er nur glücklich wird,   18595
ist es mir gleichgültig, wenn ich auf ewig leide.
Mit Freuden will ich mich zwingen
in allem, was ich tue,
ihn und mich selbst zu entbehren,
damit er mir und sich selbst erhalten bleibe.«   18600

Als Tristan, wie ich bereits berichtete,
in Deutschland gewesen war
ein halbes Jahr oder länger,
da sehnte er sich sehr
zurück in seine Heimat,   18605
damit er irgend etwas erführe,
was man sich im Lande erzählte
von seiner Herrin.
Er beschloß,
aus Deutschland wegzufahren   18610
und sich wieder auf den Weg zu machen
dorthin, woher er gekommen war,
in die Normandie
und von dort nach Parmenien
zu Ruals Kindern.   18615

in selben wânde er vinden
und wolte im künden sîne nôt.
leider nû was er aber tôt,
er und sîn wîp Floraete.
sîne süne, die er aber haete,   18620
daz sult ir wizzen, daz die dô
von inneclîchem herzen vrô
Tristandes künfte wâren.
der antfanc, den si'm bâren,
der was reine unde süeze.   18625
sîne hende und sîne vüeze,
sîn ougen unde sînen munt
diu kusten sî ze maneger stunt.
»hêrre« sprâchen sî zehant
»got hât uns an iu wider gesant   18630
beidiu vater unde muoter.
getriuwer hêrre guoter,
nu lâzet iuch hie wider nider
und habet iu daz allez wider,
daz iur und unser solte wesen,   18635
und lât uns hie mit iu genesen,
als unser vater mit iu genas,
der iuwer ingesinde was,
als ouch wir iemer gerne sîn.
unser muoter iuwer vriundîn   18640
und unser vater sint beidiu tôt.
nu hât got unser aller nôt
genaedeclîche an iu bedâht,
daz er iuch uns her wider hât brâht.«

Der trûraere Tristan   18645
der haete aber hinnen van
triure unde michel ungehabe.
er bat sich wîsen zuo z'ir grabe.
dâ gieng er trûrende hin,
dâ stuont er guote wîle ob in   18650

Er hoffte, ihn selbst zu finden,
und er wollte ihm von seiner Not erzählen.
Unglücklicherweise aber war er schon tot,
er und seine Frau Floraete.
Seine Söhne, die er hatte,   18620
waren, daß müßt Ihr wissen,
aus ganzem Herzen froh
über Tristans Kommen.
Der Empfang, den sie ihm boten,
war ehrlich und herzlich.   18625
Seine Hände und Füße,
seine Augen und seinen Mund
küßten sie immer wieder
und sagten sofort: »Herr,
Gott hat uns in Euch zurückgesandt   18630
Vater und Mutter.
Treuer, guter Herr,
jetzt laßt Euch hier wieder nieder
und nehmt alles zurück,
was Euch und uns zu Recht gehört.   18635
Laßt uns mit Euch hier glücklich sein,
so wie unser Vater es mit Euch war,
der Euer Lehnsmann war,
wie auch wir es gerne auf ewig sein wollen.
Unsere Mutter, Eure Freundin,   18640
und unser Vater sind beide tot.
Nun hat Gott sich unser aller Not
in Euch gnädig angenommen,
weil er Euch wieder zu uns gebracht hat.«

Den tieftraurigen Tristan   18645
befiel dadurch wieder
neuer Schmerz und großer Jammer.
Er bat, man möge ihn zu ihrem Grab führen.
Traurig ging er dorthin
und stand dort lange bei ihnen,   18650

weinende unde clagende,
sîniu clagemaere sagende.
er sprach vil inneclîche:
»nu erkenne ez got der rîche,
sol ez iemer dâ zuo komen,   18655
als ich von kinde hân vernomen,
daz triuwe und êre werde
begraben in der erde,
sô ligent si beidiu hie begraben.
und sol ouch triuwe und êre haben   18660
mit gote gemeine, alsô man giht,
sone zwîvel ich zewâre niht
und ist binamen kein lougen,
sine sîn vor gotes ougen,
Rûâl und Floraete,   18665
die got der werlt sô haete
gewerdet unde geschoenet,
sie sint ouch dort gecroenet,
da diu gotes kint gecroenet sint.«
diu saeligen Rûâles kint   18670
diu leiten dô Tristande vür
mit vil durnehter willekür
ir hiuser, ir lîp unde ir guot
und alsô dienesthaften muot,
sî s'iemer beste kunden.   18675
si wâren z'allen stunden
sînem dienest undertân.
swaz er gebôt, daz was getân
an iegelîchen dingen,
diu si mohten vollebringen.   18680
si vuoren mit im schouwen
ritter unde vrouwen.
si dienten ime ze manegen tagen
turnieren, pirsen unde jagen,
swaz kurzewîle er wolte pflegen.   18685

weinte und klagte
und gab seinem Jammer Ausdruck.
Voller Andacht sagte er:
»Gott der Allmächtige weiß,
wenn es jemals dazu kommen sollte,   18655
wie ich seit meiner Kindheit gehört habe,
daß Treue und Ehre würden
begraben in der Erde,
daß sie dann beide hier begraben liegen.
Und wenn Treue und Ehre jemals haben sollen   18660
Gemeinschaft mit Gott, wie man sagt,
dann zweifle ich gewiß nicht,
und man kann es nicht bestreiten,
daß sie beide vor Gott stehen.
Rual und Floraete,   18665
die Gott auf der Welt
so würdig und herrlich geschaffen hat,
sind ebenfalls dort gekrönt,
wo die Kinder Gottes gekrönt sind.«
Ruals vortreffliche Söhne   18670
boten Tristan da
ganz aufrichtig und freiwillig
sich selbst, ihre Häuser und ihren Besitz an
und dazu ihre Dienstwilligkeit,
so gut sie nur konnten.   18675
Unentwegt
standen sie ihm zu Diensten.
Was er befahl, wurde ausgeführt
bei allem,
was sie tun konnten.   18680
Sie besuchten mit ihm
Ritter und Damen.
Oft dienten sie ihm
bei Turnieren, bei der Jagd und der Pirsch
und bei allem, womit er sich die Zeit vertreiben wollte. 18685

Nu was ein herzentuom gelegen
zwischen Britanje und Engelant,
daz was Arundêl genant
und stiez daz ûf daz mer alsô.
dâ was ein herzoge dô   18690
vrech unde höfsch und wol getaget,
dem haeten, als diu istôrje saget,
sîne umbesaezen starke
sîn gerihte und sîne marke
verurliuget unde benomen.   18695
si haeten in gar überkomen
beide ûf dem lande und ûf dem mer.
vil gerne haete er sich ze wer
gesetzet, nû enmohter.
einen sun und eine tohter   18700
haete er von sînem wîbe.
an tugenden unde an lîbe
wâren si beidiu vollekomen.
der sun der haete swert genomen
und was dar an vervlizzen gâr.   18705
dâ mite haete er wol driu jâr
vil lobes und êren bejaget.
sîn swester was schoene unde maget
und hiez Îsôt as blanschemains,
ir bruoder Kâedîn li frains,   18710
ir vater der herzoge Jovelîn.
ir muoter diu herzogîn
diu was genant Karsîe.
nu man ze Parmenîe
gesagete Tristande,   18715
daz urliuge in dem lande
ze Arundêle waere,
er gedâhte sîner swaere
aber ein teil vergezzen dâ.
von Parmenîe vuor er sâ   18720
hin wider Arundêle

Es lag ein Herzogtum
zwischen der Bretagne und England,
das hieß Arundel
und grenzte ebenfalls ans Meer.
Dort herrschte ein Herzog,   18690
kühn, vornehm und ziemlich betagt.
Dem hatten, wie die Geschichte sagt,
die Nachbarn heftig
seinen Rechtsbereich und sein Gebiet
mit Krieg überzogen und weggenommen.   18695
Sie hatten ihn vollständig überwunden
auf See und an Land.
Er hätte sich nur zu gerne zur Wehr
gesetzt, aber er konnte es nicht.
Einen Sohn und eine Tochter   18700
hatte er von seiner Frau.
An Vorzügen und an Schönheit
waren sie beide vollkommen.
Der Sohn war schon zum Ritter geschlagen worden
und hierin sehr eifrig.   18705
Seit drei Jahren schon hatte er als Ritter
großen Ruhm und hohes Ansehen erworben.
Seine Schwester war schön und unverheiratet.
Sie hieß Isolde mit den weißen Händen,
ihr Bruder war der edle Kaedin,   18710
ihr Vater Herzog Jovelin.
Die Herzogin, ihre Mutter,
hieß Karsie.
Als man in Parmenien
Tristan berichtete,   18715
daß Krieg
in Arundel sei,
da kam er auf den Gedanken, seinen Kummer
dort ein wenig zu vergessen.
Gleich fuhr er von Parmenien   18720
nach Arundel

gegen einem castêle,
dâ er des landes hêrren vant.
daz was Karke genant.
dâ kêrte er z'allerêrste hin.   18725
hêrre unde gesinde enpfiengen in,
als man ze nôt den biderben sol.
si erkanden in von sage wol.
Tristan, als uns diz maere seit,
der was von sîner manheit   18730
in al den inselen erkant,
die wider Occêne sint gewant.
durch daz wâren sîn dise vrô.
der herzoge ergap sich dô
sînem râte und sîner lêre.   18735
sîn lant und sîn êre
dâ bat er'n hêrre über sîn.
sîn sun der höfsche Kâedîn
was sêre an in vervlizzen.
swar an er mohte wizzen   18740
sîne wirde und sîn êre,
dar an vleiz er sich sêre,
dâ stuont al sîn gedanc hin.
si zwêne wâren under in
alle stunde und alle zît   18745
inwette unde inwiderstrît
wider ein ander dienesthaft.
triuwe unde geselleschaft
gelobeten sî zwêne under in zwein
und behielten ouch die wol in ein   18750
unz an ir beider ende.

Tristan der ellende
Kâedînen er zuo sich nam,
an den herzogen er kam,
er vorschete unde bat im sagen,   18755
sîn criec wie sich der dar getragen

zu einer Burg,
wo er den Herrscher des Landes fand
und die Karke hieß.
Dorthin wandte er sich zuerst.   18725
Der Herr und sein Gefolge empfingen ihn,
wie man einen rechtschaffenen Mann empfangen soll.
Sie kannten ihn vom Hörensagen.
Tristan, wie die Geschichte uns sagt,
war wegen seiner Tapferkeit   18730
auf allen Inseln berühmt,
die am Ozean liegen.
Darum waren sie sehr froh über seine Ankunft.
Der Herzog unterwarf sich
seinem Rat und seinen Anweisungen.   18735
Über sein Reich und sein Ansehen
bat er ihn zu verfügen.
Sein Sohn, der edle Kaedin,
war ihm völlig ergeben.
Um alles, wovon er erfahren konnte,   18740
daß es seiner Würde und seinem Ansehen dienlich war,
bemühte er sich eifrig
und richtete seine ganzen Gedanken darauf.
Die beiden waren
ununterbrochen   18745
um die Wette
bestrebt, einander zu dienen.
Aufrichtige Freundschaft
gelobten sie sich gegenseitig
und hielten sie auch   18750
bis an ihr beider Ende.

Der landfremde Tristan
nahm Kaedin mit
und ging zum Herzog.
Er fragte und bat um Auskunft,   18755
wie sein Krieg verlaufen sei

von sînen vînden haete,
von wannen man im taete
den aller groezesten schaden,
mit dem er waere überladen.   18760
nu ime daz allez wart benant,
wie daz urliuge was gewant,
und ime vil rehte wart geseit
der vînde gelegenheit,
wâ sî zuo riten mit ir gezoge,   18765
nu haete der herzoge
ein guot castêl in sîner pflege,
daz lac den vînden ûf ir wege.
aldâ gezôch sich Tristan în
und sîn geselle Kâedîn   18770
mit maezlîcher ritterschaft.
sine wâren niht sô statehaft,
daz sî dekeinen veltstrît
mohten gehaben ze keiner zît
wan sô vil, sô s'ie kunden   18775
ze eteslîchen stunden
mit roube und mit brande
geschaden der vînde lande
geswâslîch und verstolne.
Tristan sante verholne   18780
wider heim ze Parmenîe.
sîner lieben massenîe,
Rûâles kinden er enbôt,
im waere ritterschefte nôt,
dern bedörfte er nie sô sêre,   18785
daz s'ir tugent unde ir êre
vil verre an ime bedaehten
und ime ir helfe braehten.
die brâhten ime an einer schar
vünfhundert covertiure dar,   18790
bereitet wol ze prîse,
und grôzen rât von spîse.

mit seinen Feinden
und wo man ihm zufüge
den allerschwersten Schaden,
mit dem man ihn bedränge.   18760
Nun wurde ihm ausführlich berichtet,
wie es um den Krieg stünde,
und man erklärte ihm genau
den Standort der Gegner
und wohin sie mit ihren Truppen zogen.   18765
Der Herzog aber hatte
eine starke Festung in seiner Gewalt,
die an dem Weg der Feinde lag.
Dorthinein begaben sich Tristan
und sein Gefährte Kaedin   18770
mit einer kleinen Ritterschar.
Sie waren nicht so ausgerüstet,
daß sie einen Kampf auf freiem Felde
irgendwann hätten wagen können,
nur so stark, daß sie vermochten,   18775
von Zeit zu Zeit
mit Raub und Brand
den feindlichen Gebieten Schaden zuzufügen
heimlich und ungesehen.
Heimlich sandte Tristan eine Botschaft   18780
heim nach Parmenien.
Seinen liebsten Gefolgsleuten,
den Söhnen Ruals, ließ er ausrichten,
er benötige dringend Ritter,
dringender als je zuvor.   18785
Sie möchten ihre Vortrefflichkeit und Ehrenhaftigkeit
nachdrücklich an ihm beweisen
und ihm ihre Unterstützung bringen.
Sie brachten ihm in einer Schar
fünfhundert Ritter dorthin,   18790
vorzüglich ausgerüstet,
und große Essensvorräte.

und alse Tristan vernam,
daz ime von lande helfe kam,
er vuor selbe gegen in   18795
und leite s'allez nahtes hin
und vuorte s'alsô in daz lant,
daz ez lützel ieman bevant
wan die, die vriunde wâren
und im helfe dar zuo bâren.   18800
die halben er ze Karke liez.
aldâ gebôt er unde hiez,
daz sî sich sêre în taeten
und keine war des haeten,
wer dar ze strîte kaeme,   18805
biz man vür wâr vernaeme,
daz Kâedîn und er dâ striten,
daz sî si danne vorne an riten
und sô versuohten ir heil.
hie mite nam er daz ander teil,   18810
dâ mite kêrte er ûf sîne vart.
zer burc, diu ime bevolhen wart,
dar în sô brâhte er sî bî naht
und hiez ouch die dar inne ir maht
verhelen alsô starke   18815
als jene dâ ze Karke.

Des morgens dô ez tagen began,
nu haete aber Tristan
ritter ûz gesundert
niht minner danne hundert.   18820
die andern liez er in der stat.
Kâedînen er bat,
daz er den sînen sagete,
ob man in dar gejagete,
daz man sîn war naeme   18825
und ime ze helfe kaeme
von dannen und von Karke.

Als Tristan hörte,
daß aus seinem Lande Hilfe kam,
ritt er ihnen selbst entgegen   18795
und führte sie während der Nacht
so in das Reich,
daß niemand es bemerkte
außer jenen, die seine Verbündeten waren
und ihm dabei halfen.   18800
Die Hälfte ließ er in Karke.
Dort befahl er ihnen,
daß sie sich dort festsetzen
und niemanden beachten sollten,
der zum Kampfe dorthin kam,   18805
bis sie sicher seien,
daß Kaedin und er dort kämpften.
Dann sollten sie vorne angreifen
und so ihr Glück versuchen.
Dann nahm er die ándere Hälfte   18810
und machte sich mit ihr auf den Weg.
Zu der Burg, die ihm anvertraut war,
brachte er sie in der Nacht
und ließ auch sie dort ihre Streitmacht
so gut verstecken   18815
wie jene in Karke.

Als es am nächsten Morgen Tag wurde,
hatte Tristan
von den Rittern ausgewählt
nicht weniger als hundert.   18820
Die übrigen ließ er dort.
Er bat Kaedin,
er solle seinen Männern sagen,
daß sie, wenn man ihn dorthin verfolgte,
auf ihn achtgeben   18825
und ihm zu Hilfe kommen möchten
von dort und von Karke.

sus reit er ûf die marke.
er roubete unde brande
offenlîchen in dem lande,   18830
swâ er der vînde veste
und ouch ir stete weste.
dannoch vor naht dô wart der schal
in dem lande vliegende über al,
daz der stolze Kâedîn   18835
ûz geriten solte sîn
mit offener reise.
Rugier von Doleise
und Nautenîs von Hante
und Rigolîn von Nante,   18840
der vînde leitaere,
den wart daz maere swaere.
al die state und al die maht,
die si mohten bî der naht
besenden, diu wart gâr besant.   18845
des anderen tages zehant
wol hin umbe den mitten tac,
dô sich ir state in ein gewac,
sie kêrten wider Karke hin.
ritter haeten s'under in   18850
vierhundert oder mêre
und versâhen sich des sêre,
si solten sich dâ nider lân,
als ouch dâ vor haeten getân
vil ofte unde ze manegem tage.   18855
nu kêrte Tristan ûf ir slage
und sîn geselle Kâedîn.
dô jene vil sicher wânden sîn,
daz ieman zuo den zîten
mit in getörste strîten,   18860
dô vlugen dise allenthalben zuo.
ir keiner wânde envollen vruo
den vînden genâhen.

Dann ritt er über die Grenze.
Er raubte und brandschatzte
in aller Offenheit in dem Lande,   18830
wo er die Festungen der Feinde
und ihre Niederlassungen wußte.
Noch vor dem Abend verbreitete sich die Nachricht
wie im Fluge in jeden Winkel des Reiches,
daß der edle Kaedin   18835
ausgeritten sei
zu einem offenen Kriegszug.
Rugier von Doleise,
Nautenis von Hante
und Rigolin von Nante,   18840
die Anführer der Feinde,
bedrückte diese Nachricht sehr.
Alle Hilfstruppen und Streitkräfte,
die sie in der Nacht
aufbieten konnten, wurden gerufen.   18845
Gleich am nächsten Tag,
etwa um Mittag,
als ihre Truppen sich versammelt hatten,
wandten sie sich nach Karke.
An Rittern hatten sie   18850
vierhundert oder mehr.
Sie rechneten fest damit,
in Karke ihr Lager aufzuschlagen,
wie sie es davor schon getan hatten
sehr häufig.   18855
Tristan aber war ihnen auf der Fährte
und sein Gefährte Kaedin.
Als die anderen sich sicher davor glaubten,
daß jemand zu dem Zeitpunkt
mit ihnen zu kämpfen wagte,   18860
da flogen sie von allen Seiten heran.
Keiner von ihnen hatte geglaubt, schon so bald
auf den Feind zu treffen.

Nu daz die vînde ersâhen,
daz ez ze strîte was gewant,   18865
si kêrten an den strît zehant.
si kâmen mit ein ander her.
alhie vlouc sper unde sper,
ros unde ros, man unde man
sô vîntlîche ein ander an,   18870
daz dâ vil michel schade ergie.
si tâten schaden dort unde hie.
hie Tristan unde Kâedîn,
dort Rugier unde Rigolîn.
swes ieman mit dem swerte   18875
oder mit der lanzen gerte,
daz haete er dâ, daz vander.
si riefen wider ein ander
hie: »schevalier Hante,
Doleise unde Nante!«   18880
dort: »Karke und Arundêle!«

Dô jene in dem castêle
den strît ze stete sâhen stân,
si liezen ûz den porten gân
und anderhalben in die schar.   18885
die tâten sî her unde dar
mit hezlîchem strîte.
in harte unlangem zîte
durchbrâchen sî si her und hin.
si riten houwende under in   18890
als eber under schâfen.
baniere unde wâfen,
diu der houbetvînde wâren,
der begunde Tristan vâren
und sîn geselle Kâedîn.   18895
dâ wart Rugier und Rigolîn
und Nautenîs gevangen
und michel schade begangen

Als nun die Feinde merkten,
daß es ans Kämpfen ging,   18865
begannen sie sogleich die Schlacht.
Geschlossen ritten sie heran.
Da flog Speer auf Speer,
Pferd und Pferd, Mann und Mann
so feindselig aufeinander zu,   18870
daß es schwere Verluste gab.
Hier und dort richteten sie großen Schaden an.
Hier Tristan und Kaedin,
dort Rugier und Rigolin.
Wonach man auch mit dem Schwerte   18875
oder mit der Lanze strebte,
hier fand man es.
Sie riefen einander zu,
von der einen Seite: »Ritter Hante,
Doleise und Nante!«   18880
und auf der anderen: »Karke und Arundel!«

Als die Männer in der Burg
sahen, daß die Schlacht günstig stand,
ritten sie zu den Toren hinaus
und den feindlichen Truppen in die Flanke.   18885
Sie trieben sie hin und her
in erbittertem Kampf.
Nach kurzer Zeit
durchbrachen sie die Linien von beiden Seiten.
Um sich hauend, wüteten sie unter den Feinden   18890
wie Eber unter den Schafen.
Nach den Bannern und Waffen
ihrer Hauptfeinde
trachteten Tristan nun
und sein Freund Kaedin.   18895
Da wurden Rugier und Rigolin
und Nautenis gefangengenommen
und große Verluste zugefügt

under ir massenîe.
Tristan von Parmenîe   18900
und sîne lantgesellen
die riten vînde vellen,
slahen unde vâhen.
nu daz die vînde ersâhen,
daz in diu wer niht tohte,   18905
swie sich der man dâ mohte
mit vlühte oder mit listen
generen oder gevristen,
des was ir iegelîchem nôt.
vluht oder vlêhen oder der tôt   18910
diu schieden einsît den strît.
Nu daz der strît in eine sît
mitalle enschumpfieret wart
und die gevangenen bewart
und behalten, dâ si solten sîn,   18915
Tristan unde Kâedîn
die nâmen alle ir ritterschaft,
alle ir state und alle ir craft
und riten dô êrste in daz lant.
swâ man der vînde keinen vant   18920
oder iht ir dinges weste,
sô habe, sô stete, sô veste,
daz was verloren, alse ez lac.
ir gewin und ir bejac
den sanden sî ze Karke.   18925
nu sî der vînde marke
gâr under sich gebrâchen
und wol ir zorn gerâchen
und haeten z'ir hant allez lant,
Tristan der schicte al zehant   18930
sîne lantmassenîe
wider heim ze Parmenîe
und dankete in vil tiure,
daz er êre und âventiure

ihrem Heer.
Tristan von Parmenien   18900
und seine Landsleute
ritten umher, um die Feinde niederzuhauen,
zu erschlagen oder zu fangen.
Als die Feinde bemerkten,
daß ihre Gegenwehr ihnen nicht half,   18905
suchte sich jeder einzelne
durch Flucht oder List
zu retten oder in Sicherheit zu bringen.
Das war das dringende Bestreben eines jeden.
Flucht, Ergebung und Tod   18910
entschieden die Schlacht für eine Seite.
Als nun der Kampf für die eine Partei
durch Sieg klar entschieden war
und die Gefangenen bewacht
und eingesperrt waren, wo sie hingehörten,   18915
nahmen Tristan und Kaedin
all ihre Ritter,
ihr Heer und ihre Streitmacht
und ritten nun erst richtig ins Feindesland.
Wo man einen Feind fand   18920
oder von seinem Eigentum erfuhr,
ob nun Besitz, Städte, Festungen –
alles war verloren, wo es lag.
Ihren Gewinn und ihre Beute
schickten sie nach Karke.   18925
Als sie nun das Land der Feinde
sich völlig unterworfen,
ihrem Zorn Genugtuung verschafft
und das ganze Land in ihre Gewalt gebracht hatten,
schickte Tristan alsbald   18930
die Truppen aus seiner Heimat
wieder zurück nach Parmenien.
Er dankte ihnen sehr,
daß er Ansehen und glücklichen Sieg

von ir genâden haete.   18935
Tristan der nâchraete,
dô sîn gesinde dan geschiet,
umbe die gevangenen er riet,
daz sî ze hulden kaemen
und von ir hêrren naemen,   18940
swaz er'n ir guotes wider lêch
den worten, daz er in verzêch.
und versigelten ouch daz,
daz disiu schulde und dirre haz
dem lande unschadebaere   18945
ir halben iemer waere;
und kâmen allesamet dan,
die houbethêrren unde ir man.

Hie mite was aber Tristande
da ze hove und dâ ze lande   18950
vil lobes und êren ûf geleit.
sîne sinne und sîne manheit
diu prîsete hof unde lant.
diu beidiu wâren ouch gewant
niht anders wan als er gebôt.   18955
Kâedînes swester Îsôt,
diu mit den wîzen handen,
diu bluome von den landen,
diu was stolz unde wîse
und haete sich mit prîse   18960
und mit lobe sô vür genomen,
daz s'al daz lant haete überkomen,
daz daz niht anders seite
wan von ir saelekeite.
dô die Tristan so schoene sach,   18965
ez vrischet ime sîn ungemach.
sîn altiu herzeriuwe
diu wart aber dô niuwe.
si mante in ie genôte

mit ihrer Hilfe erworben hatte.   18935
Der umsichtige Tristan,
nachdem sein Gefolge fort war,
riet im Hinblick auf die Gefangenen,
daß man sie in Gnaden aufnehmen solle.
Sie sollten von ihrem Herrn annehmen,   18940
was er ihnen als Lehen zurückgab
mit der Zusicherung, daß er ihnen verzieh.
Sie versprachen fest,
daß diese Schuld und diese Gewalttat
dem Lande keinen Schaden bringen sollte   18945
auf ewig, soweit es sie beträfe.
Sie alle wurden wieder freigelassen,
die Anführer und ihre Gefolgsleute.

Da wurde Tristan abermals
bei Hofe und im Lande   18950
großer Ruhm und hohes Ansehen zuteil.
Seinen Verstand und seine Tapferkeit
priesen Hof und Land.
Beide richteten sich
nur nach seinen Wünschen.   18955
Kaedins Schwester Isolde,
die mit den weißen Händen,
die schönste Blume des Landes,
war vornehm und gebildet.
Sie hatte sich durch Ruhm   18960
und durch Lob so hervorgetan,
daß sie das ganze Land für sich gewonnen hatte
und man dort von nichts anderem sprach
als von ihrer Vollkommenheit.
Als Tristan sah, daß sie so schön war,   18965
erneuerte es ihm seinen Schmerz.
Sein alter Herzenskummer
belebte sich da aufs neue.
Sie erinnerte ihn lebhaft

der andern Îsôte,   18970
der lûtern von Îrlant.
und wan si Îsôt was genant,
swenne er sîn ouge an sî verlie,
sô wart er von dem namen ie
sô riuwec und sô vröudelôs,   18975
daz man im under ougen kôs
den smerzen sînes herzen.
doch liebete er den smerzen
und truog im inneclîchen muot.
er dûhte in süeze unde guot.   18980
er minnete diz ungemach
durch daz, wan er si gerne sach.
so sach er sî gerne umbe daz:
im tete diu triure verre baz,
die er nâch der blunden haete,   18985
dan im ander vröude taete.
Îsôt was sîn liep und sîn leit,
jâ Îsôt, sîn beworrenheit,
diu tete im wol, diu tete im wê.
sô ime Îsôt sîn herze ie mê   18990
in dem namen Îsôte brach,
sô er Îsôte ie gerner sach.

Vil dicke sprach er wider sich:
»â dê benîe, wie bin ich
von disem namen verirret!   18995
er irret unde wirret
die wârheit und daz lougen
mîner sinne und mîner ougen.
er birt mir wunderlîche nôt.
mir lachet unde spilt Îsôt   19000
in mînen ôren alle vrist
und enweiz iedoch, wâ Îsôt ist.
mîn ouge, daz Îsôte siht,
daz selbe ensiht Îsôte niht.
mir ist Îsôt verre und ist mir bî.   19005

an die andere Isolde, 18970
die Herrliche von Irland.
Und weil sie Isolde hieß,
wurde er, wann immer er sie ansah,
durch diesen Namen stets
so traurig und freudlos, 18975
daß man seinem Gesichtsausdruck anmerkte
seine Herzensqual.
Trotzdem liebte er diese Qualen,
und er war ihnen sehr zugetan.
Sie schienen ihm angenehm und gut. 18980
Er liebte diesen Schmerz,
weil er sie gerne sah.
Er sah sie deshalb gerne,
weil der Kummer,
den er um die blonde Isolde empfand, 18985
ihm angenehmer war als jede andere Freude.
Isolde war seine Freude und sein Schmerz.
Ja, Isolde, seine Verwirrung,
tat ihm wohl und weh.
Je mehr die eine Isolde ihm sein Herz 18990
im Namen der anderen brach,
desto lieber sah er sie.

Häufig meinte er bei sich:
»Ah, Gott erbarme sich! Wie bin ich
durch diesen Namen verwirrt! 18995
Er verwechselt und verwirrt
Wahrheit und Täuschung
in meinem Verstand und meinen Augen.
Er bringt mich in seltsame Bedrängnis.
Isolde lacht und klingt mir 19000
ständig in meinen Ohren,
und doch weiß ich nicht, wo Isolde ist.
Mein Auge, das Isolde sieht,
sieht Isolde nicht.
Isolde ist mir fern und doch nah. 19005

ich vürhte, ich aber g'îsôtet sî
zem anderen mâle.
ich waene, ûz Curnewâle
ist worden Arundêle,
Karke ûz Tintajêle   19010
und Îsôt ûz Îsôte.
mich dunket ie genôte,
als ieman iht von dirre maget
in Îsôte namen saget,
daz ich Îsôte vunden habe.   19015
hie bin ouch ich verirret abe.
wie wunderlîche ist mir geschehen.
daz ich Îsôte müeze sehen,
des gere ich nû vil lange vrist.
nu bin ich komen, dâ Îsôt ist,   19020
und enbin Îsôte niender bî,
swie nâhen ich Îsôte sî.
Îsôte sihe ich alle tage
und sihe ir niht. daz ist mîn clage.
ich hân Îsôte vunden   19025
und iedoch niht die blunden,
diu mir sô sanfte unsanfte tuot.
ez ist Îsôt, diu mir den muot
in dise gedanke hât brâht,
von der mîn herze als ist verdâht.   19030
ez ist diu von Arundêle
und niht Îsôt la bêle.
der ensiht mîn ouge leider niht.
swaz aber mîn ouge iemer gesiht,
daz mit ir namen versigelt ist,   19035
dem allem sol ich alle vrist
liebe unde holdez herze tragen,
dem lieben namen genâde sagen,
der mir sô dicke hât gegeben
wunne unde wunneclîchez leben.«   19040

Ich fürchte, ich bin durch Isolde verzaubert
zum zweiten Male.
Ich glaube, aus Cornwall
ist Arundel geworden,
Karke aus Tintajol   19010
und Isolde aus Isolde.
Ich denke immer wieder,
wenn jemand von diesem Mädchen
als ›Isolde‹ spricht,
daß ich Isolde gefunden habe.   19015
Das bringt mich ganz durcheinander.
Wie merkwürdig ist es mir ergangen.
Isolde wiederzusehen,
danach sehne ich mich schon lange Zeit.
Nun bin ich, wo Isolde ist,   19020
und doch bin ich nicht bei Isolde,
wie nahe ich auch bei Isolde bin.
Täglich sehe ich Isolde
und sehe sie doch nicht. Das ist mein Kummer.
Ich habe Isolde gefunden,   19025
aber nicht die blonde,
die mich so lieblich quält.
Es ist Isolde, die mich
auf diesen Gedanken gebracht hat,
über den ich im Herzen nachgrübele.   19030
Es ist die von Arundel
und nicht Isolde, die Schöne.
Zu meinem Schmerz sehe ich die nicht.
Aber was mein Auge stets erblickt
und das Siegel ihres Namens trägt,   19035
dem will ich auf ewig
herzlich zugetan sein.
Dem geliebten Namen will ich danken,
der mir so oft geschenkt hat
Freude und glückliches Leben.«   19040

Alsolhiu maere treip Tristan
vil ofte wider sich selben an,
swenne er sîn senftez ungemach,
Îsôte as blanschemains, gesach.
diu viuwerniuwet ime den muot   19045
mit der glimmenden gluot,
diu ime doch naht unde tac
betrochen in dem herzen lac.
ern was dô niht gedanchaft
z'erneste noch ze ritterschaft.   19050
sîn herze und sîne sinne
diun wâren niwan an minne
und an gemuotheit geleit.
er suohte gemuotheit
in wunderlîcher ahte.   19055
er besazte sîne trahte,
er wolte liebe und lieben wân
wider die maget Îsôte hân,
sîn gemüete gerne twingen
z'ir liebe ûf den gedingen,   19060
ob ime sîn senebürde
mit ir iht ringer würde.
er üebete an ir dicke
sîn inneclîche blicke
und sante der sô manegen dar,   19065
daz sî binamen wol wart gewar,
daz er ir holdez herze truoc.
ouch haete sî dâ vor genuoc
durch in gedanke vür brâht.
si haete vil durch in gedâht.   19070
sît sî gehôrte unde gesach,
daz man im sô vil lobes sprach
über hof und über lant,
sît was ir herze an in gewant.
und alse Tristan denne   19075
sîn ougen eteswenne

Solche Überlegungen stellte Tristan
sehr oft bei sich an,
wann immer er sein liebliches Unglück,
Isolde mit den weißen Händen, erblickte.
Sie entflammte aufs neue sein Herz   19045
mit der glimmenden Glut,
die ihm ohnedies Tag und Nacht
im Herzen verborgen lag.
Er dachte nun nicht mehr
an Kampf und ritterliche Taten.   19050
Sein Herz und sein Verstand
waren nur noch auf Liebe
und Vergnügen gerichtet.
Sein Vergnügen suchte er
auf seltsame Weise.   19055
Er strebte danach,
Liebe und Hoffnung auf Liebe
für dieses Mädchen Isolde zu empfinden.
Seine Gefühle wollte er gerne zwingen,
sie zu lieben in der Hoffnung,   19060
daß ihm die Last seiner Liebesqual
von ihr verringert würde.
Sehr oft warf er ihr
schmachtende Blicke zu
und schenkte ihr so viele davon,   19065
daß sie deutlich bemerkte,
daß er in sie verliebt war.
Schon vorher hatte auch sie viel
an ihn gedacht.
Seinetwegen hatte sie oft überlegt.   19070
Seit sie gehört und gesehen hatte,
daß man ihn so sehr lobte
bei Hofe und im Lande,
hatte sich ihr Herz ihm zugewandt.
Und als Tristan dann   19075
irgendwann seinen Blick

durch âventiure an sî verlie,
sô widerlie s'ir ougen ie
als inneclîchen an den man,
daz er gedenken began,   19080
mit swelher slahte dingen
er'z möhte vollebringen,
daz al sîn herzeswaere
dermite erloschen waere,
und was gedanchaft derzuo.   19085
er sach si spâte unde vruo,
swenne ez mit ihte mohte sîn.

Vil schiere wart, daz Kâedîn
ir zweier blicke wart gewar,
und vuorte in ouch dô dicker dar,   19090
dan er ê mâles taete,
wan er gedingen haete,
ob s'ime ze herzen beclibe,
daz er si naeme und dâ belibe.
sô haete ouch er mit ime verant   19095
sîn urliuge über al daz lant.
sus bat er ie genôte
sîne swester Isôte,
daz sî'z mit rede Tristande büte,
reht alse er selbe vor gebüte,   19100
und niemer kaeme an keine tât
âne in und âne ir vater rât.
Îsôt diu leiste sîne bete,
wan sî'z doch selbe gerne tete,
und bôt ez Tristande aber dô baz.   19105
rede unde gebaerde und allez daz,
daz die gedanke stricket,
minne in dem herzen quicket,
daz begunde s'an in wenden
alle wîs und allen enden,   19110
biz daz si'n ouch enzunde,

zufällig auf sie richtete,
erwiderte sie den Blick
dem Manne so innig,
daß er darüber nachdachte, 19080
auf welche Weise
er es anstellen könnte,
all seinen Herzenskummer
damit zu beenden.
Er bemühte sich darum, 19085
sie von früh bis spät zu sehen,
wann immer es irgend ging.

Es dauerte nicht lange, bis Kaedin
die Blicke der beiden bemerkte
und daß er Tristan häufiger zu ihr führte, 19090
als er es vorher getan hatte.
Er hoffte nämlich,
daß, wenn sie sein Herz gewänne,
er sie nähme und dabliebe.
Dann hätte auch Kaedin mit seiner Hilfe beendet 19095
den Krieg überall im Reiche.
Darum bat er dringend
seine Schwester Isolde,
daß sie mit Tristan spräche,
so wie er selbst es ihr sagen wollte, 19100
und daß sie niemals etwas tun solle,
ohne ihn oder ihren Vater zu fragen.
Diese Bitte erfüllte Isolde,
denn sie wollte es ja selbst gerne.
Sie war noch einmal so freundlich zu Tristan. 19105
Gespräche und Benehmen und alles,
was die Gedanken bestrickt
und die Liebe im Herzen entfacht,
ließ sie ihm zuteil werden
auf jede Art und überall, 19110
bis sie ihn schließlich entflammte

daz ime der name begunde
den ôren senften an der stete,
der ime dâ vor unsanfte tete.
er hôrte und sach Îsolde   19115
vil gerner danne er wolde.
reht alse tete ouch in Îsolt.
si sach in gerne und was im holt.
er meinde sî, sî meinde in.
hie mite gelobeten s'under in   19120
liebe unde geselleschaft
und wâren ouch der vlîzhaft
ze iegelîchen stunden,
sô sî mit vuoge kunden.

Eines tages dô gesaz Tristan   19125
und giengen in gedanke an
von sînem erbesmerzen.
er bedâhte in sînem herzen
manege und maneger hande nôt,
die sîn ander leben Îsôt,   19130
diu blunde küniginne,
der slüzzel sîner minne
durch in erliten haete
und ouch dar an sô staete
in allen noeten waere.   19135
er nam ez ime ze swaere
und gieng im rehte an sînen lîp,
daz er âne Îsolde ie kein wîp
durch minne in sînen muot genam
und ie an die gedanke kam.   19140
leitlîche sprach er wider sich:
»ich ungetriuwer, waz tuon ich?
ich weiz doch wârez alse den tôt:
mîn herze und mîn leben Îsôt,
an der ich hân g'unsinnet,   19145
diu enmeinet noch enminnet

und ihm ihr Name
in den Ohren lieblich klang,
wo er ihn zuvor geschmerzt hatte.
Er hörte und sah Isolde   19115
mit größerem Vergnügen als beabsichtigt.
Genauso erging es auch Isolde mit ihm.
Sie sah ihn gerne und war ihm zugetan.
Er dachte an sie und sie an ihn.
Dann schworen sie einander   19120
Liebe und Freundschaft
und pflegten sie eifrig
zu jeder Zeit,
wenn sie es mit Anstand konnten.

Eines Tages saß Tristan   19125
und grübelte
über seinen alten Kummer.
Er dachte bei sich nach
über die vielen und vielfältigen Schmerzen,
die sein anderes Leben, Isolde,   19130
die blonde Königin,
der Schlüssel zu seiner Liebe,
um seinetwillen erlitten hatte
und wie sie trotzdem so standhaft
in aller Drangsal geblieben war.   19135
Es bedrückte ihn
und ging ihm sehr nahe,
daß er außer Isolde jemals eine andere Frau
liebend in sein Herz geschlossen hatte
und überhaupt auf diesen Gedanken verfallen war.   19140
Bekümmert sagte er bei sich:
»Ich Treuloser, was tue ich?
Ich weiß ganz sicher:
Mein Herz und mein Leben, Isolde,
an der ich so sinnverwirrt gehandelt habe,   19145
sie schätzt und liebt

niht dinges ûf der erden
noch enkan ir niht gewerden
liep wan ich al eine
und minne ich unde meine   19150
ein leben, des si niht bestât.
ine weiz, waz mich verkêret hât.
waz hân ich mich genomen an,
ich triuwelôser Tristan!
ich minne zwô Îsolde   19155
und hân die beide holde
und ist mîn ander leben, Îsolt,
niwan einem Tristande holt.
diu eine wil dekeinen
Tristanden wan mich einen,   19160
und wirbe ich ie genôte
nâch anderer Îsôte.
wê dir, sinnelôser man,
verirreter Tristan!
lâ disen blinden unsin,   19165
tuo disen ungedanc hin!«

Hie mite kam er des willen wider.
minne unde muot leite er dernider,
den er der megede Îsôte truoc.
iedoch sô bôt er ir genuoc   19170
sô süezer gebaerde,
daz s'alle die bewaerde
sîner minne wânde hân.
dô was ez anders getân.
ez gieng, alse ez solde.   19175
Îsôt diu haete Îsolde
Tristanden muoteshalp genomen.
Tristan was aber mit muote komen
wider an sîn erbeminne.
sîn herze und sîne sinne   19180
diu triben dô niwan ir altez leit.

nichts auf der Welt,
und nichts kann ihr jemals
so lieb sein wie ich allein.
Ich dagegen liebe und begehre   19150
ein Leben, das mit ihr unvergleichlich ist.
Ich weiß nicht, was mich so verwirrt hat.
Was ist nur über mich gekommen,
mich treulosen Tristan!
Ich liebe zwei Isolden,   19155
bin ihnen beiden zugetan,
und doch ist mein anderes Leben, Isolde,
nur *einem* Tristan zugetan.
Diese eine will keinen anderen
Tristan als nur mich,   19160
und doch bemühe ich mich eifrig
um die andere Isolde.
Weh dir, törichter Mann,
irregeleiteter Tristan!
Laß diesen blinden Wahnsinn,   19165
leg diese üble Absicht ab!«

So kam er von seinen Absichten ab.
Seine Liebe und sein Verlangen unterdrückte er,
das er für das Mädchen Isolde hegte.
Trotzdem zeigte er ihr häufig   19170
so zärtliches Gebaren,
daß sie alle Beweise
seiner Liebe zu haben glaubte.
Aber es verhielt sich anders.
Es ging, wie es gehen sollte: 19175
Isolde hatte Isolde
Tristan innerlich weggenommen.
In seinem Herzen war Tristan
wieder zu seiner angestammten Liebe zurückgekehrt.
Sein Herz und seine Gedanken   19180
empfanden da nichts als ihren alten Schmerz.

doch begieng er sîne höfscheit.
do'r an der megede gesach
ir senelîchez ungemach,
daz sich daz üeben began,   19185
dô leite er sînen vlîz dar an,
daz er ir vröude baere.
er seite ir schoeniu maere,
er sang ir, er schreib unde er las.
und swaz ir kurzewîle was,   19190
dâ zuo was er gedanchaft.
er leiste ir geselleschaft,
er kürzete ir die stunde
etswenne mit dem munde
und underwîlen mit der hant.   19195
Tristan er machete unde vant
an iegelîchem seitspil
leiche unde guoter noten vil,
die wol geminnet sint ie sît.
er vant ouch zuo der selben zît   19200
den edelen leich Tristanden,
den man in allen landen
sô lieben und sô werden hât,
die wîle und disiu werlt gestât.
oft unde dicke ergieng ouch daz: 19205
sô daz gesinde in ein gesaz,
er unde Îsôt und Kâedîn,
der herzog und diu herzogîn,
vrouwen und barûne,
sô tihtete er schanzûne,   19210
rundate und höfschiu liedelîn
und sang ie diz refloit dar în:
»Îsôt ma drûe, Îsôt m'amie,
en vûs ma mort, en vûs ma vie!«
und wan er daz sô gerne sanc,   19215
sô was ir aller gedanc
und wânden ie genôte,

Trotzdem zeigte er seine höfische Erziehung.
Als er an dem Mädchen bemerkte
dessen Liebesqualen,
wie sie sich zu regen begannen,   19185
da bemühte er sich eifrig darum,
ihm Freude zu bereiten.
Er erzählte Isolde hübsche Geschichten,
er sang, er dichtete und las ihr vor.
Was immer sie erfreute,   19190
darum bemühte er sich.
Er leistete ihr Gesellschaft,
er vertrieb ihr die Zeit
durch Singen
oder bisweilen auch durch Musizieren.   19195
Tristan erfand und komponierte
für alle möglichen Saiteninstrumente
Lieder und viele schöne Melodien,
die seither sehr beliebt sind.
In dieser Zeit schrieb er auch   19200
den herrlichen Tristan-Leich,
den man überall
so liebt und schätzt,
solange diese Welt besteht.
Oft ergab es sich auch,   19205
wenn der ganze Hof zusammensaß,
er, Isolde und Kaedin,
der Herzog und die Herzogin,
Damen und Barone,
daß er dann Lieder dichtete,   19210
Rondeaus und höfische kleine Melodien,
und immer sang er diesen Refrain dazu:
»Isolde, meine Geliebte, meine Freundin,
in Euch mein Tod, in Euch mein Leben.«
Und weil er das so inbrünstig sang,   19215
glaubten sie alle
und waren der festen Überzeugung,

er meinde ir Îsôte,
und vröuten sich es sêre
und aber nieman mêre   19220
dan sîn geselle Kâedîn.
der vuorte in ûz, der vuorte in în
und sazte in z'allen zîten
der swester an ir sîten.
diu was sîn ouch von herzen vrô.   19225
diu nam in aber ze handen dô
und wante danne ir vlîz an in.
ir clâren ougen unde ir sin
diu spilten ûf in denne.
sô warf ouch eteswenne   19230
der cranke magetlîche name
sîne kiusche und sîne schame
zem nacken von den ougen.
si leite im dicke untougen
ir hende in die sîne,   19235
als ob ez Kâedîne
ze liebe geschaehe.
swes aber sich der versaehe,
ir selber vröude lac dar an.

Diu maget diu wart sich wider den man   19240
sô rehte lieplîch machende,
smierende unde lachende,
kallende unde kôsende,
smeichende unde lôsende,
biz daz si'n aber enzunde,   19245
daz er aber wider begunde
mit muote und mit gedanken
an sîner liebe wanken.
er zwîvelte an Îsolde,
ob er wolde oder enwolde.   19250
ouch tete ez ime entriuwen nôt,
dô sî'z im alsô suoze bôt.
er dâhte dicke wider sich:

er meinte damit ihre Isolde.
Darüber freuten sie sich sehr,
niemand aber so sehr   19220
wie sein Freund Kaedin.
Er führte ihn ein und aus
und setzte ihn stets
seiner Schwester zur Seite.
Sie freute sich aus ganzem Herzen über ihn.   19225
Sie nahm sich seiner immer wieder an
und widmete sich ihm eifrig.
Ihre hellen Augen und ihre Gedanken
beschäftigten sich dann nur mit ihm.
Bisweilen auch ließ   19230
die schwächliche Jungfräulichkeit
ihre Keuschheit und Scham
beiseite.
Isolde legte oft in aller Öffentlichkeit
ihre Hände in die seinen,   19235
so als ob es Kaedin
zuliebe geschähe.
Was immer der sich aber auch versprach,
so hatte sie doch selbst ihre Freude dabei.

Das Mädchen gab sich vor dem Mann   19240
so überaus liebenswert,
lächelte und lachte,
plauderte und schwatzte,
schmeichelte und scherzte,
bis sie ihn wieder entflammte   19245
und er abermals begann,
in Gemüt und Gedanken
in seiner Liebe schwankend zu werden.
Er war sich nicht sicher über Isolde,
ob er wollte oder nicht.   19250
Zudem bedrängte es ihn sehr,
daß sie so überaus freundlich zu ihm war.
Oft dachte er bei sich:

»weder wil ich oder enwil ich?
ich waene nein, ich waene jâ.«   19255
sô was aber diu staete dâ.
»nein« sprach si »hêrre Tristan,
sich dîne triuwe an Îsôt an,
gedenke genôte
der getriuwen Îsôte,   19260
diu nie vuoz von dir getrat.«
sus was er aber an der stat
von den gedanken genomen
und aber in solhen jâmer komen
durch Îsôte minne,   19265
sînes herzen küniginne,
daz er gebaerde unde site
sô gar verwandelte dermite,
daz er an iegelîcher stete
niht anders niuwan trûren tete.   19270
und swenne er aber z'Îsôte kam,
sîne rede mit ir ze handen nam,
daz er sîn selbes gar vergaz
und siuftende allez bî ir saz.
sîn tougenlîchiu swaere   19275
diu wart als offenbaere,
daz al daz ingesinde jach,
sîn triure und sîn ungemach
daz waere durch Îsôte gar.
si haeten ouch entriuwen wâr.   19280
Tristandes triure und sîn nôt
daz enwas niht anders wan Îsôt.
Îsôt diu was sîn ungeschiht.
und aber diu mitalle niht,
dâ sî'z dâ vür erkanden,   19285
diu mit den blanken handen.
ez was Îsôt la bêle,
niht diu von Arundêle.

»Will ich oder will ich nicht?
Ich glaube ja, ich glaube nein.«   19255
Dann aber sprach in ihm die Standhaftigkeit
und sagte: »Nein, Herr Tristan,
betrachte deine Treue zu Isolde,
denke immer wieder
an die treue Isolde,   19260
die keinen Fußbreit von dir abwich.«
So kam er dort wieder
von diesem Gedanken ab
und geriet abermals in solchen Jammer
wegen seiner Liebe zu Isolde,   19265
seiner Herzenskönigin,
daß er Verhalten und Wesen
dabei so veränderte,
daß er überall
nichts tat als trauern.   19270
Und wenn er wieder zu Isolde ging
und eine Unterhaltung mit ihr begann,
wurde er ganz selbstvergessen
und saß nur seufzend bei ihr.
Sein geheimer Kummer   19275
wurde so offenkundig,
daß der ganze Hof meinte,
sein Schmerz und sein Jammer
seien nur Isoldes wegen.
Damit hatten sie wahrhaftig recht.   19280
Tristans Trauer und Leid
kamen nur von Isolde.
Isolde war sein Unglück.
Aber ganz und gar nicht jene,
die sie dafür hielten,   19285
die mit den weißen Händen.
Es war Isolde, die Schöne,
nicht die von Arundel.

Si wânden's aber alle dô.
sô wânde ouch Îsôt selbe alsô   19290
und wart verirret gâr dervan.
wan sich ensenete Tristan
dekeine zît sô genôte
durch keine sîne Îsôte,
si ensenete sich noch mê durch in.   19295
sus triben si zwei die stunde hin
mit ungemeinem leide.
si seneten sich beide
und haeten jâmer under in zwein
und gie der ungelîche ein.   19300
ir minne unde ir meine
die wâren ungemeine.
si engiengen dô niht in dem trite
gemeiner liebe ein ander mite
weder Tristan noch diu maget Îsôt.   19305
Tristan der wolte z'einer nôt
ein ander Îsolde
und Îsolt diu enwolde
keinen andern Tristanden.
diu mit den wîzen handen   19310
si minnete unde meinde in.
an ime lac ir herze unde ir sin,
sîn triure was ir ungemach.
und sô si'n eteswenne sach
under ougen alsô blîchen   19315
und danne als inneclîchen
dar under siuften began,
sô sach si'n inneclîchen an
und ersûfte sî danne mite.
nâch vil geselleclîchem site   19320
truoc sî daz trûren mit im ie,
des sî doch lützel ane gie.
si twanc sîn leit sô sêre,
daz ez in an ir mêre

Aber das glaubten sie alle.
Isolde selbst glaubte es auch   19290
und wurde dadurch ganz in die Irre geführt.
Denn Tristan sehnte sich
niemals so sehr
nach seiner Isolde,
daß sie sich nicht noch mehr nach ihm gesehnt hätte. 19295
So brachten die beiden die Zeit hin
mit verschiedenem Leid.
Beide sehnten sich
und hatten beide Kummer,
der jedoch sehr ungleich war.   19300
Ihre Liebe und ihr Sehnen
waren unvereinbar.
Sie gingen nicht in der Spur
gemeinsamer Liebe nebeneinander,
weder Tristan noch das Mädchen Isolde.   19305
Tristan wollte zu seinem Schmerz
eine andere Isolde,
und Isolde wollte
keinen anderen Tristan.
Die mit den weißen Händen   19310
liebte und dachte nur an ihn.
Bei ihm waren ihr Herz und ihre Gedanken.
Sein Kummer war ihr Schmerz.
Und wenn sie ihn einmal
so blaß im Gesicht sah   19315
und ihn dann so tief
dabei seufzen hörte,
sah sie ihn innig an
und seufzte mit ihm.
Ganz gemeinschaftlich   19320
trug sie stets mit ihm sein Leid,
das sie doch gar nichts anging.
Sein Leid bedrückte sie so sehr,
daß es ihn mehr um ihretwillen

dan an im selben müete.   19325
die liebe und die güete,
die s'ime sô staeteclîche truoc,
die betrûrete er genuoc.
in erbarmete, daz s'ir sinne
sô verre an sîne minne   19330
umbe niht haete verlân
und ûf alsô verlornen wân
ir herze haete an in geleit.
doch begieng er sîne höfscheit
und vleiz sich alle stunde,   19335
sô'r suozeste kunde
mit gebaerden und mit maeren,
daz er s'ûz disen swaeren
vil gerne haete genomen.
nu was s'aber in die swaere komen   19340
ze verre und alze sêre.
und sô er sich's ie mêre
pînete unde nôte,
sô er die maget Îsôte
von stunde ze stunde   19345
ie mêre und mêre enzunde,
biz sî ze jungest dar an kam,
daz minne an ir den sige genam,
sô daz si'm alse dicke
ir gebaerde, ir rede, ir blicke   19350
als inneclîche suoze erbôt,
daz er aber in sîne zwîvelnôt
zem dritten mâle geviel
und aber sînes herzen kiel
begunde in ungedanken   19355
vlüeten unde wanken.
und was dâ cleine wunder an.
wan weizgot diu lust, diu den man
alle stunde und alle zît
lachende under ougen lît,   19360

als um seiner selbst willen schmerzte.   19325
Die Liebe und Freundlichkeit,
die sie ihm so beständig entgegenbrachte,
bedrückte ihn sehr.
Ihn dauerte, daß sie
so völlig seiner Liebe   19330
ohne jeden Grund vertraute
und mit so aussichtsloser Hoffnung
ihm ihr Herz geschenkt hatte.
Doch bewies er seine höfische Erziehung
und bemühte sich unablässig,   19335
so gut er nur konnte,
sie mit Verhalten und Gesprächen
aus diesem Schmerz
zu reißen.
Sie war aber in ihren Kummer geraten   19340
zu weit und zu tief.
Und je mehr er sich
bemühte und anstrengte,
desto mehr entflammte er Isolde, das Mädchen,
von Stunde zu Stunde,   19345
mehr und mehr,
bis sie schließlich so weit war,
daß die Liebe sie überwand
und sie ihm so oft
ihr Verhalten, ihre Worte und Blicke   19350
so innig und süß zuwandte,
daß er abermals in die Qual der Unentschlossenheit
zum dritten Male stürzte
und das Schiff seines Herzens erneut
in finsteren Gedanken   19355
zu treiben und zu schwanken begann.
Das war nicht verwunderlich.
Denn, weiß Gott, das Vergnügen, das dem Mann
unentwegt und immer
lachend vor Augen liegt,   19360

diu blendet ougen unde sin,
diu ziuhet ie daz herze hin.

Hie mugen die minnaere
kiesen an dem maere,
daz man vil michel baz vertreit   19365
durch verre minne ein verre leit,
dan daz man minne nâhe bî
und nâher minne âne sî.
jâ zwâre als ich'z erkennen kan
vil lieber minne mag ein man   19370
baz verre enbern und verre gern
dan nâhe gern und nâhe enbern
und kumet der verren lîhter abe,
dan er der nâhen sich enthabe.
hie verwar sich Tristan inne.   19375
er gerte verrer minne
und leit durch die grôz ungemach,
die er weder enhôrte noch ensach,
und enthabete sich der nâhen,
die sîn ougen dicke sâhen.   19380
er gerte z'allen stunden
der liehten, der blunden
Îsôte von Îrlanden
und vlôch die wîzgehanden,
die stolzen maget von Karke.   19385
er qual nâch jener starke
und zôch sich hie von dirre.
sus was er beider irre.
er wolde unde enwolde
Îsolde unde Îsolde.   19390
er vlôch dise und suohte jene.
diu maget Îsôt diu haete ir sene,
ir triuwe und ir durnehtekeit
einvalteclîchen an geleit.
si gerte des, der von ir zôch,   19395

das blendet Augen und Verstand
und zieht stets das Herz an.

Liebende können hier
der Geschichte entnehmen,
daß man entschieden leichter erträgt   19365
ein fernes Leid um ferne Liebe,
als wenn man in der Nähe liebt
und dabei ohne nahe Liebe ist.
Ja, wirklich, soweit ich sehen kann,
kann ein Mann zärtliche Liebe   19370
besser aus der Ferne entbehren und begehren
als aus der Nähe begehren und entbehren,
und er entschlägt sich der Liebe aus der Ferne eher,
als er sich der nahen enthält.
Hierin verstrickte sich Tristan.   19375
Er sehnte sich nach ferner Liebe
und erlitt großen Kummer um die,
die er weder hörte noch sah,
und er enthielt sich der nahen,
die seine Augen oft erblickten.   19380
Unentwegt sehnte er sich
nach der strahlenden, blonden
Isolde aus Irland,
und er mied die mit den weißen Händen,
das vornehme Mädchen von Karke.   19385
Er litt heftige Qualen um jene
und zog sich von dieser zurück.
So wurde er an beiden irre.
Er wollte und wollte zugleich auch nicht
Isolde und Isolde.   19390
Er mied die eine und suchte nach der anderen.
Isolde, das Mädchen, hatte ihre Sehnsucht,
ihre Treue und Aufrichtigkeit
völlig ungeteilt verschenkt.
Sie sehnte sich nach dem, der ihr auswich,   19395

und was den jagende, der si vlôch.
daz was des schult: si was betrogen.
Tristan haete ir sô vil gelogen
mit disen zwein handelungen
der ougen unde der zungen,   19400
daz si sînes herzen unde sîn
gewis und sicher wânde sîn.
und al der trügeheite,
die Tristan an si leite,
sô was ie daz diu volleist,   19405
diu ir herze allermeist
an Tristandes liebe twanc,
daz er daz alsô gerne sanc:
»Îsôt ma drûe, Îsôt m'amie,
en vûs ma mort, en vûs ma vie!«   19410
daz lockete ir herze allez dar.
daz was, daz ir die liebe bar.

Die rede nam sî sich allez an
und gie dem vliehenden man
als inneclîche suoze mite,   19415
biz daz si'n an dem vierden trite
der minne erzôch, dâ er si vlôch,
und in zuo ir her wider zôch,
daz er sich aber dar bewac
und aber dô was naht unde tac   19420
gedenkende unde trahtende
und angestlîchen ahtende
umbe sîn leben und umbe sich.
»ei« dâhte er »hêrre, wie bin ich
mit liebe alsus verirret!   19425
diz liep, daz mir sus wirret,
daz mir benimet lîp unde sin,
dâ von ich sus beswaeret bin,
sol mir daz ûf der erden
iemer gesenftet werden,   19430

sie verfolgte den, der sie floh.
Es war seine Schuld: sie war betrogen.
Tristan hatte sie so sehr getäuscht
mit diesem doppeldeutigen Gebrauch
der Augen und der Zunge,   19400
daß sie seines Herzens und seiner Absichten
ganz sicher zu sein glaubte.
Doch von all den Täuschungen,
denen Tristan sie aussetzte,
war stets die wichtigste,   19405
die ihr Herz am stärksten
drängte, Tristan zu lieben,
daß er so gerne sang:
»Isolde, meine Geliebte, meine Freundin,
in Euch mein Tod, in Euch mein Leben.«   19410
Das lockte ihr Herz ganz zu ihm;
das war es, was ihre Liebe entflammte.

Diese Worte nahm sie sich zu Herzen
und folgte dem fliehenden Mann
so überaus lieblich,   19415
bis sie ihn beim vierten Versuch
der Liebe einholte, als er von ihr floh,
und ihn sich zurückgewann,
so daß er sich ihr wieder zuwandte
und abermals Tag und Nacht   19420
überlegte und grübelte
und beklommen nachdachte
über sich und sein Leben.
»Ach, Herr«, dachte er, »wie bin ich
durch die Liebe so verwirrt.   19425
Wenn diese Liebe, die mich so verwirrt,
die mir Leben und Vernunft raubt,
die mich so sehr bedrückt,
auf dieser Welt
jemals gelindert werden soll,   19430

daz muoz mit vremedem liebe wesen.
ich hân doch dicke daz gelesen
und weiz wol, daz ein trûtschaft
benimet der andern ir craft.
des Rînes vlieze und sîn vlôz   19435
der enist an keiner stat sô grôz,
man enmüge dervon gegiezen
mit einzelingen vliezen
sô vil, daz er sich gâr zerlât
und maezlîche craft hât.   19440
sus wirt der michele Rîn
vil kûme ein cleinez rinnelîn.
kein viur hât ouch sô grôze craft,
ist man dar zuo gedanchaft,
man enmüge es sô vil zesenden   19445
mit einzelen brenden,
biz daz ez swache brinnet.
als ist dem, der dâ minnet.
der hât dem ein gelîchez spil.
er mag als ofte und alse vil   19450
sîn gemüete zegiezen
mit einzelen vliezen,
sînen muot sô manegen enden
zeteilen und zesenden,
biz daz sîn dâ sô lützel wirt,   19455
daz er maezlîchen schaden birt.
als mag ez ouch mir wol ergân,
wil ich zeteilen und zelân
mîne minne und mîne meine
an maneger danne an eine.   19460
gewende ich mîne sinne
mê danne an eine minne,
ich wirde lîhte dervan
ein triurelôser Tristan.
Nu sol ich ez versuochen.   19465
wil mîn gelücke ruochen,

dann muß das durch eine neue Liebe geschehen.
Ich habe oft gelesen
und weiß genau, daß eine Liebe
der anderen ihre Macht raubt.
Der Fluß und die Strömung des Rheins   19435
sind an keiner Stelle so stark,
daß man davon nicht ableiten könnte
mit einzelnen Nebenarmen
so viel, daß er sich ganz verteilt
und seine Gewalt gemäßigt wird.   19440
So wird der große Rhein
kaum mehr als ein kleines Rinnsal.
Kein Feuer hat solche Gewalt,
daß man, wenn man darauf aus ist,
es nicht zerstreuen könnte   19445
in einzelne Brände,
bis es nur noch schwach brennt.
So geht es auch dem Liebenden.
Er kann ein ähnliches Spiel treiben.
Er kann so oft und so sehr   19450
seine Gefühle ableiten
in einzelne Abflüsse,
seine Empfindungen in so viele Richtungen
zerstreuen und zerteilen,
bis davon so wenig übrigbleibt,   19455
daß es ihm nicht mehr schadet.
So kann es mir wohl auch ergehen.
Wenn ich aufteile und ableite
meine Liebe und meine Sehnsucht
an mehr als nur eine Frau,   19460
wenn ich meine Gedanken wende
an mehr als nur eine Liebe,
dann werde ich dadurch vielleicht
ein Tristan ohne Trauer.
Ich will es also versuchen.   19465
Wenn das Glück mir gewogen ist,

so ist zît, daz ich's beginne.
wan diu triuwe und diu minne,
die ich ze mîner vrouwen hân,
diu enmag mir niht ze staten gestân.   19470
ich swende an ir lîp unde leben
und enmac mir keinen trôst geben
ze lîbe noch ze lebene.
ich lîde alze vergebene
disen kumber unde dise nôt.   19475
â süeze amîe, liebe Îsôt,
diz leben ist under uns beiden
alze sêre gescheiden.
ez enstât nu niht als wîlent ê,
dô wir ein wol, dô wir ein wê,   19480
eine liebe und eine leide
gemeine truogen beide.
nu stât ez leider niht alsô.
nu bin ich trûric, ir sît vrô.
sich senent mîne sinne   19485
nâch iuwerre minne
und iuwer sinne senent sich,
ich waene, maezlîch umbe mich.
die vröude, die ich durch iuch verbir,
owî owî, die trîbet ir   19490
als ofte als iu gevellet.
ir sît dar zuo gesellet.
Marke iuwer hêrre und ir, ir sît
heime unde gesellen alle zît.
sô bin ich vremede und eine.   19495
ich waene, ich wirde cleine
von iu getroestet iemer
und ich enkan doch niemer
mit mînem herzen von iu komen.
durch waz habt ir mich mir benomen,   19500
sît ir mîn alsô cleine gert
und mîn ouch iemer wol enbert?

ist es Zeit, daß ich es tue.
Denn die Treue und die Liebe,
die ich meiner Herrin bewahre,
können mir nicht nützen.   19470
Ich vergeude an ihr mich und mein Leben,
und es kann mir doch nicht helfen
bei meinem Leben.
Ich erleide vergebens
diesen Schmerz und diesen Kummer.   19475
Ach, süße Geliebte, liebste Isolde,
dieses unser Leben ist
zu sehr getrennt.
Es ist nun nicht mehr wie früher,
als wir *ein* Wohl und *ein* Wehe,   19480
ein Glück und *ein* Leid
beide gemeinsam trugen.
Zu meinem Leidwesen ist es nicht mehr so.
Jetzt bin ich traurig, und Ihr seid froh.
Meine Sinne sehnen sich   19485
nach Eurer Liebe,
und Eure Sinne sehnen sich,
wie ich vermute, nicht nach mir.
Das Glück, dem ich um Euretwillen entsage,
o weh, das habt Ihr,   19490
so oft Ihr nur wollt.
Außerdem seid Ihr verheiratet.
Marke, Euer Gemahl, und Ihr, Ihr seid
zu Hause und stets zusammen.
Ich aber bin in der Fremde und einsam.   19495
Ich fürchte, ich werde nur wenig
jemals von Euch getröstet,
und doch kann ich niemals
mein Herz von Euch lösen.
Wodurch habt Ihr mich mir selbst entfremdet,   19500
da Ihr Euch doch gar nicht nach mir sehnt
und immer so gut ohne mich auskommt?

â süeziu küniginne Îsôt,
mit wie vil maneger herzenôt
gât mir mîn leben mit iu hin   19505
und ich iu niht sô maere bin,
daz ir mich sît haetet besant
und eteswaz umbe mîn leben erkant.
si mich besande? â waz red ich?
nu wâ besande si mich   19510
und wie bevünde sî mîn leben?
ich bin doch nû vil lange ergeben
als ungewissen winden,
wie kunde man mich vinden?
ine kan es niht erdenken wie.   19515
man suoche dâ, sô bin ich hie.
man suoche hie, sô bin ich dâ.
wie vindet man mich oder wâ?
wâ man mich vinde? dâ ich bin.
diu lant enloufent niender hin.   19520
sô bin ich in den landen.
dâ vinde man Tristanden.
jâ, der ez et begünde,
der suohte, unz er mich vünde.
wan swer den varnden suochen wil,   19525
dem enist dekein gewissez zil
an sîner suoche vür geleit,
wan er muoz sîne unmüezekeit
übel oder wol bewenden,
wil er dermite iht enden.   19530
mîn vrouwe, an der mîn leben lît,
weiz got diu solte nâch mir sît
vil tougenlîche haben ersant
al Curnewal und Engelant.
Franze unde Normandîe,   19535
mîn lant ze Parmenîe,
oder swâ man seite maere,
daz ir vriunt Tristan waere,

Ach, liebliche Königin Isolde,
mit welcher tiefen Herzensqual
vergeht mein Leben mit Euch.   19505
Und doch liebt Ihr mich nicht so sehr,
daß Ihr seither nach mir gefragt hättet,
um etwas über mein Leben hier zu erfahren.
Sie nach mir fragen? Ach, was rede ich da?
Wo sollte sie nach mir fragen,   19510
wie etwas über mein Leben erfahren?
Ich habe mich nun schon so lange überlassen
so ungewissen Winden.
Wie könnte man mich finden?
Ich kann mir nicht vorstellen wie.   19515
Sucht man dort, bin ich hier.
Sucht man hier, bin ich dort.
Wie soll man mich finden und wo?
Wo man mich findet? Wo ich bin.
Länder laufen nicht weg.   19520
Ich aber bin in diesen Ländern.
Da soll man Tristan finden.
Ja, wenn jemand damit anfinge,
würde er suchen, bis er mich fände.
Denn wer den Umherziehenden finden will,   19525
dem ist kein festes Ziel
für seine Suche gesetzt,
denn er muß seinen Eifer
zum Guten oder Schlechten verwenden,
wenn er etwas damit erreichen will.   19530
Meine Herrin, an der mein Leben liegt,
sollte, weiß Gott, inzwischen nach mir
in aller Stille ausgeforscht haben
ganz Cornwall und England.
Frankreich und die Normandie,   19535
mein eigenes Reich Parmenien,
oder wo man ihr auch sagte,
daß ihr Geliebter Tristan sei,

daz solte sider gâr sîn ersuoht,
und haete sî mîn iht geruoht.   19540
nu ruochet sî mîn cleine,
die ich minne unde meine
mê danne sêle unde lîp.
durch sî mîde ich al ander wîp
und muoz ir selber ouch enbern.   19545
ine mac von ir niht des gegern,
daz mir zer werlde solte geben
vröude unde vrôlîchez leben.«

hätte sie seither nach mir absuchen sollen,
wenn ihr etwas an mir läge.   19540
Aber ich bedeute ihr nichts,
die ich liebe und verehre
mehr als Leib und Seele.
Um ihretwillen meide ich alle anderen Frauen
und muß trotzdem auch sie selbst entbehren.   19545
Ich kann von ihr nicht das verlangen,
was mir in dieser Welt geben würde
Freude und ein glückliches Leben.«

Rose und Rebe auf den Gräbern der Liebenden

Fortsetzungen zu Gottfrieds »Tristan«-Fragment

Noch vor dem Ende des 13. Jahrhunderts wurde Gottfrieds unvollendeter »Tristan«-Roman von zwei Fortsetzern ergänzt (vgl. dazu den Kommentar zu 19548): Ulrich von Türheim und Heinrich von Freiberg führten das Werk zu dem Ende, das sie – im Banne der Stoff-Tradition stehend und gemäß den Erwartungen ihres Publikums – für richtig hielten.

Im folgenden sollen diese beiden Fortsetzungen, die ihrerseits in weiten Partien voneinander abweichen, in stark verkürzender Nacherzählung wiedergegeben werden, um dem Leser wenigstens einen Eindruck davon zu vermitteln, wie die deutschen Dichter des Mittelalters sich den Ausgang von Gottfrieds »Tristan«-Geschichte gedacht haben.

Um den Vergleich mit dem mittelhochdeutschen Originaltext Ulrichs von Türheim und Heinrichs von Freiberg zu erleichtern, werden die einzelnen Handlungsabschnitte durch vorangestellte Vers-Ziffern kenntlich gemacht. Es versteht sich von selbst, daß die Zusammenfassungen, die lediglich den Inhalt der Fortsetzungen referieren wollen, auf Details und stilistische Besonderheiten der Fassungen nicht eingehen. Hier sei auf die entsprechenden Ausgaben verwiesen.

R. K.

Ulrich von Türheim

1–39. Es ist ein großes Unglück, daß Meister Gottfried, der diese Geschichte so unübertrefflich zu erzählen begann, starb, bevor er sie vollenden konnte. Nun will der Fortsetzer [Ulrich von Türheim nennt seinen Namen nicht] das Werk nach bestem Können beenden. Dazu wurde er von seinem Gönner, dem Schenken Konrad von Winterstetten, angeregt, dem zuliebe und zu Ehren er diese Aufgabe übernommen hat.

40–373. Tristan beschließt, sich der weißhändigen Isolde zuzuwenden. Er teilt dies seinem Freunde Kaedin mit und bittet ihn, sich bei seinen Eltern und seiner Schwester für ihn einzusetzen. Seine Werbung wird freudig angenommen – unter der Bedingung, daß Tristan auf immer in Karke bleiben müsse. In der Hochzeitsnacht befallen Tristan von neuem schwere Skrupel wegen seiner Treulosigkeit der blonden Isolde gegenüber. Er vollzieht deshalb die Ehe nicht, was seine enttäuschte Braut jedoch niemandem verrät. Nach einiger Zeit aber fragt sie ihn doch nach den Gründen für sein merkwürdiges Verhalten. Tristan bringt als Ausrede vor, ein heiliges Gelübde verlange von ihm, daß er, wenn er sich eine Frau nehme, diese ein Jahr lang nicht berühren dürfe. Isolde aber erkennt, daß niemand anderes als die blonde Isolde ihm dies Versprechen abgenommen haben könne. Gleichwohl läßt sie sich auf diese Abmachung ein. Sie verspricht, die Jahresfrist abzuwarten und niemandem davon zu erzählen.

374–847. Auf der Jagd, die der Herzog mit seinem Gefolge veranstaltet, reitet Isolde durch eine Pfütze, und das Wasser spritzt unter ihrem Gewande in die Höhe. Lachend sagt sie daraufhin zu sich selber, dieses Wasser sei kühner als Tristan. Ihr Bruder Kaedin hört diese Bemerkung, verlangt und erhält schließlich eine Erklärung. Er erfährt von Tristans Verhalten, berichtet seinen Eltern davon und stellt seinen Schwager zornig zur Rede. Tristan gesteht ihm seine Liebe zur blonden Isolde und preist ihre Schönheit. Kaedin will sie unbedingt sehen, um Tristans Behauptung durch Augenschein zu überprüfen, und ihn, sollte er gelogen haben, mit dem Tode bestrafen. – Während die Jagdgesellschaft sich mit Spielen die Zeit vertreibt, erscheint vor Tristan und Kaedin ein seltsam buntfarbenes Reh und überbringt einen Ring und einen Brief von der blonden Isolde, in dem diese den Geliebten zurückzukehren bittet. Die Freunde erhalten des Herzogs und der weißhändigen Isolde Erlaubnis, nach Irland zu reisen. Mit Kurvenal und Paligan sowie zwanzig Knappen machen sie sich prächtig ausgerüstet auf die Fahrt. Tristan bittet beim Abschied seine Frau um Vergebung.

848–1359. Zunächst reist die Gesellschaft nach Litan, wo Tinas, der Seneschall des Königs und ein Freund Tristans, herrscht. Dieser geht nach Tintajol und richtet der blonden Isolde heimlich aus, Tristan werde am nächsten Tag im Wald auf sie warten. Isolde überredet Marke, eine Jagd zu veranstalten. Während dieser Jagd kommt das heimliche Treffen mit Tristan zustande. Kaedin, der Isolde gleichfalls sieht, ist nun von ihrer Schönheit überzeugt. Die Königin bittet ihren Geliebten, in ihr Zelt zu kommen: sie werde Unwohlsein vorschützen. Ihr Neffe, der falsche Antret, schöpft Verdacht.

1360–1890. Kurvenal kommt, um Kaedin und Tristan zur Rückfahrt abzuholen. Sie schicken ihn nach Litan zurück und bitten ihn, ihnen am nächsten Morgen entgegenzukommen. – Marke kehrt von der Jagd zurück und erfährt von Antret, Brangäne und Paranis, daß Isolde krank sei. Man rät ihm, nicht zu ihr zu gehen. Währenddessen kommen Tristan und Kaedin zu Isolde. Kaedin bemüht sich um ihr Hoffräulein Kamele, die ihn zunächst zurückweist. Auf Isoldes Zureden gibt sie dem Drängen Kaedins dann aber doch nach – und schläfert ihn mit Hilfe eines Zauberkissens ein, so daß er am nächsten Morgen unverrichteter Dinge erwacht. Von den Damen verspottet, nimmt er zornig Abschied.

1891–1936. In der Frühe kommt Kurvenal den Freunden, wie verabredet, entgegen, aber er hat ein Pferd verloren. Pleherin, ein Gefolgsmann Markes, hatte ihn in der Annahme, er sei Tristan, unterwegs gestellt. Aus Furcht vor Entdeckung war Kurvenal ihm jedoch unerkannt entkommen.

1937–2228. Pleherin brüstet sich an Markes Hof vor Isolde mit Tristans vermeintlicher Feigheit. Die Königin ist über das Verhalten ihres Geliebten ergrimmt und schickt den Knappen Paranis zu ihm mit schweren Vorwürfen. Tristans Beteuerungen bleiben ohne Wirkung. Verzweifelt kehrt er nach Litan zurück und berichtet Tinas von seinem Kummer. Kaedin schickt er heim nach Karke. Unterstützt von Kurvenal, beschließt er, am nächsten Tag, als kranker Mann verkleidet, nach Tintajol zu fahren, um Isoldes Gunst zurückzuerlangen.

2229–2470. In Lumpen gehüllt und mit entstelltem Gesicht begibt sich Tristan nach Tintajol. Isolde aber erkennt ihn an seinem Fingerring. Zornig befiehlt sie Paranis, den vermeintlich Aussätzigen zu schlagen. Durch drei Knappen läßt sie den scheinbar Fremden verprügeln und hinauswerfen. – Tristan kehrt traurig zu Kurvenal zurück, der ihm rät, alsbald zu seiner Frau, der weißhändigen Isolde, heimzufahren und die Geliebte endlich zu vergessen. Darauf aber will Tristan sich nicht einlassen. Er sinnt auf Vergeltung. – Anderntags geht er, begleitet von Kurvenal, in neuer Verkleidung abermals nach Tintajol. Auf Isoldes Frage nennen sie Arundel als ihren Herkunftsort. Als die Königin sich daraufhin nach einer Dame namens Isolde erkundigt, erbleicht Tristan, und sie erkennt ihren Geliebten, der seine anfängliche Behauptung, er heiße Plot, nun aufgibt. Nach erfolgter Versöhnung bittet Isolde, Tristan möge fortgehen und auf Nachrichten von ihr warten, die sie ihm durch ihren Knappen Peliot zukommen lassen werde. Tristan teilt ihr mit, daß er sich im Hafen von Tribalesen aufhalten werde. Die Königin rät ihm, er solle hinter der Maske eines Narren Rache an seinen Feinden nehmen. Tristan macht darauf einen so gewaltigen Freudensprung, daß alle Ritter sich wundern, daß ein einfacher Knappe einer solchen Kraftleistung fähig ist. Auch Marke erfährt von dem erstaunlichen Sprung und läßt nachforschen, wer die beiden Fremden waren. Antret und Melot äußern sogleich den Verdacht, die beiden kämen wohl von Tristan. Marke jedoch schilt seine Ratgeber wegen solcher Verleumdungen seines Neffen Tristan.

2471-2655. Isolde läßt Tristan ausrichten, er solle in vierzehn Tagen in Narrenverkleidung zu ihr kommen. Mit einem grauen Mantel, in dessen Kapuze zwei Käse liegen, und einem schweren Kolben erscheint er unerkannt bei Hofe. Als er gar zu vertraulich mit der Königin plaudert, will Marke ihn entfernen lassen. Tristan aber streckt Antret, der ihn ergreifen will, mit einem Keulenschlag nieder und malträtiert den Zwerg Melot so sehr, daß niemand, selbst der König nicht, ihm nahe zu kommen wagt. So verschafft er sich Narrenfreiheit bei Hofe. – In der Nacht legt er sich vor Isoldes Gemach und tut, als schliefe er. Brangäne gegenüber gibt er sich zu erkennen. Als Isolde und Marke kommen, stimmt er einen Klagegesang in Torenweise an und erschreckt alle durch sein wildes Wesen. Dem garstigen Melot schlägt er ein Auge aus.

2656-2842. Am nächsten Tag reitet Marke für zwei Wochen zur Jagd. Tristan kann seine Geliebte nun ungehindert treffen: Tags spielt er den Narren, und nachts ist er mit Isolde zusammmen. Dann aber werden sie von Antret ertappt, und Tristan flieht, um der drohenden Strafe des Feuertodes zu entgehen. Mit seinem Streitkolben schafft er sich Bahn. Im Wald trifft er den König, der von dem Geschehen noch nichts weiß, und verjagt ihn. Als Pleherin ihn zum Kampfe stellt, erschlägt er ihn mit dem Kolben und entkommt seinen Verfolgern. Der König beklagt Pleherins Tod und will Isolde zunächst zur Strafe mit ihm begraben lassen. Sein Kronrat aber besänftigt ihn mit dem Hinweis, Antret hasse Isolde und habe sie womöglich falsch bezichtigt.

2843-2854. Auf der Rückfahrt nach Arundel sorgt sich Tristan um Isoldes Wohlergehen. Er tröstet sich jedoch damit, daß niemand sie umbringen werde, nachdem er entkommen sei.

2855-3102. Kaedin liebt Kassie, die Gattin des Nampotenis, der in Gamaroch, einem Nachbarland von Arundel, herrscht. Nampotenis aber hält seine Frau stets eingeschlossen und trägt den Schlüssel bei sich. Da bittet Kaedin, auf

Anraten Tristans, seine Geliebte, sie möge heimlich Wachs-
abdrücke von den Schlüsseln anfertigen und diese in den
Burggraben werfen. So geschieht es. Kaedin bringt die
Abdrücke zum Schmied, der binnen zwei Tagen die Nach-
schlüssel herzustellen verspricht. Die Freunde kehren dar-
aufhin nach Karke zurück. Tristan ist nun mit der weißhän-
digen Isolde in Liebe vereint.

3103–3300. Der Schmied bringt die Schlüssel, und Kaedin
begibt sich mit Tristan nach Scharize, der Burg des Nampo-
tenis, der gerade zur Jagd geritten ist. Beim Betreten der
Burg weht der Wind Kaedins Kopfbedeckung in den Gra-
ben. Kassie empfängt ihren Geliebten, während Tristan bei
den Hofdamen wartet. Anschließend reiten beide wieder
fort. – Als Nampotenis von der Jagd zurückkehrt, bemerkt
er die Kopfbedeckung im Graben und vermutet sogleich,
daß seine Frau ihn betrogen haben müsse. Mit Gewalt er-
zwingt er ihr Geständnis. Er verfolgt die Freunde, stellt sie,
erschlägt Kaedin und wird dafür von Tristan getötet. Seine
Gefolgsleute aber verletzen Tristan mit einem vergifteten
Speer. Der tödlich Verwundete bringt die Leiche Kaedins
heim nach Karke. Isolde Weißhand erschrickt über die Ver-
letzung ihres Mannes so sehr, daß sie ohnmächtig zu Boden
stürzt. Unter großem Wehklagen wird Kaedin bestattet.

3301–3731 (Schluß). Tristan schickt den Kaufmann Gaviol
nach Irland, damit dieser die blonde Isolde bitte, ihn von
seiner Giftwunde zu heilen. Sie vereinbaren ein Signal für
den Erfolg bzw. Mißerfolg der Mission: Ein weißes Segel
soll ankündigen, daß Isolde kommt, ein schwarzes dagegen,
daß sie sich geweigert hat, dem Geliebten zu helfen. – Isolde,
von Gaviol benachrichtigt, macht sich sofort mit ihrer Heil-
salbe auf den Weg nach Karke. Brangäne ist inzwischen aus
Gram über das Los ihrer Herrin gestorben. – Isolde Weiß-
hand hört von Tristans Plan und Hoffnung. Sie geht zu ihm
und berichtet ihm, seine Isolde sei gekommen. Als er sie
nach der Farbe des Segels fragt, erwidert sie ihm wider besse-
res Wissen, dieses sei so schwarz wie Kohle. Vor Schmerz

über diese Botschaft stirbt Tristan. An der Bahre des Toten stirbt auch die blonde Isolde, die mittlerweile angekommen ist, an gebrochenem Herzen. – König Marke begibt sich, nachdem er von dem Ende der beiden Liebenden gehört und überdies von der Zauberkraft des Minnetranks erfahren hat, sogleich nach Karke. Er läßt die Särge des Paares nach Cornwall überführen und in einem Kloster in zwei getrennten Marmorsärgen beisetzen. Eine Weinrebe setzt er auf Isoldes, einen Rosenstock auf Tristans Grab. Die Pflanzen verflechten sich alsbald innig miteinander und symbolisieren so über den Tod hinaus, wie unauflöslich die Liebe von Tristan und Isolde schon zu deren Lebzeiten war. Marke stiftet ein Kloster und betet viel für sein und der beiden Liebenden Seelenheil.

Heinrich von Freiberg

1–84. Gottfried von Straßburg, der meisterhafte Dichter, der die Erzählung so herrlich wiedergegeben hat, ist tot. Heinrich von Freiberg [er nennt sich selbst in Vers 82] will das unvollendete Werk nun bis zu jenem traurigen Ende fortführen, an dem Tristan und Isolde von der Glut ihrer Liebe verzehrt werden und sterben. Zu diesem Unternehmen hat ihn Reimund von Lichtenburg, ein Adliger aus Böhmen, ermutigt. Ihm widmet Heinrich seine Fortsetzung.

85–834. Tristan entschließt sich nach langem Schwanken, die weißhändige Isolde zu heiraten. Pfingsten findet die Hochzeit statt. Er vollzieht aber die Ehe nicht, und Isolde tröstet sich mit dem Gedanken, es sei in Parmenien wohl Brauch, in der Hochzeitsnacht keusch zu bleiben.

835–982. Am nächsten Morgen kommt die Mutter der Braut, Karsie, und legt ihr den bräutlichen Kopfschmuck und Festgewänder an. Tagsüber, während Turniere abgehalten werden, sind Tristan und Isolde sehr in Gedanken

versunken – der eine an seine ferne Geliebte, die andere an
die enttäuschende Hochzeitsnacht. Aber auch in der zweiten
Nacht berührt Tristan seine junge Frau nicht. Diese hört
nur, wie er immer wieder nach seiner Isolde seufzt.

983–1128. Als die Hochzeitsfeierlichkeiten vorüber sind,
fragt die weißhändige Isolde Tristan, warum er ihr zürne. Er
erklärt ihr, er habe in Wexford einen gewaltigen Drachen
erschlagen, habe aber in der Not geschworen, er wolle, falls
er jemals heiraten werde, ein Jahr lang seine Frau nicht an-
rühren. Daraufhin seien zwei engelgleiche Frauen erschienen
und hätten ihn gerettet. Isolde Weißhand ist nun versöhnt.
Die beiden leben wie liebende Eheleute miteinander, wor-
über Isoldes Angehörige und der ganze Hof sich freuen.

1129–1572. Ein halbes Jahr nach der Hochzeit begegnen
Tristan und Kaedin auf der Jagd einem Knappen, der von
König Artus als Bote ausgesandt war, um in allen Reichen
die Gründung und Grundsätze der Tafelrunde zu verkün-
den. Tristan verabschiedet sich in Arundel, um diesem Ruf
zu folgen. Isolde Weißhand läßt ihn bereitwillig gehen, weil
das verabredete Jahr der Enthaltsamkeit ohnehin erst zur
Hälfte vorüber ist. Reich ausgestattet und mit großem Ge-
folge machen sich Tristan und Kurvenal auf den Weg zu
Artus.

1573–2000. Nach ihrer Ankunft in Britannien rasten sie in
einem Städtchen unweit Karidol, der Artus-Burg. Am Mor-
gen reitet Tristan, begleitet von Kurvenal, in den nahe gelege-
nen Wald, den die Ritter der Tafelrunde auf der Suche nach
âventiure zu durchstreifen pflegen. Alsbald treffen sie auf
einen fremden Ritter, und sogleich rüsten Tristan und der
Unbekannte sich zu einem Waffengang. Schon beim ersten
gewaltigen Zusammenprall zersplittern ihre Speere, und
beide Kämpfer stürzen von ihren Pferden. Dann aber, als
Tristan mit seinem Schlachtruf »Parmenien!« heranstürmt,
erkennt sein Gegner ihn und läßt die Waffen sinken. Es ist
Tristans Freund und Verwandter Gawan. Die beiden begrü-
ßen sich erfreut und reiten gemeinsam nach Karidol, wo

Tristan von Artus und seinem Gefolge herzlich empfangen wird.

2001–2358. Tristan steht bei der Tafelrunde in hohem Ansehen. Eines Tages besiegt er, ohne erkannt zu werden, im nahen Wald den Truchseß Keie und den überaus tapferen Ritter Dalkors, die beide zu Artus' Hof gehören. Als Keie ohne sein Pferd nach Karidol zurückkehrt, wird er von allen verspottet. Des Königs Versuche, den Sieger herauszufinden, schlagen fehl, da Tristan die Tat leugnet. Als Gawan dann aber Wochen später im Namen der blonden Isolde von Tristan die Wahrheit zu erfahren verlangt, gesteht dieser, die beiden Ritter überwunden zu haben. Gawan verspricht, mit Hilfe einer List zu ermöglichen, daß Tristan die blonde Isolde wiedersehen kann.

2359–3004. Auf der Grenze zwischen den Reichen von Artus und Marke liegt ein Wald. Dort veranstaltet Gawan mit dem ganzen Hof eine Jagd, und er versteht es, diese so zu lenken, daß die Gesellschaft immer näher nach Tintajol, der Burg Markes, kommt. Am Abend dann ist es zu spät zur Rückkehr nach Karidol, und nachdem Gawan Artus' anfängliche Bedenken wegen des gespannten Verhältnisses zwischen Marke und Tristan zerstreut hat, begeben sie sich alle nach Tintajol. Dort werden sie herzlich aufgenommen und festlich bewirtet. Mit verstohlenen Blicken begrüßen sich Tristan und Isolde. – Zum Schlafen wird Artus und seinem Gefolge der Palas hergerichtet. Marke und seine Frau ruhen in einem gesonderten Gemach, jedoch stehen ihre Betten dort nicht beisammen, sondern, wie Tristan von dem jungen Tantrisel erfährt, in einiger Entfernung getrennt voneinander. – Marke läßt, weil sein Argwohn erwacht ist, einen Block mit zwölf Sensen vor die Tür des Gemachs legen. Als Tristan, in dem die alte Sehnsucht auflebt, sich nachts zu Isolde schleichen will, schneidet er sich an diesen Klingen. Er verbindet seine Wunden notdürftig, klopft an die Tür und wird von Isolde eingelassen. Als sie auf ihrem Bette liegen, bemerkt er, wie seine blutenden Verletzungen das Bettzeug und den Estrich der Kemenate verfärben. Erschreckt geht er fort. – Zu Gawan zurückgekehrt, erzählt Tristan ihm von seinem Mißgeschick. Die Freunde beraten sich mit den anderen Artus-Rittern, was zu tun sei. Der schlaue Keie schlägt vor, alle sollten sich an den Sensen verwunden, damit Markes Verdacht nicht nur auf Tristan falle. So geschieht es: Unter Albereien und lautem Getöse begeben sich die Ritter zu Markes Tür und schneiden sich an den Sensen. Als Gawan bemerkt, daß Keie sich listig fernhält, stößt er den Truchsessen so heftig in die Messer, daß dieser die schlimmsten Verletzungen davonträgt und sich lauthals beklagt. Davon erwacht Marke, und er schilt Artus wegen der Disziplinlosigkeit seiner Ritter. Dieser aber erklärt, so sei es Brauch in Karidol, und er sei da ganz machtlos. – Am nächsten Morgen erweist sich, daß alle Ritter verletzt sind und dieselben Schnittwunden haben wie Tristan. Als Marke um Entschuldigung bittet, verlangt Artus im Gegenzug, der König solle seinen Groll gegen Tristan aufgeben. Marke willigt ein. Die Jagdgesellschaft reitet fort, aber Tristan bleibt auf Tintajol.

3005–3155. Die Zauberkraft des Minnetranks entfacht die alte Leidenschaft der Liebenden. Tristan weiht Tantrisel in das Geheimnis ein, und das Kind ist fortan der Bote des Paares. In Marke regt sich erneut der Verdacht, seine Frau betrüge ihn mit seinem Neffen. Er entschließt sich zu einer List. Unter dem Vorwand, zu König Artus reiten zu wollen, verläßt er die Burg, kehrt aber des Nachts heimlich zurück und überrascht Tristan und Isolde zusammen. Er läßt beide in den Kerker werfen. Am nächsten Morgen hält er Gericht und verurteilt sie zum Tode: Isolde soll verbrannt, Tristan gerädert werden. Auch die Bitten von Tristans Freund, dem Truchsessen Tinas von Litan, der herbeigeeilt ist, bleiben ohne Erfolg.

3156–3333. Als das Paar zur Hinrichtungsstätte gebracht wird, bittet Tristan, in der nahe gelegenen Kapelle beten zu dürfen. Sein Wunsch wird ihm erst nach dem Eingreifen

Tinas' gewährt. Tristan springt aus einem rückwärtigen Fenster des Kirchleins in den vorbeiströmenden Fluß. Kurvenal und Tantrisel, die auf ihn gewartet haben, bringen ihm Pferd und Waffen. Er reitet zum Scheiterhaufen, befreit Isolde und flieht mit ihr in den Wald. Die Liebenden können aber die Minnegrotte, von der Meister Gottfried erzählt hat, nicht wiederfinden und bauen sich statt dessen eine Hütte, in der sie Schutz suchen. Kurvenal und Tantrisel sind bei ihnen.

3334–3607. Marke tröstet sich über die Flucht des Paares mit dem Gedanken, Gott selber müsse ihnen beigestanden haben. Die vier Flüchtlinge leben im Wald von Wildbret und Quellwasser. Die Liebenden aber haben ihren Gefährten, Kurvenal und Tantrisel, eine Speise voraus: ihre süße Minne, die ihnen Herz und Sinne labt. – Nach etwa einem halben Jahr ergibt es sich eines Tages, daß Kurvenal und Tristan zur Jagd ausreiten und Isolde mit Tantrisel allein zurückbleibt. Da kommt Marke, der gleichfalls in der Gegend jagt und sich von seinem Gefolge getrennt hat, zufällig vorbei und gewahrt seine Frau. Diese sieht zwar auch ihn, läßt es sich aber nicht anmerken. Vielmehr erweckt sie vor dem lauschenden König in einem listigen Gespräch mit Tantrisel den Eindruck, als habe Tristan sie zwar seinerzeit vor dem Feuertod errettet, dann aber mit Tantrisel im Wald allein gelassen. Sie beklagt sich, daß sie durch Verleumdung von ihrem Gatten geschieden worden sei. Marke ist nun abermals von ihrer Rechtschaffenheit überzeugt. Er bittet sie um Vergebung und führt sie wieder heim nach Tintajol, wo er in Liebe mit ihr lebt.

3608–3740. Tantrisel, der sich heimlich davongeschlichen hat, berichtet Tristan, was geschehen ist. Dieser läßt Isolde seiner Liebe und Treue versichern und kehrt zurück nach Arundel, wo er mit Freuden aufgenommen wird. Die Hoffnungen der weißhändigen Isolde, nun, da das Jahr des Gelübdes abgelaufen sei, werde sich auch Tristans Verhalten ändern, erfüllen sich jedoch nicht.

3741–4094. Eines Tages reiten Herzog Lovelin und seine

Frau Karsie, Tristan, Kaedin und die weißhändige Isolde zur Jagd. Als Isolde an einem Gewässer Blumen sieht, geht sie hin, um sie zu pflücken. Dabei spritzt unter ihrem Gewand das Wasser empor. Lächelnd kommentiert sie, dieses Wasser sei kühner als Tristan. Kaedin hört das, fragt nach und erfährt von ihr, daß sie noch Jungfrau sei. Zornig stellt er Tristan zur Rede, der ihm seine Liebe zur blonden Isolde gesteht, von dem Ringe, der ihn unauflöslich an sie bindet, und dem Hündchen aus Avelunder erzählt. Tristan und Kaedin beschließen, gemeinsam nach Irland zu fahren, wo Tristan die Wahrheit seiner Erklärung beweisen will. Mit der vorgegebenen Begründung, sie wollten auf *âventiure* reiten, verabschieden sie sich von Lovelin und Karsie. Kaedin vertröstet seine Schwester, die weißhändige Isolde, auf seine und Tristans Rückkehr. Ein Schiffer bringt die Freunde zu Tinas von Litan, einem Vertrauten Tristans.

4095–5014. Tinas geht als Bote nach Tintajol. Er trägt Tristans Ring, an dem die Königin sogleich erkennt, daß ihr Geliebter im Land ist. Sie sagt Tinas, am nächsten Tag während der Jagd wolle sie Tristan treffen. – Am anderen Morgen warten Tristan und Kaedin im verabredeten Versteck auf die Königin. Als das königliche Gefolge vorüberreitet, verliebt sich Kaedin in die schöne Hofdame Kameline von der Scheteliure, die von Brangane begleitet wird. Zusammen mit Tantrisel und Antret kommt dann Isolde, und Kaedin ist nun von ihrer Schönheit überzeugt. Isolde gibt Unwohlsein vor und schickt Antret zu Marke mit der Nachricht, sie könne nicht weiterreiten und müsse über Nacht dort bleiben. Dann läßt sie Tristan wissen, wo sie ihr Zelt aufschlagen lassen werde. Abends schleichen sich Tristan und Kaedin zu dem angegebenen Ort. Sie werden von der Königin empfangen. Während Tristan und Isolde zusammen sind, bleibt Kaedin bei Brangane und Kameline. Er wirbt intensiv um Kamelines Liebe, und diese nimmt ihn zu sich ins Bett. Sie legt ihm aber ein Zauberkissen, das Isolde ihr vorausschauend zugeworfen hatte, unter den Kopf, und Kaedin schläft sogleich ein. Am nächsten Morgen wird er von allen verspottet und macht sich selbst Vorwürfe. Tristan verabschiedet sich von Isolde und geht mit Kaedin fort. Sie treffen Kurvenal, der mit den Pferden auf sie gewartet hat, und reiten zu Tinas nach Litan.

5015–5306. Die Königin kehrt zu Marke zurück. Tristan wird in Litan schwer krank. Als die blonde Isolde davon hört, läßt sie ihm durch Paranis und Tantrisel eine Arznei überbringen, von der er genest. Tantrisel rät Tristan, da dessen Äußeres durch die Krankheit ohnehin entstellt sei, einen Narrenrock anzulegen und so verkleidet zur Königin zu gehen. Das geschieht. Mit einem Kolben bewaffnet und gekleidet in einen groben, grauen Mantel, in dessen Kapuze ein Käse liegt, erscheint Tristan in Tintajol. Niemand erkennt ihn. Als er mit der Königin scherzt, will Marke ihn am Ohr von ihr wegziehen. Tristan schlägt wütend mit dem Kolben nach ihm, trifft jedoch nicht den König, sondern den hinzuspringenden Antret, der von dem Hieb betäubt zu Boden stürzt und das Gehör verliert. Isolde erfährt von Tantrisel, der Narr sei Tristan. Dieser bemerkt an ihren Blicken, daß sie seine wahre Identität kennt. Bei Tisch setzt er sich, seine Narrenfreiheit auskostend, zur Königin, und sie schiebt ihm manchen guten Bissen zu. Dem garstigen Zwerg Melot schüttet er kochende Pfefferbrühe ins Gesicht, so daß dieser das Augenlicht verliert. Marke läßt ihm, den er für einen echten Narren hält, auch dies durchgehen.

5307–5718. Marke geht auf acht Tage zur Jagd. Tristan bleibt in Tintajol und setzt seine Tollheiten fort. Als die Hofdamen ihn fragen, wer er sei, nennt er sich »Peilnetosi«. Isolde entdeckt, daß sich in dem Namen ein rückwärts gelesenes *Îsôten liep* verbirgt. Sie läßt den Narren, der vor der Schwelle ihrer Kemenate sein dürftiges Lager hat, durch Brangane zu sich holen. Morgens aber kehrt Tristan zu seiner Strohschütte zurück und spielt wieder den Toren. So geht es einige Tage. Dann kündigt der Ritter Pfelerin, ein Feind Tristans und der Königin, Markes Rückkunft an. Als

Tristan daraufhin die Burg verläßt, macht er seiner Geliebten
zu Ehren einen so gewaltigen Sprung, daß Pfelerin aufmerk-
sam wird, den Namen des Narren erfragt und dahinter so-
gleich Tristan entdeckt. Er reitet hinter ihm her und fordert
ihn um Isoldes willen zum Kampf auf. Da stellt Tristan sich.
Er streckt mit seinem Streitkolben zunächst das Pferd seines
Gegners, dann diesen selbst nieder und flieht. Marke kommt
hinzu, findet den erschlagenen Pfelerin und erfährt, daß der
Narr, in dem auch er nun seinen Neffen erkennt, der Täter
war. Seine Räte aber bemühen sich, ihm auszureden, daß
Tristan der Narr gewesen sei und Isolde ihren Gatten betro-
gen habe. Marke läßt sich besänftigen und lebt fortan mit
seiner Frau in Frieden. – Tristan entkommt nach Litan, wo
er von Kurvenal und Kaedin empfangen wird.

5719–5972. Tristan nimmt Abschied von Tinas und kehrt
mit Kurvenal und Kaedin nach Arundel zurück. Unterwegs
gesteht ihm Kaedin, daß er schon seit langem eine Frau na-
mens Kassie liebe. Sie ist jedoch verheiratet mit dem vermes-
senen Ritter Nampotenis, dessen Burg Gamarke in Gama-
roch, einem Nachbarland von Arundel, liegt. Nampotenis
halte sie in seiner Burg streng verwahrt und trage die Schlüs-
sel stets bei sich. Tristan verspricht Hilfe. Die Freunde reiten
nach Gamarke, und dort bittet auf Tristans Rat hin der ver-
liebte Kaedin Kassie, mit der er bei Tisch verstohlene Blicke
des Einverständnisses gewechselt hat, in einem heimlichen
Briefchen, sie möge ihrem Mann des Nachts die Schlüssel
entwenden und Wachsabdrücke von ihnen machen. Kassie
tut das und läßt die Abdrücke Kaedin zukommen, der dar-
aufhin mit Tristan nach Karke zurückkehrt. Dort werden
die beiden herzlich aufgenommen, und Tristan ist mit Isolde
Weißhand nun endlich kühner als das erwähnte »kühne
Wasser«.

5973–6315. Kaedin bringt die Wachsabdrücke zu einem
Schmied, der binnen vierzehn Tagen die Nachschlüssel her-
zustellen verspricht. Nachdem diese fertig sind, reiten Tri-
stan und Kaedin wieder nach Gamarke. Sie warten in einem

Versteck, bis Nampotenis zur Jagd fortreitet. Dann betreten sie die Burg. Während Kaedin bei Kassie ist, wartet Tristan bei den Hofdamen. Als sie beim Wegreiten die Zugbrücke passieren, strauchelt Kaedins Pferd, und seine Kopfbedeckung fällt in den Graben. Wenig später kehrt Nampotenis zurück, entdeckt den Hut, durchsucht argwöhnisch die Burg und erzwingt schließlich von Kassie ein Geständnis ihrer Untreue. Zusammen mit sieben Begleitern verfolgt er die beiden Eindringlinge, die zu fliehen versuchen. Aber mit dem Ruf, sie sollten sich um Isoldes und Kassies willen zum Kampf stellen, nötigt er sie, sich ihm entgegenzuwenden. Mit seinem Speer durchbohrt Nampotenis den angreifenden Kaedin und wird daraufhin von Tristan erschlagen. Diesen aber bedrängen nun die Begleiter. Er tötet fünf von ihnen, schlägt den sechsten in die Flucht und wird von dem vergifteten Speer des siebten tödlich verwundet, bevor er ihn niederstreckt. Tristan bringt die Leiche Kaedins nach Karke, wo seine Verletzung und der Tod seines Freundes großes Wehklagen auslösen.

6316–6890 (Schluß). Kein Arzt kann dem todwunden Tristan helfen. Da schickt er Kurvenal nach Irland zu Isolde, damit sie komme und ihn heile. Ein weißes Segel des zurückkehrenden Schiffes soll, so vereinbaren sie, signalisieren, daß die Königin kommt, ein schwarzes, daß sie nicht kommt. Kurvenal fährt zur blonden Isolde, und diese macht sich sogleich auf den Weg zu ihrem Geliebten. Währenddessen pflegt die weißhändige Isolde ihren Mann. Womöglich ist sie betrübt darüber, daß er nach jener anderen Isolde geschickt hat. Oft tritt sie ans Fenster, um nach dem Schiff Ausschau zu halten. Schließlich sieht sie das weiße Segel. Tristan fragt nach der Farbe des Segels, und sie erwidert ihm, es sei schwarz. Noch einmal fragt er, und sie bleibt bei ihrer Auskunft. Da stirbt er vor Schmerz. Sein Leichnam wird einbalsamiert und im Münster aufgebahrt. Isolde Weißhand ist tief bekümmert. – Als Kurvenal und die blonde Isolde im Hafen eintreffen, hören sie allgemeines Wehklagen und Glocken-

läuten. Sie fragen nach dem Grund und erfahren, daß Tristan
tot ist. Da erbleicht Isolde. Der Schmerz versteinert sie, und
sie sinkt ohnmächtig zu Boden. Kurvenal bringt sie wieder
zu sich und geleitet sie ins Münster. Sie umarmt den Leich-
nam ihres Geliebten, und Mund an Mund, Wange an Wange
mit ihm, ohne einen Klagelaut stirbt sie an gebrochenem
Herzen. Sie wird gleichfalls einbalsamiert und aufgebahrt.
Kurvenal beklagt die beiden Toten. Herzog Lovelin denkt
bekümmert darüber nach, wie er die Liebenden würdig be-
statten kann. – Als König Marke von Isoldes Flucht hört,
begibt er sich sogleich nach Karke und erfährt dort von
Lovelin, was geschehen ist. Kurvenal, den er im Münster
antrifft, berichtet ihm von der Zauberkraft des Minnetranks
und von Tristans tödlicher Verwundung in Gamaroch.
Marke beteuert, daß, wenn er von alledem vorher gewußt
hätte, er Isolde gewiß seinem Neffen zur Frau gegeben hätte.
Er nimmt die Toten mit nach Cornwall und läßt sie in zwei
Marmorsärgen auf Tintajol beisetzen. Er stiftet ein Kloster
mit dem Namen *sente Merienstern* (Stern St. Mariens), in das
er auch selbst eintritt, nachdem er Kurvenal seine beiden
Königreiche übergeben hat. – Die Särge des Paares stehen
nicht weit voneinander. Auf Tristans Grab läßt Marke einen
Rosenstock, auf Isoldes eine Weinrebe setzen. Beide Pflan-
zen senken ihre Wurzeln tief in die Herzen der Liebenden,
wo der Minnetrank noch immer fortwirkt: Rose und Rebe
verflechten sich innig ineinander. – [Eine Bitte um himmli-
schen Segen beschließt Heinrichs Fortsetzung.]